ナグ・ハマディ文書 I

# 救済神話

# 救済神話

荒井 献・大貫 隆・小林 稔 訳

## ナグ・ハマディ文書 I

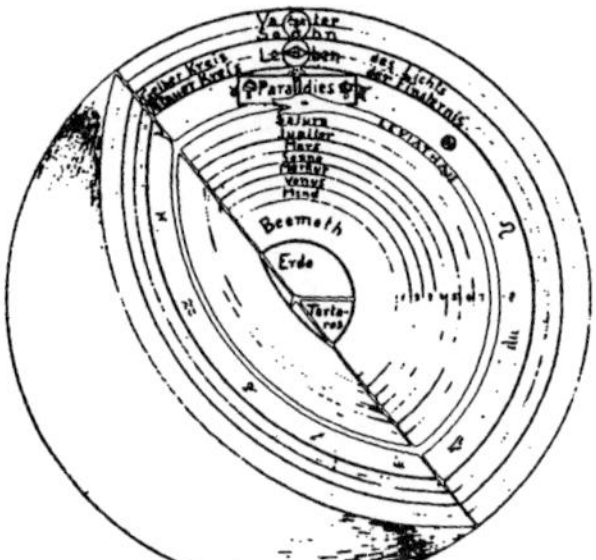


岩波書店

# 序にかえて

## ——ナグ・ハマディ文書とグノーシス主義——

### 一　文書の発見・公刊・年代

ナグ・ハマディ文書とは、一九四五年十二月、エジプト南部に位置するナイル河畔の町ナグ・ハマディ付近で、アラブ人の一農夫によって発見された、十三冊のコーデックス(古写本)に含まれる五十二のパピルス文書のことである。これらの文書はすべてコプト語(古代末期のエジプト語)で記されているが、そのほとんどすべてがギリシア語からコプト語への翻訳と想定されている。

この文書の発見が世界のジャーナリズムを賑わした主な原因となったのは、第Ⅱコーデックスの二番目(Ⅱ/2)所収の『トマスによる福音書』に関する誇大報道である。この福音書には、新約聖書の前半に編まれている四つの福音書(マタイ、マルコ、ルカ、ヨハネの各福音書)にない、イエスの未知の言葉が含まれていた。しかも、これらの言葉の一部が、前世紀末にエジ

プトのオクシリンコスで発見されたギリシア語パピルス群(いわゆるオクシリンコス・パピルス)の一部と重なっており、後者の言葉をイエス自身の真正な言葉と見做す有力な新約聖書学者(ヨアキム・エレミアスなど)がいたのである。このような事情もあって、『トマス福音書』を最古の、しかもイエス自身に遡る可能性のある福音書と位置付ける誇大報道が、マスメディアに載って世界を駆け回った。

このような誇大報道とそれに便乗した学界の動向は、ナグ・ハマディ文書と同じ頃に死海の西北岸クムランで発見された「死海文書」の場合と類似している。この文書の中の『感謝の詩篇』に言及されている「義の教師」が、洗礼者ヨハネであるとか、イエス自身であるとか、イエスの弟ヤコブであるとかの珍説がまことしやかに喧伝され、これはごく最近までわが国の読書界の話題になっていた。しかし、死海文書の意義は、ナグ・ハマディ文書の場合と同様に、別のところにある(死海文書については、ジェームズ・H・チャールズウァース編著、『イエスと死海文書』(山岡健訳)三交社、一九九六年参照。『トマス福音書』の意義については、荒井献『トマスによる福音書』講談社、一九九四年参照)。

もっとも、このような誇大報道がなされた間接的な原因に、文書公刊の遅れがある(これもまた死海文書の場合と類似している)。それは、ナグ・ハマディ文書の場合、その一部が古物商によって転売され、ベルギーやアメリカにまで流れたこと、エジプトに数次にわたる政変が起こったこと、若干の学者たちが学問上の「独占欲」により文書の一部を私物化したこと等による。

しかし、とりわけアメリカのクレアモント大学大学院「古代とキリスト教研究所」所長ジェームズ・M・ロビンソンの努力とユネスコの援助により、一九七七年(文書の発見から三十二年後)に、コーデックスⅠからⅫまで、つまりナグ・ハマディ写本の全文書を含むファクシミリ版全十巻の公刊が完結し、同年にこのファクシミリ版に基づく英訳一巻本が出版された。右の研究所所員が中心となって遂次公刊されていたナグ・ハマディ文書の校訂本(テキストの翻刻、英訳、訳注、概説)も、最近になって完結した。なお、校訂本のドイツ語版はベルリン大学のコプト語グノーシス文書研究グループ(代表者はハンス・M・シェンケ)によって、フランス語版はフランスのストラスブール大学とカナダのラヴァル大学の研究グループ(代表者はジャック・É・メナール)によって、それぞれ公刊されつつある。

ナグ・ハマディ文書が三世紀後半から四世紀にかけて筆写され、四世紀の中頃に十三冊のコーデックスに編まれたことは、考古学上の手続き、とりわけコーデックスI、II、III、VII、XIのカートナジ(各コーデックスを補強するためにその裏側に張られている原紙表装)から読み取られる領収書その他の日付けから明らかである。もっとも、ナグ・ハマディ文書には数種類の異本があり(例えば『ヨハネのアポクリュフォン』にはII、III、IVに三つの異本が、『エジプト人の福音書』にはIIIとIVに二つの異本が存在)、これらの異本が同一の原本に遡る可能性があり、また同一文書が数回にわたって筆写し直された形跡も認められる。他方、すでに言及したように、ナグ・ハマディ文書のコプト語版はギリシア語本文からの翻訳と想定されている。これに本文の伝承史的考察も加えると、現有のコプト語版の原本は、部分的には二世紀の中頃にまで遡ると見てよいであろう。

二世紀の中頃といえば、現行の新約聖書所収の二十七文書のうち最も後期に属する諸文書(例えば「テモテの手紙」「テトスの手紙」など)が成立した年代である。とすれば、ナグ・ハマディ文書と新約諸文書は、その成立年代において部分的に重なることになる。しかも、キリスト教成立後、初めの四世紀頃まで、キリスト教諸教会は、それが位置する地方により、またそれが属する教派によって、現行の新約聖書二十七文書以外の諸文書も、共に信仰にとっては規範的な権威ある「聖文書」として読まれていた。ナグ・ハマディ文書の大半は、このような意味における「聖文書」、四世紀以降「正典」としての新約聖書から区別あるいは差別(排除)されていった「外典」に属するのである(「新約聖書外典」については、荒井献編『新約聖書外典』講談社、一九九七年参照)。

ナグ・ハマディ文書の元来の所有者については、今もって定説がない。

ナグ・ハマディの東側に古来「ケノボスキア」と呼ばれる地域があり、その北側にパコミオス共同体(四世紀に修道士パコミオスが創設した自給自足による修道共同体)の遺跡がある。そして、さらにその北側約八キロメートルの場所でナグ・ハマディ文書が発見された。他方、前述のカートナジの一部(ナグ・ハマディ文書I、以下NHCIと表記)に「ケノボスキアの近くにあるディオスポリス」と読み取れる箇所がある。つまり、文書の製作者が知っていた「ケノボスキア」と、文書が埋められた(発見された)場所の中間に、パコミオス共同体が存在した。しかも、文書が作製された年代と共同体が存在した年代が重なっている(共に四世紀前半)。さらに、ナグ・ハマディ文書全体に共通する思想的特徴に禁欲思想が認められる。

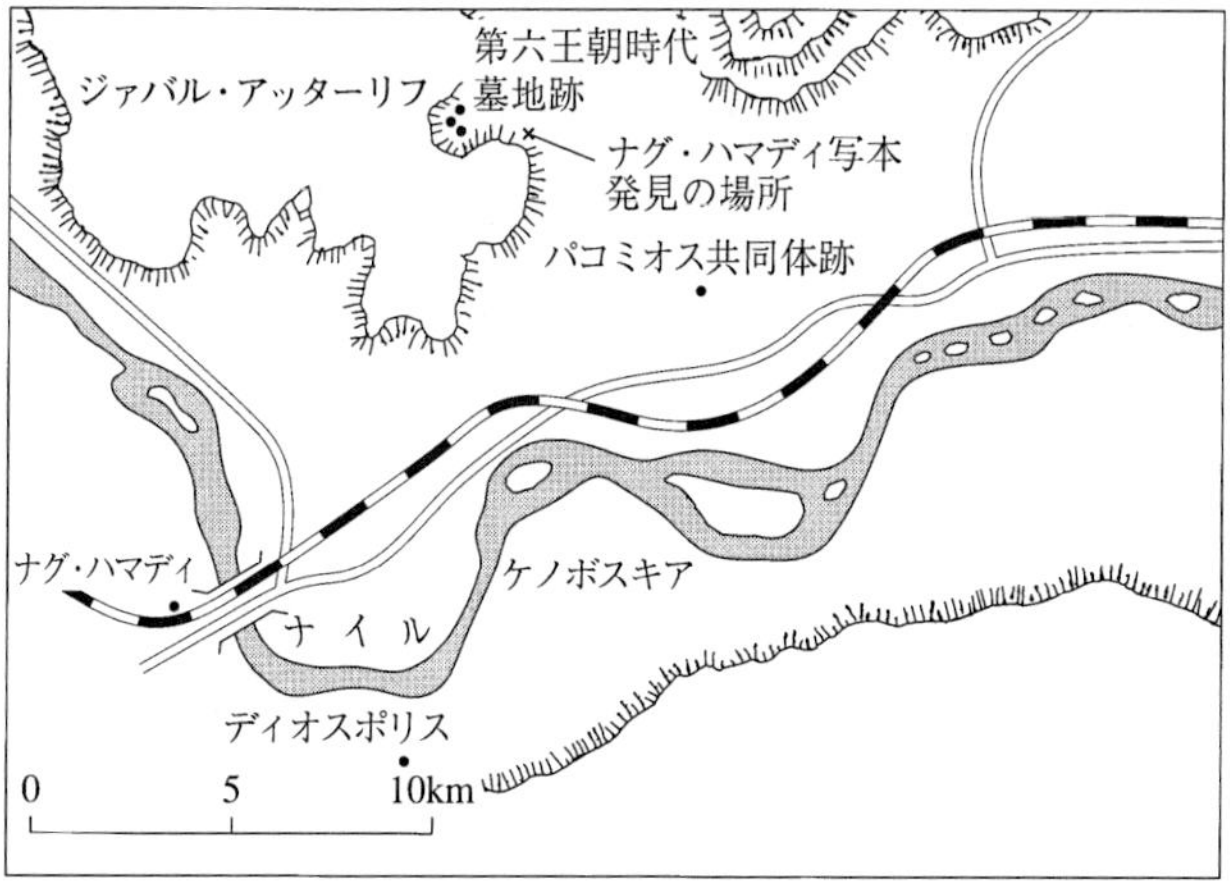


ここからナグ・ハマディ文書をパコミオス共同体と関係づける仮説が有力視されている。三六七年にアレクサンドリアの司教アタナシオスがエジプトにある諸教会に宛てて「復活節書簡」を送付し、現行新約二十七文書のみを正典とし、その他の外典——とりわけ「異端の虚構」——を排除して、それらを読むことを禁じている。ナグ・ハマディ写本の大半は「外典」に当たるところから、あるいはパコミオス

共同体に属する一修道士が、司教アタナシオスの禁令を機に、自ら所有していた――「外典」を含む――諸文書を壺に入れて、ナグ・ハマディ付近の地下に埋めたのであろうか。

## 二　文書の内容

十三のコーデックスに含まれる五十二のナグ・ハマディ文書のタイトルとその内容は、別表の通りである。

これらの文書は、内容上、以下の四種類に分類される。

第一は、新約聖書「外典」(別表A)。これには、『トマスによる福音書』『フィリポによる福音書』『エジプト人の福音書』など、キリスト教史上最古最大の「異端」として正統教会から排除された「グノーシス派」出自のものが多いが(別表AG)、『ペトロと十二使徒の行伝』や『シルヴァノスの教え』など、とりわけグノーシス的とはいえない文書も存在する。

第二は、キリスト教(新約)と無関係なグノーシス文書(別表G)。これには『アダムの黙示録』や『セツの三つの柱』など旧約偽典に類するものもあるが、その他の文書は新約とも旧約とも全く関係がない。

第三は、『第八のもの(オグドアス)と第九のもの(エンネアス)に関する講話』など、いわゆる「ヘルメス文書」の一部(別表H)。「ヘルメス文書」とは、紀元前後にエジプトで成立し、師ヘルメス・トリスメギストスがその秘教を弟子に啓示する形式をとるもので、内容的にはグノース主義から汎神論的一元論をも含む(ヘルメス文書のギリシア語本文の邦訳とその解説は、『ヘルメス文書』(荒井献・柴田有訳)朝日出版社、一九八〇年参照)。

第四は、キリスト教ともグノーシスとも関係のない文書。ヘレニズム・ローマ時代の生活訓や格言を集めた『セクストゥスの金言』やプラトン『国家』の一部(五五八B―五八九B)のコプト語本文などである(別表無印)。

## 別表

| コーデックス | 番号 | 通し番号 | 題名 | 内容 | |
|---|---|---|---|---|---|
| I | 1 | 1 | 使徒パウロの祈り | A | G |
| | 2 | 2 | ヤコブのアポクリュフォン | A | G |
| | 3 | 3 | 真理の福音 | A | G |
| | 4 | 4 | 復活に関する教え | A | G |
| | 5 | 5 | 三部の教え | A | G |
| II | 1 | 6 | ヨハネのアポクリュフォン | A | G |
| | 2 | 7 | トマスによる福音書 | A | G |
| | 3 | 8 | フィリポによる福音書 | A | G |
| | 4 | 9 | アルコーンの本質 | A | G |
| | 5 | 10 | この世の起源について | A | G |
| | 6 | 11 | 魂の解明 | A | G |
| | 7 | 12 | 闘技者トマスの書 | A | G |
| III | 1 | 13 | ヨハネのアポクリュフォン | A | G |
| | 2 | 14 | エジプト人の福音書 | A | G |
| | 3 | 15 | 聖なるエウグノストス | A | G |
| | 4 | 16 | イエスの知恵 | A | G |
| | 5 | 17 | 救い主の対話 | A | G |
| IV | 1 | 18 | ヨハネのアポクリュフォン | A | G |
| | 2 | 19 | エジプト人の福音書 | A | G |
| V | 1 | 20 | エウグノストス | A | G |
| | 2 | 21 | パウロの黙示録 | A | G |
| | 3 | 22 | ヤコブの黙示録一 | A | G |

| | | | | | |
|---|---|---|---|---|---|
| | 4 | 47 | ヒュプシフロネー | | G |
| XII | 1 | 48 | セクストゥスの金言 | A | G |
| | 2 | 49 | 真理の福音断片 | | |
| | 3 | 50 | 断片 | | |
| XIII | 1 | 51 | 三体のプローテンノイア | A | G |
| | 2 | 52 | この世の起源について(の一部) | A | G |

## 三　グノーシス、グノーシス主義、グノーシス派

「グノーシス」(gnōsis)とは、ギリシア語で「知識」あるいは「認識」の意味である。しかし、この言葉は日本語でも現在、西洋古代末期における宗教思想の一つを特徴づける専門用語として用いられている。例えば『広辞苑』(岩波書店、第四版)で「グノーシス」の項目を引くと、次のように記されている。

〔gnosis ギリシア〕(知識の意)ギリシア末期の宗教における神の認識。超感覚的な神との融合の体験を可能にする神秘的直観。霊知。

この定義は、それ自体として正しい。しかし、「グノーシス」という宗教的専門用語の定義としては広義に過ぎる、と私には思われる。「グノーシス」とはむしろ、右の定義における「神の認識」を「自己の認識」として人間の救済とみなす宗教思想、すなわち「グノーシス主義」(Gnosticism)の意味で用いられている。おそらくこのような事情を反映して、『大辞林』(三省堂、第二版)には「グノーシス」の項目に替えて「グノーシス主義」の項目が

立てられており、それは次のように定義されている。

〔ギリシア gnōsis は「認識」の意〕一、二世紀頃地中海沿岸諸地域で広まった宗教思想、およびこれに類する考え方。反宇宙的二元論の立場にたち、人間の本質と至高神とが本来は同一であることを認識することにより、救済、すなわち神との合一が得られると説く。マンダ教やマニ教はその代表的宗教形態。

右の文章の中で「反宇宙的二元論」という表現は分りにくいかもしれない。まず「二元論」とは、宇宙(=世界)や小宇宙としての人間の成り立ちを相対立する二つの原理によって説明する理論のことである。それがグノーシス(主義)の場合、「反宇宙的」というのであるから、負としての宇宙を形成する原理(宇宙形成者、ギリシア語で「デーミウールゴス」)に相対立する正としての宇宙を救済する原理が前提されていることになる。これが「至高神」、あるいは多くの場合「父」なる至高神から人間に遣わされた「子」なる「救済者」なのである。そして、グノーシス(主義)においては至高神の本質(霊魂)が、宇宙や世界を貫ぬいて人間の中にも宿されている。ところが、デーミウールゴスの支配下にある人間はこの自らの本質(本来的「自己」)について無知の状態に置かれており、自らの本質を非本来的自己としての身体性と取り違えている。人間は、救済者の告知により、人間の本質と至高神とが本来は同一であることを認識(グノーシス)し、神との合一を達成して救済されなければならない。

このようなグノーシス(主義)による救済の告知は、それが急速に広まった古代末期において、それまで人間が常識的にもっていた宇宙・世界・人間観を根本から覆すインパクトを有していた。人間は価値観の転倒を迫られたのである。

例えば、当時の民間宗教において常識となっていた星辰信仰、あるいはこれを受容していた中期プラトニズム（紀元前後のプラトン思想）やストア哲学において、星辰は人間の霊魂の故郷とみなされていた。偉大な政治家、とりわけ皇帝の魂は、その死後に星辰界へ帰昇すると信じられていた。そのための祭儀が皇帝の死後盛大に執り行なわれていたのである。

ところが、グノーシス（主義）によれば、星辰（星座）はデーミウールゴスの支配下にあり、人間の「運命」を決定する「支配者（アルコーン）たち」、あるいは諸「権力（デュナミス）」、諸「権威（エクスーシア）」であり、人間の霊魂は、その支配下にある星辰の力から解放されて、星辰とデーミウールゴスを否定的に超えて存在する至高神にこそ帰昇し、究極的救済を得なければならない。ここで、地上の権力は宇宙の権力と共に相対化されてしまう。

また、当時のプラトニズムやストイシズムにおいて、あるいはその限りにおいてはユダヤ教やこれを母胎として成立しつつあったキリスト教においても、宇宙（世界）形成者（デーミウールゴス）あるいは創造神による被造としての宇宙＝世界（コスモス）とその内なる人間は美しく善きものであった。もともと「コスモス」（kosmos）と同根の動詞「コスメオー」（kosmeō）は「整える」「美しく飾る」の意で、これに対応して「コスモス」は「飾り」「秩序」、転じて「（秩序整然たるものとしての）宇宙、世界」を意味する。ところが、グノーシス（主義）によれば、宇宙の形成者、世界の創造神そのものが悪の根元なのである。従って、旧約聖書「創世記」巻頭の創造神話に対するグノーシス的解釈においては、エデンの中央に生えている「善悪を知る（グノースケイン）木」から取って食べることを禁じた「主なる神」（創世記二章16-17節——七十人訳。以下創二16と略記）とそれから取って食べることを勧めた「蛇」（創三4）とは価値付けが転倒し、前者は人に「知識」による救済の可能性を閉ざす負的存在、後者はそれを開示する正的存在、つまりイエス・キリストの予型として位置付けられる場合が多い。

ところで、このような解釈をひき起こす「反宇宙的・本来的自己の認識」への欲求は、「自己」の帰属する現実世界が、世界を包括する宇宙全体をも含めて、宇宙の支配者、その形成者によって疎外されているという極端なペシミズムが生起する時代と地域に、いつ、どこででも成立しうるものである。これを古代末期に限って見れば、これは、ローマ帝国の圧倒的支配下にあって、政治的・経済的・社会的に宇宙内の世界のいずれの領域にも自己を同一化できる場を奪われた帝国属州(ユダヤ、シリア、エジプトなど)民の間に成立した。そして、このようなグノーシス的欲求に基づく解釈は、現実世界を否定的に超えた場に自己を同一化する表現なのであるから、必然的に「神話論」的象徴言語によらざるをえないのである。こうして、具体的宗教形態としての「グノーシス」あるいは「グノーシス宗教」が形成される。

但しこれは、「反宇宙的・本来的自己の認識」をいわば「解釈原理」として、既存の諸宗教に固有なテキストを解釈し、それをグノーシス神話に変形することによって形成されるのであるから、「グノーシス(宗教)」は多くの場合、既存の諸宗教の分派的形態をとる。成立しつつあるキリスト教の場合、「グノーシス」は、正統的教会(初期カトリシズム)の立場を護って「異端」を反駁するいわゆる「反異端論者」から見ると、「異端」的教えの「正体」であると共にそのような教えを奉ずる「異端」的分派の呼称――「グノーシス派」を意味した。

例えば、二世紀後半の代表的反異端論者エイレナイオスは、ラテン語訳の通称で『異端反駁』(adversus haereses)と呼ばれる著書を公にしているが、この著書のギリシア語原題は『偽称グノーシスの正体暴露とその反駁』であり、この場合の「グノーシス」はグノーシス派の教説であると共にグノーシス派のことを意味している。他方、この派に所属している人々は自らを「グノーシスを奉ずる者」「グノーシス者」(gnōstikoi)と称した。このように、「グノーシス」は、それを反駁する側から見ても、それを奉ずる側から言っても、グノーシス主義をもグノーシス派をも意味し得たのである。

いずれにしても、「グノーシス派」とは古来、「グノーシス」偽称のゆえにキリスト教の教父たち、とりわけ反異端論者たちにより反駁され、彼らの担う正統的教会から最終的には排除されたキリスト教異端の総称であった。教父たちによればグノーシス派は、同派の「父祖」といわれる「魔術師」シモン(使八9-24参照)とその派をはじめとして、ヴァレンティノス派、バシリデース派、ケリントス派、ナーハーシュ派、オフィス派(「ナーハーシュ」はヘブライ語で、「オフィス」はギリシア語で、それぞれ「蛇」の意)、バルベーロー派、セツ派などの分派に別れた。いずれにしてもグノーシス派は、それに先行したキリスト教と異教(例えばオリエントの諸宗教)、あるいは異思想(例えばプラトニズム)との事後的混淆によって成立したキリスト教の異端である。

このようなグノーシス観は、正統的教会の教父たち、とりわけ反異端論者以来の、グノーシス派に対する伝統的見解であり、今日でもこの見解を基本的に採る学者たちもいる。確かにキリスト教のグノーシス派とその思想(グノーシス主義)は、キリスト教を前提とする限りにおいて、キリスト教よりも後に成立した。

しかし、グノーシス主義そのものが元来キリスト教とは無関係に成立した独自の宗教思想であったこと、そしてそれが事後的にキリスト教のテキストに自らを適合し、それを解釈して「キリスト教グノーシス派」の神話論を形成したことは、すでに確認した通りである。このことは、とりわけナグ・ハマディ文書によって実証される。なぜなら、この文書にはキリスト教グノーシス文書のほかにキリスト教とは関係のないグノーシス文書が含まれているばかりではなく、一つの文書が次第に自らをキリスト教的要素に適応させていく過程が同一文書(例えば『ヨハネのアポクリュフォン』)の複数の異本(写本II/1、写本III/1、写本IV/1、ベルリン写本)によって跡付けられるからである。巻末の解説「救済神話」で詳述するように、セツ派などはおそらく元来キリスト教とは無関係に、ユダヤ教の周縁で成立したものと想定される。神話の構成要素が旧約だけでほぼ十分に揃っており、新約の要素は二次的付加と思われるからである。（以上、「グノーシス」「グノーシス主義」の定義については、荒井献『新約聖書とグノーシス主義』岩波書店、一九八六年、二六七—二七一頁のほか、ハンス・ヨナス『グノーシスの宗教』（秋山さと子・入江良平訳）人文書院、一九八六年、E・ペイゲルス『ナグ・ハマディ写本——初期キリスト教の正統と異端』（荒井献・湯本和子訳）白水社、一九九六年、S・ペトルマン『二元論の復権——グノーシス主義とマニ教』教文館、一九八五年、柴田有『グノーシスと古代宇宙論』勁草書房、一九八二年をも参照。）

荒井　献

# 凡　例

一、各文書の翻訳の底本（第I部のナグ・ハマディ文書のコプト語底本、第II部のエイレナイオス、ヒッポリュトスのギリシア語底本）については、文書ごとの解説に記した。

二、ナグ・ハマディ文書のパラグラフの区分（§15のように記す）は、底本の区分に従っている場合と、新規の試みである場合とがあり、詳しくは文書ごとの解説に記した。

三、ナグ・ハマディ文書の本文において、文頭および行中に【　】を使って挿入した太字体の数字は、写本の頁数を、また行中の小字体の数字は五行単位の写本の行数を表す。

第II部のエイレナイオス、ヒッポリュトスの文書においては、章を漢数字（第二章のように記載）で、節を行中に小字体で示した。

四、注および解説でのナグ・ハマディ文書の引照指示に際しては、該当箇所の表示をパラグラフ（§）によってする場合と、頁と行数による場合とがある。

五、翻訳本文中に用いた記号の意味は以下の通りである。

［ナグ・ハマディ文書］

［　］＝写本の損傷された本文を、原文の校訂者または訳者が推定復元した読み。復元不可能な場合は、脱落が推定される原語の文字数を表示（［±8］）してある

（　）＝文意を取り易くするために、訳者が挿入した補充。

〈 〉＝写本の写字生が書き落としたと思われる文あるいは単語。

《 》＝写本の写字生が重複して書き写したと思われる文あるいは単語。

［エイレナイオス、ヒッポリュトスの文書］

［ ］＝原文の脱文・脱字と思われる箇所への、校訂者または訳者による推定復元。

（ ）＝文意を取り易くするために、訳者が挿入した補充。

六、ナグ・ハマディ文書、エイレナイオス、ヒッポリュトスの文書、ともに小見出しは、原文には存在しない。読解のための便宜手段であり、訳者がその作成のために参照した文献がある場合には、文書ごとの解説に注記してある。

七、本訳中の注は、本文に出る言語的・歴史的事柄およびグノーシス主義に特徴的な観念と語彙などについて、わかりやすく説明しようとする。同一文書内の関連する箇所、及び他のグノーシス主義文書の関連箇所、さらにまた旧約聖書・新約聖書などとの関連についてもその都度表示してある。

八、歴史的・事象的事項およびグノーシス主義的用語のうち、基本的なもの、また個々の文書の枠を越えて多出するものは、巻末の「補注　用語解説」にまとめて採録した。本文中にその事項が現れる場合、初出と、本文の内容からして補注の参照を求めたいときは、該当事項の行間に＊印を付した。

# 諸文書略号表

## ナグ・ハマディ文書

［**写本Ⅰ**］

パウ祈　使徒パウロの祈り
ヤコ・アポ　ヤコブのアポクリュフォン
真福　真理の福音
復活　復活に関する教え
三部教　三部の教え

［**写本Ⅱ**］

ヨハ・アポⅡ　ヨハネのアポクリュフォン
トマ福　トマスによる福音書
フィリ福　フィリポによる福音書
アルコ　アルコーンの本質
起源Ⅱ　この世の起源について
魂　魂の解明
闘技者　闘技者トマスの書

［**写本Ⅲ**］

ヨハ・アポⅢ　ヨハネのアポクリュフォン
エジ福Ⅲ　エジプト人の福音書
エウⅢ　聖なるエウグノストス
知恵Ⅲ　イエスの知恵
対話　救い主の対話

［**写本Ⅳ**］

ヨハ・アポⅣ　ヨハネのアポクリュフォン
エジ福Ⅳ　エジプト人の福音書

［**写本Ⅴ**］

エウⅤ　エウグノストス
パウ黙　パウロの黙示録
Ⅰヤコ黙　ヤコブの黙示録一
Ⅱヤコ黙　ヤコブの黙示録二
アダ黙　アダムの黙示録

［**写本Ⅵ**］

十二伝　ペトロと十二使徒の行伝
雷　雷・全きヌース
真正教　真正な教え
力　われらの大いなる力の概念
国家　プラトン『国家』断片
「八と九」　第八のもの(オグドアス)と第九のもの(エンネアス)
感謝　感謝の祈り
アスク　アスクレピオス

［**写本Ⅶ**］

シェーム　シェームの釈義
セツ教　大いなるセツの第二の教え
ペト黙　ペトロの黙示録
シル教　シルウァノスの教え
柱　セツの三つの柱

［**写本Ⅷ**］

ゾス　ゾストゥリアノス
フィペ手　フィリポに送ったペトロの手紙

［**写本Ⅸ**］

メルキ　メルキゼデク
ノレア　ノレアの思想
真証　真理の証言

［**写本Ⅹ**］

マルサ　マルサネース

［**写本Ⅺ**］

知識　知識の解明
解説　ヴァレンティノス派の解説
　解説・塗油　塗油について
　解説・洗A　洗礼についてA
　解説・洗B　洗礼についてB
　解説・聖A　聖餐についてA
　解説・聖B　聖餐についてB
アロゲ　アロゲネース
ヒュプ　ヒュプシフロネー

［**写本Ⅻ**］

金言　セクストゥスの金言
真福断片　真理の福音断片
断片　断片

［**写本XIII**］

三プロ　三体のプローテンノイア
起源XIII　この世の起源について

［**ベルリン写本**(BG8502)］

マリ福　マリヤによる福音書
ヨハ・アポB　ヨハネのアポクリュフォン
知恵B　イエス・キリストの知恵
ペト行B　ペトロ行伝

## 旧約聖書

| | | | | | |
|---|---|---|---|---|---|
| 創 | 創世記 | 代下 | 歴代誌下 | ダニ | ダニエル書 |
| 出 | 出エジプト記 | エズ | エズラ記 | ホセ | ホセア書 |
| レビ | レビ記 | ネヘ | ネヘミヤ記 | ヨエ | ヨエル書 |
| 民 | 民数記 | エス | エステル記 | アモ | アモス書 |
| 申 | 申命記 | ヨブ | ヨブ記 | オバ | オバデヤ書 |
| ヨシ | ヨシュア記 | 詩 | 詩篇 | ヨナ | ヨナ書 |
| 士 | 士師記 | 箴 | 箴言 | ミカ | ミカ書 |
| ルツ | ルツ記 | コヘ | コーヘレト書 | ナホ | ナホム書 |
| サム上 | サムエル記上 | 雅 | 雅歌 | ハバ | ハバクク書 |
| サム下 | サムエル記下 | イザ | イザヤ書 | ゼファ | ゼファニヤ書 |
| 王上 | 列王記上 | エレ | エレミヤ書 | ハガ | ハガイ書 |
| 王下 | 列王記下 | 哀 | 哀歌 | ゼカ | ゼカリヤ書 |
| 代上 | 歴代誌上 | エゼ | エゼキエル書 | マラ | マラキ書 |

## 新約聖書

| | |
|---|---|
| マコ | マルコ福音書／マルコによる福音書 |
| マタ | マタイ福音書／マタイによる福音書 |
| ルカ | ルカ福音書／ルカによる福音書 |
| 使 | 使徒行伝 |
| ヨハ | ヨハネ福音書／ヨハネによる福音書 |
| Ⅰヨハ | Ⅰヨハネ書／ヨハネの第一の手紙 |
| Ⅱヨハ | Ⅱヨハネ書／ヨハネの第二の手紙 |
| Ⅲヨハ | Ⅲヨハネ書／ヨハネの第三の手紙 |
| ロマ | ロマ書／ローマ人への手紙 |
| Ⅰコリ | Ⅰコリント書／コリント人への第一の手紙 |
| Ⅱコリ | Ⅱコリント書／コリント人への第二の手紙 |
| ガラ | ガラテヤ書／ガラテヤ人への手紙 |
| フィリ | フィリピ書／フィリピ人への手紙 |
| Ⅰテサ | Ⅰテサロニケ書／テサロニケ人への第一の手紙 |
| フィレ | フィレモン書／フィレモンへの手紙 |
| エフェ | エフェソ書／エフェソ人への手紙 |
| コロ | コロサイ書／コロサイ人への手紙 |
| Ⅱテサ | Ⅱテサロニケ書／テサロニケ人への第二の手紙 |
| Ⅰテモ | Ⅰテモテ書／テモテへの第一の手紙 |
| Ⅱテモ | Ⅱテモテ書／テモテへの第二の手紙 |
| テト | テトス書／テトスへの手紙 |
| ヘブ | ヘブル書／ヘブル人への手紙 |
| ヤコ | ヤコブ書／ヤコブの手紙 |
| Ⅰペト | Ⅰペトロ書／ペトロの第一の手紙 |
| Ⅱペト | Ⅱペトロ書／ペトロの第二の手紙 |
| ユダ | ユダ書／ユダの手紙 |
| 黙 | 黙示録／ヨハネの黙示録 |

## 教父文書

| | |
|---|---|
| 『絨毯』 | アレクサンドリアのクレメンス『絨毯』(Ⅰ－Ⅷ巻) |
| 『抜粋』 | アレクサンドリアのクレメンス『テオドトスからの抜粋』 |
| 『全反駁』 | ヒッポリュトス『全異端反駁』(Ⅰ－Ⅹ巻) |
| 『反駁』 | エイレナイオス『異端反駁』(Ⅰ－Ⅴ巻) |
| 『薬籠』 | エピファニオス『薬籠』(Ⅰ－LXXX 章) |

# 目次

# グノーシス主義救済神話の類型区分

大貫　隆

歴史的に見ると、グノーシス主義は複雑多岐なグループに分かれて展開した。それぱかりか、それぞれのグループの自己表現もまた実に多様であった。すでに「序にかえて――ナグ・ハマディ文書とグノーシス主義」で紹介されたナグ・ハマディ文書の内容上あるいは文学様式上の多様性がそのことを余すところなく証明している。しかし、原則としては、それぞれのグノーシス主義グループがそれぞれの世界観を支える基礎神話を持っており、それに基づいて初めて、神話以外の文学類型でのさまざまな自己表現を行なったのだと考えることができる。とすれば、理論的には、グループの数だけ基礎神話も存在したと考えなければならないことになる。加えて、例えば後二世紀後半のリヨンの司教エイレナイオス(『異端反駁』I, 30)が報告するセツ派の神話を、後二―三世紀のローマの司教ヒッポリュトス(『全異端反駁』V, 19, 1-22, 1)および後四世紀のサラミス(キプロス島)の司教エピファニオス(『薬籠』XXXIX)がやはりセツ派のものとして報告する神話と比較してみれば直ぐ明らかになるように、同一のグループのものとされる神話でも、報告者によって内容が大きく食い違うということがある。このような場合には、そのグループの基礎神話そのものが、時間の経過とともに変容した可能性も考慮しなければならなくなる。後二世紀のいわゆるキリスト教的グノーシス主義の中でも最大の派閥であったヴァレンティノス派がやがて西方(ローマ)のプトレマイオス派と東方(アレキサンドリア)のマルコス派に分岐した際にも、同じような変容が起きたに違いない。そのような同一グループ内での変容まで考慮すれば、グノーシス主義の救済神話の歴史的な多様性はますます大きなものとなる。いずれか一つの神話を原型と見做して、あるいは多様な神話すべての背後に一定の原型を仮説的に想定して、そこから現実に見いだされるすべての神話を発生史的に説明することは不可能である。確かに、今世紀初めにマンダ教文書[1]とマニ教文書が発見されたときには、宗教史学派の人々がこれらの当時新発見の資料に基づいて、いわばグノーシス主義の原神話を抽出できると考えたことがある。R・ブルトマンもその一人で、つとに有名なヨハネ福音書に対する彼の実存論的解釈の中でも、そのような原神話の仮説が大きな役割を果たしている。しかし、現在ではこれに賛同する研究者はほとんど皆無に近い。もっとも、本巻巻末の荒井献氏による解説「救済神話」は「多様な神話の原型」を試みに提示しているが、それも方法論上および類型論上、かつてのブルトマンの仮説と同じものではない。

しかし同時に、次の点では逆にほとんどの研究者の意見が一致している。すなわち、実際にどのような存在や役割をどのように布置して神話の筋を先に進めるかというレベルでは確かに多種多様なグノーシス主義救済神話も、本質論的な方向へいま少し抽象度を高めたレベルで分析すれば、必ず次の五つの主要契機を共有しているのである。あるいは逆に、これら五つの主要契機を含むことが、ある文書が「グノーシス主義的」と呼ばれ得るための必要条件だと言ってもよい。

(1) 人間の知力をもってしては把握できない至高神と現実の可視的・物質的世界との間には越え難い断絶が生じている。

(2) 人間の「霊」あるいは「魂」、すなわち「本来的自己」は元来その至高神と同質である。

(3) しかし、その「本来的自己」はこの可視的・物質的世界の中に「落下」し、そこに捕縛されて、本来の在り処を忘却してしまっている。

(4) その解放のためには、至高神が光の世界から派遣する啓示者、あるいはそれに機能的に等しい呼びかけが到来し、人間の「自己」を覚醒しなければならない。

(5) やがて可視的・物質的世界が終末を迎えるときには、その中に分散している神的な本質は至高神の領域へ回帰してゆく。

これら五つの主要契機が全体として指し示すものこそ、自己と世界についてのグノーシス主義的な実存理解に他ならない。このような基本的な理解が共有されていながら、それではどうして前述のようなグノーシス主義救済神話の歴史的多様性が生み出されてくるのか。その答えをまず一般的に言えば、そのような基本理解がどのような言語的表現に具体化あるいは客観化されるかは、それぞれの人物あるいはグループが置かれている文化史的・宗教史的な文脈によって違ってくるのである。グノーシス主義の世界観がどれほど革命的に新しいものであるにせよ、それを言語によって表現しようとする者は、すべての用語や概念を全くの無から創造することができるわけではない。グノーシス主義神話の語り手は、確かにいくつかの新しい造語を生み出しはしたが、それ以上に多くの場合にはむしろ、生まれ育つ間に蓄積してきた既存の文化や宗教の用語と概念に「寄生」して、同時にそれに固有の新しい意味を盛ることによって、自分の意図を遂げる他はなかったのである。グノーシス主義の神話にはとりわけこの「寄生的性格」が顕著であることが、すでに述べた文化史的・宗教史的文脈による違いをそれだけ大きくするわけである。それは場合によっては、単に個々の用語や概念のレベルに留まらず、それらをどのように布置して一定の長さを持った神話を実際に織り上げるかという次元においても言えることである。

しかし、逆に文化史的・宗教史的文脈は前述の歴史的多様性をいくつかの類型に分類することを可能にする。これまでに提唱された最も有名な類型区分はH・ヨナスによるものである。ヨナスは神話論的グノーシス主義については、(1)「光」あるいは「霊」などの象徴語で表現される神的本質と、「闇」あるいは「混沌」などの象徴語で表現される悪の原理を、絶対的な初めから二元的に対立させて始まるタイプの神話と、(2)至高神から段階的に順次下位の存在をいわゆる流出論的に導出し、その途中あるいは最後で「闇」をも導出する垂直的・一元論的なタイプの二つに大きく二分する。前者はゾロアスター教の影響を受けたマニ教によって代表されるために、「イラン型」または「東方型」と呼ばれ、後者は歴史的に主として展開した地域に因んで、「シリア・エジプト型」または「東方型」との対照において「西方型」と呼ばれる。[2]

この類型区分には、現在のグノーシス主義研究においてもかなり賛同する者が多く、われわれも以下これに従って話を進めることとする。しかし、もちろんこの類型区分にも限界がないわけではない。特に神話が絶対的な二元論から始まるか、あるいは一元論的に始まるか、という分類規準は決して絶対的なものではない。例えば、マンダ教の救済神話は、現存の資料から再構成される限りでは、ある時は「闇」と「混沌」を絶対的な初めから自存するものと考えているかと思えば、ある時は流出論的に二次的な存在として説明するからである。このため、ヨナス自身がマンダ教の神話については、前述の二つのタイプの間の「混合型」と見做している。ナグ・ハマディ文書の発見以前から知られているコプト語文書で、古代グノーシス主義の末期的な形態を代表するとされる『ピスティス・ソフィア』も同じ「混合型」に分類される。「東方(イラン)型」と「西方(シリア・エジプト)型」という地理的な区分もあくまで目安に過ぎないことは、例えば地理的には「西方」(アレキサンドリア?)で成立したと考えられるべき『ヨハネのアポクリュフォン』が、確かに全体としては流出論的に話を進めるものの、詳しくは巻末の文書解説で述べるように、「混沌」については絶対的な初めから自存するものとして、いわば「東方」的な扱いをしていることにも明らかである。

さらに、基本的にはヨナスの類型区分を受け入れた上で、もう一つ別の類型を追加しようとする提案がある。その第三の類型は、上方の至高神と下方の「混沌」という二つの原理の中間に、第三の中間的存在あるいは領域を当初から措定して始まるタイプの神話で、「三原理型」と呼ばれる。[3] 反異端論者たちの中でも特にヒッポリュトスが報告するグループ、すなわちハナシュ派(前掲書 V, 6, 3-11, 1)、ペラタイ派(=宿命の鎖を超克する者の意、前掲書 V, 12, 1-17, 13)、セツ派(前掲書 V, 19, 1-22, 1)、ドケータイ派(=仮現論者、前掲書 VIII, 8, 2-10, 11)の神話、シモン派のものとして伝えられるグノーシス主義文書『大いなる宣教』(前掲書 VI, 9, 4-18, 7)の神話、また、エピファニオス『薬籠』(XL, 1, 1-8, 2)が伝えるアルコンタイ派(=万物の創造を七人のアルコーン、すなわち悪の支配者たちに帰す者たち)の神話が一応このタイプに分類可能である。ナグ・ハマディ文書の中では『シェームの釈義』(VII／1、本シリーズの第四分冊に収録予定)が前述のヒッポリュトスによるセツ派についての解釈と神話論的にはきわめて良く似ており、「三原理型」と呼ぶことができる。

しかし、例えば最後に挙げた『シェームの釈義』の場合について見ると、中間の原理である「生まれざる霊」は、確かに神話の当初からその存在が前提されてはいるものの、神話の展開のごく初めの方で、他の二原理に、すなわち、上方の「大いなる光」と下方の「カオス」(闇、恐怖の水、自然)に分裂する。そして、下方に取り残された「光」の回収がそれ以後の神話の主題となる。そのような中間の原理が早々に解消されて、結局は前述の二原理型になってゆく展開は、前述の他のグループや文書にも程度の差はあれ認められるものであるから、三原理型という類型がどこまで独立の類型として扱われるに値するかは、いささか疑問であると言わなければならない。

加えて、すでに述べたように、同一グループの神話であっても、時間の経過と共に繰り返し変容を重ねたことが忘れられてはならない。その場合には、神話論的な類型も変化することがあり得た点に注意が必要である。

本巻に収めた神話を以上のような類型区分に割り振るとどうなるであろか。『アルコーンの本質』と『この世の起源について』は、詳しくはそれぞれの文書解説で述べる通り、明瞭に(2)の一原理型に属する。ヴァレンティノス派の神話は同じ一原理型あるいは流出論型の典型である。バシリデース派の神話は流出論にはよらず、「存在しない神」がそれ以後に生成するあらゆる存在を潜在的に内包する「世界の種子」を蒔くことから開始する。物質的世界もすでにその中に含まれている限り、やはり一原理型に属する。『ヨハネのアポクリュフォン』は、その基本的な構造は一原理型と同じ流出論によっているものの、すでに述べたように、「混沌」(物質)の存在を当初から前提してスタートする点では、(1)の二原理型に属する。グノーシス主義者ユスティノスに帰せられる『バルクの書』は、「万物の三つの始源」、すなわち、「善なる者」と呼ばれる至高神、「生まれた万物の父」と呼ばれるエローヒームという二つの男性的始源、それに「万物の母」と呼ばれるエデンという女性的始源の三つから説き起こされている限りでは、一応三原理型と見做すことができる。しかし、中間の原理に相当するはずの「万物の父エローヒーム」は実際には積極的な救済原理として働いているから、本質的には、プラスの男性原理とマイナスの女性原理から成る二原理型と見做すべきであろう。

なお、以上のような神話の原理的な構造を規準として行なわれる類型区分と並んで、キリスト教との関係を規準にした類型区分も可能であり、必要でもある。すなわち、キリスト教的な要素を全く含まないものは「非キリスト教的グノーシス主義」の、含むものは「キリスト教的グノーシス主義」の神話に区分される。但し、この区分はあくまでもキリスト教的要素の有無という現象を規準にして行なわれるものであるから、歴史的な前後関係と混同されてはならない。「非キリスト教的グノーシス主義」の神話であっても、歴史的にはキリスト教起源以後に、しかしキリスト教とは無関係に成立したものが存在し得るからである。本シリーズの第四分冊に収録される予定の『アダムの黙示録』はその一例である。「キリスト教的グノーシス主義」に属する神話の中にも、キリスト教的要素が微量あるいは表層にとどまるものと、明らかに初めから自覚的にキリスト教を前提して成り立っているものが区別される必要がある。本巻に収録した神話について言えば、第一部の『ヨハネのアポクリュフォン』、『アルコーンの本質』、『この世の起源について』は前者に、第二部のプトレマイオス、バシリデース、バルクの書の教説は後者に属する。

(1)「マンダ教」とは、チグリス・ユーフラテス河の下流域を中心に現存する宗教共同体で、元来はキリスト教の成立前後の時期にパレスチナのヨルダン河沿いに展開した洗礼運動(死海文書の母体もその一部)の一環であったとする説が有力である。

(2) H. Jonas, *Gnosis und spätantiker Geist, Bd. I: Die mythologische Gnosis*, Göttingen 1964³, S. 255–257.

(3) W. Fœrster (Hg.), *Die Gnosis, Bd. I: Zeugnisse der Kirchenväter*, Zürich/Stuttgart 1969, S. 20–21.

I

# ヨハネのアポクリュフォン

大貫　隆訳

『ヨハネのアポクリュフォン』には四つのコプト語写本が伝存する。一つは一八九六年以来その存在が知られ、現在はベルリンのボーデ博物館に所蔵展示されているもので、通常ベルリン写本と呼ばれる（＝以下、写本Bと略記）。残る三つはそれぞれナグ・ハマディ写本のII、III、IVに含まれている（＝以下、写本II、III、IVと略記）。これら四つの写本は二系統の伝承に分かれる。写本IIとIVは、写本IIIとBにはない大挿入記事（後述するパラグラフ区分では§49―53）などを含み、分量的にもその分だけ長くなっている。そのため、写本IIとIVは長写本、写本IIIとBは短写本とも呼ばれる。この内、写本IVは非常に保存状態が悪く、ほとんど断片しか残存しないページが大半である。それでも脱落した本文を推定的に復元しようとすれば、写本IIの並行記事を手掛かりにする他はない。そのようにして復元された本文を翻訳しても、結局写本IIの訳文とほぼ同じものとなるので、ここに訳出するには値しない。以下の翻訳は終始写本III、B、IIの三つを上から下へこの順で並べ、それぞれ内容的に並行する記事が対観できるようにしたものである。上下にこの順で並べる根拠については、巻末の解説を参照していただきたい。対観を容易にするために、内容上のまとまりを基準にしてパラグラフ区分を行なっている。訳注については、三つ（あるいは二つ）の写本に共通する語句や事柄に対する注は†1、†2、†3で、それぞれの写本に固有な語句や事柄に対する注はIII（1）、（2）／B（1）、（2）／II（1）、（2）と表示する。

なお、全巻の内容構成をパラグラフに付した小見出しで概観すれば次の通りである。

四つの大いなる光（§23）
原型アダムの生成（§24）
セツ、セツの子孫、他の生成（§25）

**三　中間界の生成**（§26—43）

ソフィアの過失（§26）
異形の子の誕生（§27）
ヤルダバオート（§28）
ヤルダバオートの世界創造（§29）
三百六十人の天使群（写本Ⅲ、B　§30）
黄道十二宮（獣帯）（§31）
二重の名前（写本Ⅲ、B　§32）
七人の王（§33）
週の七個組（写本Ⅲ、B　§34）
ヤルダバオートの三重の名前（写本Ⅱ　§35）
三百六十五人の天使群（写本Ⅱ　§36）
週の七個組（写本Ⅱ　§37）
ヤルダバオートの多面相（§38）
七つの勢力（§39）
二重の名前（写本Ⅱ　§40）
ヤルダバオートの思い上がり（§41）
ソフィアの動揺（§42）

蛇（§62）
忘　却（§63）
女の創造（§64）
「すべて生ける者の母」（§65）
エピノイアの啓示（§66）
楽園からの追放（§67）
性欲の発生（§68）
セツとその子孫（§69）
**六　終末論**（§70—75）
人間の相異なる運命（§70—75）
**七　補論・模倣の霊について**（§76—79）
模倣の霊の起源について（§76）
宿　命（§77）
ノアの洪水（§78）
人間の娘たちとの姦淫（§79）
**八　プロノイアの自己啓示**（§80）
**九　エピローグと書名**（§81）

## 神話に登場する主な役柄と観念

1　見えざる（処女なる）霊（§6—14）
＝神性が充満する超世界的な領域（プレーローマ）の至高神。

2　バルベーロー（§13）
＝至高神の最初の自己思惟として生成する両性具有の神的存在で、「プロノイア」、「第一の人間」、「万物の母体」、「母父」(メートロパトール)とも呼ばれる。「見えざる処女なる霊」と共にさまざまな下位の神的存在(アイオーン)を生み出す。

3 アウトゲネース(§19—23) ＝「見えざる処女なる霊」とバルベーローの間から生まれる「独り子」で、「キリスト」とも呼ばれる。

4 第一の認識、不滅性、叡知、意志、真理、言葉(§14—17、21) ＝プレーローマの中に生成する神的存在。

5 アルモゼール、オーロイアエール、ダベイテ、エーレーレート(§23) ＝アウトゲネース・キリストから生成する四つの大いなる光。

6 原型アダム(§24) ＝やがて中間界に生成する心魂的アダム(13)の原型。

7 原型セツ(§25) ＝やがて地上界に生成するセツ(19)の原型。

8 ソフィア(§26) ＝プレーローマの最下位に位置する女性的アイオーン。その過失から、中間界以下の欠乏の世界全体が生成する。

9 ヤルダバオート(§27) ＝ソフィアが生み落とした異形の子で、中間界以下を支配する「第一のアルコーン」。

10 十二人(§31) ＝黄道十二宮(天の獣帯)を擬人化したもので、ヤルダバオートの部下として、一年十二箇月を支配する。

11 七人(§33) ＝ヤルダバオートの部下、一週七日を支配する。

12 三百六十(または三百六十五)人の天使(§30、36) ＝ヤルダバオートの部下で、全方位、あるいは一年三百六十五日を支配する。

13 心魂的人間アダム(§47—54) ＝ヤルダバオートとその部下が「第一の人間」(バルベーロー)の形に倣って中間界に創造する人間。

14 肉体的人間アダム（§58）　＝ヤルダバオートとその部下が心魂的人間に被せる牢獄としての肉体。
15 楽園（§59）　＝ヤルダバオートとその部下が肉体的アダムを一時的に監禁する場所。
16 蛇（§62）　＝アダムとエバに生殖行為を教える。
17 エピノイア（§57―68）　＝肉体の中に拘禁されたアダムを覚醒させるために働く女性的救済者、プロノイア（バルベーロー）の顕現形態。
18 エバ（§64）　＝ヤルダバオートがアダムのあばら骨から、エピノイアの形に倣って創造する女。
19 セツ、セツの種子（§69）　＝アダムとエバの子孫、改めてプレーローマからの啓示を受けた者たち。
20 プロノイア（§13、80）　＝バルベーローの別名。神話の隠れた主人公の一人、最後に自分を啓示する。
21 模倣の霊・忌むべき霊（§76―79）　＝ヤルダバオートの部下の天使たちがエピノイアに似せて造り出し、人間の娘たちを誘惑して、子供を産ませる力。
22 物質（§46、58）　＝プレーローマの対極に当初から前提されている混沌。

## §1 まえがき

II 1 1—4

【1】［救い主］の教え［と言葉。］彼は沈黙の中に隠されたこれ［らの奥義］を［啓］示した。［すなわち、イエス・キリストが。そして］彼はそれらをヨハ［ネ］に教え、ヨハ［ネはそれに注意］を払った。[1]

## §2 ファリサイ人とヨハネ

B 19 6—20 3

【19】さてその頃のある日のこと、ヤコブの兄弟ヨハネ——とはすなわちゼベダイの子らのことである——は宮（神殿）に上った。彼が宮に上り着いたとき 10 アリマニアスという名のファリサイ人が近づいてきて、こう語りかけた。——「君が付き従っていた君の主人はどこかね」。彼（ヨハネ）は答えて言った、15「彼がそこからやって来ら

II 1 5—17

5［さてその頃のある日のこと］、ヤコブの兄弟ヨハネ——とはすなわち、ゼ［ベ］ダイ［の子］らのことである——は（宮＝神殿に）上った。彼が宮に上り着いたとき、アリマニオスという名の［ファリ］サイ人が近づいてきて、10 こう語りかけた。——「君が付き従っていた君の主人は［ど］こかね」。そこで［彼（ヨハネ）は答えて言った］、「彼が

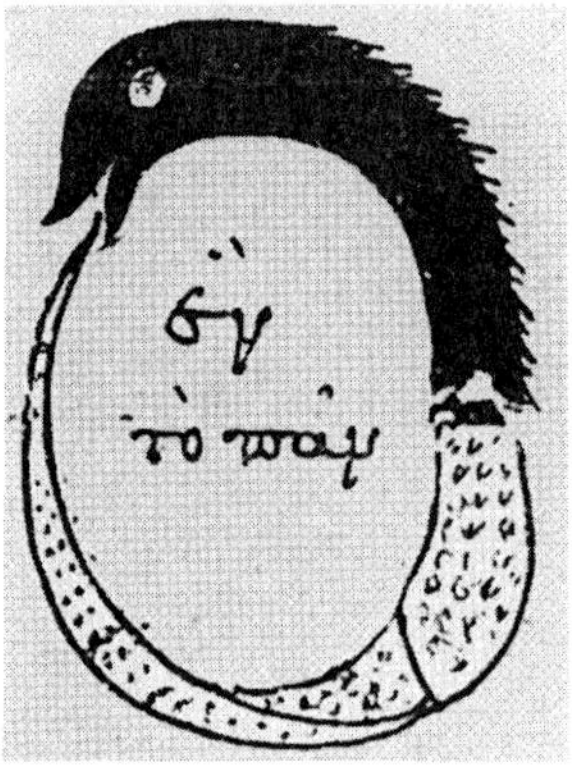

▲ウロボロス像。自分の尾を嚙む蛇はグノーシス主義の代表的な象徴の一つ。ギリシア語魔術パピルスに描かれた図像で、中に「万物は一つ」とギリシア語で記されている。

れたところ、そこへ再び帰ってゆかれました」†1。するとそのファリサイ人が彼に言った、「そのナザレ人は君たちをだまして迷わせ、君たちの耳を嘘で[いっぱい]にしたのだ。【20】また、[君たちの心]を閉ざし[て]、君たちの[父祖]の言い伝えから君たちを引き離してしまったのだ」。

そこからやって来られた所、[そこへ再び帰]ってゆかれました」†1。するとそのファリサイ人が[彼(ヨハネ)に言った、「そのナザレ人は]君たちを[だまして]迷わせたのだ。そしてまた彼は[　　±15　　]。また、[君たちの心を]閉ざして、[君たちの父祖の]言い[伝え]から、[君たちを引き離してしまったのである」]。

## §3　ヨハネの疑問

B 20 3—19

私はこれを聞いたとき、神殿を立ち去って†1あの山へ、とある荒涼たる場所へ向かった。私は心に深く悲しんで、

II 1 17—29

[私はこれを]聞[いたとき]、神[殿を立ち]去って、[あの山へ†1、とある荒涼たる場所へ向かった]。私は[心に

§1　(II)(1)「[救い主]の教え……」以下は「[イエスが]沈黙の中に、秘められ[た言葉で啓]示した教え。[そして救い主]はこれをヨハ[ネ]に啓示し、[ヨハ]ネが[それを書き記した]」。あるいは「[救い主の]教えと沈黙の中に隠された[起源の奥義の啓示。すべて]彼(救い主)が弟子ヨハネに教えた[こと]」と復元する提案もある。

§2　†1　ヨハ一六5、28参照。

§3　†1　マコ一三3、使一12参照。

こう言った、「でもなぜ救い主は立てられたのだろうか。また、なぜ彼は、彼を遣した父によってこの世に送られたのだろうか。彼の父とは誰のことなのか。また、私たちがやがてそこへゆくであろうあのアイオーン*とは、どんな性質のものなのか。彼は私たちに、『この（目の前の）アイオーン（世界）はあの不朽のアイオーンのかたちを受取っている』とは語ったが、かのアイオーンがどのようなところなのか、このことはまだ何も説明してくれなかった」。

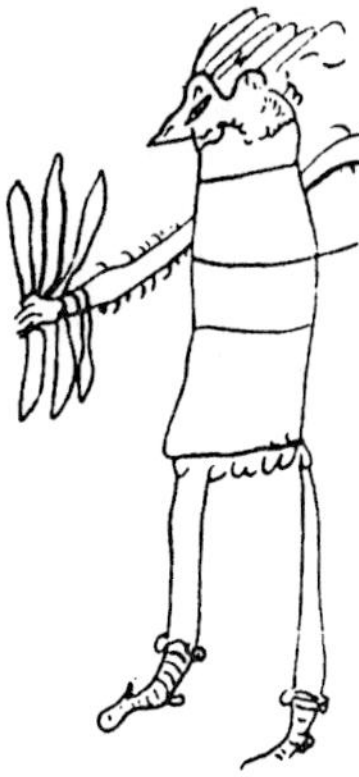

▶「ヤオー」または「セト」（＝セツ）神像。ギリシア語魔術パピルスより。

深く悲⌋しんで、こう⌈言った、「でもなぜ救い主は立てられたのか」。また、な⌈ぜ彼は彼の父⌋によって⌈この世へ送られたのだろうか。彼を遣わ⌋した父⌈とは誰のことなのか。また、私たちがやがてそこへゆくのであろうあのアイオーン*とは、どのような性質のものなのか。というのも、彼は⌈私たちに⌋、『この⌈滅びゆく⌋アイオーンは⌈不朽の⌋アイオーンの⌈かた⌋ち⌈を受け取っている』とは語っ⌋たが、⌈かのアイオーンがどのようなところのなのか、このことはまだ何も説⌋明⌈してくれなかった」⌋。

## §4　三重の像の出現

B 20,19—21,13

さて、私がこう思いめぐらしていたとき、突然諸々の天が開けて、全被造物が照り輝いた。——【21】天⌈の下へ降りてきた(1)⌋光に照らされて。そ

Ⅱ 1,30—2,9

さて、⌈私が⌋心⌈にこう思いめぐらしていたとき⌋、突⌈然諸々の天が開けて、全被造物が(1)⌋天の下⌈ ±14 ⌋照り輝⌈いた⌋。そして、⌈世界*

全体が]揺れ動いた。【2】私[は恐ろしくなって、倒れ伏した。すると]光の中に[一人の子供を]見た。[その子供は私の前に立っ]ていた。[しかし]私は[一人の老人の像を見*]た時——それ(像)は大きな姿のようであった。(2) そして、それはそ[の]形[を変]えて、私の前[で]、[同時に]見るも小さな姿であった。(3) そして、その光の中に多

して世界[全体*が揺れ動いた]。私は恐しくなって[倒れ伏した]。すると、見よ、私の前に一人の子供が(2)[現れた]。しかし、[私には](突然)その像が老*人であるように[見え]、その中に光があるのが[見えたので]、[私はじっと]その像を[見つめてみた]。(しかし)私には[こ]の奇跡が[理解でき]なかった。すなわち、(今度は)[一人の女]が多く

た」と訳すこともできる。

(3) 原本は一度書いた文字を消去して、書き直している箇所である。そのため正確な判読は著しく困難である。「見るところ、統一(されたもの)のようであった」と復元する提案もあるが、この復元では内容的に重大な「大」と「小」の対照が失われる。「小さな姿」は「僕」あるいは「若者」と意訳することもできる。

(4) あるいは「(多くの形)の統一」。

(5) ( )内は、先行する第3行「しかし、私は[一人の老人の像を見]た時」が後文を欠いた破格構文になっていることを改善するための補充。

(6) 先行する欠損部と合わせて「(それらの形は互い違いに)光の中に現れていた」と復元する提案もある。

**§4**

† 1 このパラグラフ全体は救い主が多様な姿で自己を啓示する様を描いているが、同じような場面は『ヨハネ行伝』八九章、フィリ福§26にも認められるから、すでに初期キリスト教の周辺である程度定型化していたものと思われる。

〔B〕(1) あるいは「[地上のものならぬ]」、「天[の下の]」。

(2) あるいは「青年」。

(3) **21** 9の「一人の女」を受ける。

〔Ⅱ〕(1) あるいは「全[被造物が]天から[下ってきた光線]の光で[照り輝いた]」、「天の下の領域を[照らす光で]輝いた」、「[天の]下に[ある]全被造物が輝いた」という復元の提案もある。

(2) 「一人の老人の像を……」以下は、Bの並行箇所(**21** 5)に従った推定。後半は「それは一人の老人の姿に似てい

の形をして[光の中に]いたのである。その女の形はいろいろに入れ[代り]ながら[見えていた]。(私はこう思った、)もし彼女が一人だとしたら、[どうして](3)彼女は三つの姿をしているのだろうと。†1

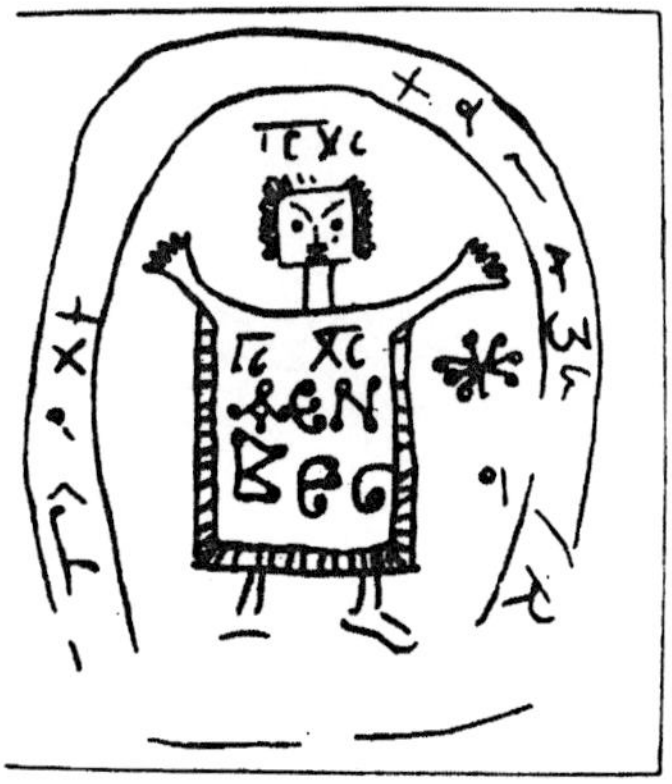

▶イエス像。コプト語魔術パピルスより。

## §5 救い主の自己啓示

B 21,13—22,16

(すると)彼が[私に言った]、「ヨハネよ、な[ぜ君]は疑うのか†1」。それに続けて[彼は言った、]「君はこの[現]象に慣れていないとでも言うのか(1)。怖じ[ける]な。[私]はいつでも[君たち]と共に[いる]。私は[父であり]、[私は]母であり、私は[子である]†2。私は【22】永遠に在る者、汚[し]得ざる者(2)である。[なぜなら]彼と混り合うような[者は誰一人いないからである]。さて今[や私は]君に説き明かすために[やってきた]。現に今在るものが[何

くの形をした[像](4)があった。[そ]して、それらの[形は]互い違いに現れていた(5)。(——その時、私は不思議に思った、)それ(像)は[一つなのに]どうし[て](6)、三重の姿をしているのかと†1。

II 2,9—25

(すると)彼が私に言った、「ヨハネよ、ヨハネよ、なぜ君は疑うのか†1。また、なぜ恐れるのか。この像に不慣*れな者と[なるな(1)。すな]わち、怖じ[ける]な。私はいつでも[君たちと共にい](2)る。私は[父であり、私は]母であり、私は子[である]†2。[私は]汚し[得ざる者](3)であり、穢れに染まぬ者である。[さて今や私は君に告げるため]にやって来た]。現に今在るものが何であり、[かつて在ったものが何であり、やがて成る]べきことが何[であ]

であり]、[かって在った]ものが何であり、やがて成る[べき]ことが何であるかを。それは君が見えざるもの、また、見える[もの]を[認識する]ためであり、完[全なる人間]*について[教えを聞く]ためである。さあ、君の[顔を上]げなさい。[3] そして私が今[日]君に語って聞かせることを聞いて[理解しなさい。それは]君自身がそ[れ]をさらに[君と同じ]霊*の仲間、とはすなわち、[完全]なる人間に

るかを。[4] [それは君が明らかならざる]もの、[明らかなるものについて知るためであり、完全なる人間*について]、君に教[えるためである。さ]あ、[君の顔を上げなさい。そして来て、聞きなさい。私が今]日[君に語って聞かせることを理解]して、[君自身がそれをさらに君と同じ]霊*の仲間、とはすな[わち]、完全なる人間に属する[揺らぐことのない種族からの者た]ち[に宣べ伝えるた]めである」。

いうのに。なぜなら君は[この像にはまだ]馴染みがないのだから」。

(2) あるいは「混じ[り]得ざる者」。

(3) あるいは「[顔を]上げ[そして来]なさい」。

(4) 「そして[彼らも]……」以下は、あるいは「そして[私が]理解し[たいと欲したとき]」、「そして[私は言った、『お話し下さい。私がそれを]理解することが[できるように]』」

〔Ⅱ〕(1) 命令文ではなく、疑問文に取ることも可能。

(2) マタ六20参照。

(3) あるいは「把捉[し難い者]」。

(4) 以下§6の**2** 30まで写本の本文の左側三分の二が喪失。以下の復元はBの読みに基づくもの。

**§5**

†1 ヨハ二〇27参照。

†2 マタ六19参照。マタイ福音書のこの箇所では「父」、「子」、「聖霊」の三つがこの順で列挙される。これはいわゆる「三位一体論」の前段階を成すもので、「三体論的定型」と呼ばれる。それに対し、われわれの箇所では「聖霊」の代わりに「母」が第二項に入っている。「霊」がもともとセム系の言語では女性名詞であることに注意。類似の定型句はユダヤ教およびキリスト教の影響圏内で生み出された(コプト語)魔術文書などにも現れる。

〔B〕(1) 「ヨハネよ……」以下は、あるいは「ヨハネよ、な[ぜ君]は疑うのか。[(君に)[これらのことを教]えてあげようと

属する揺[らぐ]ことのない種族[からの]者たちに宣べ伝え、そして[彼らも]理解するようになる[ためである(4)]」。

## §6 至高神について

B 22 16—23 3

彼は私に語った、「(1)[単一]性は単独支配のことであるから、さらにその上に支配する[者は存在しない]。(それは)[真の]神、万物の父、聖[なる霊]*、万物の上に[在]って見えざる者、不滅性の中に[在る]者、【23】純粋なる光――すなわち、いかなる視力でも見つめることができないほどの光――の[中に在る]者である。†1

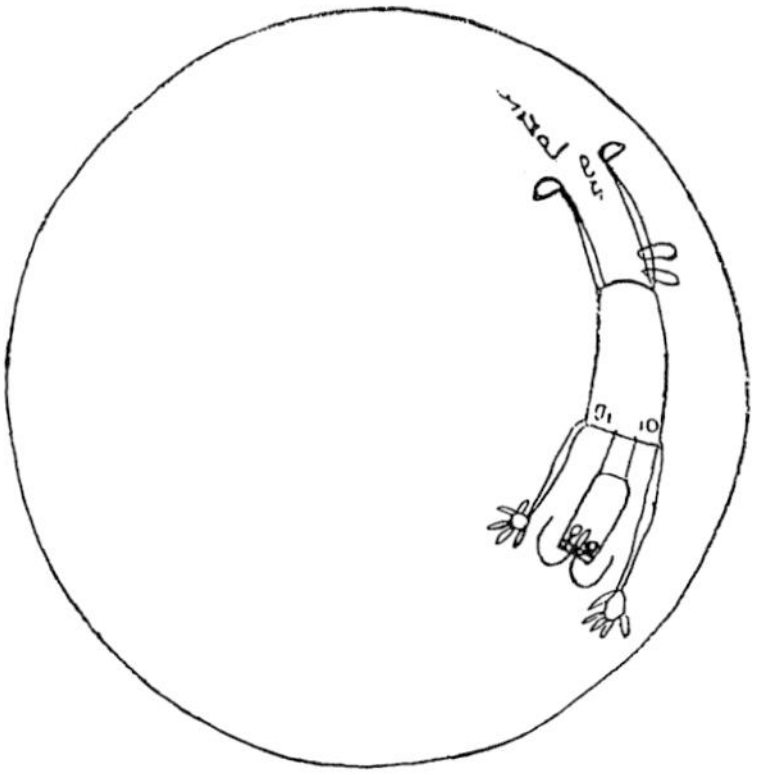

▶悪霊像。マンダ教の魔術杯に描かれたもの。

III 5 1

【5】「(1)…………彼より先[に在って彼に]名前を付け[た者は誰一人いないの

[それで私は彼に言った]、「私[がそれを理解することができる]よう、[どうぞ語っ]て下さい」。

II 2 25—32

[彼は]私に語った。「(1)単一性は[単独支配のことであるから、さらにその上には何者も]存在し[ない。彼は真の神、万物]の父、*[見え]ざる[霊]*であり、[万物の]上に在る。不滅性の[中に在る者であり、純粋なる光]――すなわち、[いかなる視力でも見つ]めることが[できない光の中に在]る者である。†1

## §7 至高神について(つづき)

B 23 3—24 6

彼、すなわち霊*を、神であると(考えるのも)、また何かその種の性質を

II 2 33—3 17

[彼は見え]ざる[霊]*である。彼を[神]のように[考えることも]、また、

だから。

していると考えるのも適当ではない。5なぜなら彼は神（々）よりもすぐれた者であるから。彼は何人といえどもその上に支配することがない支配(1)である。なぜなら何人(2)といえども彼に先立って存在する者はなく、彼は彼らを必要としないからである。また、彼は生命(3)も必要としない。10なぜなら、永遠なる者であるから。彼は何一つ必要とする

［何かその種の性］質をしていると［考えるのも］適当ではない。35なぜなら、彼は神（々）よりも偉大であるから。彼の上には［何者も］存在し［ない］。なぜなら、［彼の上に］支配する者は誰もいないからである。【3】［彼は］いかなる欠乏(1)*の中にもいな［い。なぜなら］、彼に先立って存(2)［在する者はいないか らである］。ただ彼一人が［永遠なる者

**§6**

†1　以下§9まで至高神について延々と否定詞を重ねる否定神学が展開される。同様の否定神学は他のグノーシス主義文書の中にも広範に認められるが、後二世紀の中期プラトン主義（特にアルキノス『プラトン哲学要綱』）との並行が著しい。

〔B〕（1）　この引用符は§42の**45** 5で終る。

〔Ⅱ〕（1）　この引用符は§42の**13** 17で終る。

**§7**

〔Ⅲ〕（1）　以下§61の**28** 17まで「救い主」の口に置かれた直接話法。

〔B〕（1）　「始源」と訳すこともできる。直続の文脈を参照。

（2）　あるいは「何物」。

（3）　あるいは「生きること」。

〔Ⅱ〕（1）　あるいは「従属」。

（2）　**3** 1—3全体について、「［彼は彼より］何か下位のものの中に［存在する］のではない。［なぜなら、すべてのものが］彼の中に存在するのだから。［というのは、彼こそは］自己自身［の礎を据える者だからである］」。あるいは「彼は……彼（自分）の中に何物も劣ったものを含んでいない。なぜなら、よりすぐれたものが彼の中には在るのだから」という復元も提案されている。

（3）　あるいは「何物も」。

（4）　あるいは「完全さの」。

（5）　以下§8末尾までは写本の本文の右側三分の二が喪失。以下の翻訳は、これに並行する部分で珍しく本文の残存状態が良好な写本Ⅳに基づいて復元したもの。

（6）　あるいは「……永遠なる者である。なぜなら、彼は永遠に存在するからである」。

ものがない。なぜなら彼は（何かによって初めて）完成されるということのあり得ない者であるから。彼は完成される必要のある方ではなく、むしろいつでも完成そのものなのであるから。彼は光である。彼は限定不可能である。彼を限定するべく彼に先立って在る者は一人もいないからである。（彼は）断定し難い者である。彼を断定するべく彼に先立って在る者は一人もいないからである。（彼は）測り難き者である。彼に先立って在ったかのごとくに彼を測った者は一人もいないからである。（彼は）目に見えざる者である。【24】何人も彼を見たことはないのだから。（彼は）永遠なる者であり、永久に存在する。（彼は）記述し難き者である。何人も記述しようとして彼を把握したことがないのだから。（彼は）その名前を呼ぶことのできない者である。彼より先に在って彼に名前を付けた

で］ある。なぜなら、彼は［生命も］[3]必要と［しない］のであるから。［な］ぜなら、［彼は］全く完全であるから。彼は［それ］によって完成されることになる［ような物を何一つ必要としなかった。むしろ［い］つでも［光の］[4]中で完全なのである。彼は限［定不可能］である。彼を限定するべく［彼に先立って在る］者はいないからである。［彼は断］定し難い者［である］。彼を［断定する］[5]ために彼に先立って在る者は［い］ないからである。［彼は測り難き者である。彼を測るために彼より先に存在するように］なった者は［誰］もいないからである。彼は［目に見え］ざる者である。何人も［彼］を見［たことはないのだから］。［彼は永遠なる者であり］、永遠に［存在する］[6]。彼は［記述し難］き者である。何人も［記述しようとして彼を把捉することが］できなかっ［たのだから］。彼［は命］名［し難き者である。

彼より先に在って、彼に]名前を付けた[者はいないのだから。

者は誰一人いないのだから。

## §8　至高神について（つづき）

II 3 17—36

彼は測り難き光]であり、潔められ、[聖なる、純粋なる光(1)である。彼は]記[述し難き者であり、不]朽さに[おいて完全なる]者である。彼は[完成ではなく]、至[福]さ[でもなく]、神[性でさえもなく]、む[しろ(2)]それらよりも)はるかにすぐれている。彼は[身]

B 24 6—25 9

彼は測り難き光、聖なる、純粋なる潔さ、記述し難き者、完全なる者、不朽なる者である。彼は完成でも、至福さでも、神性でさえもなく、むしろこれらよりはるかにすぐれたものなのである。彼は無限定でも、限定されたものでもなく、むしろこれよりはる

III 5 2—6 1

彼は]測り難[き光、聖なる]純粋[なる潔さ、記述し難き者、完]全なる者、[不朽なる者である。彼は完]成[でも至福]さ[でも神性でさえも]なく、むしろ[はるかにすぐれた]ものなのである。彼は無限定ではなく、[限定されたものでもな]く、むしろ[もっと

§8

〔B〕（1）あるいは「いかなる被造物および何人といえども彼を把握することはできない」。

〔II〕（1）あるいは「染みのない」。

（2）「彼は]記[述し難き者……」以下は、あるいは「彼は記述し難い。不朽さ、完成、至福さにおいて完全だからというのでは(なく)、むしろもっとすぐれているからである」。

（3）「あるいは……」以下も、先行する文章の「われわれが言うような」の目的文として、『どの位の大きさか』に続けて訳すこともできる。

（4）あるいは「彼は時間によって分け[られたことがない]」、「彼に時間が割り振られ[たことはない]」。しかし、写本IVの並行箇所（5 18—19）はわれわれの復元を支持する。

（5）他の写本に並行記事がないため、復元が困難な箇所。

（6）第34行の「なぜなら」以下については、「(他者に由来するような)一体どんな物が彼を決定づけて、彼をしてそれを受け取らざるを得ないようにさせることができようか」、あるいは「なぜなら、誰かよりも先にあるものは、[何かを欠いて、その誰かから]貰い受けるというようなことがないからである」という復元も提案されている。

すぐれたものなのであ］る。彼は身体*的［でもなければ、非］身体的でもない。彼は［大きくも］小さくもない。彼は［どの位の大きさと言えるような者］ではない。彼はいかなる被造物でもない。彼はこのような種類の者ではな［い。］何人といえども彼を把捉することは全くできない。彼はそもそも現に存在しているものの中の何かではなく、むしろもっとすぐれたものである。（しかし、それは）彼（それ自身として）すぐれたものであるかのような意味ではなく、むしろ彼は（すべてのものから全く異なった）独自の本質の者であるから、アイオーン*たちの一部に与かるということがないからである。彼には時間というものが属さない。というのは、あるアイオーンの一部に与かる者（がいるならば）、（彼以外の）他の者がまず先に彼を準備したはずであるから。彼には時間が分与されてい

かにすぐれた者である。なぜ［なら］彼は身体*的でもなければ、非身体的でもないからである。彼は大きくも小さくもない。彼はどの位の大きさと言えるような者ではない。彼はいかなる被造物でもない(1)。また何人といえども彼を把捉することができない。そもそも何か存在するものではなく、むしろそれらよりもっとすぐれたものである。（しかし、それは）本当は彼が（それ自身として）すぐれたものであるかのような意味ではなく、むしろ、【25】彼は（すべてのものから全く異なった）独自の者であるから、あるアイオーン*の一部に与るということはないのである。彼には時間というものが属さない。なぜなら、あるアイオーンの一部に与る者（がいるならば）、（彼以外の）他の者たちが彼のために準備をしたのだから。また、彼には時間が分与されたことがない。それを分与する誰か他の者が

体*的でもなければ、［非身体的でもない］。彼は大きくもなく、［小さくもない］。彼は［『どの位の大きさか』とわれわれが言うような種類の者［でもなく、あるいは、いかなる被造物でもない］(3)。なぜ［なら、何人といえども彼を把捉することはできないからである］。彼は［存在するものの内の］何かではなく、［むしろ］（それ［ら］より）もっと［すぐれたものである］。（しかし、それは）［本当は彼が（それ自身として）すぐれたものである］かのよ［うな意味ではなく、むしろ彼］自身の固有のもの（本質）は［アイオーン*たちの一部に］与［かることがなく］、時間に与かる［こともないからである。なぜなら、あるアイオーンの一部に与かる］者（がいるならば）、彼こそま［ずもって準備されたことになるから。彼は誰か他の者によって］時［間］の中に［固くされた(4)のではない。なぜなら］彼は何［物］も

ない。なぜなら、彼は他の誰からも(何かを)受け取るということがないからである。【6】彼は欠乏す[ることがない。彼に]先立つ[者は誰もいない。]

いて、(その者から何かを)彼が受取るということはないのだから。彼は何も必要としない。彼に先立つ者は誰一人としていない。

受け取ることのない者であるから。[　±20　](5)]なぜなら、[何人も]彼より[先にいて]、35彼が[その者]から(何かを)受け取ることになると[いうことはないからである](6)。

## §9　至高神について(つづき)

III 6 2—13

なぜなら、彼は[自分自]身を[光の完成の中に求めながら、また、その混じり気なき光の]中で認[識しながら存在する]のであるから(1)。5測り[難き大きさ、永遠なる者]、永遠性[を分け与

B 25 10—22

10光の完成の中に自分自身を求める彼は、その混じり気なき光を認識するであろう(1)。測り難き大きさ、永遠なる者、永遠性を分け与える者、光、15光を分け与える者、生命、生命を分け与

II 3 36—4 10

なぜなら彼は【4】[彼]の[混じり気なき]光[の中で]彼[自身](1)の方を見つめているからである。[なぜなら彼は]測り難き大きさであるから。[彼は]測り難き[大きさを備え]ている。[彼はアイオ

---

§9

〔III〕(1)「なぜなら、彼は[自分自]身を……」以下は、あるいは「彼は(あらゆることを)[光の完成の中で]自分自身に[自問しながら存在している]ので、やがて[混じり気なき光を]認識するだろう」。

〔B〕(1)原文は未来形。この未来形を重く見れば、主語の「彼」を個々のグノーシス主義者と解して、きたるべき終末論的自己認識を指していると見る他はない。しかし、文脈上は至高神の現下の自己認識が問題になっているので、前記の未来形を現在形に修正して、主語の「彼」を至高神と取る訳者が多い。

〔II〕(1)「再[び]彼の方を」、あるいは「むしろ、その誰かの方こそ光の中に在る彼を期待の眼差しで見つめるのだから」と復元する試みもあるが、われわれのように訳す方がBの並行箇所(**25** 10)の再帰的文章にも良く合致する。至高神そのものの中に認識の主体と客体への分化が始まるのである。

(2)あるいは「光」。

える者、光］、光［を分け与える者］、［生］命、［生命を分け与える者］、至福なる者、至［福を分け与える］者、認識*、［認識を分け与える］者［常］に［善］を行なう善なる者、彼がこのような者であるのは彼が（これらを）持っ［ているから］ではなく、［むしろ］彼が恵みを分け与えるから［である。］恵［みを分け与える恵］み、測り難き光。

える者、至福なる者、至福を分け与える者、常に善なる者、認識*、認識を分け与える者、善を行なう者。彼がこのような者であるのは、彼がこれらを持っているからではなく、むしろ彼が（それらを）分け与えるからである。憐れみを与える憐れみ、恵みを分け与える恵み、測り難き光。

ーン*を分け与える］アイオー［ン、生命］を分け与える生命、至［福］を分け与える［至福なる者］、認識*を分け与える［認］識、善を分け与える［善なる者、憐れ］みと救いを［分け与える］憐れ［み、恵みを分け与え］る恵みである。それは彼がそれを備えているからでは［なく］、むしろ(2)［彼が］測り難く不朽の憐れ［みを分け与えるか］らである。

## §10 救い主（語り手）の自問自答

III **6** 13—19

［あの把捉］し難き者——とはすなわち、［光］の像*のことである——について［私は］君に何を語ったらよいであろうか。私は、私がそれを理解し得るであろうところに従って——というのも［一体誰が］いつの日か彼を理解するであろうか——君に語ろう。私は、私が彼を理解し得るであろうところに従って語ろう。↑1

B **26** 1—6

【26】この把捉し難き者——とはすなわち、光の像*のことである——について私は君に何を語ったらよいであろうか。私が理解し得るであろうその限りで——と言うのも、一体誰がいつの日か彼を理解するであろうか——、また、私が君に話すことができるところに従って（語ることにしよう）。↑1

II **4** 10

彼(1)について［私は君に何を語ったらよいであろうか］。

## § 11　至高神について（つづき）

II 4 10—19

彼のアイオーン*は不朽である。彼は安]息*の中に在り、また、[沈黙の中に在って、安]らいでいる。彼は[あらゆるものに先立って]存在する者である。[彼は全]アイオーンの頭であ[る。†1 彼は彼の善]によって[彼らに]強さ[を与える者である]。なぜなら、われわれが[彼を知っ]たのではなく、[測り難き](事ども)を認識したのでもない。(1) [彼の中に]現れた[者を除いては]

B 26 6—14

彼のアイオーン*は不朽である。彼は安息*の中に在り、沈黙の中に安らいでいる。彼は万物に先立って存在する者である。しかし、彼はすべてのアイオーンの頭である。――もし彼のそばに何か別の[もの]が在るのだとすれば。†1 と言うのは、この測り難き方に係る事柄を知る者は、この方の中に住んでいた者を除いては、われわれの中には誰一人としていないからである。これら

III 6 19—7 2

彼のアイオーン*は不滅である。彼は安息*の中に在り、沈黙の中に安らいでいる。彼は万物に先立って存在する者である。彼はすべてのアイオーンの頭である。なぜなら、もし彼のそばに誰か別のものがあることになるとすれば、それらすべてのアイオーンを率い†1るのは彼の善良さだからである。この測り難き方に係わる事柄を知る者は、【7】こ[の方の中に住んでいた者を除

---

§ 10

†1　本来の構文が混乱している箇所。最後の文章も先行する疑問文の一部として訳すこともできる。

〔II〕(1)　以下§13の4 33まで本文の左側三分の二が喪失。以下の翻訳は写本B、III、IVに基づいて復元された読みによるもの。

§ 11

†1　§12以下で語られる下位の神々(アイオーン)の生成を先取り。

†2　ヨハ一18参照。

〔III〕(1)　訳者によっては「そ[の中に彼が住んでいたところの者を除い]ては」。

〔II〕(1)　「なぜなら、われわれが[彼を……」以下は、復元が極めて不確実な箇所。「なぜなら、測り[難き領域のことを]認識できるのは、[無知なる]われわれではないからである」、あるいは「なぜなら、[われわれは記述し難き事どもを知ら]ず、[測り難き]事を理解しないからである」と復元する提案もある。

(2)　原語の eiot は明瞭に「父」を意味する。訳者によっては以後一貫してこの語を「親」(parent)と訳す。恐らくフェミニズム神学を意識してのことと思われるが、文献学的には困難な力業である。

い(1)］ては、われわれの中には誰一人としていない。［これらのことを私たちに語ったのは］彼である。[†2]

III 7 2—14

［彼は、彼］を取り囲んだ［自分の光の中で自己］自身を把捉する［者、とはすなわち、生命］の水の［泉、[†1]］清浄さに［満ち満ちた光、活ける］水を与える［霊*の泉］である。［そして］彼はすべ［ての］アイオー［ン*］と彼らの世［界*］の支［度］を進めた。しかもあらゆる［形］で。〈彼は〉自［分を］取り巻く純粋なる光［の］水の中に彼自［身］の像*を見たとき〈それを認識した〉。すると彼の「思考」が活発になって現れた。[†2]［それ「思考」は光］の輝きの中から彼の［前へ］歩み出た。

のことを私たちに語ったのは彼である。[†2]

## §12 至高神の自己分化

B 26 15—27 8

彼は、自分を取り囲んだ彼自身の光の中で自己自身を把捉する者、[†1]とはすなわち、生命の水の泉、清浄さに満ち満ちた光である。霊*の泉が、光の活ける水から流れ出て、すべてのアイオーン*と【27】あらゆる形の世界*の支度をした。彼は自分を取り巻く純粋なる光の水の中に彼自身の像*を見たとき、それを認識した。すると彼の「思考」が活発になって[†2]現れ出た。それ(「思考」)は光の輝きの中から彼の前へ歩み出た。

(認識した者はいない)。［これはすなわち］、父(2)［である］。なぜなら、［それをわれわれに語ったのは］この者である。[†2]

II 4 19—29

なぜなら、彼は自［分を取］り囲んでいる［彼の］光の［中で彼自身］を見つめる者、［とはすなわち］、生命の水［の泉[†1]である］。そして［彼はすべてのアイオーン*を与え(1)、また］、あらゆる形で(そうする)(2)。彼は［霊*の泉の中に彼の像*を見］るとき、それを認識する。［彼は］彼の［水の光、すなわち］、彼を取り巻［く純粋なる水］の泉の中へ意志を(欲求)を働かせる(3)。すると［彼の思考が活］発になって[†2]現れ［出］た。［それ(「思考」)は歩み出て］、彼の光［の輝きの中に］彼の［前］へ［現］れた。

## §13 バルベーローの生成

Ⅱ 4 29—5 11

——すなわち、これが彼らすべ[て]より先に存[在する力であり、彼]の思考の[中から現れ出たものである]。これがすなわち[万物のプロノイア]*、彼女の[輝く]光、光[の似像]*、[完全なる]力である。[そ]れは見えざ[る]*、処女なる、完全なる霊の[影]像*である。[それは]力(1)、バルベーロー*の栄光、【5】アイオーン*の間の完全なる栄光、啓示(2)の栄光、処女なる霊*の栄光である。これが彼の影像(3)の最初の「思考」であ

B 27 8—28 4

——すなわちこれが万物に先立つ力であり、(今や)現れ出たものである。これがすなわち万物の完全なる「プロノイア」*、光、光の似像*、見えざる者の影像*である。それは完全なる力(1)、バルベーロー*、栄光の完全なるアイオーン*である。彼女は彼によって現れたからである。彼女は彼を賞め讃えた。そして彼女は彼を認識する。彼女は最初の「思考」、彼の影像である。彼女は第一の人間*となった†1。これはすな

Ⅲ 7 15—8 5

——すなわちこれが万物に先[立]つ力であり、[万]物のプロノイア*であり、(このプロノイアは)見えざる者の[影像]*の光の中に輝いている。それは完全なる力、バルベーロン(1)*、栄光の完[全]なるアイオーン*である。彼女は彼を賞め讃えた。彼女は彼に[よって]現れたからである。そして彼女は[彼を]賞め讃えた。これが最初の「思考」、[彼の]影像である。彼女は第一の[人]間*となった†1。これはすなわち、処女な

§12

†1 默三1参照。

†2 あるいは「行為となり……」。

〔Ⅱ〕(1) 「生み出し」の意。

(2) 文意が良く通らない箇所。写本Ⅱは短写本の並行箇所に出る「世界の支度を」の語を書き飛ばしているのかも知れない。

(3) 「彼は[霊の泉の……」以下は、本文の復元が極めて不確実な箇所。「また、彼の像を[霊]の泉の中に眺めながら、それについてあらゆる考えをめぐらす……」、あるいは「彼は霊の泉の中に見る彼の像を見つめる……」という推定訳も提案されている。

§13

†1 ⅢとBの原文は不定冠詞を伴い、敢えて直訳すれば「とある第一の人間」。Ⅱは定冠詞を伴う形。

†2 両性具有の意。

†3 「三倍」あるいは「三つ(三重)」のモティーフは、われわれの文書とほぼ同時代の地中海世界に広く流布したいわゆるヘルメス文学にも、「ヘルメス・トリスメギストス」(三倍偉大なるヘルメス)という表現で現れる。

〔Ⅲ〕(1) ⅡおよびBの「バルベーロー」と同じ。Ⅲのみ以下一貫して「バルベーロン」と表記。

る霊*のことであり、【8】三[倍男性的なる者、三倍の]賛美、[三つの名前と三]つの力を備えた†3者、老[いることがなく、]男[女《おめ》†2*なるアイオーンであり、彼のプロノイアから現れ]出た者である。

わち、処女なる霊*のことであり、三倍男性的なる者、【28】三つの力と三つの[名前]と三つの生殖を備えた†3者、不老かつ男女《おめ》†2*なるアイオーンであり、彼のプロノイアから現れ出た者である。

る。彼女は万物の母胎となった。というのも、彼女は彼らすべてに先立†1つからである。母父(4)*、第一の人間、聖なる霊、三倍男性的なる者、三つの力、三つの男女《おめ》†2*なる名前†3、そして見えざる者たちの間にあって永遠のアイオーン、そして第一の出現である。

## §14 「第一の認識」の生成

III 8 5—13

[彼女、すなわ]ち[バルベ]ーロン*は「第一の[認識*]」を[自分に与えてくれるようにと]彼に請い[求めた]。すると彼は[それを承]認した。彼が承[認]したとき、「[第一の]認識」が彼に現れ[出た。]それは†1「思考」——とはすなわち「プロ[ノイア*]」のことである——と共に立[って]、見えざる[霊*]と完全なる力、すなわち[バルベーロン]を賞め讃えた†2。なぜなら、それ(「第一の認識」)は[彼女]によって在

B 28 5—13

そのバルベーロー*は、「第一の認識*」を自分に与えてくれるようにと彼に請い求めた。彼はそれを承認した。彼が承認したとき、「第一の認識」が現れてきた。それは†1「思考*」——とはすなわち「プロノイア」のことである——と共に立ち、見えざる者と完全なる力、すなわちバルベーローを賞め讃えた†2。それは彼女(バルベーロー)によって在るようになったからである。

II 5 11—20

それ(1)は見えざる、処女なる霊*——これはすなわちバルベーロー*のことである(2)——に[請い]求めた、彼女に「[第]一の[認]識*」を与えてくれるようにと。すると、その霊はそれを承認した。[彼が承認したと]き、「第一の認識」が現れてきた†1。彼女は[プ]ロノイア*——とはすなわち、見えざる、[処]女なる霊の思考から出た者である——と共に立ち、彼と彼の完全なる力、すなわち[バル]ベーローを賞め[讃え]

るようになったからである。

た。[20]彼[女]は彼女(バルベーロー)に[よっ]て在るようになったからである。

---

(B)(1)　三人称・女性・単数形

(II)(1)　三人称・女性・単数形あるいは「栄光のアイオーン」と復元する提案がある。

(2)　指示代名詞・男性・単数形。

(3)　あるいは同格的に「彼の影像、すなわち最初の思考である」。

(4)　原語の Mētropatōr はギリシア語からの借用語で通常は「祖父」の意。われわれの神話はこれをグノーシス主義的に転釈して、バルベーロー(プロノイア)を両性具有の存在「母父」として表現する。

§14

†1　IIは直前の「第一の認識」をギリシア語からの借用語(prognōsis)で表記しているため、「彼女」がこのギリシア語の女性名詞を受けることは明瞭である。しかし、IIIとBの「それ」は原文では三人称・男性・単数形であり、直訳すれば「彼」となる。これはIIIとBが直前の「第一の認識」をコプト語に移して表記していること、そのコプト語が文法上は男性名詞であることによるもので、「第一の認識」を受ける点で違いはない。しかしここには、われわれの文書がコプト語に翻訳されたことによって、元来のギリシア語の段階で行なわれていた神話論上の重要な工夫が失われるか、少なくとも、混乱して読み取りにくくなってしまっている事実が典型的に現れている。すなわち、元来のギリシア語原本では、すでに言及された至高神とバルベーロー(プロノイア)はいずれも両性具有の存在であるのに対して、以下§21までの間に順次生成してくる「第一の認識」、「不滅性」、「永遠の生命」、「真理」、「独り子」、「叡知」、「意志」、「言葉」の合計八つの神的存在は両性具有ではなく、前の四つが女性的、後の四つが男性的存在と考えられており、それに応じてそれぞれギリシア語の女性名詞と男性名詞(あるいは中性名詞)で表現されて、次のような四組の対に組み合わされていたものと推定される。

至高神
バルベーロー

第一の認識(Prognōsis) ↔ 独り子(Monogenēs)
不滅性(Aphtharsia) ↔ 叡知(Nūs)
永遠の生命(Zōē aiōnios) ↔ 意志(Thelēma)
真理(Alētheia) ↔ 言葉(Logos)

コプト語写本はこれらの内のいくつかをコプト語での同意語に置き換えたのであるが、その同意語の文法上の性まで元来のギリシア語のそれに合わせることはできなかったのである。そのため、この四組の対関係が混乱し、ほとんど読み取れない状態に至っている。

## §15 「不滅性」の生成

II 5 20—26

そ[れから再]び彼女は自分に「不[滅性]」を与えてくれるように請い求めた。すると彼は承認した。[彼が承認したと]き、不[滅]性が現[れてきた]。彼女は「思考」および「第一の認識*」と共に立ち、あの見えざる者とバルベーロー*を賞め讃えた。この(バルベーロー)の[ゆえ]に彼女らは在るようになったのである。

B 28 13—21

再びこの力は自分に「不滅性」を与えてくれるように請い求めた。すると彼は承認した。彼が承認したとき、「不滅性」が現れてきた。彼女は(1)「思考」および「プ(2)ログノーシス」と共に立ち、あの見えざる者とバルベーロー*を賞め讃えた。彼女は彼女(バルベーロー)のゆえに在るようになったからである。

III 8 13—20

[再]び彼女は自分に「不滅[性]」を与えてくれるように請い求めた。[する]と彼は承認した。彼が[承]認したとき、「不滅性」が現れてきた。それは「思考」および「第一の[認識*]」と共に[立ち]ながら、見えざる霊とバルベーロン*を賞め讃え続けた。なぜなら、彼女らは彼女(バルベーロン)に[よって]在るようになったからである。

## §16 「永遠の生命」の生成

II 5 26—32

それからバルベーロー*は自分に「永[遠の生]命」を与えてくれるように請い求めた。すると、見え[ざる]霊*は承認した。彼が承認したとき、「永遠の生命」が現れてきた。そして彼[ら彼女らは立っ]て、見えざる[霊][と

B 28 21—29 8

彼女(バルベーロー*)は【29】[自分に]「永遠の生命」を与えてくれるように請い求めた。(すると)彼は承認した。彼が承認したとき、「永遠の生命」↑1が現れてきた。そして彼ら彼女らは立ちながら、彼とバルベーローを賞め讃

III 8 20—9 3

彼女(バルベーロン*)は自分に「永遠の生命」を与えてくれるように請い求めた。すると彼は承認した。彼が承認したと[き]、「永[遠]の生命」が現れてきた。それは立ちながら、彼とバルベーロンを賞め讃え続けた。なぜ[な

ら」、【9】それら[†1]は彼女（バルベーロン）ゆえに見えざる霊*の啓［示］によって在るようにな［った］からである。(1)

え続けた。なぜなら、彼らは彼女（バルベーロー）ゆえに見えざる霊*の啓示によって在るようになったからである。

バ」ルベーローを賞め讃え［た。この（バルベーローの）ゆえ」に彼ら彼女ら[†1]は在るようになったのである。

## §17 「真理」の生成

Ⅱ5[32]—6[2]

それから再び彼女は自分に「真［理］」を与えてくれるように請い求めた。すると、見えざる霊*は承認［した］。「真理」が現れてきた。[35]そして彼女らは立って、見えざ［る］、【6】願いを聞き届ける霊(1)とバルベーロー*を

†2 ⅢとBの「賞め讃えた」の主語は、原文では三人称・女性・単数形の人称代名詞で、「第一の認識」がコプト語の男性名詞になっていることと矛盾するが、前注で述べたように、「第一の認識」の元来のギリシア語表現が女性名詞であることに引かれたためであろう。

〔Ⅱ〕（1） 原文は三人称・男性・単数形で、文脈上は直前の「第一の出現」を受ける。しかし、内容的には「プロノイア」（女性名詞）を受ける。B28[5]とⅢ8[5]がその読み。

（2） 原文の構文に忠実な訳。但し、この訳では、バルベーローが「見えざる、処女なる霊」と等しくなり、さらには、請い求められる側となってしまい、前後の文脈と不整合をきたす。このため、この文を先行する§13末尾の「第一の出現」に対する同格的言い換えと解し、「請う」の主語として訳す提案がある。

§15

〔B〕（1） 「不滅性」のこと。

（2） §14の「第一の認識」と同じ。

§16

〔Ⅲ〕（1） 文字通りには「啓示の上に」。

†1 原文の三人称・複数の性別は不詳。

§17

〔Ⅱ〕（1） 6[1]は文章の一部が喪失していて、全体として判読が

賞め讃えた。この（バルベーローの）ゆえに彼女（真理）は在るようになったのである。

## §18 「第一の人間」の五個組

II 6 2—10

こ[れ]が父——[とは]†1すなわち、「第一の人間*」のことである——のアイオーンの五個組*である。——すなわち、見[え]ざる霊*の影像*——とはすなわちプロノイア*、とはすなわちバルベーロー*と「思考」(1)のことである——「第一の認識*」、「不滅性」、「[永]遠の生命」、および「真理」である。これが男女的《おめ》*なるア[イ]オーンの五個組であり、すなわちアイオーンの十個組であり、これがすなわち父である。

B 29 8—18

これが「第一の人間*」である†1父のアイオーンの五個組*である。——すなわち、見えざる者の影像*——とはすなわち、バルベーロー*——、「思考」、「第一の認識」、「不滅性」、および「永遠の命」である。これが男女的《おめ》*なる五個組であり†1、第十番目のアイオーン、すなわち生まれざる父の父である(1)。

III 9 3—10

これらが「第一の人間*」で[ある]†1父のアイオーンの五個[組]*である。すなわち、見え[ざる]者の影[像]*——とはすなわち、バルベー[ロン]*のことである——、「思考」、「第一の認[識]*」、「不滅性」、および「永[遠]の生命」である。これが男女的なる五個組であり、父の十のアイオーンである。

## §19 「独り子」の生成

II 6 10—18

それから彼は見えざる霊*を取り巻く

B 29 18—30 9

彼女、すなわち純粋なる光バルベー

III 9 10—19

それから彼女、すなわちバルベーロ

ン*は純粋なる光をじっと見つめた。そして彼女は彼の方へ向きを変え、(そして)至福なる光に似た光の飛沫を生み出した。しかし、15それ(「飛沫」)は偉大さにおいて等しくはなかった。これが父の中に現れた独り子であり、神的なる「アウトゲネース」*であり、万物の父*のもとにあるものの中に最初に生まれた御子であり、混じりなき光である。(1)

ロー*は、20彼をじっと見つめた。【30】彼女は彼の方へ向きを変え、(そして)至福なる光の飛沫を生み出した。しかし、それ(「飛沫」)は偉大さにおいて彼女と等しくはなかった。これが(今や)父の前に現れた独り子5であり、神的なる「アウトゲネートス」*であり、混りなき光の霊のものなる万物の中で最初に生まれた御子である。

純粋なる光と彼の輝きをもって、バルベーロー*を見つめた。すると彼女は妊娠した。[そして]彼は、至福なかたちの光の中で、光の火花を生み出した。しかし、それ(火花)は彼の15偉大さに等しくは[なかった]。これが母父*の独り子であった。それが(今や)現れてきた。[これ]がすなわち、彼の唯一の[生み出したもの](1)であり、父[の]独り子であり、純粋なる光である。

---

困難な箇所。われわれの訳の他に、「同じ身分の霊」、「バルベーローと呼ばれる霊」、「見えざる、甘美な香りの霊とバルベーロー」の提案がある。文脈上はわれわれの訳が最も適当と思われる。

**§18**

†1 「第一の人間」と「父」を同格的な言い換えと解する訳。「第一の人間」を後続の「五個組」の一部であるかのように訳す訳者が多い。

〔B〕(1) 「第十番目のアイオーン……」以下は、本文が損なわれている箇所。ⅢとⅡの並行記事から推せば、「これが男女的なる五個組であり、生まれざる父のアイオーンの十個組であり、これが父である」。

〔Ⅱ〕(1) これは**4** 26―36で提示された「思考」=「プロノイア」=「バルベーロー」の等式にこだわって、「思考」を「バルベーロー」の同格的言い換えと解して説明的挿入文に含ませ、「五個組」の項目からは除外する訳。ⅢとBでは共に「思考」を含めて「五個組」が成り立つ構成になっている。ところが、写本Ⅱでは最後に「真理」が追加されているため、「思考」をⅢとBのように扱うと、合計六項目となってしまう。

**§19**

〔Ⅲ〕(1) 「混じりなき光である」は先行する「父」に対する同格表現とも取れる。

〔Ⅱ〕(1) 写本Ⅳの並行箇所**9** 20―21に準じた復元。

## §20 「独り子」の塗油

III **9** 19—**10** 9

見えざる霊*は、その光を、すなわちあの第一の力、つまり、彼の「プロノイア*」なるバルベーロン*によって現れてきたその光を喜んだ。彼はそれを彼自身の至善によって塗油*した。【10】そこでそれは完全かつ欠乏*なき者となり、キリスト†1と［なっ］た。なぜなら、それは見えざる霊の至善で塗油されたからである。［彼は］彼（見えざる霊）の前に現れ出た(1)。そして彼は処女なる霊から塗［油］を受けた。《塗油》それから彼は［彼］（見えざる霊）の前に立ち、見えざる霊を、また、彼がその方［により］現れ出ることになった方を賞め讃えた。

B **30** 10—**31** 5

見えざる霊*は、生まれてきたその光を、すなわちあの第一の力、つまり彼の「プロノイア*」なるバルベーロー*によって最初に現れてきたその光を喜んだ。そして彼はそれを彼の至善によって塗油*した。そこでそれは完全かつ欠乏*なき者となり、キリスト†1となった。彼（父＝見えざる霊）が彼の至善でもって塗油し、見えざる霊のものとしたからである(1)。彼（見えざる霊）は彼（キリストまたは「至善なる者」）に注ぎかけた。そして彼は［処女なる］霊から塗油を受けた。【31】彼は［彼（処女なる霊）の前に立ちながら］、［見えざる］霊と完全なる「プロノイア」を賞め讃え続けた。――すなわち、その中［に］彼が（それまで）住んでいたこの霊を。

II **6** 18—33

［さ］て、［見］えざる処女なる霊*は生まれてき［たその］光を、すなわち、彼のプ［ロノイア］*――と［はすな］わち、バルベーロー*――の第一の力によって最初に［現れ］てきたその光を喜んだ。そして彼はそれが完全なる者となり、至［善］さにおいて何一つ不足がない者となるまで、唯(1)の至善によってそれに塗油*した。彼（父＝見えざる霊）が見えざる霊の［至善］によって塗油したからである。そして彼（見えざる霊）は彼の［前］に立って、その上に注ぎかけた。さ［て］彼は、その［霊］から（塗油を）受けると［すぐ］に、聖なる霊と完全なるプロノイアを賞め讃え［た］。《その霊から……聖なる［霊］と完全なるプロノイアを賞め讃えた(2)。》この（プロノイアの）ゆえに彼は現れてきたのであ

る。

## §21 「叡知」、「意志」、「言葉」の生成

Ⅲ $10_{9}$—$11_{2}$

それから10彼は自分に叡知を共に働く者として与えてくれるように求めた。見えざる霊*がそれを承認した。叡知が現れてきた。それはキリストと共に立ちながら、彼とバルベーロン*を賞め讃え続けた。これらすべてのものは15沈黙と思考†1の中に成立したのである。見えざる霊は言葉†2によってある事をなす

B $31_{5}$—$32_{3}$

それから彼は自分にただ一つのものを与えてくれるように求めた、すなわち叡知を。見えざる霊*がそれを承認した。叡知が現れてきた。(そして)キリストと共に立って、彼(見えざる霊)とバルベーロー*とを賞め讃えた。10しかし、これらすべてのものは沈黙と思考†1の中に成立したのである。(さて)見え

Ⅱ $6_{33}$—$7_{15}$

それから彼は自分に同労者、すなわち叡知を与えてくれるように求めた。そして彼は承認した。35見えざる霊*が承[認]した[と]き、【7】叡知が現れてきた。そしてキリスト(1)と共に立って、彼(見えざる霊)とバルベーロー*を賞め讃えた。しかし、これらすべてのものは沈黙

---

§20

†1　原文では xrc(Ⅲ)あるいは xc(B)という短縮表記。われわれの訳はこれを xristoc＝「キリスト」の短縮表記と見るもの。xrēstoc の短縮形と見れば「至善なる者」となる。以下、「キリスト」と訳した箇所のすべてについて同じ事情。

〔Ⅲ〕(1)　あるいは「彼(見えざる霊)は彼(御子)の前に現れた」。

〔B〕(1)　本文が損なわれていて文意がよく通らない箇所。われわれの訳は写本Ⅲの読みに沿って本文を修正した上でのもの。

〔Ⅱ〕(1)　原文に忠実な訳であるが文意が通らない。「唾」(tēf)はおそらく、綴りがよく似た人称語尾「彼」(hētf)の誤写であろう。その場合は「彼からの(至善)」となる。意味上は短写本のように「彼の至善」と読むのが理想的であるが、構文上不可能である。

(2)　前文との重複記事。

§21

†1　短写本はいずれも不定冠詞、Ⅱは定冠詞を伴う形。

†2　Ⅲは不定冠詞、Ⅱは定冠詞を伴う形。

†3　いずれも定冠詞を伴う形。

†4　Ⅱの並行箇所と同じように、直前の「キリスト」と同格に訳すことも可能。

〔Ⅱ〕(1)　原文は xrc という短縮形。§20の注†1を参照。

と「思考」の中に成立したのである。彼（「思考」[2]）は見えざる霊の「言葉」によってある事をなそうと欲した。すると、彼の「意志」が一つの業となり、叡知と光と共に現れてきた。そして彼を賞め讃えた。その「意志」の後には「言葉」が続いた。なぜなら、神的「アウトゲネース」なるキリストは「言葉」のゆえに万物を創造したのであるから。そこで「永遠の生命」、「彼の意志[3]」、「叡知」、「第一の認識」は（共に）立って、見えざる霊とバルベー［ロー］を賞め讃えた。なぜなら、彼ら彼女らは彼女のゆえに在るようになったからである。

ざる霊はある事をなそうと欲した。（すると）彼のその「意志」がかたちを取って現れてきた。それは叡知と光と共に立って、彼を賞め讃えた。その「意志」の後には「ロゴス」が続いた。なぜならキリストは「ロゴス」によってすべてのものを創造したのであるから。神的なる「アウトゲネース」、「永遠の生命」、「意志」、それと「叡知」、「プログノーシス」は【32】（共に）立って、［見えざる］霊と［バルベーロー］を賞め讃えた。［なぜなら］彼ら彼女らは彼女（バルベーロー）によって在るようになったからである。

ことに決めた。すると彼の「意志」が形を取って現れてきた。それは叡知と光と共に立って、彼（見えざる霊）を賞め讃えた。その「意志」の後には「言葉」が続いた。なぜならキリストは言葉によってすべてのものを創造したのであるから。神的なる「アウトゲネース」、「永遠の生命」、「意志」、「叡知」、「第一の認識」は立って、【11】見えざる霊とバルベーロンを賞め讃え続けた。なぜなら彼［ら彼女らは］彼女によって在［るようになっ］たからである。

## §22 万物の頭アウトゲネース（独り子）

II 7 15—30

それから聖なる霊が神的なる「アウトゲネース」、すなわち彼とバルベー

B 32 3—19

彼らは（神的なる）永遠なる「アウトゲネース」、バルベーローの御子の

III 11 3—14

大いなる見えざる霊［は、］神的なる「アウト［ゲネ］ース」、バルベー［ロ

ロ(1)*ーの御子を完全なる者*としたので、彼(アウトゲネース)は大いなる、見えざる、処女なる霊*のもとへ神的アウトゲネース、(すなわち)キリストとして歩み出た。これこそ彼(見えざる霊)が大いなる声で讃えた者である。彼はプロノイア*によって現れてきたのである(2)。そして、見[え]ざる処女なる霊は神的アウトゲネースを万物の上に[か]しらとして任命した。そして彼はあ

霊によって[完全とされた](1)。なぜなら彼(アウトゲネース)が、彼、すなわち永遠なる、処女なる、見えざる霊*のもとへ歩み出たからである。「アウトゲネース」なる神、キリストこそ、彼(見えざる霊)(2)が大いなる栄誉をもって讃えた者である。なぜなら彼(アウトゲネース)は彼(見えざる霊)の最初の「思考」から在るようになったからである。この(アウトゲネース)を見えざ

ン*」の息子(1)を完成し、大いなる[見]えざる霊の[傍ら]に立つものとした。神的なる「アウトゲネース」、[すなわち、キ]リストこそ、彼(見えざる霊)が大いなる栄誉を[もって]讃えた者である。なぜなら彼(アウトゲネース)は最初の思考(2)[か]ら在るようになったからである。この(アウトゲネース)を見えざる霊はすべてのものの上に神として任命した。彼は自分の中に宿っている真

(2) 主語を「思考」=「プロノイア」ととる訳。短写本では「見えざる霊」が主語。

(3) 「彼の意志」と直前の「永遠の生命」の関係は、「彼の意志の中の永遠の生命」あるいは「永遠の生命は彼の意志と共に……ある」と訳すこともできる。

**§22**

〔III〕(1) 目的格「を」はIIの並行箇所に準じた補充。

(2) 原文は不定冠詞を伴う形。

〔B〕(1) 本文が損なわれていて判読が難しい箇所。文章全体の主語を三人称・男性・単数形に読んで、「彼は……自らを完全な者にした」と補充する提案もある。

(2) 構文上は「を」と目的格に訳すこともできる。この場合は、写本IIIおよびBと異なり、キリストが見えざる霊を讃

える関係になる。

(3) おそらく「見えざる霊」のこと。

〔II〕(1) 直訳では「バルベーローとの間の彼の御子」。あるいは、「すなわち彼の御子をバルベーローと共に完全な者としたので」と訳すことも可能。

(2) 第19行の「見えざる、処女なる霊の……」以下は、短写本の並行箇所と構文がかなり相違する箇所。われわれの訳はそれでも内容的に可能な限りの並行性を確保して、「見えざる霊」がアウトゲネースを讃える関係と解したもの。この関係を逆転させて、「神的な「自ら生まれた者」、油注がれた者(キリスト)——彼は大きな声でその霊を讃えた——はプロノイアによって現れてきた」と訳す提案もある。

理を彼(アウトゲネース)に従わせた。それは彼にすべてのことを把捉させるためである。すなわち、ふさわしい者たちにその御名が語られることになるであろうその彼が。

る霊は万物の上に神として任命した。真の神は彼にすべての権限を与え、彼[3]の中に宿っている真理を彼(アウトゲネース)に従わせた。それは彼が万物を把捉するためである。すなわち、その御名が彼にふさわしい者たちに語られることになるであろうその彼が。

らゆる権限と真理——これは彼の中に在るものである——を彼に従[わ]せた。それは彼——とはつまり、あらゆる名に優る御名によって呼ばれた者——がすべてのことを認識するようになるためである。なぜなら、その御名は彼にふさわしい者たちに(だけ)語られることになるであろうから。

## §23 四つの大いなる光

Ⅲ **11** 15—**12** 24

その光——とはすなわち、キリストのことである——と「不滅性」から、見えざる霊なる神によって、四つの大いなる光が神的アウトゲネース*から現れ、彼の傍らに立つものとなった。三つのもの[1]とは「意志」と「永遠の生命」と「思考」であるが、彼に属する四つのものとは、「恵み」と「理解」と「知覚」と「思慮」である。「恵み」は第一の光アルモゼール✝1——

B **32** 20—**34** 18

さて、その光——とはすなわちキリスト[1]のことである——と「不滅性」から、**【33】**[光の]神の手によって四つの大いなる光が神的アウ[トゲネー]ス*から現れてきた。それは(それら四つの光が)彼および三つのもの、すなわち「意志」と「思考」と「(永遠の)生命」のそばに立つためであった。それで、その四つとは、「恵み」と「理解」と「知覚」と「思慮」である。

Ⅱ **7** 30—**8** 28

なぜなら、その光——とはすなわち、キリストのことである——と「不滅性」から、霊の神によって、四つの輝く者が神的アウトゲネース*から(現れてきた)。彼はそれらが自分のそばに立つようにと注視した。**【8】**さて、三つにものとは「意志」と「思考」と「生命」であるが、四つの力とは「賢明」と「恵み」と「知覚」と「思慮」である。さて、「恵み」はアイオーとはすなわち、【12】第［一の］アイオーン*の天使――と共にある。そして彼（アルモゼール）のもとには、三つの［アイオー］ン、「恵み」、「真理」、「かたち」がある。第二の光は［オロ］イアエール[†2]で、彼（アウトゲネース）が第二のアイオーンの中に立てたものであり、そのもとには［三］つのアイオーン

「恵み」は第一の光ハルモゼール[†1]――とはすなわち第一のアイオーン*にある光の天使――（に属している）。そこ（第一のアイオーン）には三つのアイオーン、「恵み」、「真理」、そして「かたち」が在る。オーロイアエール[†2]、すなわち彼（アウトゲネース）が第二のアイオーンの上に立てた第二の光には三

ン*の輝く者アルモゼール[†1]、とはすなわち、第一の天使のもとにある。さて、このアイオーンと共に他の三つのアイオーンが在る。すなわち、「恵み」と「真理」と「かたち」である。さて、第二の輝く者はオーリエール[†2]で、第二のアイオーンの上に立てられたものである。それと共に他の三つのアイオ

**§23**

†1　Armozēl（ⅢとⅡ）あるいは Harmozēl（B）。ヘブル語を語源とする合成語と推定される。語義は「（確固として）立つ光」、あるいは「支配する光」とする説が有力であるが、確証はない。

†2　Ōroiaēl（Ⅲ／B）あるいは Ōriēl（Ⅱ）。やはりヘブル語を語源とする合成語で「神の光」の意。

†3　Daveithe（B）あるいは Daveithai（Ⅱ）。ダビデ王との関連が考えられるが確証はない。

†4　Ēleleth。語源はやはりヘブル語で「明けの明星」あるいは「月」の意と推定される。巻末の用語解説も参照。

†5　ギリシア語で「自ら生み出す者」の意。

〔Ⅲ〕（1）「三つのもの」（主格）に対応する述語動詞（繋辞）がない構文。直後の「四つのもの」についても同様。先行する文脈とのつながりが多少飛躍している箇所。

（2）本文が損なわれている箇所。Bの並行箇所から推すと「彼」＝ダベイテ。

（3）直前の文の「アイオーン」（原文では文末）から［　］内の同じ語（原文ではやはり文末）へ写字生の目が飛んだことによる本文脱落。

（4）本文が損なわれている箇所。Bの並行箇所から推すと「彼」＝エーレーレート。

（5）この後、他の写本にある「あらゆるものが聖なる霊の意志により、アウトゲネースによって堅くされた」に並行する文章が脱落していると推定される。

〔B〕（1）原文に忠実に訳せば、直前の「光」への限定句と取って、「キリストの光」。

〔Ⅱ〕（1）ギリシア語で「配慮」の意。

（2）「神」あるいは「神的なもの」と訳すこともできるが、それでは文意がうまく通じない。

がある。すなわち、「[プロノイ]ア」*、「知覚」、「想起」である。[第]三の光には彼が(2)第三のアイオーンの中に立てられ[た]。その〈もとには三つのアイオーンがある。(3)〉すなわち、「理解」、「愛」、「現象」である。第四の光には(4)彼が第四のアイオーンの中に立てられた。そのもとには三つのアイオーンがある。すなわち、「完全」、「平安」、「知恵」である。これらが神的なる「アウトゲネース」のそばに立っている四つの光であり、《神と(その)決定によって》御子のそばに、また、大いなる「アウトゲネトール」[†5]キリストのそばに立っている十二のアイオーンであり、神と見えざる霊*の決定によるものである。これら十二のアイオーンは御子、すなわち、「アウトゲネース」(5)に属する。

つのアイオーンがあり、「プロノイア」*、「知覚」、および「想起」がそれである。第三の光ダベイテ[†3]を彼は第三のアイオーンの上に立てた。そこには三つのアイオーン、【34】すなわち「理解」、「愛」、[「現象」]が在る。[†4]*さらに、第四の光エーレーレートを彼は第四のアイ[オーン]の上に立てた。そこには三つのアイオーン、すなわち「完全」、「平安」、「知恵」がある。これらが神的なる「アウトゲネトール」のそばに立っている四つの光であり、御子、すなわち大いなる「アウトゲネトール」[†5]キリストのそばに立つ十二のアイオーンであり、見えざる霊*なる神の決定によるものである。これら十二のアイオーンは御子、すなわち自ら生まれた者(「アウトゲネートス」)に属する。あらゆるものが聖なる霊の意志により、「アウトゲネース」によって堅くされた。

ーンが在る。すなわち、「エピノイア」(1)*、「知覚」、「想起」である。さて、第三の輝く者はダヴェイタイ[†3]であり、第三のアイオーンの上に立てられた者である。それと共に他の三つのアイオーンが在る。すなわち、「賢明」、「愛」、「[現]象」である。さて、第四のアイオーンは第四の輝く者エーレーレート[†4]*の上に立てられた。それと共に他の[三]つのアイオーンが在る。すなわち、「完全」、「平安」、「知恵」である。これらが神的なるアウトゲネースのそばに立っている四つの輝く者である。これらが大いなる者の御子、アウトゲネース、すなわちキリストのそばに立っている十二のアイオーンであり、見えざる霊*の意志と贈与(2)によるものである。これら十二のアイオーンは御子、すなわち[ア]ウトゲネースに属する。万物が聖なる霊の意志により、アウトゲネースによって堅くされた。

## §24 原型アダムの生成

Ⅱ $8_{28}$—$9_{11}$

さて、「第[一の認識]」*および完全なる「叡知」から、見えざる霊*の意志の啓示により(1)、また、完全なる人間*としてのアウトゲネース*の意志により、第一の啓示と真理が(現れた)。それを(2)処女なる霊はピゲラアダマン(3)と呼んだ。そして彼は彼を【9】大いなるアウトゲネース、すなわちキリストと共に、第一のアイオーン*の上へ、第一の輝く

B $34_{19}$—$35_{20}$

さて、「第一の認識*」および完全なる「叡知」から、神により、【35】[また]大いなる[見え]ざる霊*の決定により、また「アウトゲネース*」の[決]定により、[完]全なる真の人間*(が成立した)。(それは)第一の啓示である。(1)彼は彼をアダム*と名付け、第一のアイオーン*の上、大いなる神、すなわち「アウトゲネトール」なるキリストの

Ⅲ $12_{24}$—$13_{17}$

「第一の認識*」と完全なる叡知から、神により、また、大いなる見えざる霊*の決定により、【13】「アウトゲネー[ス]*」の面前で、完全なる真の人間*、聖なる者、最初の者が(1)(現れてきた)。(2)彼らはその名前をアダマスと呼び、第一のアイオーン*へ、すなわち、神的「アウトゲネース」なるキリストのそばへ、つまり第一のアイオーンの中

---

§24

†1 「見えざる霊」か「キリスト」のこと。

〔Ⅲ〕(1) 三人称・男性・単数形。

(2) 不特定多数の三人称複数とみて受動態に訳すこともできる。

(3) 原文は男性・単数の定冠詞を伴う形。

(4) 「あのアイオーン」、「父・母・子なる三つの者」、「完全なる力」をすべてバルベーローの同格的言い換えと解する訳。写本BとⅡの読みはいずれもこれと異なっているが(後出の注B(3)とⅡ(5)参照)、おそらくⅢが原意を最も良く保存していると思われる。

〔B〕(1) 文脈から推すと「見えざる霊」のこと。

(2) 複数形。

(3) 「私はあなたと……」以下は、写本Ⅲと異なり、「父」、「母」、「子」、「完全なる力」はそれぞれ独立のアイオーン。

〔Ⅱ〕(1) 原文に忠実な訳。文意としては「完全なる人間として」がアウトゲネースに係るのは不自然であるため、本文を修正して短写本に合わせる訳者が多い。

(2) 三人称・男性・単数形。

(3) 原文は Pigeraadaman で単語全体の上に横線を引い

者アルモゼールのもとに置いた。そし†て彼の力が彼と共に在る。そして見えざる者は彼に凌駕し難い精神の力を付与した。すると彼(ピゲラアダマン)は語り、見えざる霊を賞め讃えて言った、『万物はあなたのゆえに在るようになったのです。そして万物はやがてあなたへ向かうことになるでしょう。私はあなたとアウトゲネースとアイオーン[4]、すなわち父と母と子の三つ、(および)完全なる力を賞め讃えるでしょう[5]』。

そばへ、つまり第一のアイオーン、ハルモゼールの中に置いた。そして彼†の力が彼と共にある。そして見えざる霊は彼に凌駕し難い精神の力を付与した。彼(アダム)は言った。『私は見えざる霊を賞め讃えます。なぜなら、すべてのものはあなたのゆえに在るようになったのであり、すべてのものがあなたに向っているからです。私はあなたと「アウトゲネース」とアイオーン[2]、すなわち父と母と子の三つ、(および)完全なる力を賞め讃えます[3]』。

へ、ハルモゼールのそばに置いた。彼†の力が彼と共にあった。そして見えざる者が彼に凌駕し難い精神の力を付与した。すると彼(アダマス)は言った、『私は見えざる霊を賞め讃えます。すべてのものはあなたのゆえに在るようになったのであり、あなたへと向かっています。私はあなたとアウトゲネースとあのアイオーン[3]、すなわち、父・母・子なる三つの者、完全なる力を賞め讃えます[4]』。

## §25 セツ、セツの子孫、他の生成

II 9 11—24

それから彼は彼(ピゲラアダマン)の息子セツ*を第二のアイオーン*の上、第二の輝く者オーロイエールのもとに置いた。さて、第三のアイオーンにはセツの子孫*が置かれた。第三の輝

B 35 20—36 15

それから彼は[1]彼(アダム)の息子セツ*を【36】第二の光、[オーロ]イアエールの上に置いた。さらに第三のアイオーン*にはセツの[子孫]*が置かれた。それは[聖]徒たちの魂*であり、永久に

III 13 17—14 9

それから彼らは[1]彼(アダマス)の息子のセツ*を第二のアイオーン*の中に、第二の光オロイアエールのそばに置いた。第三のアイオーンの中へ彼らは[2]セツの子孫*を置いた。それは聖徒たちの魂

のことであり、(その＝第三の)アイオーンの中で、【14】第三の光ダベイテのそばに在った。第四のアイオーンの中へ彼らは(3)、自分たちのプレローマ[*]を知ったのに、直ちには悔い改めず むしろしばらくの間ためらい、その後に(初めて)悔い改めた者たちの魂を置いた。[†1] 彼らは第四の光であるエーレーレート[*]のもとに留まり、あの場所に集まって、見えざる霊[*]を賞め讃えるであろう。

第三の光ダベイテの中に在り続ける。さらに第四のアイオーンには、自分たちの完成を知ったのに、直ちには悔い改めず、むしろしばらくの間ためらった後、最後には悔い改めた魂が置かれた。[†1] 彼らは第四の光、すなわち彼ら[*]を自分に結び付けたエーレーレートのもとに留まり、見えざる霊[*]を賞め讃えるであろう。

く者ダウェイタイの上には[聖]徒たちの魂が置かれた。第四のアイオーンには、プレーローマ[*]のことを知らず、直ちに悔い改めず、むしろしばらくの間ためらい、その後(初めて)悔い改めた者たちの魂が置かれた。[†1] 彼らは第四の輝く者エーレーレート[*]のもとに在ることになった。これらが見えざる霊[*]を賞め讃える被造物である。

---

ている。そのような横線は通常固有名詞に付されることが多いので、全体を一つの固有名詞ととるのがわれわれの訳。文法的には前半の Pigera を「実にその名前は……である」の意の文章の短縮表記ととって、『実にその名前はアダマンである』と呼んだ」と訳すこともできる。また、語頭の Pi- だけを定冠詞と取り、続く gera の背後にギリシア語の「聖なる」を意味する形容詞 (hieros)、さらに adaman の背後にギリシア語の「鋼鉄」を意味する名詞 (adamās) を想定する説明も行なわれている。

(4) 複数形。

(5) 前出注B(3)と同じ事情。

**§25**

†1 内容的には§70—75あるいは§80の終末論を部分的に先取りするもの。

〔Ⅲ〕(1) 不特定多数の三人称複数とみて受動態に訳すこともできる。

(2) 前注と同じ事情。

(3) 前注、前々注と同じ事情。

〔B〕(1) おそらく「見えざる霊」のこと。

## §26 ソフィアの過失

Ⅲ $14_{9}$—$15_{3}$

さて、われわれの仲間なる姉妹、すなわち「知恵」は――彼女(もまた)一つのアイオーン*であったので――自分の内からある考えを抱くに至った。彼女は霊*の考えと「第一の認識*」によって自分の中から自分の影像*を出現させたいと欲した。《彼女のこの考えは無為のままではいなかった。そして彼女の業《わざ》が不完全な形で現れ出た。その外貌には形がなかった。というのも、彼女は彼女の伴侶なしに(それを)造り出したからである。それには母親の姿に似た形がなかった(1)。》霊は同意も承認もしていなかったにもかかわらず。また、彼女の伴侶、すなわち男性なる、処女なる霊*も同意していなかったにもかかわらず。彼女は彼女の伴侶をまだ見いださないままに、(すなわち)霊の同意がないまま、【15】彼女自

B $36_{16}$—$37_{10}$

しかし、われわれの仲間なる姉妹、すなわち「知恵」は、――彼女(もまた)一つのアイオーン*であったので――自分の内からある考えを抱くに至った。そして彼女は霊*の考えと「第一の認識*」によって【37】自分の中から(自分の)[影像*]を出現させたいと欲した。霊は彼女[に]同意も承認もしていなかったにも拘らず。また彼女の伴侶、すなわち男性なる、処女なる霊*も同意していなかったにも拘らず。彼女は賛同者(1)を見いださないままに、(すなわち)霊の同意がないまま、彼女自身の賛同者が知らないうちに、(自分で)承認し、彼女のうちにある情欲のゆえに流出した(2)。

Ⅱ $9_{25}$—$10_{1}$

しかし、エピノイア*の「知恵」は、彼女も(一つの)アイオーン*であったので、自分の内から、見えざる霊*の考えと「第一の認識*」と共に、とある考えを考えた。彼女は自分の中から(自分の)影像*を出現させたいと欲したが、それはあの霊の意[志な]しにであった。――(というのは)彼女の伴侶(1)[は]まだ同意していなかったのである。また、それは彼の考えを待たずにであった。彼女の男性性の人格がまだ同意していなかったにもかかわらず、また、彼女はまだ自分に合致する者(2)を見いだしていなかったにもかかわらず、それでも彼女は霊の意志なしに、また、彼女と合致する者の知らないうちに、【10】彼女の中にある凌駕し難い力のゆえに、(それを)生み出した。

身の賛同者が知らないうちに、（自分で）承認した。彼女は彼女の内にある守備隊[(2)]のゆえに完全であった。

## §27 異形の子の誕生

Ⅲ 15 4—9

彼女のこの考えは無為のままではいなかった。そして彼女の業《わざ》が不完全な形で現れ出た。その外貌には形がなかった。というのも彼女は彼女の伴侶なしに（それを）造り出したからである。それには母親の姿に似た形がなかった。

B 37 10—18

彼女の（この）考えは無為のままでいることができなかった。彼女の業《わざ》が現れ出た。（それは）不完全で醜悪な外貌をしていた。というのも彼女は彼女の伴侶なしに（それを）作り出したからである。そしてそれは母親の姿に似ていなかった。（母親とは）異なる形をしていなかった。

Ⅱ 10 2—7

彼女の考えは無為のままではいなかった。そして彼女の中から不完全な業《わざ》が現れ出た。それは彼女の姿とは異なっていた。というのも彼女はそれを彼女の伴侶なしに造り出したからである。そして、それ（業）は彼の母親の姿に似ていなかった。（母親とは）異なる

---

§26

〔Ⅲ〕（1） 第14—15行「彼女のこの考えは無為の……」以下ここまでは、後続の15 4—9（§27）と完全に重複。

（2） 原文に忠実な訳。Bの「情欲」（原文はギリシア語の借用語）が正しい読みで、Ⅲはその誤記と思われるが、「守護の霊」あるいは「自分の流出を完成した」と修正的に訳す提案もある。

〔B〕（1） 先行する「伴侶」と同じ。

（2） 37 10は構文的に訳出が困難な箇所。文脈上は§27以下で語られるヤルダバオートが意味上の目的語。

〔Ⅱ〕（1） あるいは「彼はまだ同意していなかったにもかかわらず、また、彼女の伴侶なしに、彼の考えを待たずに」。

（2） 短写本の平行句「賛同者」に対応する。第Ⅱ写本の15 27（§48）と17 35（§51）にも同じ語が「調和」あるいは「合致」の意味で出るが、そこでは身体論と認識論の術語であるのに対して、ここでは「知恵」（ソフィア）の人格的な「伴侶」を指す。

形をしていたからである。

Ⅱ 10 7—19

そこで、彼女が自分の意志(の産物)を見たとき、それは(彼女とは)異なった形、ライオンの姿をした竜の形であった。彼の目は稲妻の火のように光っていた。彼女はそれを自分のそばから投げ捨てた。かの場所[*]から外へ[†1]。それは不死なる者たちの誰一人としてそれを見ることがないようにするためであった。というのも、彼女はそれを無知の中に造り出したからである。彼女は彼に光の雲を巻き付けて、その雲の真ん中に玉座を置いた。それは聖霊——これは「生ける者の母」と呼ばれる[†2]——の外には誰も彼を見ることがないようにするためであった。彼女は彼にヤルダバオート[*]と名前を付けた。

ていたからである。

## §28 ヤルダバオート

B 37 18—38 14

そこで彼女が思案しつつ見てみると、それは別の形の外貌になっていた。蛇とライオンの外貌を呈していたからである。彼の〔目は〕【38】火のような光を放っていた。〔彼女は〕それを自分のそばから投げ捨てた。かの場所[*]から外へ[†1]。それは不死なる者たちの誰一人としてそれを見ることがないようにするためであった。というのも、彼女はそれを無知の中に産み落してしまったからである。彼女は彼に光の雲を〔巻き〕付けて、その雲の真中に玉座を置いた。それは聖霊——これは「ゾーエー[*](生命)」、万物の母と呼び習わされる[†2]——の外には誰も彼を見ることがないようにするためであった。そして、彼女は彼にヤルダバオート[*]と名付けた。

Ⅲ 15 9—22

彼女が思案しつつ見てみると、それは別の形、ライオンと蛇の外貌になっていた。彼の目は炎のような光を放っていた。彼女はそれを自分のそばから投げ捨てた。かの場所[*]から外へ[†1]。それは不死なる者たちの誰一人としてそれを見ることがないようにするためであった。というのも、彼女はそれを無知の中に産み落としてしまったからである。彼女は彼に光の雲を巻き付けて、その雲の真ん中に玉座を置いた。それは聖なる霊——これはすべて生ける者の母と呼び習わされている者である[†2]——の他には誰も彼を見ることがないようにするためであった。そして彼女は彼にヤルダバオート[*]と名前を付けた。

## §29 ヤルダバオートの世界創造

II 10 19―28

これが第一のアルコーン*である。これは彼の母親から大いなる力を受け取った。そして彼は彼女から身を引き、彼が生まれた場所から離れた。彼は（それとは別の場所を）手に入れた。彼は自分のために、光り輝く火の炎の中に別のアイオーン(1)*を造り出した。彼は今なおそこにいるのである。それから彼は彼の内に在る「無理解」†1と一緒になった。そして自分のために諸力*を生み出した。

B 38 14―39 10

これが第一のアルコーン*である。これは母親から多くの力を引き出した。彼は彼女から遠ざかり、彼が生まれた場所から離れた。【39】彼は（それとは）別の場所を手に入れた。彼は自分のために一つのアイオーン*を造り出した。それは光り輝く火のように燃えていて、彼は今なおそこにいるのである。それから彼は彼と共なる「無理解」†1と結びついた。彼は彼に従う諸力*と十二人*の天使を生み出した。彼のアイオーンのためにそのいずれをも不朽

III 15 22―16 11

これが第一のアルコーン*である。彼は母親から多くの力を引き出していた。【16】そして彼は彼女から遠ざかり、ある場所からある場所へと、彼が生まれた場所から離れた。彼は（それとは）別の場所を手に入れた。彼は自分のために光の火の炎のアイオーン*を創り出した。彼は今なおそこにいるのである。彼は彼と共なる「無理解」†1と結び付いた。彼は彼に従う諸力*と十二人*の天使を生み出した。そして彼らのそれぞれを生み出した。これが彼らのアイオーンを、不朽の者た

---

§29

†1　ギリシア語では女性名詞。ヤルダバオートと「対」を成す女性的な存在で、この「対」は光の世界に存在する四組の「対」（§14の注†1参照）に対応するものになっている。

〔Ⅲ〕（1）　「そして彼らのそれぞれが……」以下の一文は、Bの並行句と全く同じように訳すことも可能。

〔Ⅱ〕（1）　空間的な意味。短写本の並行句「別の場所」参照。

§28

†1　スラブ語『エノク書』二九4―5では、創造主（神）と天使長の間でほぼ同じ事件が起きる。投げ捨てられた天使長は中空を翼で飛び回る悪霊（堕天使）たちの頭となる。

§29

†2　§57と§65参照。

ちを範型*として(創り出した)(1)。

の アイオーンたちを範型*として(造り出した)。

## §30 三百六十人の天使群

III 16 11—19

彼らは自分たちのために七人*の天使を創り出した。また、その天使たちは第一の範型*——これは彼より先に在るものである——の外見に従って、三つの力を(創り出した)。この諸力たち*が「アルキゲネトール」[†1]*、すなわち暗黒と無知の第一のアルコーン*から現れてきた。その諸力たちはそろって彼らを生み出した者の無知(1)の中にあった[†2]。

B 39 10—40 4

それからそのおのおののために七人*ずつの天使を、またその天使たちには(1)(おのおの?)三つの力——すなわち、彼に従う者は全部で三百六十人の天使群(2)および彼の第三の光となる——を、彼より先に存在する第一の範型*の外見に従って造り出した。さて、この諸力*が【40】かの「アルキゲネトール」[†1]、すなわち暗黒のアルコーン*、彼らを生み出した者の無知から現れてきた[†2]。

## §31 黄道十二宮(獣帯)

III 16 19—17 5

彼らの名前は次の通りである。第一の者はハオート[†1]、第二の者はハルマス[†2]——これは火の目のことである——

B 40 4—18

彼らの名前は次のとおりであった。第一の者はヤオート[†1]、第二の者はヘルマス[†2]——これは火の目のことである

II 10 28—11 4

すなわち、第一の者、彼の名はアトート[†1]である。これは代々の者たちが[ ±6 ]ス(1)と呼んでいる者であ

第三の者はガリラ[†3]、第四の者はイョーベール[†4]、第五の者はアドーナイオス[†5]、第六の者はサバオート[†6*]、25第七の者は

——、第三の者はガリラ[†3]、第四の者はイョーベール[†4]、第五の者はアドーナイオス[†5]、10第六の者はサバオート[†6*]、第七

る。第二の者はハルマス[†2]、すなわち欲望の「目のこと」である。第三の者はカリラ・オイムブリ[†3]、第四の者はイアベ

---

**§30**

†1　ギリシア語で「最初に生み出す者」の意。

†2　写本IIでこのパラグラフに並行するのは§36。

〔III〕(1)　「生み出した者に対する無知」の意か。

〔B〕(1)　文法上の格が確定しにくい箇所。われわれのように与格にとる以外に、目的格あるいは主格にとることも可能であるが、文意がうまく通らない。

(2)　天使の数三百六十はおそらく黄道十二宮(獣帯)の円周の度数を意識したもの。われわれの文書とほぼ同時代の中期プラトン主義の教科書であるアルキノス『プラトン哲学要綱』の第一三章にも同様の宇宙観が見えている。写本IIの§36では一年の日数を念頭において三百六十五。

**§31**

†1　順番から推せば黄道十二宮の白羊宮(雄羊)に対する隠語表現。Haōth(III)、Iaōth(B)、Athōth(II)と写本によって異なる表記の内、Athōth の語源については、エジプトのトト(Thot)神に関連づける説、あるいはヘブル語で雄羊を意味する、athod から導出する説などがあるが、確実なことは分からない。Athōth はエジ福§36(III **58** 8)にも現れる。IIIの Haōth は Athōth の別形。Bの Iaōth はギリシア語やコプト語で伝わる古代末期の魔術文書に頻出する悪霊名「ヤオー」(Iao)と類似。

†2　順番から推せば金牛宮に対する隠語表現。特にIIIとBの「火の目のことである」という説明は、雄牛座の中の最も明るい星を古代の天文学(プトレマイオス)が「松明」と呼んだことと関連すると思われる。語源についてはBの Hermas という表記からヘルメス神を考える説と、Harmas(III、II)の表記からゾロアスター教の悪神アフリマン(Ahra-man)を考える説があるが、確実なことは分からない。Harmas はエジ福§36(III **58** 11)にも出る。

†3　順番から推せば双子宮に対する隠語表現。IIIとBは Galila、IIは Kalila Oimbri と表記。双子座に属する二つの明るい星は、ヘレニズム時代には、「アポロン・ヘラクレス」のように二つの連名で呼ばれたことに基づいて、写本IIの表記を元来のものと見做し、Kalila と Oimbri をIIテモ三8-9で言及されている「ヤンネ」と「ヤンブレ」に関連づける説が有力である。「ヤンネ」と「ヤンブレ」は、出七11、22でモーセに言い逆らうエジプトの二人の魔術師にその後のユダヤ教の伝承が与えた名前である。

†4　順番から推せば巨蟹宮に対する隠語表現。IIIとBは Iōbēl、IIは Iabēl と表記。エジ福§36(III **58** 13)でも Iōbēl の表記で出るから、短写本の表記が元来のものと思われる。すべての写本がこの表記を後続の「第九の者」＝人馬宮にも再度繰り返している。Iōbēl の語源については、ヘブル語で

カイナン・カミン、[†7]【17】すなわち、人々が太陽と呼んでいる者である。第八の者はアビレッシア、[†8]第九の者はイョーベール、[†9]第十の者はアルムピアエール、[†10]第十一の者はアドーニン、[†11]第十二の者はベリアスである。[†12]

の者はカイナンとカエー、[†7]すなわちカインと呼ばれる者——これは太陽のことである——、第八の者はアビレッシネ、[†8]第九の者はイョーベール、[†9]第十の者はハルムピアエール、[†10]第十一の者はアドーニン、[†11]第十二の者はベリアスである。[†12]

ール、[†4]第五の者はアドーナイウー、[†5]すなわちサバオートと呼ばれる者、[†6]*第六の者はカイン、[†7]すなわち代々の人間たちが「太陽」と呼ぶ者、第七の者はアベル、(2)第八の者はアブリセネ、[†8]第九の者はイョーベール、[†9]【11】第十の者はアルムピエエール、[†10]第十一の者はメルケイル・アドーネイン、[†11]第十二の者はベリアス、[†12]すなわち下界の深淵の上に立つ者である。

## §32 二重の名前

III 17 5—17

彼らは確かに欲望と怒りから由来する別の名前をもっている。これらすべて、すなわち端的に彼らの名前——彼らが上なる世界*の栄光によって呼ばれるときの名前——は二重なのである。もし彼らが真実に即して呼ばれたならば、それら（の名前）は彼らの本性をあらわにするものである。[†1]そしてサク

B 40 19—41 12

他方、彼らはすべて欲望【41】と怒りから由来する別の名前を持っている。これら（の諸力）*はすべて彼らに付けられた別の二重の名前を持っている。これら（の名前）は天の栄光によって彼らに与えられたのである。さらに、これら（の名前）は彼らの本性を現す真理に即して付けられている。[†1]そしてサ

†2*ラスは想像と彼らの力に従って彼らの名前を呼んだ。さて、15その栄光によ

---

「雄羊」を意味する iōbēl を考えるのが最も適切と思われるが、コプト語で「ロバ」を意味する iō と、ヘブル語で「主人」を意味する ba'al を結合した擬声語で、「ロバが主人」の意味になるとする説明もある。

†5　順番から推せば獅子宮に対する隠語表現。ⅢとBは Adōnaios、Ⅱは Adōnaiou と表記。ヘブル語で「わたしの主」を意味する、adōnai をギリシア語で表記したもの。

†6　ⅢとBでは、順番から推せば処女宮に対する隠語表現。語源はヘブル語(saba'ōth)で「万軍」の意。写本Ⅱでは「アドーナイウー」(獅子宮)の同格的言い換え。この形はエジ福§36(Ⅲ**58** 14―15)にも出る。

†7　順番から推せば、ⅢとBでは天秤宮に対する、Ⅱでは処女宮に対する隠語表現。創四1以下のカインを指すが、Ⅲの Kainan Kamin、Bの Kainan および Kaē という表記の由来はよく分からない。

†8　順番から推せば天蝎宮に対する隠語表現。Ⅲは Abiressia、Bは Abiressinē、Ⅱは Abrisene と表記。語源はおそらくヘブル語の ab'arisim「暴力の父」。エジ福§36(Ⅲ**58** 18)では Akiressina の表記で出る。

†9　順番から推せば人馬宮に対する隠語表現のはずであるが、前出注†4に述べたように、すでに巨蟹宮に使われたのと同じものの繰り返し。この繰り返しは、§31の段落全体にわたって行なわれている黄道十二宮の名称のグノーシス主義

†2*クラスは想像と彼らの力とに従ってこれらの名前で彼らを呼んだのである。

的な隠語化が、必ずしも厳密に組織立ったものではないことを象徴的に示している。

†10　順番から推せば磨羯宮に対する隠語表現。Ⅲは Armoupiaēl、Bは Harmoupiaēl、Ⅱは Armoupieēl と表記。この表記の語源については、ヘブル語の呪詛定式「神の面前での残酷」(harmot-pi-ēl)を考える説もあるが、確実なことは分からない。

†11　順番から推せば宝瓶宮に対する隠語表現。ⅢとBの Adōnin はギリシア神話のアドーニスを指すが、Ⅱの Melkheiradōnein は Melkheira- と adōnein の合成語。その前半の Melkheira はギリシア語『イザヤの昇天』三6にも出る。語源はヘブル語で「悪しき王」(malkira')。

†12　順番から推せば双魚宮に対する隠語表現。旧約聖書、外偽典、新約聖書、ラビ文献に広く現れる悪の天使長ないしサタンの別称。

**§32**

〔Ⅱ〕(1)　約六文字分の欠損。短写本に並行記事がないため、本文の復元が不可能な箇所。「ベリアル」、「雄羊」(krios)、「死神」という推定も提案されているが、きわめて不確実。

(2)　創四1以下のアベルを指す。

†1　段落の冒頭からここまでは、ⅢとB共に、ギリシア語原本に対するきわめて稚拙な翻訳と思われる箇所で、文意がよく通らない。諸力たちの名前が二重であるというのは、①

って彼らは遠ざかり、弱くなり、これらによって力を得て大きくなるのが普通である。(1)

時を経るにつれて彼らは遠ざかり、弱くなるが、しかし(また)それ(時)によって力を得て大きくなるのが普通である。

## §33 七人の王

III 17 17—20

そして彼は七人*の王たちが天を支配し、五人の王が混沌*と奈落界の上に支配することに定めた。

B 41 12—15

そして彼は、七人*の王たちが天を支配し、五人の王が奈落界の混沌*の上に支配することに定めた。

II 11 4—15

そして彼は七人*の王たちを——天の蒼穹に応じて一人ずつ——第七の天まで立て(1)、また、五人を冥界の深淵の上に立てて、支配させることにした。

それから彼は彼の火を彼らの上に分け与えた。しかし、彼が彼の母親から受け取っていた光の力からは(何も)送り出さなかった。なぜなら彼は無知の暗黒だからである。しかし、光が闇と混ざり合ったとき、それ(光)は闇を輝かせた。しかし、闇が光と混ざり合ったとき、それ(闇)は光を暗くさせた。そして光にはならず、闇にもならず、むしろ力弱きものとなった。

## §34　週の七個組

Ⅲ 17 20—18 9

七つの天の上にいる者たち†1——彼らの名前は次の通りである。第一はアオート†2、ライオンの顔をした者、第二はエローアイオス†3、ろばの顔をした者、第三はアスタファイオス†4、ハイエナの顔をした者、【18】第四はヤゾー†5、ラ

B 41 16—42 10

さて、七つの天の上に支配する者たち†1の栄光の名前は次のとおりである。第一はヤオート†2、ライオンの顔をした者、第二はエローアイオス†3、ろばの顔をした者、第三はアスタファイオス†4、20顔をした者、【42】、ハイエナの顔をした者、第

---

真の認識(グノーシス)に即して彼らの本性を暴露する名前と、②サクラスが想像に任せてつけた名前の二重性を指すと思われる。

†2　ヤルダバオートの別名。§38のⅢ(18 10)では「サクラ」(Sakla)。語源はおそらくアラム語で「愚か者」の意。巻末の用語解説を参照。

〔Ⅲ〕(1)　引き続き文意がよく通らない箇所。文頭の「その栄光によって」は前々注の①の栄光を、「これらによって」は同②の栄光を指すと思われる。Bの並行箇所はさらに文意がとりにくい。

§33

〔Ⅱ〕(1)　下から上に向かっての「まで」の意。この場合、語り手は神話の筋の展開上ではいまだ存在するに至っていない地上の人間の視点に立って順番付けていることになる。

§34

†1　七つの惑星を指す。写本Ⅱの並行記事は§37。ヘレニズム期の天文学と占星術では月、水星、金星、太陽、火星、木星、土星がその七つの惑星であるが、上から下へ、あるいは下から上へのその配置順は地域と学派によって異なっていた。他方、グノーシス主義や魔術文書の周辺に限って見ても、その七つの惑星を擬人化するために付される固有名詞(名前)は、§34の段落に出るもの以外にも多種多様で、しかも順不同で現れる(詳しくは巻末の用語解説の「七人」の項を参照)。従って、この段落についても、順次上げられる七人のそれぞれが七つの惑星のどれに対応するかを確定することは非常に難しい。

†2　Ⅲは Aōth、Bは Iaōth と表記。語源については§31の注†1参照。

イオンの外貌をした竜の顔をした者、第五はアドーナイオス[†6]、竜の顔をした者、第六はアドーニン[†7]、猿の顔をした者、第七はサバダイオス[†8]、ぎらつく炎の顔をした者である。これが世界*を支配する者たちである。これが週の七個組である。

四はヤオ[†5]、七頭の蛇の顔をした者、第五はアドーナイオス[†6]、竜の顔をした者、第六はアドーニ[†7]、猿の顔をした者、第七はサバタイオス[†8]、ぎらつく炎の顔をした者である。これが世界*を支配する者たちである。これが週の七個組である。

## §35 ヤルダバオートの三重の名前

II 11 15—22

さて、その力弱きアルコーン*は三つの名前を持っている。第一の名前はヤルダバ［オート］*、第二の名前はサクラス*、第三の名前はサマエール(1)*である。さて、彼は彼の内に在る「無［理］解」のゆえに不遜な者である。というのは、彼はこう言ったのである、『われこそは神である。われの他に神はない(2)』と。なぜなら、彼は彼の強固さ、とはつまり、彼がそこからやってきた場所について無知であったからである。

## §36　三百六十五人の天使群

II 11 22—25

そこでアルコーン*たちは自分たちのために七つの勢力を造り出した。また、その（七つの）勢力たちは自分たちのために、それぞれ六人の天使たちを造り出し、ついにその数が三百六十五人の天使となった(1)。

## §37　週の七個組

II 11 26—35

さて、（彼らの）名前の一覧はこうで

†3　IIIとB共にEloaiosと表記。オリゲネス『ケルソス駁論』VI, 32によれば、語源はヘブル語の「エローヒーム（神）」(Elōhīm)。

†4　IIIとB共にAstaphaiosと表記。語源不詳。

†5　IIIはIazō、BはIaōと表記。語源については§31の注†1で言及された「ヤオー」参照。

†6　表記も語源も§31の注†5に同じ。

†7　IIIはAdōnin、BはAdōniと表記。語源は§31の注†11に同じ。

†8　IIIはSabbadaios、BはSabattaiosと表記。語源はヘブル語の「安息日」(Sabbāth)。天文学的には土星に、週の七曜では土曜日に対応する。

§35

〔II〕（1）　語源はアラム語源で「盲目の神」。巻末の用語解説を参照。

（2）　イザ罒5、21、哭9参照。

§36

〔II〕（1）　§30への並行記事。

ある。第一はアトート、羊の顔をした者、第二はエローアイウー、ろばの顔をした者、第三はアスタファイオス、［ハイエ］ナの［顔］をした者、第四はヤオー、七つの頭を持つ［竜］の顔をした者、第五はサバオート(1)*、竜の顔をした者、第六はアドーニン、猿の顔をした者、第七はサッベデ、ぎらつく炎の顔をした者である。これらが週の七個組である。

## §38 ヤルダバオートの多面相

III 18 9—22

それからヤルダバオート*は——とはすなわち、サクラ(1)*のことである——多面相であるので、その決するところに従ってあらゆる姿(顔)で現れる。彼は彼の火を彼らに分け与えた。しかし、混じり気なき光——とはすなわち、彼が母親から取り出していた力のことである——これは彼らに分与しなかった。

B 42 10—43 6

だがサクラス*なるヤルダバオート*は多面相であるので、その欲するところに従いあらゆる姿(顔)で自分を現す。彼は彼自身の火と彼の力(の何がしか)を彼らに分け与えた。しかし、あの力の純粋なる光、すなわち彼が母親から引き出していた光、これは彼らに分与しなかった†1。彼が彼らの上に君臨

II 11 35—12 10

だが、ヤルダバオート*は無数の顔を持ちながら、【12】彼らすべての上に住んでいた(1)。そのため彼はその欲するところに従い、彼らすべての面前で、自らはセラピムの中央に居ながらにして、(どのような)顔でもすることができる。

彼は自分の火を彼らの上に分け与

った。[†1] 彼が彼らの上に君臨したのはこのため、すなわち母親から彼に備わっていた力の光の栄光のためである。このゆえに彼は 20 自分を彼らの上なる「神」と呼び(そのことによって)彼がそこから由来している本質に反逆したのである。

した(1)のはこのため、すなち【43】母親の[光の]力ゆえに彼に備っていた[栄光]のためである。[この]ゆえに[彼は]自分を「神」と呼ば[せ]、(そのことによって、) 5 彼がそこから由来している本質に反逆したのである。

えた。[†1] 彼が彼らの上に支配したのはこのため、すなわち、彼の母親からの光として彼に備わっていた栄光の力のためである。このゆえに彼は自分自身を神と呼んだのである。しかし、10 彼がそこからやってきた場所に服従*しなかった。

## §39 七つの勢力

III 18 22—?

そして彼は勢力(1)(2)*を諸力と結び付けた。彼が語ると、それによってそれら(の

B 43 6—44 9

そして彼は諸力に*七つの勢力を結びつけた。彼が語ると、それによってそ

II 12 10—26

そして彼は彼と共に在る諸力に七つ*の勢力を混ぜ合わせた。彼の思考によ

---

§37

〔II〕(1)　この段落全体が§34の短写本への並行記事であり、相違は「七人」の名前の表記上の小さな違いを別にすれば、「第五の者」の名前を「サバオート」にしている点だけである。この名前も含めて「七人」の名前の語義・語源については§34の注†1—†8を参照。

でに§33で述べたことの繰り返し。

〔III〕(1)　§32の注†2参照。

〔B〕(1)　文字通りには「……の上に主であった」。Bの写字生は「主」に当たるコプト語を機械的に「キリスト」(xc)と書き直したために、「……の上にキリストであった」という意味不明の文になっている。後出の§42注B(2)参照。

〔II〕(1)　「彼らすべて」=「七人の王たち」。「それらすべての顔の上に彼は住んでいた」と訳すこともできる。

§38

†1　「火」はヘレニズム時代の宇宙論(特にストア派)では宇宙を生命体として活かしている神的原理(ロゴス)の別名であった。§38の段落はそれをさらに上位の本来の神的原理である「光」あるいは「力」の下位に位置づける。写本IIはす

§39

†1　光の世界(プレーローマ)のプロノイア(§13参照)とは別の存在。なお、以下「第七」までの「勢力」の名前は、

勢力)が成立した。彼はそれらに名前をつけ、任命した。……(3)。

れら(の勢力)が成立した。彼はそれらに名前を付け、諸力を任命した。彼は上から始めた。それで第一(の勢力)は「プロノイア」で、第一の者ヤオートのもとにある。第二は「神性」で、第二の者エローアイオスのもとにある。第三は「善」で、第三の者アスタファイオスのもとにある。第四は「火」で、第四の者ヤオーのもとにある。第五は「王国」で、第五の者サバオートのもと(1)にある。【44】第六は「理解」で第六の者アド[ーニ]の[もとに]ある。第七は「知恵」で、第七の者サバタイオスの[もとに]ある。これらの者たちは天ごとに蒼穹を持ち、太初から存在するアイオーンの形に従い、不朽なる者たちの範型に従ってアイオーンを持っている(2)。

## §40 二重の名前

り、また、彼が語ることによって、それらが成立した。彼はそれぞれの勢力に名前を付けた。彼は上から始めた。第一(の勢力)は「善」で、第一の者アトート(1)のもとに在る。第二は「プロノイア」で、第二の者エローアイオーのもとに在る。さて、第三は「神性」で、第三の者アストラファイオーのもとに在る。第四は「支配」で、第四の者ヤオーのもとに在る。第五は「王国」で、第五の者サンバオートのもとに在る。第六は「妬み」で、第六の者アドーネインのもとに在る。第七は「理解」で、第七の者サッバテオーンのもとに在る。さて、これら(の勢力)はアイオーンの天ごとに蒼穹を持っている。

Ⅱ 12 26—13 5

§34(Ⅲ、B)と§37(Ⅱ)に列挙された「七人」の男性名詞と「対」を構成すべきものとして、ギリシア語の原本では女性名詞であったはずであるが、コプト語への翻訳に伴って、Bの「第四」の「火」、Ⅱの「第六」の「妬み」の二つが男性名詞になってしまっている。
〔Ⅲ〕(1) 複数不定冠詞を伴う形。
(2) 複数不定冠詞を伴う形。
(3) 以下§44まで本文喪失。
〔B〕(1) §34の「第五」の「アドーナイオス」と相違。
(2) 「太初から存在する……」以下は、構文が混乱していて訳出が困難な箇所。

これらは一方では上なるものの栄光(1)に従って名付けられたもので、「彼らの」力「を滅ぼす」(2)ためのものである。しかし、彼らのアルキゲネトール*によって彼らに付された名前は彼らの間で力ある業《わざ》をなす。(3) しかし、上なるものの栄光に従って彼らに与えられている名前は、彼らにとって滅びであり、無力(をもたらすもの)である。その結果、彼らは二つの名前を持っているのである。

さて、彼はこれらすべてのものを、

〔Ⅱ〕(1) 以下の「諸力」の名前は§37と部分的に表記が異なる。

**§40**

〔Ⅱ〕(1) あるいは「天なるものの」も可。
(2) 約六文字分の欠損。この前後が「長写本」の独自記事であり、しかも写本Ⅳも欠損しているため、本文の復元が困難な箇所であるが、後続の第32行の「彼らにとって滅びであり」に照らせば、われわれの訳のように復元するのが適切であろう。
(3) 構文的には、「……名前、それによって彼らは力ある業をなす」も可。

すでに成立している第一のアイオーン[＊＊]の像に従って、整えた。それは【13】彼らを不朽の型に倣って造り出すためであった。彼が不朽なる者たちを見たからではなく、むしろ彼の中に在る力――それは彼が彼の母親から受け取っていたものである――が彼の中に美しき秩序の像を生み出したからである。

## §41 ヤルダバオートの思い上り

B 44 9—19

さて、彼は自分の下なる被造物と彼に従う天使たちの群、すなわち、彼によって在るようになった者たちを見た。そして彼らにこう言った、『私は妬む神である。私の他に神はない[†1]』。(このことによって)すでに彼は、彼に従う天使たちに向かって、(彼より)他に神がいることを(思わず)漏らしてしまったのである。なぜなら、もし他に

Ⅱ 13 5—13

しかし、彼は彼を取り巻く被造物と彼を囲んでいる多数の天使――彼らは彼によって存在するようになったのである――を見たとき、彼らにこう言った、『私こそ、私こそは妬む神である。そして私の他に別の神はない[†1]』。しかし、彼はこう広言することによって、彼のもとにいる天使たちに向かって、(彼より)他に神がいることを暗示して

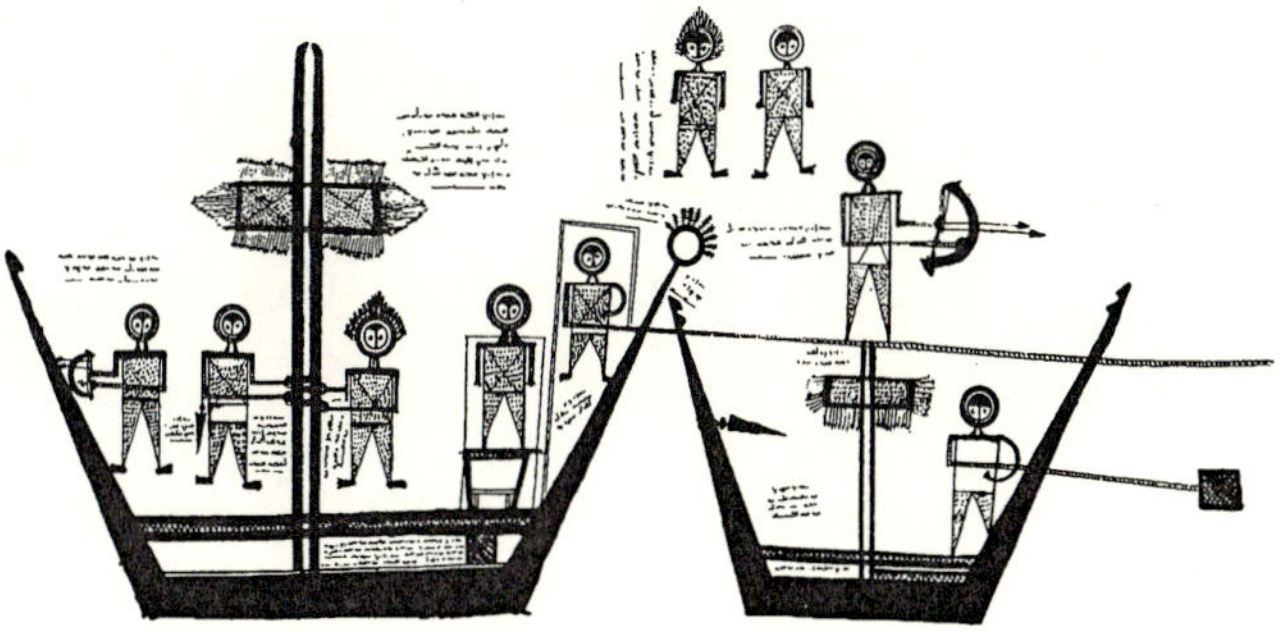

▶太陽の舟。マンダ教の象徴図像。

◀月の舟。マンダ教の象徴図像。

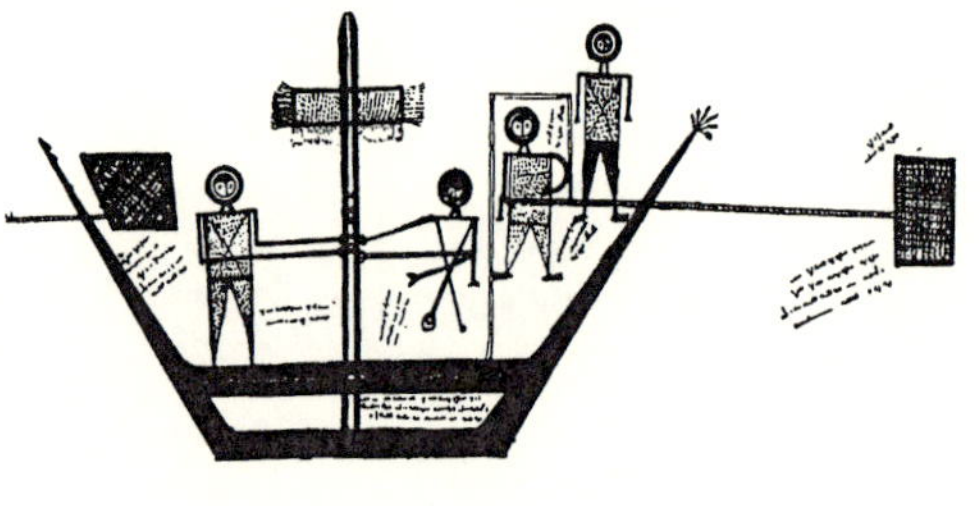

| B | II |
|---|---|
| 神がいないのならば、彼は一体誰に対して妬むというのか。 | いるのである。なぜなら、もし他に神がいないのならば、彼が妬むというのは一体誰だというのか。 |

## §42 ソフィアの動揺

| B 44 19—45 19 | II 13 13—26 |
|---|---|
| さて、あの母親は揺れ動き*【45】始めた。彼女は自分の欠乏に気付いたのである。すなわち、彼女の伴侶が彼女に同意していなかったために、彼女の完全さが減ってしまったということに(1)」。 | さて、あの母親は行きつ戻りつし始めた。彼女は自分の光の輝きが衰えたことによって、欠乏に*気が付いたのである。そして彼女は暗くなった。なぜなら、彼女の伴侶が彼女に同意していなかったからである(1)」。 |

---

§41 †1 イザ罒5、21、哭9の引用。§35の注(2)参照。

§42 †1 この引用符は写本IIは**22** 9(§61)で終り、写本Bは**58** 1(§61)で終る。

†2 創一2参照。

〔B〕(1) この引用符は**22** 17(§6)のそれに対応する。

(2) 以下**58** 2、15、**64** 14、**66** 13、**67** 19、**68** 14、**69** 14、**70** 9、**71** 3にも出る。§38の注B(1)で述べたのと同じ事情から、元来は「主」とあったものを、Bの写字生が機械的に「キリスト」に置き換えたもの。元来ユダヤ教の枠内で書かれたものであった原本がキリスト教化されてゆく過程を示す証拠の一つ。

〔II〕(1) この引用符は**2** 26(§6)のそれに対応する。

(2) 原文の語順に忠実に訳せば、「自分を恥じ始めた。動揺しつつ」となる。写本IVの並行箇所(**21** 13—14)のスペースはIIより大きく、Bの並行箇所(**45** 16—18)のスペースに相当する。しかも、一部そのBと並行する語句の痕跡が写本IVにも判読できる。つまり、写本IIはこの箇所で一定量の本文を欠いている可能性がある。

そこで、私(ヨハネ)は言った、「キリストよ(2)、『揺れ動く』とはどういう意味ですか」。

すると、彼は微笑んで言った、「君[†1]はそれが、モーセが『水の上に[†2]』と言ったのと同じ意味だと思うのか。否、むしろ、彼女は彼女の息子に生じた悪と反逆とを見たのである。彼女は後悔し、無知の暗闇の中を往きつ戻りつしながら、自分を恥じ始めたが、敢えて立ち帰らず、むしろ往きつ戻りつしていたのである。それで彼女の往きつ戻りつ、これが『揺れ動く』ということなのだ。

## §43 ヤルダバオートの無知

B **45** 19—**46** 9

さて、母親からある力を受け取った後も、【46】彼、すなわち、この自惚れ者は、多くの者、すなわち、彼の母より(さらに)上に置かれている者た

そこで、私(ヨハネ)は言った、「主よ、『彼女が行きつ戻りつした』とはどういう意味ですか」。

すると、彼は微笑んで言った、「モ[†1]ーセが『水の上に[†2]』と言ったのと同じ意味だと考えてはいけない。否、むしろ彼女は、今や生じて来た悪と彼女の息子が犯した強奪を見たとき、後悔したのである。そして無知の暗闇の中で彼女に忘却が生じた。そして彼女は動揺しながら、自分を恥じ始めた(2)。その動揺が『行きつ戻りつ』のことなのだ。

Ⅱ **13** 26—32

さて彼、すなわち、あの自惚れ者は彼の母親からある力を受け取った。というのは彼は無知であったからである。なぜなら、彼は彼の母親一人以外に

(1)ちのことを知らないままであった。なぜなら彼は、彼の母親について彼女が一人そこにいるだけだと語っていたからである。彼は自分が造り出した天使の無数の群を見て、彼らに対して優越感に浸った。

はいかなる[力]も[存]在しないと考えていたからである。彼は自分が造り出した天使の無数の群れを見たとき、自らを彼らに対して誇った。

## §44 ソフィアの後悔

B 46,9—47,14

しかし、その母親は、この暗闇の中での流産が不完全である——というのも、彼女の伴侶が彼女に同意していなかったからである——と気付いた。その時、彼女は後悔し、激しく泣いた。

II 13,32—14,13

しかし、その母親は、暗闇のヴェールに関して、彼(息子)が完全に造られた者ではないことに気付いたとき、彼女の伴侶が彼女に同意していなかったことに気が付いた。彼女は後悔し、

III ?—21,16

【21】……彼女は]後悔し、[大いに]泣いた。[彼女の後]悔の祈りを彼らは聞いた。そして彼女[のために]彼女の兄弟たちが(代わって)願い求めた。すると聖なる見えざる霊が承認した。

---

§43 〔B〕(1) 光の世界にいる神的存在(アイオーン)のこと。

§44 †1 「九つのもの」あるいは「九個組」と訳す訳者が少なくない箇所。原文は序数であるから「第九」と訳すのが正しい。但し、われわれの訳の「天」は意味をとりやすくするための補充。この場合にも、「第九の天」を写本IIの8,11(§23)と関連させて、プレーローマ内の下から九番目のアイオーン、すなわち「エピノイア」の場所を指すとする解釈があるが、短写本の並行箇所に「エピノイア」は出ないから、この解釈は無理である。われわれはこれとは異なり、ヤルダバオートの支配する「第八の天」とプレーローマの間の領域と考える。

〔B〕(1) 文脈から推すと直後に出る「聖なる見えざる霊」のこと。

〔II〕(1) ギリシア語で「充満」の意。巻末の用語解説を参照。

【14】激しく泣いた。

そして彼らは彼女の後悔の祈願を聞いた。そして彼ら、すなわち全プレーローマ(1)*が彼女のゆえに見えざる処女なる霊*に感謝を献げた。聖なる霊は彼らの全プレーローマの中から彼女の上に注ぎかけた。なぜなら、まだ彼女の伴侶が彼女のもとに到来していなかったからである。むしろ彼は彼女の欠乏*を正すために、プレーローマから到来したのである。そして彼女は彼女自身のアイオーン*へは引き挙げられず、むしろ彼女の息子の天へ引き揚げられた。それは彼女が自分の欠乏を正すまでの間、第九の天†1に留まっているためである。

彼女の後悔の祈りを(1)彼は聞いた。そして彼女のために兄弟たちが(代って)願った。それを聖なる見えざる霊*が承認した。彼、すなわち見えざる霊は、彼女の【47】同意してうなずいた後、彼女の上に完全さの中から(ある)霊を注ぎかけた。彼女の伴侶が彼女の欠乏*を回復するために彼女のもとへ到来した。彼はあるプロノイア*を通して彼女の欠乏を回復することに決めた。そして彼女(ソフィア)*は彼女本来のアイオーン*へは引き挙げられず、むしろ彼女において明らかとなったとりわけ大きな無知のゆえに、彼女の欠乏を回復するまでの間、第九の天†1にとどまっているのである。

彼は彼女の上に彼らの[プ]レーローマ*から聖なる霊[を]注ぎかけた。すると(彼女の)伴侶が彼らの欠乏*を回復するために[下って]きた。彼(見えざる霊)はあるプロノイア*によって彼女の欠乏[を回]復することを彼(伴侶)に許した。そして彼女は彼女(本来の)アイオーン*[へ]は引き[挙げ]られず、むし[ろ彼女において明]らかとなっ[た無知のゆえに]、彼女の欠乏[を回復するまでの間]、第[九]†1の天に[とどまっ]ているのである。

## §45 「第一の人間」の自己啓示

Ⅱ 14 13—24

一つの声が崇高なるアイオーン*から届いた、『「人間*」と「人間の子†1」が

B 47 14—48 5

一つの声が彼女のもとへ届いた、『「人間*」と「人間の子†1」が存在す

Ⅲ 21 16—24

一つの声が]彼女のもとへ届いた、『「[人]間*」と「[人間の]子†1」が[存在

存在する』と。

ところが、これを第一のアルコーン*・ヤルダバオート*が聞いたが、彼はその声が彼の母親から来たものだと考えた。そして、それがどこから来たものなのか認識しなかった。

そして、聖なる母父*、また、完全なる者*、完全なるプロノイア*、見えざる者の影像*、とはすなわち、万物の父*、とはつまり、万物がその中に成った者、第一の人間が彼らを教えた。なぜなら彼は自分の形を立像(1)のかたちで現したからである。

る』と。

ところが、これを第一のアルコーン*・ヤルダバオート*が聞いた。彼はその声が[高きところから]やってきたものだとは考えなかった。【48】聖なる完全なる父が第一の人間*として人間の姿で自分を彼[らに教えた](1)。至福なる者は彼の外見を彼らに現した。

する』と。]

ところが、[これを]第[一のアルコーン*・ヤ]ルダバオート*が聞[いた。]彼はその声が[彼の母か]らやって来たのだ[と考えた。聖なる完]全なる[父が「第一の人間(1)*」として彼らに現れ[た。]至福なる者は彼の外見を[彼らに現した。]

§45

†1 「人間」は後続の「第一の人間」を指す。但し、その「第一の人間」は短写本では「父」すなわち至高神を指すが、写本IIではバルベーローを指す場合が多くなる。この点について詳しくは巻末の『ヨハネのアポクリュホン』解説の第二章を参照。いずれにしても「人間の子」は至高神とバルベーローから生まれた「独り子」あるいは「アウトゲネース」のこと。旧約聖書(ダニ七13)以来のユダヤ教黙示文学の終末論に定着している「人の子」のグノーシス主義的な翻案。

〔III〕(1) Bの並行句に準じた復元。「父が人間の姿で」と復元する提案もある。

〔B〕(1) 写本IIの並行句に準じた復元。

〔II〕(1) 本文をギリシア語の andriás と読む訳。「人(男)」、「男の」に対応するギリシア語として読もうとする試みもあるが、ここで自己啓示しているのが両性具有の「母父」である事を考えると適切とは言い難い。Bの並行句(48$^{3}$)は「人間」で、性別の問題は発生しない。

## §46 アルコーンたちの視認

III 22 1—3

【22】すると権力の［アルコーンた*ち］全体が首を垂れた†1。彼らは水［の中］にその像のかたちを認［め］た。

B 48 6—10

すると七つの権力のアルコーンたち*全体が首を垂れた†1。彼らは水の中にその像*のかたちを認めた。

II 14 24—34

すると第一のアルコーンのアイオーン*全体が震えた。そして下界の基盤が揺れ動いた。そして、物質*の上に在る水を通して、その下側が、今現れてきた彼の影像の［ ±7 ］にょって［輝い］た。［そし］てすべての諸力*と第一のアルコーンが目を見張ったとき、彼らは下界の側の全域が輝いているのを見た。そして彼らはその光を通して、水の中にその影像のかたちを認めた。

## §47 心魂的アダムの創造

III 22 3—18

彼らは互いに［言った］、『われわれは神の像*に従って、また、その外見に従って、［人間*を造ろ］う†1』。そして彼らは自分たちの間［から］、また、すべ［ての］彼らの勢力たちと一緒に（そ

B 48 10—49 9

彼らは互いに言った、『われわれは神の像*と外見に従って人間*を造ろう†1』。彼らはお互いの間から、また彼らのあらゆる勢力と一緒に（それを）創造した。彼らは自分たちの間から一つのこ

II 15 1—13

【15】そして彼は自分の下にいる諸力*たちに言った、『来なさい。われわれは神の像*に従って、また、われわれの外見に従って人間*を造ろう†1。それは彼の像がわれわれにとって光となるた

しらえ物*を造り上げた。そして、かの勢[力]たちのい[ず]れ[も]が、【49】(人間の)[心魂*]のために[しる]しと能[力]を[造り出した](1)。彼女らはそれ(心魂)を、彼らが見た像に従い、太初から存在する者、すなわち、完全なる人間*を模倣しつつ造った。彼女らは言った、『彼をアダム*と名付けよう。彼の名前と力とがわれわれにとって光となるように』。

めである』。それから彼らはお互いの力を用いて、彼らに与えられた徴《しるし》に従って造った。そして(1)、かの諸力たちのいずれもが(2)、彼の心魂*的なるものの中から、彼が見た像のかたちの中に在った徴を与えた。彼は完全なる「第一の人間*」の外見に従って一つの実体を造った。そして彼ら(または、彼女ら)は言った、『彼をアダム*と呼ぶことにしよう。彼の名前がわれわれにとって光の力となるように』。

れを)創造した。彼らは自分たちの[間]から、一つのこしらえ物*を造り上げた。そして、かの勢[力]たちのいずれもが、それぞれの力から、一[つの心]魂*を造りだした。それは(1)(その心魂を)、その固有の像——とはすなわち、それ(勢力)が見た像であるが——に従い、太初[から存在する者]、すなわち、[完全なる人間*]を[模]倣しつつ造った。そして彼ら(=彼女ら=勢力たち)は言った、『[彼をアダム*と名付けよう。この者の名]前[と]彼の力とが[われわれにとって]光と[なるように』。

---

〔B〕(1) 「(人間の)[心魂]のために……」以下は、ⅢとⅡの並行句を組み合わせる形で復元した読みであるが、かなり不確実。「その能力から[心魂を造り出した]」とする提案もある。

〔Ⅱ〕(1) 以下次の§48の最初の文まで、主語の性と数が混乱気味の箇所。

(2) 女性・単数形。

**§46**

†1 下方の暗黒の水の中に映し出された「第一の人間」の像を眺めるために首を垂れたということ。

〔Ⅱ〕(1) 約七文字分の欠損。「出現」という補充が有力。

**§47**

†1 創一26参照。

〔Ⅲ〕(1) 三人称・女性・単数形で個々の「勢力」を指す。

## §48 肢体の合成

II 15,13–29

そして勢力たちは始めた。第一は「善」で、彼女は骨の魂*を造った。第二は「プロノイア*」で、彼女は腱の魂を造った。第三は「神性」で、彼女は肉*の魂を造った。さて第四は「支配」で、彼女は髄の魂を造った。第五は「王国」で、彼女は血の魂(1)を造った。第六は「妬み」で、彼女は皮膚の魂を造った。第七は「理解」で、彼女は髪の魂(2)を造った。†3

さて、無数の天使たちが彼のもとに立った。彼らは諸力*から心魂的*なるものの七つの実体を受け取った。それは彼らが肢体の調和および部位の調和、また、一つ一つの肢体の美しい組み合わせを造り出すためであった。

B 49,9–50,14

そして勢力たちは下から始めた。†1 第一は「神性」*で、(彼女が造ったもの†2は)骨の魂である。第二は「支配」で、腱の魂である。第三は「火」で、肉*の魂である。第四は「プロノイア*」で、髄の魂および身体の全構造*である。第五は「王国」で、【50】[血]の魂で[ある]。第六は「理解」で皮膚の魂である。第七は「知恵」で、髪の魂である。†3 彼女らはその(1)身体全体を飾りつけた。そして彼女らの天使たちも彼女らに加わった。そして彼女らは、諸力*たちによって初めに先ず心魂的実体として準備されたものから、肢体と関節の秩序を〈作り出した(2)〉。そして繋り合った身体全体が、私がすでに名前を挙げた天使たちの群によって造り出された。†4

III 22,18–23,14

そして勢力たちは]下[から始めた。]†1 第一は「[神]性」で、(彼女が造ったもの†2は)骨の[魂*]である。[第二は]「支[配]」で[腱の]魂である。[第三は]「熱」で[肉*]の[魂および身*]体の[全構造*である。]【23】第四は「プロノイ[ア]」で、[髄]の魂である。第五は「王[国」で血]の魂である。第六は「[理]解」で、歯の魂と身体全体である。†3 第七は「知[恵]」で、髪の魂である。彼らはその人間全体*[を]飾り付けた。そして彼女ら(=勢力たち)の天使たちが[彼女ら]に加わった。そして彼らは諸力[たち*]によって準備されてあった心魂*[から][肢]体と関節(1)の[心魂]的実体を創り出した。そして繋がり合った[身体全体が、私がすでに名前を挙げた]天[使]たちの[群れによって造り出された。†4]

## §49 人体解剖学

II 15 29—17 8

第一の者(天使) 30 エテラファオー[ペ](1)(Eteraphaōp[e])は頭を造ることから始めた。[アブ ±6 ](2)ンは頭蓋(骨)を造った。メーニッゲストロ

---

§48

✝1　あるいは「内側から」。

✝2　以下「第七の知恵」まで同じように補充して読む。

✝3　以上の心魂論とよく似た理論はヘレニズム期のストア派や中期プラトン主義にも広範に認められる。

✝4　不特定多数の三人称複数を受動態に解する訳。

〔Ⅲ〕(1)　原文のギリシア語 hormos は文字通りには「鎖」。これを harmos と修正する訳。

〔B〕(1)　「彼ら」とも訳すことができるが、直前までの「勢力たち」を受けると見る場合の訳。

(2)　本文が脱落していると思われる箇所。

〔Ⅱ〕(1)　ここに列挙されている他の抽象名詞はすべて女性名詞であるのに対して、「妬み」(kōh)は例外的に男性名詞。しかし、それを受ける動詞は明瞭に三人称・単数・女性形。Bの並行箇所(**49** 15)は男性名詞の「火」(kōht)。写本Ⅱは§39の**12** 22でも、Bの並行箇所(**43** 18)が kōht であるところを、kōh としている。おそらくこの写本の写字生が kōht を kōh と書き(聴き)間違えたものであろう。さらに、kōht に相当するギリシア語(phlox)は女性名詞である。上記の動詞の三人称・女性・単数形はその痕跡と考えられる。元来の神話においては名詞の性別が神話論上重要な意味を担っていたはずであるが、これがコプト語に翻訳される段階で混乱したものと思われる。コプト語での同意語が元来のギリシア語と同じ性であるとは限らないからである。

(2)　あるいは「瞼」。

§49

(1)　あるいは「すなわちラファオー[ペ]」。以下で列挙される天使名はいずれもグノーシス主義的に隠語化されており、ごく僅かな場合を除いて、正確な語義と語源は不詳である。参考までに原文の綴りをアルファベットで併記する。なお、以下§53までは長写本にしかない大挿入記事である。人間の肢体を三百六十五に分けて同じ数の悪の天使たちと関連づける説はバシリデース(エイレナイオス『反駁』I, 24, 7、エピファニオス『薬籠』XXIV, 7, 4)にも見えている。

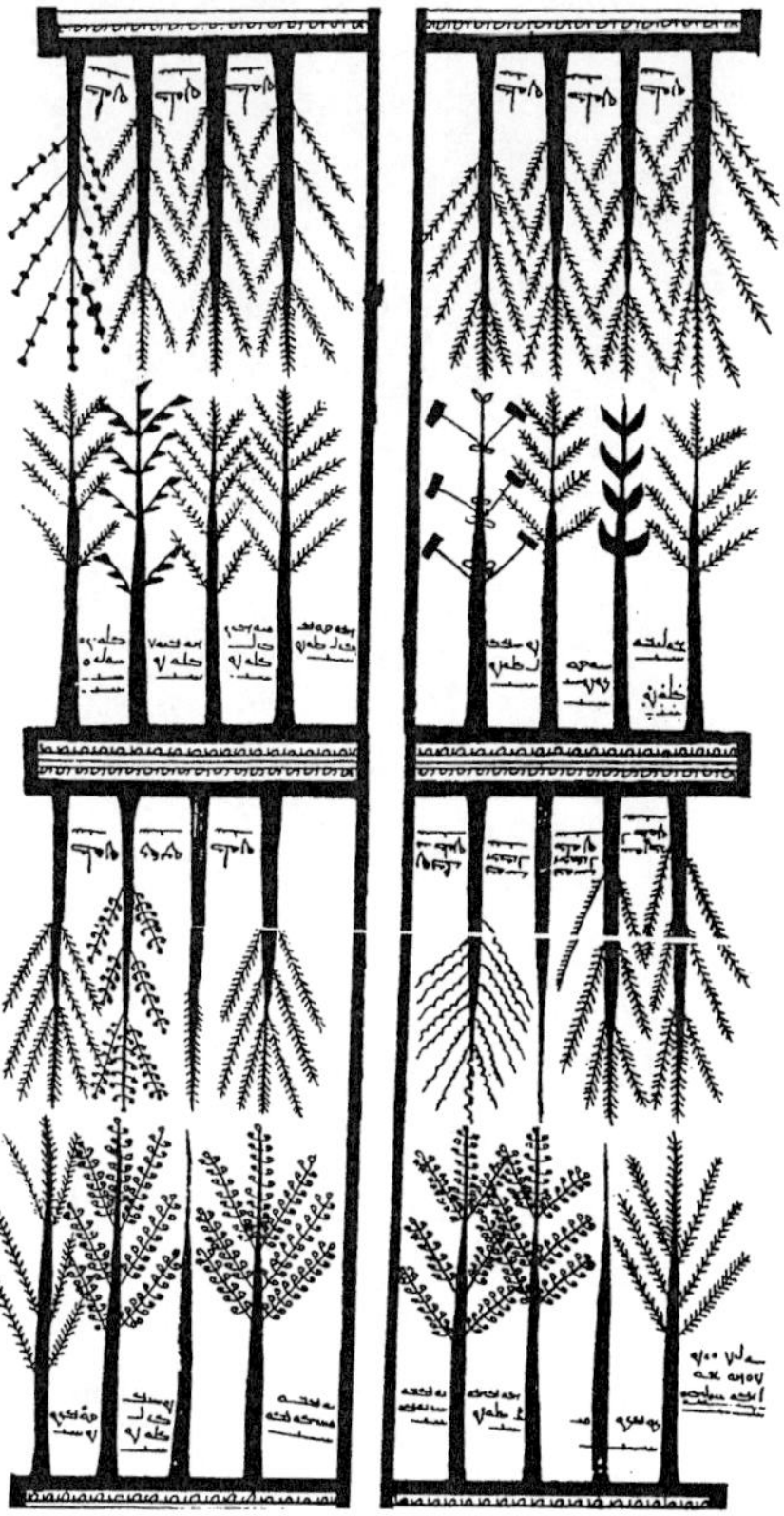

▶秘密の巻物『大いなる第一の世界』に描かれた聖なる木と植物。

ーエート(Mēniggesströēth)は脳髄を造った。アステレクメー(ン)(As-terechmēn)[3]は右目、タスポモカ(ム)(Thaspomocham)は左目、イェローニュモス(Jerōnymos)は右耳、ビッスーム(Bissoum)は左耳、アキオーレイム(Akiōreim)は鼻、【**16**】バネーンエフルーム(Banēn-Ephroum)は唇、アメーン(Amēn)は前歯、イビカン(Ibikan)は奥歯、バシリアデーメー(Basiliadēmē)は咽喉(扁桃腺)、アッカー(ン)(Achchan)[4]は口蓋垂(のどひこ)、アダバン(Adaban)はうなじ[5]、カアマン(Chaaman)は脊椎骨、デアルコー(ン)(Dearchōn)[6]は喉、テーバル(Tēbar)は左肩、ムニアルコーン(Mniarchōn)は左肘[7]、アビトリオーン(Abitriōn)は右の前膊、エウアンテーン(Euanthēn)は左の前膊、クリュス(Krys)は右手、ベーリュアイ(Bēlyai)は左手、トレーネウ(Trē-

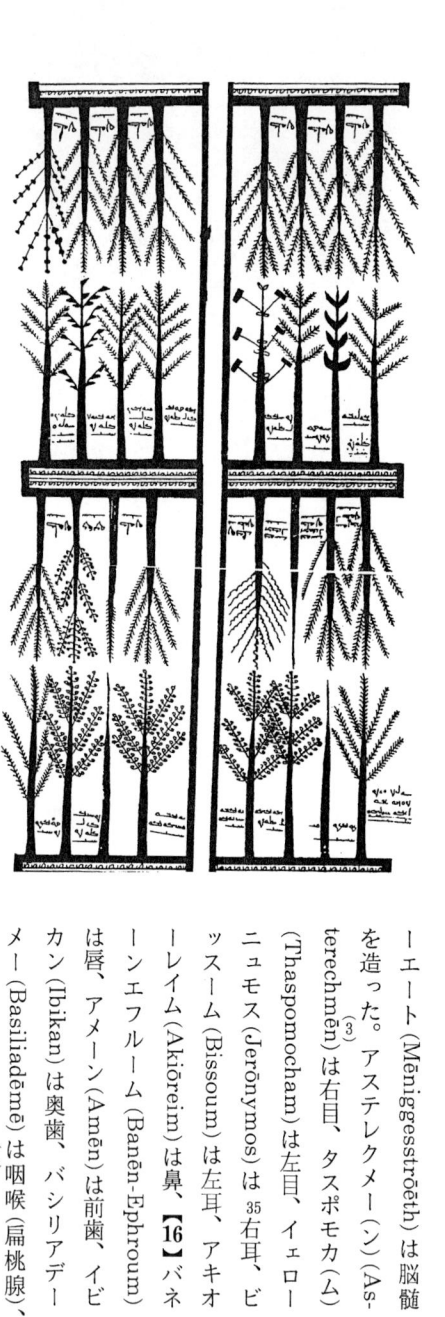

neu)は右手の指、バルベール(Balbēl)は左手の指、クリマ(Krima)は手の爪、アストロープス(Astrōps)は右の乳房、バッローフ(Barrōph)は左の乳房、バウム(Baoum)は右の腋窩、アラリム(Ararim)は左の腋窩、アレク(Arech)は15体腔、フタウエー(Phthauē)は臍、セーナフィム(Sēnaphim)は腹部、アラケトーピ(Ara-

---

(2)　約六文字分の欠損。写本Ⅳの並行箇所(**24**23)は「……」aphaōpeabr[……]」と読めるが、最後の abr の三文字が先行する「(エテ)ラファオーペ」と一体の合成名なのか、あるいは独立の天使名なのかの判断が困難である。この判断次第で、以下で列挙される身体のそれぞれの部位とそれを造る天使の組み合わせが、次のように異なってくる。

①「第一の者(エテ)ラファオーペ・アビルは頭を造ることから始めた。彼は頭蓋(骨)を造った。すなわち、メーニッゲッストローエートが。(以下同様)」。

②「第一の者は頭を造ることから始めた。(エテ)ラファオーペ・[アブロン]は頭蓋(骨)を造った。メーニッゲッストローエートは脳髄を造った。(以下同様)」。

③「第一の者ラファオーは頭を造ることから始めた。アブロン(?)は頭蓋(骨)を造った。メーニッゲッストローエートは脳髄を造った。(以下同様)」。

(3)　語尾の n は天使名の一部として表記されているが、後続の名詞「目」に付された目的格表示(＝日本語の「を」)と解せば、「アステレクメーは右目を」となる。後続の「タスポモカ(ム)」の語尾についても同じ。**16** 1以下はほぼこの目的格表示を伴う形で一貫している。

(4)　前注と同じ事情。

(5)　あるいは「腱」とも訳すことができるが、ここでは体の部位を表す語意を採る。

(6)　注(3)と同じ事情。

(7)　写本Ⅳの並行箇所**25** 4—7には「右肩」と「右肘」についても言及があったことが判読できる。おそらく写本Ⅱの写字生はそれを書き飛ばしているのだと思われる。

(8)　写本Ⅳの並行箇所**25** 19—20の残存本文から推すと、

chethōpi)は右脇、ザベドー(Zabedō)は左脇、バリアス(Barias)は左の尻[8]、アベーンレナルケイ(Abēnlenar-chei)は骨髄、クヌーメニノリン(Ch-noumeninorin)は骨格、ゲーソレ(Gēsole)は胃、アグロマウマ(Agro-mauma)は心臓、バノー(Banō)は肺、ソーストラパル(Sōstrapal)は肝臓、アネーシマラル(Anēsimalar)は脾臓、トーピトロー(Thopithrō)は腸、ビブロー(Biblō)は腎臓、ロエロール(Roerōr)は腱、タフレオー(Taph-reō)は身体の脊椎、イプウスポボーバ(Ipouspobōba)は静脈、ビネボリン(Bineborin)は動脈、ラトイメンプセーフェイ(Latoimenpsēphei)、全肢体に宿る呼吸は彼らのものである[9]。エーントッレ[ ± 4 ](Entholle[ ± 4 ])はすべての肉、ベドゥク(Bedouk)は[右の]子宮[10]、アラベーイ(Arabēei)は左の陰茎[11]、エイロー

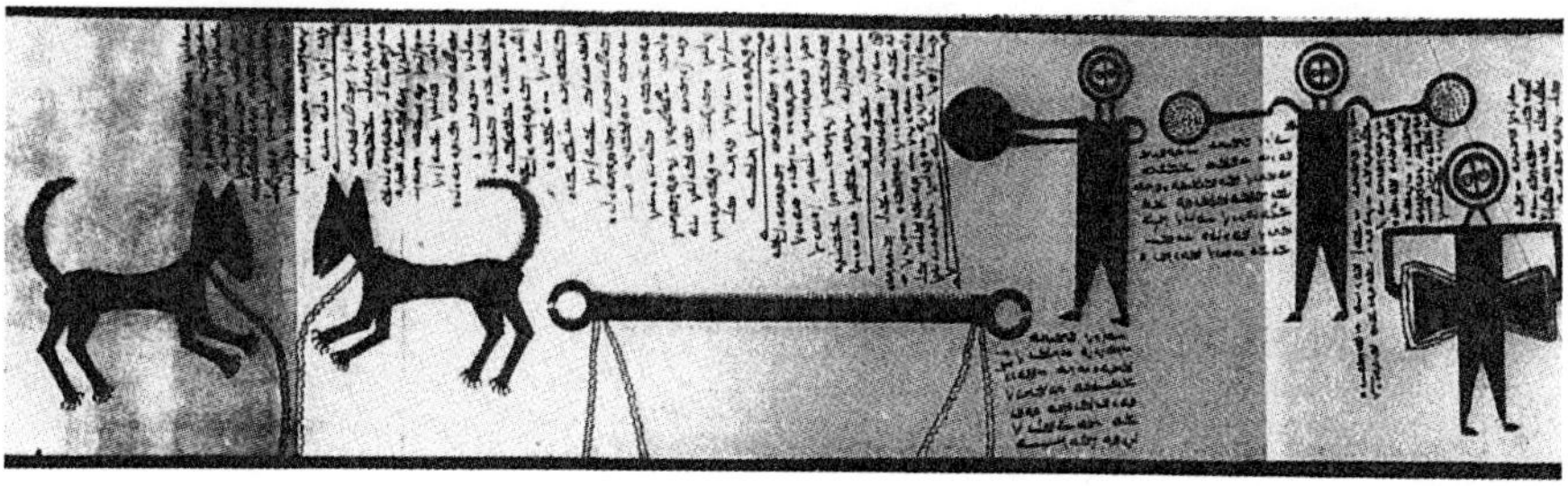

▲見張所、あるいは罪の贖いの場所。マンダ教の文書より。

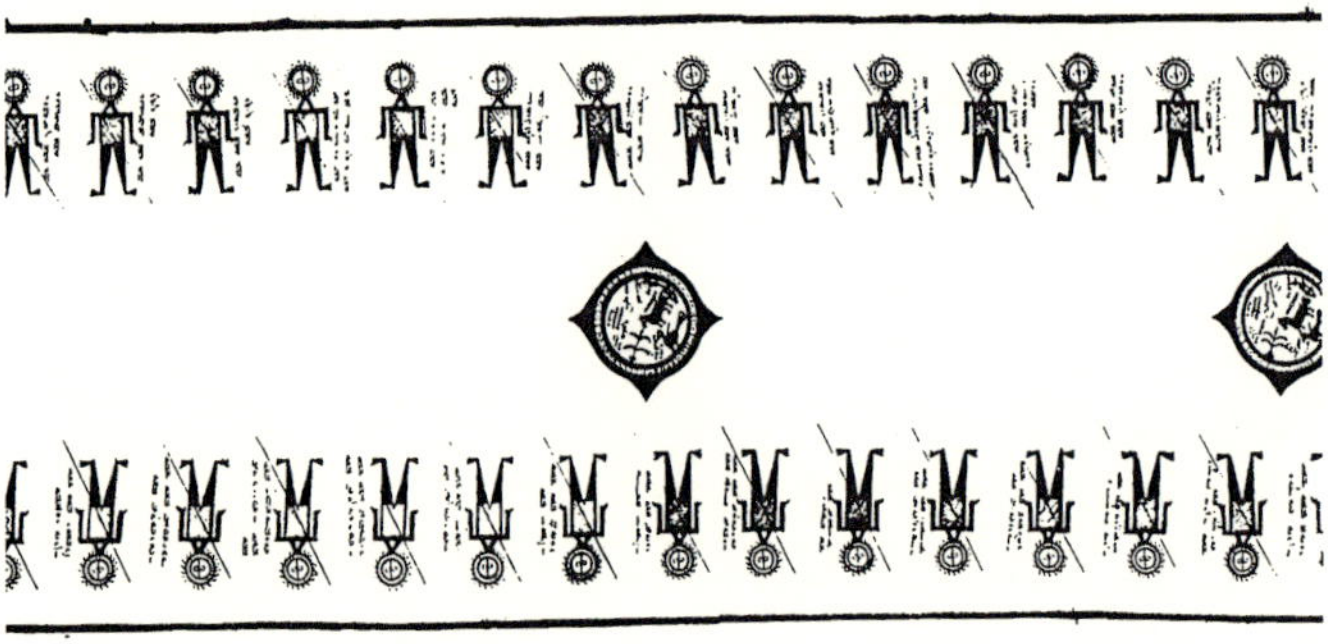

▲死者の儀礼。マンダ教の文書より。

(Eilō) は睾[丸]、ソールマ(Sōrma) は性器、ゴルマカイオクラバル(Gor-makaiochlabar) は右の腿、ネブリト(Nebrith) は左の腿、プセーレーム(Psērēm) は右の脚(腰)側の腎臓、アサクラス(Asaklas) は左の腎臓[12]、オルマオート(Ormaōth) は右の膝、35[エー]メーニュン([Ē]mēnyn) は左の膝、クニュクス(Knyx) は【17】右の脛骨、テュペーロン(Typēlon) は左の脛骨、アキエール(Achiēl) は右のくるぶし、フネーメー(Phnēmē) は左のくるぶし、フィウトロム(Phiouthrom) は右脚、ボアベル(Boabel) はその(右脚の)指、トラクーン(Trachoun) は 5 左脚、フィクナ(Phikna) はその(左脚の)指、ミアマイ(Miamai) は(両)脚の爪、ラ

「バリアスは右の尻、フヌウトは左の尻」。

(9) 「彼らのものである」の三人称複数形は文脈上不整合。

(10) tete の訳。下腹部にあって対をなす器官。正確な語義は不詳。

(11) もちろん厳密には意味をなさない訳。本文が損なわれていると思われる箇所。

(12) あるいは「ふくらはぎ」、「関節」、「筋肉」。

(13) 目的語が欠。もちろん、15 30で身体の部位と天使の組み合

ベールニウム(Labrnioum)は……。(13)

さて、これらすべての上に立てられた者たちは七人*である。すなわち、アトート、アルマス、カリラ、イアベール、……。(14)

## § 50 肢体に働く悪霊

II 17 8—32

さて、肢体の中で個々に働く者たちは、まず頭でディオリモドラザ(Diolimodraza)、腱でイアムメアクス(Jammeax)、右肩でイアクウィブ(Jakouib)、左肩でウエルトーン(Ouertōn)、右手でウディディ(Oudidi)、左手でアルバオ(Arbao)、右手の指でランプノー(Lampnō)、左手の指でレーエカファル(Lēekaphar)、右の乳房でバルバル(Barbar)、左の乳房でイマエー(Imaē)、胸部でピサンディアプテース(Pisandiaptēs)、右の腋窩でコアデー(Koadē)、左の腋窩でオデオール(Odeōr)、右脇でアスフィクシクス(Asphixix)、左脇でシュノンクウタ(Synogchouta)、体腔でアロウフ(Arouph)、腹部でサバロー(Sabalō)、右の腿でカルカルブ(Charcharb)、左の腿でクタオーン(Chthaōn)、性器部全体でバティンオート(Bathinōth)、右膝でクウクス(Choux)、左膝でカルカ(Charcha)、右の脛骨でアロエール(Aroēr)、左の脛骨でトーエクタ(Tōechtha)、右のくるぶしでアオール(Aōl)、左のくるぶしでカラネール(Charanēr)、右脚でバスタン(Bastan)、その(右脚の)指でアルケンテ

---

人の諸力の上位七人の中のさらに上位四人と一致する。写本IVの**26** 19—20ではさらに「サバオート、カイン、アベル」と続いていたと推定される。これは上記の上位七人と正確に対応する。

**§50**

(1)　あるいは「七人が彼ら(天使たち)をこれらすべて(身体の部位)の上に[任命]したのである」。

わせを注(2)の①の方式で始めればこの最後の箇所でも、直前の「脚の爪」が目的語となる。しかし、前出注(7)に触れた事情からも明らかなように、写本IIの写字生(あるいは彼以前にギリシア原本からコプト語への訳者)自身がこの組み合わせの整合性を厳密には考えておらず、かなり粗雑な作業に終始していると言わざるを得ない。

(14)　写字生そのものが以下を省略。§31に列挙された十二

クタ(Archentechtha)、左脚でマレフノウント(Marephnounth)、その(左脚の)指でアブラナ(Abrana)である。

これらすべての上に[支配][1]したのが、ミカエール(Michaēl)、ウリエール(Ouriēl)、アスメネダス(Asmenedas)、サファサトエール(Saphasatoēl)、アアルムウリアム(Aarmouriam)、リクラム(Richram)、アミオールプス(Amiōrps)の七人である。

## §51 認識論と悪霊

II 17,32—18,2

そして、「知覚」の上に(支配する)者たちがアルケンデクタ(Archendekta)、そして「受容」の上に(支配する)者がデイタルバタス(Deitharbathas)そして「心象」の上に(支配する)者がウムマアア(Oummaa)、そして「合[致]」の上に(支配する)者

◀ヘレニズム密儀宗教で蛇が果たした重要な役割を示す図像。

が【18】アアキアラム(Aachiaram)、そしてすべての「衝動」(1)の上に(支配する)者がリアラムナコー(Riaramnachō)である。

### §52 属性論と悪霊

II 18 2—14

さて、身体全体の中に宿る悪霊たち*の源泉は四つに定められている。(1)すなわち、熱気と寒気と湿気と(2)乾気である。しかし、それらすべての母は物質*である。さて、熱気の上に支配する者はフロクソファ(Phloxopha)、寒気の上に支配する者はオロオルロトス(Oroorrothos)、乾気の上に支配する

§51 (1) 以上の「知覚」、「受容」、「心象」、「合致」、「衝動」はストア哲学の認識論の術語である。

§52 (1) 主語(「源泉」)は単数であるのに、動詞が三人称複数形で一貫しない箇所。おそらく後者は間に置かれた「悪霊たち」に引かれたもの。

(2) 「霜」とも訳すことができるが、この段落全体が古代哲学の属性論あるいは属性の混合論と関連しているので「湿気」。

(3) あるいは「これらすべての母はオノルトクラサイを彼らの中央に立てる」。「オノルトクラサイ」の後半の「クラサイ」(chrasaei)はおそらくギリシア語で「混合」を意味する「クラシス」。

者はエリマコー(Erimachō)、湿気の上に支配する者はアテュロー(A-thyrō)である。さて、彼らすべての母であるオノルトクラサイ(Onortho-chrasaei)が彼らの中央に立っている。(3) その際、彼女は無限定で、彼らすべてと混ざり合っている。

## §53 情念論と悪霊

II 18,14—19,2 *

そして彼女はまことに物質である。なぜなら、四つの指導的な悪霊が彼女によって養われているからである。(1) すなわち、エフエメンフィ(Ephe-memphi)は快楽に属する者、イオーコー(Jōkō)は欲望に属する者、ネネントーフニ(Nenentōphni)は悲嘆に属する者、ブラオメーン(Blaomēn)は恐怖に属する者である。さて、彼らすべての母はエステーンシスウク・エピプトエー(Esthēnsisouch-Epiptoē[2])である。

さて、これら四つの悪霊から情念が生まれてきたのである。すなわち、悲嘆から(生まれてきたものが)そねみ、妬み、苦痛、苦悩、不一致、不注意、心配、なげき、その他である。また、快楽からは多くの悪と虚ろな自慢とこれらに類するものが生まれてくるものである。さらに、欲望からは怒り、傲慢、および苦[汁、そして]、にがい情欲、飽くことを知らぬこと、およびこれらに類するもの。恐怖からは恐

（3） 翻訳が非常に困難な箇所。「有益なる」を「無益なる」の誤記と見做す解釈、あるいは「これらすべてはいわば、善徳でも悪徳でもあるようなものである」という敷衍訳が提案されている。

（4） 他に「必[然性]」あるいは固有名詞「アナ[ロー]」という復元の提案がある。

（5） 「七つ」(数詞の z=7)と「知覚」を固有名詞「ウークエピプトエー」(語義については前出注(2)を参照)の一部として編入すると、「ズーク・エピプトエーの知覚」あるいは固有名詞「エステーシス・ズーク・エピ・プトエー」となる。

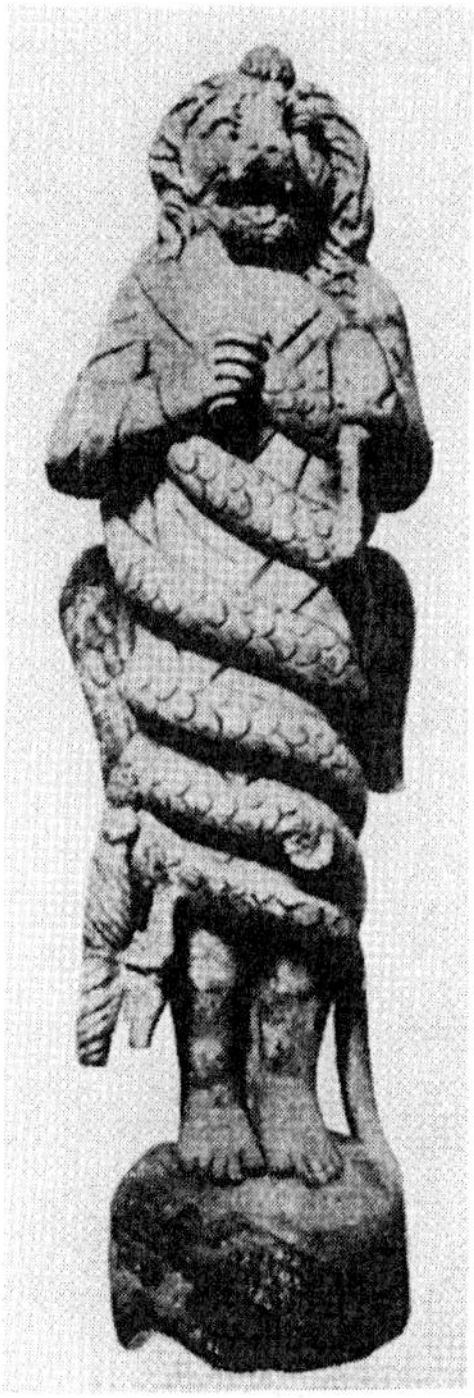

▲蛇を身にまとった「アイオーン」像。

§53

（1） あるいは「なぜなら、彼らは彼女によって養われているからである。四つの指導的な悪霊はエフェメンフィ……」。以下順次挙げられる「快楽」、「欲望」、「悲嘆」、「恐怖」はストア派の情念論において四大情念とされるもの。さらにそれぞれが下位情念に分類される点もストアの情念論に並行する。新約聖書中のいわゆる悪徳表(例えばガラ五19-21、Ⅱテモ三2-5他多数)の背後にも同様の思想史的前提が考えられる。

（2） aisthēsis ouch epi ptoai＝不穏ではない状態(つまり平常心)での知覚。ストアの認識論の定型句。

慌、へつらい、苦悶、恥辱。

さて、これらすべては有益なるものの種族に属すると共に、悪しきものの種族にも属する。(3) しかし、彼らの真理に対する洞察はアナ[イオー](Ana[iō])(4)、とはすなわち、物質的魂の頭である。【19】なぜなら、それはウークエピプトエー(Ouch-Epiptoē)の七つの知覚(5)だからである。

## §54 立ち上がれないアダム

III 23 14—19

ところが彼(アダム)*は長い間動け[ないまま]であった。[というのは]七人の*[諸]*力も関節を整[え]た他の[三百]六十人の天使たちも、彼を立て起こすことができなかったからである。

B 50 15—51 1

ところが、彼(アダム)*は長い間動けないままであった。というのは、七人の*諸力*も、[肢体の関節?]を整えた他の三百六十人の天使たちも、【51】彼を立て起こすことができなかったからである。

II 19 2—15

以上が天使たちの数で、合わせると三百六十五となる。彼らすべては、心魂的*かつ物質的身体(1)*が肢体ごとに彼らによって完全なものとなるまで、その(身体の)ために働いた。と言うのは、なお残る他の情念の上にはさらに別の者(天使)たちが——これらについては私はまだ君に話してないのだが——存在しているからである。しかし、もし君が彼らについても知りたいと欲するならば、それは10ゾーロアストロスの書(2)に記されている。さてすべての天使たちと悪霊たちは、その心魂的身体を*整え終るまで働いた。ところが彼らの仕上げたもの全体は長い間動けず、15身動きできなかった。

## §55 「力」の抜き取り

II 19 15—33

他方であの母親は、第一のアルコーン*に与えてしまっていたあの力を再び取り戻したいと欲したとき、万物の母父*、すなわち、大いなる憐れみに富

B 51 1—52 1

さて、[あの母親は](彼女の)多情ゆえに(1)かのアルコーン*に与えてしまった力を、[再び取り戻したいと欲した]。彼女は悪意なしにやってきて、5万物

III 23 19—24 14

さて[あの母]親は、20多情ゆえに、かのアルコーン*[に与えてしまった]力を引き出したいと欲した。[彼女は邪]意なしに父、[すなわち]憐れみに富む

---

§54

〔II〕(1) 物質的身体の創造はまだだ先(§58)の話であるから、ここでの言及は神話論上は不整合。

(2) ナグ・ハマディ写本VIIIの中に、「ゾーロアストロス」とよく似た人物名を冠した『ゾストゥリアノス』という文書が含まれている。これはポルフュリオス『プロティノス伝』一六章に言及されている文書と同じではあるが、この箇所で言及される『ゾーロアストロスの書』とは別文書と見做す見解が現在のところ優勢である。ヘレニズム末期にはゾロアスターの名による占星術あるいは魔術文書はかなり多数流布していたと思われる(アレクサンドリアのクレメンス『綴毯』I, xv, 69, 6: V, xiv, 103, 3 参照)。

§55

†1 創二7に対する揶揄。旧約聖書の造物神ヤハウェは無知傲慢な神ヤルダバオートと同定されて貶められる。

〔III〕(1) 「第一のアルコーン」の意。

者に、また、五つの光に請い求めた。**【24】**彼は聖なる決［定］に基づいて彼の四つの［光］を、プロートアルコーン(1)の天［使］たちの姿で送り出した。そ［して彼らは］彼（第一のアルコーン*）に助［言した］が、それは（他でもない）彼の中からあの母親の力を引き出すためであった。（すなわち）彼らは彼にこう言ったのである。『あなたの息を彼（アダム*）の顔に吹き込みなさい。そうすれば、この物は立ち上がるでしょう』。そこで彼は彼（アダム）の中へある気息――これは母親の力のことであり、第一のアルコーンから（出て行くものである）――をその身体*の中へ吹き込んだ。［すると直ちに彼は］動いた†1。［そして］彼（第一のアルコーン）よりも力強い者と［なった。

の父*、すなわち憐れみに富む者、光の神に願い求めた。彼は聖なる決定に基づいて「アウトゲネース*」と四つの光を、第一のアルコーン*の天使たちの姿で送り出した。彼らは彼（第一のアルコーン）に助言したが、それは（他でもない）彼の中からあの母親の力を抜き取るためであった。（すなわち）彼らは彼にこう言ったのである、『あなたの中にある息（霊）を彼（アダム*）の顔に吹き込みなさい。そうすれば、この物は立ち上がるでしょう』。そこで彼は彼（アダム）に自分の気息――これは母親から（由来する）あの力のことである――をその身体*の中へ吹き込んだ。すると［その瞬間に］**【52】**彼は動いた†1。

む者に願い求めた。彼は五つの輝く者を、聖なる決定によって、第一のアルコーンの天使たちの場所へ送った。彼らは彼（第一のアルコーン）に助言したが、それは（他でもない）あの母親の力を抜き取るためであった。（すなわち）彼らはヤルダバオート*にこう言ったのである。『あなたの息を彼の顔に吹き込みなさい。そうすれば、彼の身体は立ち上がるでしょう』。そこで彼は彼に自分の気息――とはすなわち、彼の母親の力のことである――を吹き込んだ。彼は自分が無知の中にあることをまだ知らなかったのである。するとその母親の力がアルタバオートの中から出て、心魂的身体*、すなわち、彼らが太初から存在する者の像*に倣って骨折ったものの中へと入り込んだ。その身体は動いた†1。そして力を得て輝いた。

## §56 光り輝くアダム

II 19 34—20 9

すると直ちに、残る他の諸力*も妬み始めた。【20】というのは、彼は彼らすべてによって存在するようになったのであり、彼らがその人間に彼らの力を与えていたのであるから。（それにもかかわらず）彼の理解力は彼を造った者たちよりも、また、第一のアルコーン*よりも強大になった。

さて彼らは、彼が輝いており、彼らよりも思考力が強く、悪から自由であることに気が付いたとき、彼を捕らえると、物質界*全体の底の部分へ投げ込んだ。

B 52 1—17

すると直ちに[他の]諸力*も[妬]み始めた。彼は彼らすべてによって存在するようになったのであるから。彼らがその人間（アダム）*に、彼らに由来する諸々の力を与えていたのであり[1]、彼は七つの諸力*の心魂*と彼らの（その）力をもらっていたのである。（それにも拘らず）彼の知力は彼らすべてよりも、また、プロートアルコーン[2]よりも強大になった。

さらに彼らは、彼が彼らよりも賢いがゆえに悪から自由であること、また、光に移ってしまっているのに気付いた。彼らは彼を捕えると、物質界*全体の底の部分へと引きずっていった。

III 24 14—24

すると他の」諸力*[も妬み始めた。彼は]彼らすべてによって存在するようになったのである[から]。[彼らが]その人間（アダム）*に彼らの力を[与えていたのであり]、彼は彼らの心魂*、[すなわち]、七つの諸力*[の心魂]と[彼ら]の力をもらっていたのである[1]。（それにもかかわらず）[彼の]思考は彼を造[った者たち]よりも、また、第[一]のアルコーン*よりも強くなった。

さらに彼らは、彼が彼らよりも[賢い]がゆえに悪から自[由である]こと、また、彼が光[に移って]しまっているのに気付いた。彼らは彼を捕らえると、物質界*全体の底へと[引きずっ

---

§56

[III]（1） 原文は現在完了であるが、文脈上過去完了に訳す。

[B]（1） 原文は現在完了であるが、文脈上過去完了に訳す。

（2） §55の注III（1）参照。

[B]（1） 原文通りでは「多情なる者（男性・単数）のアルコーンの」、あるいは「あのアルコーンの、すなわち、多情なる者の」となって文意がうまく通じない箇所。われわれの訳はIIIに準じて本文を修正する訳。

ていった。」

III 24,25―25,23

至福なる父は［善を行なう］者【25】であり、また、憐れみに富む者であるので、［あの母親の］力――とはすなわち、（第一の）アルコーン［か］ら引き抜かれてしまった力のことである――を憐［れんだ。］そして［それは、それ（＝力）が(1)］あの身体の上に支配するようにするためであった。彼は善を［行ない憐れ］みに富む彼の霊を送った。（物質界へ）最［初］に下ってき［た］者――彼は［アダム］と名付けられた――の助け主として。（すなわちそれは）光のエピノイアであり、彼（アダム）によって、「ゾーエー」と呼ばれ［た者］である。［さて彼女こそは］全［被造物に働きかける者である。それ（被造物）と共に労苦して、そのプレ

## §57 光のエピノイア

B 52,17―54,4

しかし、至福なる父は憐れみに富んで善を行なう者である。彼は［プロートアルコーン］から［（今や）引き抜かれてしまった母親の］【53】力を憐れんだ。それはそれ（＝力）があの身体の上に支配するようになるためであった。彼は善なる、憐れみに富む霊(1)を送った。（物質界へ）最初に下ってきて、アダムと名付けられた者を助ける者として。（すなわちそれは）光のエピノイアであり、彼（アダム）によって「ゾーエー」と呼ばれた者である。さて、彼女こそは全被造物に働きかける者である。それ（被造物）と共に労苦して、それ本来の神殿へと立て起こし、その欠乏が下ってきた（由来について）説き明かし、その昇ってゆくべき道を示す

II 20,9―28

しかし、至福なる母父、すなわち、善を行なう者であり、憐れむ者は、あの母親の力――とはすなわち、第一のアルコーンから（今や）引き抜かれてしまった力のことである――を憐れんだ。またそれは、彼らが心魂的かつ感覚を備えたあの身体の上に支配するようになるかも知れなかったからである。そこで彼（彼女）は善を行なう霊と憐れみに富む者(1)によって、アダムに助け手を送った。（すなわちそれは）光のエピノイアであり、彼からやって来た者であり、「ゾーエー」と呼ばれた者である。さて、彼女は全被造物のために働く。彼と共(2)に労苦して彼本来のプレーローマへと彼を立て直し、種子の下への下降について彼を教え、帰昇の道

ー」ローマ*へと[立て起こし、その欠]乏*が下ってきた次第について説き明[かし]、その[昇ってゆくべき道]を教えることによって。そして、[光]のエピノイアは(アダム)の中に隠れた。[それ]はアルコーンたちが気付かず、[むしろ]われわれの仲間なる姉妹、[われわれに等]しい知恵が光のエピノイアによっ[て]彼[女]の過失を正すようになるためであった。

ことによって。そして、光のエピノイアは彼(アダム)の中に隠れていた。それはアルコーンたちが気付かず、むしろ【54】われわれの姉妹、われわれに[等]しい[「知恵」](2)が、光のエピノイアによって、彼女の過失を正[す]ためであった。

——すなわちそれは(かって)彼がやってきた道のことである——について彼を教えることによって。そして、光のエピノイアはアダムの中に隠れている。それはアルコーンたちが気付かず、むしろエピノイアがあの母親の欠乏*の立て直しとなるためである。

---

**§57**

†1　§23の注Ⅱ(1)参照。

†2　ギリシア語で「生命」の意。ギリシア語旧約聖書(「七十人訳」)はこの同じギリシア語を創三20のエバに当てている。エバ(Hawwah)とはヘブル語義でやはり「生命」の意味だからである。但し、この文書の神話の筋書きの上では、肉体のエバが登場するのは§64以下であるから、目下言及されている「ゾーエー」はその肉体のエバに先立って活動する本質(「光のエピノイア」)として区別されている。

〔Ⅲ〕(1)　Bの並行句に準じた復元。

〔B〕(1)　原文通りに訳せば「彼、すなわち彼と彼の大いなる憐れみとが、善なる霊を送った」となる。われわれの訳はⅢの平行句に準じて本文を修正する訳。「彼は善なる霊と彼の大いなる憐れみを送った」とも訳すことができる。

(2)　Ⅲの並行句に準じた復元。

〔Ⅱ〕(1)　構文の解釈が困難な箇所で、「善を行ない、憐れみに富む霊」も可。

(2)　以下第24行までの「彼」は、第17行および第25—26行に出る「アダム」を指す。BとⅢの並行箇所でも三人称・男性・単数の人称代名詞になっているが、「全被造物」(男性名詞形)を指す。しかし、Ⅱで「全被造物」(第19—20行)は女性名詞形であるから、「彼」がこれを指すことはできない。

## §58 肉体の牢獄

II 20,28—21,16

するとかの人間*が、彼の中に在る光の影のゆえに現れてきた。そして彼の思考は彼を造った者たちすべてよりも高まった。彼らは、驚いて天を見上げると、彼の思考が高くなっているのを見た。そこで彼らは全諸力*の群れおよび全天使の群れと協議した。彼らは火と土と【21】水を取った。彼らはそれらを互いに、また、火の四つの風と混ぜ合わせた。彼らは互いに打ち合い、大いなる震動を巻き起こした。そして彼らは彼を死の影の中へ連れ込んだ。それは土と水を火と風から再び造り出すためであった。とはすなわち、物質(1)*——これは暗闇の無知のことである——と欲望と模倣の霊*から。これこそ身体*のこしらえ物*の洞窟であり、人間の上に強盗たちが着せ付けたもの、忘却の鎖である。そしてこれが

B 54,5—55,18

かの人間*は、彼の中に在る光の影のゆえに光り輝いた。彼の思考は彼を造った者たちよりも高まった。彼らは同意した。†1(そして)かの人間が彼らよりも高くなったのを見た。彼らはアルコーンたちに属する全天使の群、および彼らのその他の勢力たちと協議した。そこで火と土が水および炎と(互いに)混り合った。それらは四つの風と一緒に投げ込まれて、火のように吹き荒れ、互いに結合し合いながら、【55】[大いなる]震動を[巻き起こした]。[彼らは彼を]死の影の中へ[連れ込んだ]。彼らは再びまた別のこしらえ物*を、土と水と火と風から造り出した。とはすなわち、物質*、暗闇、欲望、および反逆の霊から。これこそ、鎖、身体*のこしらえ物(にとって)の墓であり、人間の上に着せ付けられて、物

III 25,23—27,4

すると【26】かの人[間]*は彼の中に在る[影のゆえに]光り輝いた。彼は[彼を]造った者たちよりも[高ま]った。諸力*のアルコーン[たち全体]*が同意した。†1(そして)かの人間が彼らを凌[駕している]のを見た。彼らは天使たち、アルコーンたち、およびその他の勢力たちと協[議]した。そこで[火と]土が水[および]炎と互いに混じり合った。それらは[四つ]の風[と一緒に]混ぜ合わされて、[火]のように吹き荒れ、互いに[結]合し合った。それらは大い[なる震動]を巻き[起こ]した。[彼らは彼を死の影]の中へ[連れ込んだ。彼らは]再び[また]別のこしらえ物*を土と水と[火]と風[から造り出した。]とはすなわち、物質*、暗闇[欲]望、および模倣の[霊*から。]すなわち、これこそわれわれの鎖、身[体]*のこ

| III | B | II |
|---|---|---|
| しらえ物の[洞]窟であり、人間の上に強[盗たちが]着せ付けたもの、忘却の鎖である。[こう]して人間は死ぬのが[常の者となっ]たのである。これこそ最初の下降であり、【27】最初の分裂である。ところが先在の[光]の「[思]考」が彼の中に在っ[て]、彼の思考を[立て起こ]す。 | 質への鎖となったものである。これこそ最初に下降してきたものであり、最初の分裂である。しかし、第一の光の「思考」が彼の中に在って、彼の思考を呼びさます。 | 死ぬのが常の人間となったのである。これが最初に下降してきたものであり、最初の分裂である。しかしやがて彼の中に在ることになる光のエピノイア*、彼女が彼の思考を呼び覚ますであろう。 |

## §59 楽園への追放

| III 27 4―14 | B 55 18―56 10 | II 21 16―24 |
|---|---|---|
| そして第一のアルコーン*は彼を[捕らえ]、楽園*の中に置[いた。]こ[れ](楽園)について]彼は、それが彼(アダム*)にとって無上の歓[び]†1であると語 | 第一のアルコーン*は彼を連れ去り、楽園*の中に置いた。【56】これ(楽園)[について]彼は、[それが]彼(アダム*)にとっては無上の歓び†1[であるかのよ | そしてアルコーン*たちは彼を連れ去り、楽園*の中に置いた。そして彼らは彼に、『食べよ』と言った。これはすなわち、安心して、という意味である。 |

---

§58

†1　あるいは§46の注†1と同じ意味で「下を眺めた」。

〔II〕(1)　構文解釈が難しく多くの訳者が「物質からの霊」と訳す箇所。われわれの訳は本文を修正して、IIIとBの並行句と基本的に同じ構文で読もうとする訳。但し、直前に言及されている「四大(要素)」との対応関係は多少ずれて次のようになる。

| | B／III | II |
|---|---|---|
| 土 | 物質 | 物質＝暗闇 |
| 水 | 暗闇 | |
| 火 | 欲望 | 欲望 |
| 風 | 反逆の霊 | 模倣の霊 |

§59

†1　創二15、三23-24、エゼ三16、ヨエ二3参照。いわゆる

ったが、これはつまり彼(アダム)を欺くためであった。なぜなら、†2[彼らの食]物は苦み、彼らの[麗しさ]は不法なもの、彼らの食[物]は偽り、彼らの木は憎[悪、彼らの実は癒す術のない毒、彼らの約束は彼ら]にとって[死で]あったからである。

うに語ったが」、これはつまり彼(アダム)を欺くためであった。なぜなら†2彼らの歓びは苦く、彼らの麗しさは不法なものだからである。彼らの歓びは偽りであり、彼らの木は憎悪であったからであり、彼らの実は癒す術のない毒であり、彼らの約束は彼(アダム)にとって死だからである。

なぜなら、彼らの歓び†1は苦く、彼らの麗しさは不法なものだからである。さて、彼らの歓びは偽りであり、彼らの木は瀆神であり、彼らの実は癒し難い毒であり、彼らの確約は死である。

## §60 「生命の木」

**III 27,14—28,6**

[だが]その木は「生命の木」†1として(その中に)[置かれた。しかし]その彼らの生命の奥[義]が一体何であるか、私が君たちに告げ[よう。](1)それはすなわち、彼らの模倣[の霊]*であって、彼らの[間]から由来するもので、彼(アダム)*に後ろを向かせて彼のプレーロー[マ]*を知ることがないようにするた[めで]ある。その木というのはつぎのような[種類]のものである。(すな

**B 56,10—57,8**

だが、彼らの木は「生命の木」†1として(その中に)置かれた。その彼らの生命の奥義を私は君たちに告げよう。それはすなわち、彼らの模倣の霊*であって、彼らに由来し、彼(アダム)*をそむけ、彼の完成を知ることがないようにするのである。その木というのは次のような種類のものである。(すなわち)その根は苦く、その枝は死の影、その【57】葉は憎しみと偽瞞、その樹

**II 21,24—22,2**

彼らの「生命の木」†1、それを彼らは楽園*の中央に置いた。その彼らの生命の奥義が一体何であるのか、私は君たちに教えよう。それはすなわち、彼らが互いに交わした協議のことである。それはすなわち、彼らの霊*のことである。それは根が苦く、その枝は死である。その影は憎しみであり、その葉の中に宿るものは欺瞞である。そして、その芽吹きは邪悪の香油、その実は死

わち)その根は軽蔑され、[その]枝は[死]の影、その葉は憎しみ【28】と欺瞞、その樹脂は邪悪[の]香油、その実は死の欲望であり、その種子*は暗闇の[中に]芽を出した。それを食べる者たち、[彼らの]住み家は陰府である。

液は邪悪の香油、その実は死の欲望であり、その種子*はそれを食べる者たちから飲む(1)。陰府が彼らの住み家である。

である。その種子*は欲望であり、暗闇の中に芽を出す。それを食べる者たち、【22】彼らの住処は陰府である。そして暗黒が彼らの安らぎの場所である。

## §61 「善悪を知る木」

III 28 6—17

[しかし、]彼らによ[って]「善[悪]を知ること」と呼ばれるあの木†1、これはすなわち光のエピノイア*のことであり、彼女ゆえに彼女から食べては

B 57 8—58 1

しかし、彼らによって通常「善悪を知るため」と呼ばれるあの木†1、これはすなわち光のエピノイア*のことであり、彼女ゆえに(その木から)食べては

II 22 3—9

しかし彼らによって「善悪を知る木†1」と呼ばれたもの、これはすなわち光のエピノイア*のことである。彼らは彼の面前に留まっていた。それは彼

---

「エデンの園」の「エデン」はヘブル語('ēden)で「無上の歓び」の意。

†2 「彼ら」は直前の文脈の主語が三人称・単数(第一のアルコーン)であることとの関連では少し不自然であるが、§58の「アルコーンたち」を受けると考えればよい。

§60

†1 創二8以下参照。以下で行なわれるのと同じように「生命の木」を情念論の文脈で悪霊化することは、ヘレニズム期のユダヤ教の中に先例がある。第四マカベヤ書一29、三2—5、フィロン『農業について』10 17参照。

〔III〕(1) 「[だが]その木は「生命の木」……」以下は、構文の解釈が困難な箇所。別の提案は「彼らの木、すなわち彼らが、これは命の木である、と言いながら置いた木、その木についてわたしは君たちに告げよう」。

〔B〕(1) 「邪悪の香油……」以下の、原文はこのようにしか訳せない。本文の伝承がかなり損なわれていると思われる。

§61

†1 創二9参照。

［ならぬ］、とはつ［まり］、彼女に聞いてはならぬという戒めが発せられたのである。なぜなら［それ（戒め）は、彼（アダム）*が彼の完成］を［見上げて、そのプレーローマ］［から自分が（失われて）］裸である［ことに気付くことがないようにと、彼に］敵対するものであったからである。しかし、私は［彼が］(1)（その木から）食べるようにさせたのである」。

ならぬ、とはつまり、彼女に聞いてはならぬという戒めが発せられたのである。なぜならその戒めは、彼（アダム*）が彼の完成を見上げて、その完成から自分が（失なわれて）裸であることに気付くことがないようにと、彼に敵対するものであったからである。しかし、私は彼らが(1)（その木から）†2【58】食べるようにさせたのである」。

が彼のプレーローマ*を見上げて、自分の醜悪な形の裸を知ることがないようにするためであった。しかし、私は彼らを立て直し、食べるようにさせたのである†2」。

## § 62 蛇

III 28 17—23

そこで［私は彼に言った］、「主よ、彼を［教］え（てそうさせ）たのは蛇ではなかったのですか†1」。

彼は微笑みながら［言った］、「蛇は彼らに汚れた欲望による滅びの生殖行為を示したのである。というのも、それが†2［彼（＝蛇＝ヤルダバオート*）にとって］役立つようにそうしたのであ

B 58 1—7

私は彼に言った、「キリストよ、彼女(1)を教え（てそうさせ）たのは蛇ではなかったのですか†1」。

彼は微笑みながら言った、「蛇は彼女に穢れ(2)と滅び（に満ちた）欲望の生殖行為を教えたのである。というのも、それが†2彼（＝蛇＝ヤルダバオート*）にとって益となるためにそうしたので

II 22 9—15

そこで、私は救い主に言った、「主よ、アダム*に教えて食べさせたのは、蛇ではなかったのですか†1」。

救い主は微笑みながら言った、「蛇は彼らに、滅びへの欲望の生殖行為の邪悪さから取って食べるように教えたのである。というのも、それが†2彼（＝蛇＝ヤルダバオート*）にとって役立

る。

ある。

つものとなるためにそうしたのである。

## §63 忘却

III **28** 23—**29** 12

彼は彼(アダム)*が彼よりも(1)[賢くな]ったために、彼に従わなかった[こと]に気付いた。彼は彼(アダム)の中から【**29**】あの力[を]抜き取りたいと思った。彼はアダムの上に恍惚状態をもたらした」。

しかし、私は彼に言った、「主よ、恍惚状態とは何のことですか」。

B **58** 8—**59** 6

ところが彼は、彼女が彼よりも(1)賢く、彼に従わないであろうと気付いた。彼は、自分の(の中)から(抜き取られて)彼(アダム)*に与えられてしまったあの力を取り戻したいと思った。彼はアダムの上に忘却をもたらした」。

私は彼に言った、「キリストよ、忘却とは何のことですか」。

II **22** 15—28

ところが彼は、彼(アダム)*が光のエピノイア*のゆえに自分に対して不従順であることに気が付いた。それ(エピノイア)が彼の中に在って、彼を思考において第一のアルコーン*より優れた者としたのである。そして彼は彼によって彼(アダム)に与えられたあの力を取り戻したいと思った。

---

†2 写本Bのこの引用符は**45** 8(§42)に対応し、写本IIでは**13** 19(§42)に対応する。

〔III〕(1) 写本の劈頭から続く「救い主」の講話は、BおよびIIと同様に、§42で一旦閉じていたはずであるが、IIIはその部分を喪失しているために、ここで初めて一旦閉じる形になる。

〔B〕(1) アダムとエバのことであるが、エバについては§64の「女」の先取り。

**§62**

†1 創三4参照。

†2 IIIとIIでは三人称・男性・単数で、直前の「滅び」か直後の§63の「彼」(アダム)を指す。Bの原文は三人称・複数形であるが、IIIとIIに合わせて修正。

〔B〕(1) §64の「女」(エバ)の先取り。

(2) 前注と同じ。

**§63**

†1 創二21参照。

†2 イザ六10参照。

〔III〕(1) 「彼」が三つ連続する箇所。敷衍すれば「ヤルダバオートはアダムが自分よりも」。

〔B〕(1) §64の「女」(エバ)の先取り。

**II**

[20]彼はアダムの上に忘却をもたらした」。

そこで、私は救い主に言った、「忘却とは何のことですか」。

すると、彼は言った、「それはモーセが書き記し、君がそれを聞いたようにではなく——というのは、彼は彼の第一の書（創世記）で、『彼は彼を眠らせた』[†1]と言っているからである——むしろ[25]彼（アダム）の知覚において（そうしたの）である。それは実に彼があの預言者を通してこう言った通りである。『私は彼の心を重くしよう。それは彼らが悟ることも見ることもないためである』[†2]。

**B**

すると彼は言った、「それはモーセが『彼（神）は彼（アダム）を眠らせた』[†1]と言ったようにではなく、むしろ彼（蛇＝ヤルダバオート*）は彼（アダム）の知覚[20]に被いをかけて覆い、知覚不能にして【59】苦しめたのである。それは実に、彼が預言者を通してこう言ったとおりである。『私は彼らの心の耳を重くしよう。それは[5]彼らが悟らず、見ることがないためである』[†2]。

**III**

彼は微笑んで言った、[5]「君はモーセが『彼（神）は彼（アダム）を眠らせた』[†1]と言ったようにであると考えたのか。否、むしろ彼（蛇＝ヤルダバオート*）は彼（アダム）の知覚の上［に］知覚不能の状態を拡げたのである。それは実に、彼が預言者を通してこう言った通りである。[10]『私は彼らの心の耳を［重］くしよう。それは彼らが悟ることも見ることもな［い］た［めである］』[†2]。

## §64 女の創造

**II 22,28—23,5**

その時、光のエピノイア*が彼（アダム*）の中に身を隠した。そして第一のアルコーン*は[30]彼女を彼（アダム）のあ

**B 59,6—19**

その時に、光のエピノイア*は彼（アダム*）の中に身を隠した。そして彼（ヤルダバオート*）は彼女を（アダムの）あ

**III 29,12—24**

その時に光［のエ］ピノ［イア*］は［彼（アダム*）の中に身を隠した。そし］て彼（ヤルダバオート*）は彼女を彼（アダ

ばら骨から取り出すことを欲した。しかし、光のエピノイアは捕らえ難き者である。闇が彼女を追いかけたが、捕らえることはできなかった。†1 そこで彼は彼(アダム)の力の一部を彼(アダム)の中から抜き取った。そして彼はもう一つ別のこしらえ物*を、彼に現れたエピノイアの像*に従って、女の形で造った。そして彼は【23】その人間(アダム)の力から取った一部を、女性性のこしらえ物の中へ移した。そしてそれはモーセが『彼のあばら骨』と言った†2 ようにではなかった。すると彼(アダム)は自分のそばにその女を見た。

ばら骨から取り出そうと心に決めた。しかし光のエピノイアは捕え難き者であるので、闇が彼女を追いかけたが、捕えることはできなかった。†1 彼(ヤルダバオート)は彼(アダム)からあの力を抜き取ることに決め、再び一つのこしらえ物*を(今度は)女の形で造ることにした。そして彼は(それを)造って彼(アダム)の前に立たせた。(しかしそれは)モーセが、『彼はあばら骨を取って、彼のために女を造った』と言った†2 ようにではない。

ム)の[あばら骨]から取[り出そうと心に決めた。]そのエピノイアは捕らえ[難い者]である。闇がその光[を]追いかけ続けたが、その光を捕らえることはなかった。†1 [そこで]彼は彼(アダム)の中か[ら]あの力を抜き取りたいと思っ[た。]そして女の形をした[こしらえ物*を造った。そして[彼は](それを造って)彼(アダム)の前に[立たせた。](しかしそれは)モーセが『彼はあばら骨を取って、女を造[り]、彼のそばに置いた』[と]言った†2 よう[にではな]い。

## §65 「すべて生ける者の母」

Ⅱ 23 5—24

すると、その瞬間に光のエピノイア*

B 59 20—60 16

すると直ちに彼(アダム)*は闇の酩

Ⅲ 30 1—14

【30】すると直ちに彼(アダム)*は死

§64
†1 ヨハ一5参照。
†2 創二21-22参照。

§65
†1 創二23-24参照。
†2 創三20のエバのこと。§57注†2参照。

の酩酊から目覚めた。エピノイア*が彼の心の上に置かれていた被いを取り去った。すると直ちに彼は彼に似た彼の連れ合いを知った。（そしてこう言った、）『今や、おまえこそ私の骨の骨、私の肉*の肉。それゆえに人は父と母を離れるであろう。（そして）妻と結び合い†1二人は一つの肉となるであろう』。［なぜなら、あの母親］の伴侶が遣わされたからである。彼女の欠［乏］*を正すために。このゆえに［アダムは彼女］を［「すべて生ける者の母†2」］と［名付けた。

III **30** 14—22

「高き」ところからの支配と認識*の

## §66 エピノイアの啓示

酊からめざめた。【**60**】光のエピノイア*が彼の心の上に置かれていた被いを取り去った。彼は彼の本質(1)を知ったとき、直ちにこう言った、『これこそ私の骨の骨、私の肉*の肉。それゆえに人は父と母を離れて、妻と結び合い、二人は一つの肉となるであろう†1』。なぜなら、彼らはあの母親（「知恵」）の伴侶によって遣わされ、彼女（母親）を立て起こすであろうから(2)。このゆえにアダムは彼女（女）を「すべて生ける者の母†2」と名付けた。

B **60** 16—**61** 7

高きところからの委任と啓示に基づ

が現れて、彼の心の上に置かれていた被いを取り去った。すると彼は闇の酩酊から目覚め、彼の像(1)*を知った。そして言った、『これこそ私の骨の骨、私の肉*の肉。それゆえに人は父と母を離れて、妻と結び合い、二人は一つの肉となるであろう†1』。なぜなら、彼に彼の伴侶が送られるであろうから。《そして彼は父と母を離れて妻と結び合い、二人は一つの肉となるであろう。なぜなら、彼に彼の伴侶が送られるであろうから。彼は父と母を離れ》

しかし、われらの姉妹である「知恵」、彼女が自らの欠乏*を立て直すために、悪意なしに下ってきた。このゆえに彼女は「ゾーエー」*、とはすなわち、「生けるものの母†2」と呼ばれた。

II **23** 24—35

天（高きところ）からの委任のプロ

［啓示とに］基づいてエピノイア*が、その木を使い、鷲の［姿で彼（アダム*）を教］えた。彼女は、その認識*［から］食べて、20彼らのプレーローマ*を思い［起こす］ようにと［彼に］教えた。二人の欠乏*は［無］知に［あったか］らである。

いてエピノイア*が【61】その木を使い、鷲の姿で彼（アダム*）を教えて認識*を与えた。彼女は彼に、その認識から食べて、5彼の完成を思い起こすようにと教えた。二人（アダムとエバ）とも無知の欠乏*を身に帯びていたからである。

ノイア*によって。そして彼女によって彼らは完全なる認識*を味わった。私は鷲の姿で知識の木*――とはすなわち、純粋なる光のプロノイアに由来するエピノイア*のことである――の上に現れた。30それは私が彼らを教え、彼らを眠りの深みから呼び覚ますためであった。なぜなら、二人（アダムと女*）とも堕落の中にあったからである。すると彼らは自分たちの裸に気が付いた。エピノイアが輝きながら、35彼らの思考を立て起こすために現れた。

## §67 楽園からの追放

Ⅲ **30**22―**31**6

しかし、ヤルダバオー［ト*］は彼らが自分から離反した［ことに］気付いた。

B **61**7―**62**3

しかし、ヤルダバオート*は、彼らが自分から離反したことに気付いた。彼は彼らを

Ⅱ **23**35―**24**8

しかし、ヤルダバオート*は、彼らが自分から離反したことに気付いたとき、

〔B〕（1） 肉体のエバの中にもアダムの「力」の一部が入っていることを示唆する表現。

（2） 「彼らはあの母親（「知恵」）の……」以下は、原文通りの訳。本文を修正して「なぜなら、彼らはあの母親の伴侶を遣わし、彼女を立て起こすであろうから」とする提案もある。

§67

〔Ⅱ〕（1） 写本Ⅳの並行箇所（**36**1）は「彼に同伴する像」。

† 1 創三16参照。

Ⅲ

彼は［(彼らを)呪］った。それに加えて、［女］については、『おまえの夫が［おまえを］治めるであろう』［ということ］にした。†1 ［しかし彼は、］聖なる高みの領域の決定において【31】(その時)すでに生じ［ていた］奥義を知らないままにそうしたのである。しかし彼らは彼をとがめること、また、その彼の無知を彼の天使たちにあばくことを憚った。それから彼は彼らを楽園*から投げ出した。彼は彼らを大いなる暗闇で覆った。

B

呪った。しかもそれに加えて女については、男が彼女を治めるようにした。†1 しかし彼は、聖なる高みの決定によって(その時)すでに生じていた奥義を知らないままにそうしたのである。しかし、彼らは彼を呪い、彼の無知をあばくことを憚った。彼の天使たちは揃って【62】彼らを楽園*から追放した。彼は彼(アダム*)を暗黒の闇で覆った。

Ⅱ

彼の地を呪った。彼はその女が、【24】彼女の夫のために身を整えているのを見た。[1]彼は、聖なる決定によって(その時)すでに生じていた奥義を知らないままに、彼女を支配していた。†1 しかし、彼らは彼(ヤルダバオート)を非難することを恐れた。ところが[2]彼は彼の天使たちに、彼の中にあった無知をさらけ出してしまった。そして彼は彼ら(アダム*と女)を楽園*から追放した。そして、彼は彼らを暗黒の闇で覆った。

## §68 性欲の発生

Ⅲ 31,6—32,6

その時ヤルダバオート*は、アダム*の傍らに若い女が立っているのを見た。ヤルダバオートは無知でいっぱいになった。そして彼女から(自分の)種子*を生じさせようと欲し続けた。［そこで］彼は彼女を辱め、(そして)［一番

B 62,3—63,12

その時、ヤルダバオート*は、アダム*の傍らに若い女が立っているのを見た。彼は愚かな思いでいっぱいになり、彼女から(自分の)種子*を生じさせようと欲した。彼は彼女を辱しめ、(そして)一番目の息子を、続いて同じよう

Ⅱ 24,8—34

そして第一のアルコーン*は、アダム*と共に若い女が立っているのを、また、生命の光のエピノイア*が彼女の中に現れたのを[1]見た。そしてヤルダバオート*は無知でいっぱいになった。

しかし、万物のプロノイア*は、(こ

目」の息子を、続いて同じように［二番」目の息子をもうけさせた。熊の顔付きをした［ヤ］ウァイ†1と猫の顔付きをしたエロー［イム］†2である。その一方は義［なる］者であるが、［他方］は不義なるものである。エ［ローイムが］義なる者、ヤウァイが不［義なる者］である。義なる者［を］彼らは火と［風］の上に立て、不義なる者を土と［水］の上に立てた。これがあらゆる種族の［間で］、アベルとカ［イン］†3と呼ばれて今日に至っている者たちである。この第一のア

に二番目の息子をもうけた。すなわち、熊の顔付をしたヤウェ†1と猫の顔付をしたエローイム†2である。その一方は義なる者であるが、他方は不義なる者である。エローイムが義なる者、ヤウェが不義なる者である。彼はその義なる者を火と風の上に据え、不義なる者を水と土の上に据えた。これが、あらゆる人間たちの種族の間で、**【63】**カインとアベル†3と呼ばれて今日［に］まで至っている者たちである。この第一のアルコーン*によって結婚の交

れに）気が付いたとき、何人かの者を送り出した。そして彼らはエバから生命を抜き取った。

それから第一のアルコーン*が彼女を辱めた。そして彼女によって、一番目と二番目の二人の息子、すなわち、エローイム†2とヤウェ†1をもうけた。エローイ(ム)の方は熊の顔をした者、ヤウェの方は猫の顔付きをした者である。その一方は義なる者であるが、他方は不義なる者である。彼はヤェウェの方を火と風の上に据え、エローイムの方

---

〔II〕（1）「彼」は短写本の並行句から推せばヤルダバオートであるが、写本IIの文脈からは「アダム」でもありうる。

（2）「彼」＝アダムとも読めるが、文脈上はヤルダバオートのことであろう。

**§68**

†1　旧約聖書の神の固有名詞ヤハウェを指す。

†2　旧約聖書で「神」を意味する普通名詞エローヒームのこと。

†3　創四章参照。

†4　ⅢとBの原語は「存在」あるいは「本質」の意味のギリシア語(ousia)であるが、それでは文脈上意味が通じないので、IIの並行句(synousia)に沿って修正する訳。

†5　目に見える現実の世界を「洞窟」に譬えるのはプラトン『国家』第七巻冒頭の「洞窟の比喩」。

〔II〕（1）「光のエピノイアが彼女(若い女)の中に生命を現したのを見た」、あるいは「光のエピノイアが彼女の中に生命として現れたのを見た」も可。

（2）欲望の生殖行為あるいはエバのこと。

（3）「交接によって……」以下は、構文的には、「生殖の交接によって肉体の像を呼び起こし」も可。

（4）または「王国」、「支配者」、「領域」、「権力」。

を水と土の上に据えた。これら(二人)を彼は25カインとアベルの名で呼んだ†3。その際彼は自分の狡猾さを見ていたのである。実に今日に至るまで、この第一のアルコーンによって、(男女の性的)交接が存続して来た。そして彼が欲望の生殖をアダムのそれ(2)の中に植え付けたのである。そこで、彼は30交接†4によって、肉体の像*での生誕*を呼び起こし(3)、彼らに自分の模倣の霊*を分与した。ところで、その二人のアルコーン(4)を彼はいくつかの要素の上に立てて、彼らが洞窟†5を支配するようにした。

接が生じてきたのである。5彼はアダムの中に生殖の欲望を殖え付けた。だからこれ(生殖欲)が彼らの模倣の〈霊*〉の影像を生み出してゆくのは、その交接†4によるのである。ところで、その二人のアルコーンを10彼はあの(四つの)要素の上に立てて、彼らが洞窟†5を支配するようにした。

ルコーン*に[よっ]て結[婚の交]接が存続することになったのである。そして[彼は]アダムに欲望の生殖を植え[付けた。]【32】それは彼らが交接†4によって、彼らの模倣の霊*によって、彼らに似たもの(影像*)を生み出してゆくためであった。その二人のアルコーンを彼らはいくつかの要素の上に立てて、5彼ら(二人)が洞窟†5を支配するようにした。

## §69　セツとその子孫

II 24,34—25,16

さて、アダム*が35彼自身の「第一の認識*」の模像*を知ったとき(1)、彼は「人の子」の模像を生み出した。【25】彼はそれをアイオーン*にある種族(2)に倣ってセツ*と呼んだ†1。同様にあの別の母親(3)

B 63,12—64,13

アダム*は自分に等しい本質(1)を知り、セツ*をもうけた†1。すると15アイオーン(2)の天(3)に住むあの種族(のもとで)と同様、あの母親が彼女のものなる〈霊*〉を送った。その霊*は、自分に等しい本質を呼

III 32,6—22

彼(アダム*)は自分自身の不法さを知り(1)*、セツ*をもうけた†1。アイオーンの高きところに住むあの種族のもとでと同様、10あの母親のもとへ彼女自身のものなる霊*が送られた。それは彼に等(2)し

い者たちをプレーローマ*を[手]本としつつ呼び起こし、[彼らを]忘却から、また、洞窟の邪悪から連れ[出す]ために。そして[そして][彼女は](3)しばらくの[間留まり]、(セツの)種子*[のために働]いた。それは、大いなるアイオーン(4)のもとか[ら]聖なる霊[が到来するならば、彼らを]彼らの欠乏*から立て起こしてアイオーン(5)の正し[い回復][へ]もたらし、[それが(6)聖なる]

び起こすために、その(本質)のもとへ到来した。【64】完成(プレーローマ*)を手本としつつ、彼らを忘却から、また洞窟の邪悪から呼び起こすために。そしてそれ(霊)はしばらくの間留まり、(セツの)種子*のために働いた。それは、聖なるアイオーン(4)のもとから霊が到来するならば、その時にその霊が彼らをあの欠乏*の外へもたらして、かのアイオーン(5)を立て起こし、これが(6)聖

が彼女の霊を*、彼女に似た女の姿で、また、プレーローマ*にある者の影像*として、下方へ送った。それはやがて下ってくるべきアイオーンのために、住むべき場所を彼女が用意するためで(4)*あった。

そして、彼(5)は第一のアルコーンによって彼らに忘却の水を飲ませた。それは彼らが自分たちがどこから由来する者であるかを知ることがないようにす

**§69**

†1　創四25参照。以下、セツとセツの子孫(種子)は、アダムとエバおよびその二人の息子カインとアベルがアルコーンたちの支配下に堕ちたこと(§68)に対する光の世界からの対抗行動の器となる。

〔Ⅲ〕(1)　複数。
(2)　直前の「彼女自身のものなる霊」あるいは「アダム」のこと。
(3)　「あの母親」のことか。文脈上はBのように「彼女のものなる霊」の方が文意が通る。
(4)　複数。
(5)　単数。
(6)　直前の「アイオーン」か「(セツの)種子」を受ける。

〔B〕(1)　前出§65注B(1)参照。
(2)　複数。
(3)　単数。
(4)　複数。
(5)　単数。プレーローマのこと。
(6)　直前の「アイオーン」(=プレーローマ)か「(セツの)種子」を受ける。

〔Ⅱ〕(1)　全体が創四25に並行し、「模像」はアダムの妻エバに対応する。他方、写本Ⅱの**22**34–35(§64)によるとエバはエピノイアの模像であるから、この箇所の「第一の認識」はエピノイアと等価となるはずであるが、「第一の認識」の成立の場面(§14)にそのような同定は見られない。
(2)　「生誕」も可。

るためであった。そしてこれがすなわち、[10](セツ)の種子*がしばらくの間置かれていた状態であったが、それ(種子)はその間も働いていた。それは、聖なるアイオーン[(6)]から霊が到来するならば、その霊がそれ(種子)を立て直し、欠乏*から癒すことになるため、(そうして)[15]全プレーローマが聖なるもの、また、欠けのないものとなるためである」。

なる完成となり、そこにもはやいかなる欠乏もなくなるためである」。

プレーローマとなり、彼らがもはや欠けるところのない者たちとなるためである」。

## §70 人間の相異なる運命

II 25[16]—26[7]

そこで、私は救い主に言った、「主よ、すべての(人間の)魂*が混じりなき光へと救われるのですか」。

彼は答えて、私に言った、「大いなる事柄が[20](今や)君の考えに上って来た。というのは、揺らぐことのない種族に由来する者たち以外にそれ(らの事柄)を現すことは難しいからである。

B 64[13]—66[13]

そこで、私は言った、「キリストよ、あらゆる(人間の)魂*が[15]混じりなき光へと救われるのですか[(1)]」。

彼は私に言った、「君は(今や)大いなる事柄に考えをめぐらすところまでやってきた。それらは、[20]かの揺らぐことのない種族から来る者以外には【65】現すことが難しいからである。

III 32[22]—33[23]

[私]自身は言った、「主よ、あらゆる(人間の)[魂]*が[混じり]気なき[25]光[へ]と救われるのですか」。彼は[私に]言った、「君は(今や)大い[なる]事柄に考えをめぐらすところまでやってきた。【33】それは揺らぐことのない種族から来る者以外には現すことが難しいものである。生命の霊が[5]その中

生命の霊がその上に到来し、あの力と共に在ることとなる者たちは救われ、完全なる者たちとなるであろう。そして彼らは大いなるものにふさわしい者となるであろう。また、あの場所で、あらゆる邪悪から、悪意の心労から清められるであろう。その際、彼らはただ不滅性以外のことには何一つ気を配らず、それ以後(1)、怒り、妬み、そねみ、欲望、そしてあらゆる物に対する飽くことなき貪欲を離れて、それ(不滅性)について思い量るであろう。そして彼らが身に負っている肉の実

生命の霊がその上に到来する者たちは、あの力と結びつけられたのであるから、救われ、完全なる者たちとなるであろう。そして彼らはあの大いなる(四つの)光へ昇ってゆくにふさわしい者となろう。なぜなら彼らは、それら(四つの光)と共に、あらゆる邪悪、悪意の誘惑から清められるにふさわしい者となるからである。その際、彼らは不朽なる集会†1のこと以外には気を配らず、また、それ(集会)のことを思い量りながら、怒り、妬み、恐れ、欲望そして飽食を離れるであろう。彼ら

に到来し、あの力と結び付く者たちは完全なる者たちとして救われるであろう。そして彼らはこれらの大いなる光にふさわしい者となるであろう。なぜなら、彼らはかの場所で、あらゆる邪悪、悪意の惑わしから[常に]清められるからである。その際、彼らは不朽なる集[会]†1以外には気を[配ら]ず、また、それ(集会)のことを思い量りながら、今から[後は]怒り、妬み、[恐れ]、欲望そして飽[食]を離れる。彼らはこのすべてに捕らえられることはな[い]。ただ[肉という]補充の実体のみを

---

種子」=「揺らぐことのない種族」のこと。

〔B〕(1)　本文をⅢの並行句に沿って修正する訳。文字通りには「あらゆる者の魂が光の純粋さよりも多く生きるのですか」となる。

〔Ⅱ〕(1)　直訳すると「その場所から」。これを敢えて「その場所のことを」と訳して、後続の「思い量る」の目的語に加えるか、多かれ少なかれ時間的意味に転義させて訳す訳者が多い。

(3)　文法的には「あの母親も」とも訳すことができる。この場合は「知恵」(ソフィア)のこと。われわれの訳では、それとは「別の母親」、つまり、「プロノイア」のこと(§13の5参照)。

(4)　あるいは「下ってくるべき永遠の住居を」。

(5)　誰を指すのか不明。

(6)　複数。

**§70**

†1　プレーローマあるいはそこに帰ってゆくべき「セツの

体以外には何一つ彼らを捕らえるものはないであろう。彼らは【26】(彼らを)受け入れる者たちによって訪ねられる時を待ち望んでいるのである。実際、この種族の者たちは不朽の永遠の生命と(そこへの)召命にふさわしい者たちであり、すべてに耐え、すべてを忍ぶであろう。それは彼らが善きものを完成し、永遠の生命を嗣ぐためである」。

はこのすべてに、捕えられることも、またこの中のいずれかに捕えられることもない。ただ［肉］*のみを例外として。【66】というのは、彼らはいつ自分たち(の魂が肉体から)引き上げられて、迎えの者たちによって永遠かつ不朽の生命と(そこへの)召命の尊厳さの中へ受入れられることになるのか、その時を待ち望む間は、それ(肉)を用いるのである。その際には、彼らは戦いを勝ち抜き、永遠の生命を嗣ぐために、あらゆることに耐え、すべてのことを忍ぶであろう」。

［例］外として。というのは彼らは迎えの者たちに［よって］永遠の生命［と］(そこへの)召命の尊厳さの［中へ］受け入れられるであろう［時を］待ち望む間は、(それを=肉を)用いるのである。その際には、彼らは戦いを［勝ち抜き］、永遠の生命［を嗣］ぐために、あらゆることに耐え、すべてのことを忍ぶ［であろう。」

## §71 人間の相異なる運命(つづき)

II **26** 7—22

私は彼に言った、「主よ、その上に生命の霊の力が下ってきた魂*で、これらのことをしなかった魂は(1)…… ……すなわち、霊が。彼らはどのような場合にも救われるであろう。そ

B **66** 13—**67** 18

私は言った、「キリストよ、救いに与るようにとあの力と生命の霊がその中に入った魂*でも、もしこのようにしなかった場合は、彼らはどうなるのですか」。

III **33** 23—**34** 18

しかし［私は］彼に言った、「主よ、このように［し］なかった者たち——彼らの魂*は何なの(=どうなるの)ですか。【34】あるいは、生命の霊とあの力がその中に入った者たちはどこへゆ

くことになるのですか。彼らは救われるのでしょうか、それとも救われないのでしょうか」。

彼が私に言った、「生命の霊がその中に入った者たちは、どのような場合にも救われるであろう。彼らは常に邪悪を逃れる。なぜなら、(なるほど)あの力はすべての人間の中に入ってゆく。というのは、その力なしには彼らは立てないのである。[†1] 人間が生まれると、その時に生命の[霊]が模倣の[霊][*]にもたらされるのが常である。も

彼は私に言った、【67】「あの霊がその上に到来しつつある者たちは、どのような場合にも生きることになるであろう。そして邪悪から抜け出るであろう。なぜなら、(なるほど)あの力はすべての人間の中に入ってゆく。というのはその力なしには彼らは立てないのである。[†1] しかし、それが生み出される[1]と、その時に生命の霊がそのもとへもたらされるのである。この強く、神的なる霊が生命を与えるべく到来した場合には、それはあの力——とはす

して、この者たちは脱出するであろう。なぜなら、その力は(なるほど)すべての人間の上に到来するであろう。というのも、その力なしには誰一人立つことができないからである。[†1] しかし、彼らが生み出されると、また、生命の霊が増すならば、その時には、力が到来するのが常であり、その魂を強めるものである。[2] そして、それ(その魂)を悪の業の中へと迷わせることは誰にもできないものである。[3] だが、あの模倣の霊[*]がその上に到来する者たちは、

**§71**

[†1] 現に「立っている」(存在している)すべての人間の中には「あの力」が入っているということ。

〔B〕(1) 先行する文脈との関連では「あの力」、後続との関連では「魂」であるが、この二つは**67** 12で同定される。

(2) 本文をⅢの並行句に沿って修正する訳。

〔Ⅱ〕(1) 以下本文が脱落。写本Ⅳの並行箇所(**40** 24—26)との突き合わせから推定して復元すれば、ほぼ次のようになる。

〃(それらの魂は)何処へ行くのですか。」

彼は答えて私に言った、「もし霊が彼らの上に下って来るならば、……〃。

(2) 「しかし、彼らが生み出されると……」以下は、構文が混乱していて、条件文と主文の区分が困難な箇所。「力が到来するのが常であり」を条件文の中の説明的挿入文と見做す訳、あるいは、この部分全体を条件文と取り、第18行「そして、それ(その魂)を……」以下を主文と解する訳も提案されている。

(3) あるいは「できないように!」という願望表現(希求法)ととるのも可。

これ（その霊）によって誘惑されて迷うようになるのが常である」。

なわち魂のことである——を強めるのが常であり、魂は（もはや）悪の中へ迷い込むことがない。だが、あの模倣の霊*がその中へ到来する者たち（の場合には）、魂はこれ（模倣の霊）によって誘惑されて(2)、迷ってしまうのが常である」。

し生命の霊が［生命に到来する］場合には、それは力強いものであるがゆえに、［魂］——とはすなわち、あの力のことで［ある］——［を］強［める］ものであり、(もはや)それ（魂）を悪の中へ迷い込ませることは［ない］。模倣の霊がその［中へ到］来しつつある者は、［それ（模倣の霊）によっ］て誘惑されて、迷わされるものである」。

## §72 人間の相異なる運命（つづき）

II 26 23—32

そこで、私は言った、「主よ、それでは、この者たち†1の魂*ですが、それらは彼らの肉*を離れた後、どこへゆくことになるのですか」。

すると、彼は微笑んで私に言った、「その力が内側で、忌むべき霊*(=模倣の霊)よりも増大することとなる魂(1)、この魂は強い。そしてそれは悪を離れるものである。また、不朽なる者の

B 67 18—68 13

そこで私は言った、「キリストよ、［このような者たち†1の］魂*ですが、【68】それらは肉*を離れた後、どこへゆくことになるのですか」。

すると彼は微笑んで言った、「模倣の霊*にはるかにまさっていた魂——とはすなわち、あの力——のための場所*へ（ゆくであろう）。この魂は強く、悪の業を離れ、不朽なる配慮によっ

III 34 18—35 2

そこで私は†1［言った］、「主よ、［このような者たちの］魂*ですが、それらは肉*を離れる［なら］ば、どこへ［ゆくことになるのですか］」。

すると彼は微笑んで言っ［た］、「その魂——とはすなわち、あの力のことである——が模倣の霊*より［はるかに勝っている］——という［のも、それ（魂=力）は］力強いからである——な

ら［ば、それは］悪［を］離れるものである。25そしてそれは［不］朽なる配慮*によって救［われ］、【35】アイオーン*の安息*へ引き上げられるであろう」。

III 35 2—18

そこで私は言った、「主よ、万物*を認識しなかった者たち、彼らの魂は何なの（どうなるの）ですか。あるいは、どこへゆくことになるのですか」。

5彼は私に言った、「彼らの上には模倣の霊*が重くのしかかってしまったのである。そうして彼らが倒れた時に、彼らの魂［は］抑えつけられてしまったのである。それ（魂）は悪の業へと引き

て救われ、アイオーン*たちの安息*の中へ引き上げられるものである」。

## §73 人間の相異なる運命（つづき）

B 68 13—69 13

そこで私は言った、「キリストよ、万物*を認識しなかった者たち、15彼らの魂はどうなのですか。またそれはどこへゆくことになるのですか」。

彼は私に言った、「その者たちは、模倣の霊*が彼らを躓かせて、【69】その上に増大してしまったのである。そのようにしてそれ（模倣の霊）は彼らの魂を抑えつけ、悪の業へと引きずって

訪れによって救われ、永遠の安息*へと受け入れられるものである」。

II 26 32—27 11

そこで、私は言った、「主よ、では自分たちが誰に属する者なのか認識しなかった者たちについては（1）、彼らの魂は35一体どこへゆくのですか」。

すると彼は私に言った、「その者たちの場合は、彼らが迷った際に、忌むべき霊*が【27】彼らの中で増大してしまったのである。そして、それはその魂を抑えつけて、悪の業へと引きずっ

§72
†1　後続の文脈から推すと、魂の上に生命の霊が到来した者たちのこと。模倣の霊が到来した者たちのことではない。
〔II〕（1）　構文が複雑で、さまざまな訳が可能な箇所。「魂、すなわちその力がそれ自身の中で模倣の霊より大きくなるであろう」、あるいは「その魂――とはつまり力――はその（肉体の）中で模倣の霊より増大するであろう」などの提案がある。

§73
〔II〕（1）　あるいは「彼らの魂が誰に属するものなのか認識しなかった者たちは」。

ずられてゆき、忘[却の中へ]連れてゆかれた。こうして彼らは、肉を[脱]いだ後は、かの(第一の)アルコーンに[よって]生まれた諸力の[手に]引き渡される。そして彼らは再び[彼]らを(世界の)他の部分へ[投げ込む]。そ[して彼らは]彼らを連れて[あちこち動きまわるのである。彼らが]悪と忘[却]の中[から救]い出されて認識[を得]、こうして[完全にされるならば]、救われる[ことになるであろう]その時まで」。

ゆき、こうして忘却の中へ連れ込んでしまうのが常である。それ(魂)が着物を脱ぐ時には、彼(模倣の霊)は、かの(第一の)アルコーンの下に生まれた諸力の手にそれ(魂)を引き渡す。彼らは彼ら(魂)を再び鎖に繋ぎ、彼らを連れてあちこち動きまわる。彼ら(魂)が忘却の中から救い出されて認識を得、こうして完全にされて救われるその時まで」。

てゆき、忘却へと投げ捨てるものである。そして、それ(魂)は、(そこから)抜け出て来た後は、あの(第一の)アルコーンによって存在するようになった諸力たちの手に渡される。そして、彼らはそれ(魂)を鎖に繋ぎ、牢獄に投げ込み、あちこち連れて動き回る。それ(魂)が忘却から目を覚まし、認識を受け取る時まで。そしてそれは、もしそのようにして完全なる者となるならば、救われるのである」。

## §74 人間の相異なる運命(つづき)

**III 35**,18—**36**,4

そこで私[は彼に言っ]た、「そして、主よ、どのようにして魂は[少しずつ収][†1]縮し、再び母親の自然(の身体)の中へ、あるいは、夫[†2]の[中に入って]ゆくのですか[†3]」。

するとき、[私が]尋ね[たとき]、彼は

**B 69**,14—**70**,8

そこで私は言った、「キリストよ、どのようにして魂は少しずつ収縮し[†1]、再び母親、あるいは夫[†2]の自然(の身体)の中に入ってゆくのですか[†3]」。

彼は、私がこう尋ねたとき、喜び、そして言った、【70】「[君]には幸いに

**II 27**,11—21

そこで、私は言った、「主よ、それではどのようにして魂は少しずつ小さく[†1]なって、母親、あるいは夫[†2]の自然(の身体)の中へ戻ったのですか[†3]」。私がこのことを彼に尋ねると、その時彼は喜んだ。そして私に言った、

喜び、（そして）私に言った、「［君は］君がその後［に従っ］た者[1]において幸いである。25確かにそれ（魂）は【36】生命の霊の場所で他の者に与えられ、*その者の後にそれ（魂）は従い、その者に聞き、そして救われるのである。しかし、今から後はもはや肉の中へ*入ってゆくことはない†4」。

も理解力がある。まさにその理由で、彼らは、生命の霊がその中に宿っている別の者と一緒に置かれ、[1] 5その者に[2]信従するのである。それ（魂）は彼に聞くことによって救われることになっている。それはもはやさらに別の肉の中*へ入り込むことがない†4」。

「君は実に幸いである。君は（今や）理解したのだから。その魂は、生命の霊を内に宿した別の魂の後に従わせ[1]られるものである。それ（その魂）はこれ（生命の霊）[2]によって救われ、20また別の肉の中*へ投げ込まれることはない†4」。

## §75　人間の相異なる運命（つづき）

III 36 4—15

そこで私は彼に言った、5「主よ、

B 70 8—71 2

私は彼に言った、「キリストよ、で

II 27 21—31

そして私は言った、「主よ、確かに

§74

†1　肉体という牢獄を着た魂（心魂的人間）はその肉体と等身大と考えられている。

†2　直訳では「人間」。

†3　ヨハ三4参照。

†4　アルキノス『プラトン哲学要綱』二五章でも死後の魂の転生が説かれる。

〔III〕（1）　文意が通らない箇所。おそらくギリシア語の原文では「理解」あるいは「了解」を意味する parakolouthēsis とあったものを、コプト語への訳者が、それと発音のよく似たギリシア語で「後に従うこと」の意の akolouthēsis と誤解して「その後に従った者」と誤訳したものと推定される。直後の36 1—2に「その者の後に従い」とあるのにも引かれたのであろう。

〔B〕（1）　文字通りには「与えられ」。

（2）　先行する「別の者」、あるいは「生命の霊」を指す。

〔II〕（1）　あるいは「君の後にずっと」。

（2）　「これ」は男性・単数の代名詞であるから「生命の霊」以外には指示できない。

§75

†1　マタ三32、マコ三29、ルカ三10参照。

認識したのに、ひるがえってしまった者たち、彼らの魂*は何なの(どうなるの)ですか。あるいは、どこへゆくのですか」。

彼は私に言った、「(彼らはゆくであろう)貧困の[天]使たち、すなわち何の悔い改めも生じなかった天使たちがゆくであろう場所*(へ)。[彼ら]は刑[罰]を受けるその日まで(そこに)拘禁されているであろう。聖なる霊に[言い逆らった]者はすべて、《永[遠の拷問]で》永遠の拷問[で]拷問される†1」。

Ⅲ **36**[15]—**37**[6]

[そこで私は言]った、「主よ、その模倣の[霊*]は[一体どこからやって来]たのですか」。

その時彼は言った、「[ ±12 ]の初めに……私が[ ±9 ]の霊において、その[ ±7

も確かに認識はしたものの、離反してしまった者たち、彼らの魂*はどうですか」。

彼は私に言った、「彼らはゆくであろう、貧困の天使たち、すなわち何の悔い改めも生じなかった天使たちが引きさがってゆくであろう場所*へ。彼らは刑罰を受ける日まで(そこに)拘禁されているであろう。聖なる霊に言い逆らった者はすべて、**【71】**永遠の刑罰の拷問にかけられるであろう†1」。

## §76 模倣の霊の起源について

B **71**[2]—**72**[2]

そこで私は言った、「キリストよ、その模倣の霊*は一体どこからやってきたのですか」。

彼は私に言った、「憐れみに富む母と聖なる霊、すなわち慈悲深くわれわれと共に労した者——これは光の

認識はしたものの、道を逸れてしまった者たち、彼らの魂*は一体どこへゆくのですか」。

その時、彼は私に言った、「貧困の天使たちが行くであろう場所*へ、その場所へと彼らは迎えられるであろう。すなわちそれは、悔い改めが存在しない場所である。そして彼らは(そこに)拘禁されているであろう。霊に言い逆らった者たちが拷問を受け、永遠の刑罰によって処罰される日まで†1」。

Ⅱ **27**[31]—**28**[11]

そこで、私は言った、「主よ、その忌むべき霊*は一体どこからやってきたのですか」。

すると、彼は私に言った、「憐れみに富む母父*、あらゆるかたちを備えた聖なる霊、情け深く、**【28】**君たち

[（1）]が豊かなる者[と]（2）聖なる霊、すなわち[われわれと共に]労した者——これは光のエピノイア*のことであり、種子*と共に[ある]——[を]見たとき、彼女は完全なる[光の人]間の揺らぐことのない[種族]に属する人間たちの思考を呼び[覚ま]した。【37】さて、第一のアルコーン*は気付いた、彼らが彼らの知恵の高さにおいて彼にまさっていることに。そこで彼は彼らの思考力を捕らえようと欲した。彼は無知で、[彼らが]彼よりも賢いことを知らなかったからである。

エピノイア*のことである——および彼（聖なる霊）がこの完全かつ永遠なる光の人間の種族に属する人間たちの思考の中に呼びさました種子*が〈……〉（1）した時、プロートアルコーン*は気付いた、それ（光の人間の種族）が彼らの知恵の高さにおいて彼にまさっていることに。彼は彼らの思考力を捕えようと欲した。彼は無知なる者であったので、【72】彼らが彼よりも賢いことを知らなかったのである。

と共に労する者、とはすなわち、光のプロノイア*のエピノイア*のことである〈……〉（1）。そして彼は完全なる種族*の種子*とその思考、また、人間の永遠の光を呼び覚ました。

第一のアルコーン*は、彼らが高さにおいて彼より勝り、彼より多くを思考するということに気が付いたとき、彼らの思考力を捕らえようと欲した。その際彼は、彼らが思考において彼よりも高いということ、また、彼らを支配することはできないだろうということを知らなかったのである。

## §77 宿命

III 37 6—14

彼は協議した。彼は宿命を生み出し、†1

B 72 2—12

彼は彼の諸力*たちと協議した。彼ら

II 28 11—32

彼は彼の諸力*たち、すなわち彼の勢

---

§76

〔Ⅲ〕（1） Bの並行句から推せば「憐れみ」。

（2） 三人称・女性・単数形。

〔B〕（1） 時の条件文の前文に定動詞が欠けているために、訳出がきわめて困難な箇所。写本Ⅲの並行箇所も損傷が激しく、この箇所の修正には役に立たない。

〔Ⅱ〕（1） 写本に欠損はないが、内容的に推して一定量の本文が失われていると推定される箇所。前注も参照。

度量と時間[と]時点によって天の神々と天使たちと諸々の悪霊[と]人間[たち]を縛[り上げた]。それはあらゆるものが[そ]の(宿命の)鎖に服[して、すべてのものの上に]彼らが君[臨]するためであった。――ゆがんで[悪意に満ちた]考えである。

は宿命†1を生み出し、度量と時間と時点によって天の神々と天使たちと諸々の悪霊と人間たちを拘束して、これらすべてがその(宿命の)鎖に服し、宿命がすべてのものの上に君臨するようにした。――悪意に満ちてゆがんだ計略である。

力たちと協議した。そして彼らは「知恵」と互いに(順に)姦淫を犯した。彼らによって宿命†1の打撃(1)が生み出された。これ(宿命)はすなわち、変転する究極の鎖である。そして、それがそのような性質《性質》のものであるわけは、彼らが互いに変転し合っているためである。そして、それ(宿命)は、神々と天使たちと悪霊たちとすべての世代が今日まで混ぜ合わせてきた宿命よりも、さらに苛酷で強力である(2)。なぜなら、かの宿命からこそあらゆる邪悪と暴力と呪詛と忘却のあらゆる鎖とあらゆる困難な命令と重大な罪と大いなるおそれが生じてきたからである。そして、このようにして全被造物が盲目とされた。それは彼ら(=全被造物)は彼らの上にいる神を知るに至ることがないためであった。また、忘却の鎖のゆえに彼らの罪は彼らに隠されたままであった。なぜなら、彼らは、それ

（宿命）が万物の上に支配することによって、度量と時点に縛られたからである。

## §78 ノアの洪水

II 28,32—29,15

そして彼は彼によって生じたあらゆるものを悔いた。[†1] 再び彼は人間の業《わざ》の上に洪水をもたらすことに決めた。[†2] 【29】しかし、プロノイア[*]の光の大いなる者[(1)]がノアに教えた。彼（ノア）はすべての子孫——とはすなわち、人の子らのことである——に（そのことを）告げ知らせたが、彼のことを知らない

B 72,12—73,18

そして彼は彼によって生じたすべてのものを悔いた。[†1] 彼は、人間のあらゆる傲慢の上に洪水をもたらすことに決めた。[†2] しかし、「プロノイア[*]」の大いなる者——とはすなわち、光のエピノイア[*]のことである——が【73】ノアに知らせた。彼（ノア）は人間たちに（そのことを）告げ知らせたが、彼らは

III 37,14—38,10

そして彼は［彼によって］生じた［すべての業《わざ》を］悔いた。[†1] 彼は、人間［のあらゆる傲］漫の上に［洪水］をもたらすことに［決］めた。[†2] しかし、「［プロ］ノイア[*]」［の大いなる］者——［とはすなわち、エピノイ［*］ア］のことである——が気付いて、［ノアに］（それを）啓示した。［彼（ノア）は］人間たちに（そ

§77

[†1] 以下この段落はヘレニズム期のさまざまな学派哲学あるいは大衆哲学に共通する宿命論を前提している。

〔II〕（1） あるいは「戯画」、「苦み」、「苦い宿命」。

（2） 「それ（宿命）は……」以下は、構文の解釈が困難な箇所。別の可能性は「それは苛酷で、ひねくれている。すなわちそれは神々と天使たちと悪霊たちとすべての世代が今日まで混じり合ってきたものである」。

（3） 今や諸力によって新たに生み出された、より苛酷かつ強力な宿命。

§78

[†1] 創六6参照。以下、「模倣の霊」（忌むべき霊）の起源がノアの時代にあるとされる。ユダヤ教の中にも、旧約聖書と新約聖書の中間時代以来、善霊と悪霊の起源をやはりノア時代に遡らせる伝承がある。

[†2] 創六17参照。

III

のことを）［告げ］知らせたが、彼らは彼を［信じ］なかった。それは［モー］セ［が］『彼らは方［舟］に身を隠した』と言ったようにではなく、むしろ彼らはある場所に隠れたのである。【38】［ただノア一人］だけではなく、むしろ揺らぐことのない種族の他の者たちもある場所*へ入ってゆき、（そこで）光の雲で身を包んだのである。そして彼らは高きところの支配を認識*した。彼（ノア）と共にいた者たちも（そうした）。その際、光が彼らを照らしていた。なぜなら、地上のあらゆ［る物］の上には暗［闇］が注がれていたからである。

B

彼を信じなかった。それは、モーセが『彼らは方舟に身を隠した』と言ったようにではなく、むしろ〈彼〉（ノア）はある場所*に隠れたのである。ただノア一人だけではなく、むしろ揺らぐことのない種族の（多くの）者たちもある場所へゆき、（そこで）光の霊で身を包んだのである。そして彼（ノア）は彼と一緒にいた者たちと共に、彼の支配を認識*した——彼らを照らす光の中で(1)。なぜなら、地上のあらゆる物の上には暗闇が注がれていたからである。

II

者たちは、彼に耳を貸さなかった。それはモーセが『彼らは方舟に身を隠した』と言ったようにではなく、むしろ彼らはある場所*に身を隠したのである。ただ、ノア一人だけではなく、むしろ揺らぐことのない種族の多くの人間たちもある場所へゆき、（そこで）光の雲で身を隠したのである。そして彼（ノア）は彼の権威*を認識*した。そしてあの光からの者が彼と共にいた。それは彼らを照らした者である。なぜなら、全地の上には彼（ヤルダバオート*）が暗闇をもたらしていたからである。

## §79 人間の娘たちとの姦淫

III 38,10—39,11

彼（ヤルダバオート*）は彼の天使たちと共に決［議］した。彼は彼の天使たち［を］人間の［娘］たちのもとへ送った。それは彼らが［彼女たち］から子孫［を

B 73,18—75,10

彼（ヤルダバオート*）は彼の天使たちと共に決議した。【74】彼らは彼らの天使たちを人間の娘たちのもとへ送った。それは彼ら（天使たち）が彼女たち

II 29,16—30,11

そして彼は彼の勢力たちと共に協議した。彼は彼の天使たちを人間の娘たちのもとへ送った。それは彼らが彼女らから（何人かを）自分たちのために取

生じさせて、享］楽するためであった。[†1]彼らは初［め成功しなかっ］た。そして成［功しないことに気付いたとき］、彼らは［全員で互いに協］議し、（上から）下ってき［たあの[†2]霊を真］似て模［倣の霊］*［を］造り出すことにしたのである。彼らの［天使たち］は彼女らの夫の姿［に］形を［変え］た。［そして彼らの中にあった］暗闇でいっぱいの霊で彼女たちを［満たした］。彼らは［悪意］から、金、銀、贈り物、銅、【39】［ ±5 ］鉄の金属、その他同類のあらゆる品々を彼女たちに持参した。

†3　創七7参照。

〔B〕（1）「そして彼（ノア）は……」以下は、構文の解釈によっては「そして彼（ノア）は、彼と共に彼らを照らす光の中にいた者たちと一緒に、彼の支配を認識した」。あるいは「彼は彼の支配と、彼らを照らす光の中に彼と共にいた者たちを認識した」。

**§79**

〔Ⅱ〕（1）女性・単数形。

†1　創六4参照。写本Ⅱについては、「それは彼女たちが彼

から子孫を生じさせて、享楽するためであった。[†1]彼らは初め成功しなかった。（そこで）彼らは全員が集って、模倣の霊*を造り出すことに決めたのである。その際、彼らは（上から）下ってきたあの霊[†2]のことを念頭に置いていたのである。そして天使たちは彼らの姿を彼女らの夫の姿に変え、彼女たちを〈その〉霊（模倣の霊）で満足させた。この霊は彼女たちを暗闇でいっぱいにした。[(1)]彼らは悪意から、金、銀、贈り物、それに銅、鉄、その他あらゆる種類の金属を彼女たちに持参して、【75】

らから受けて（妊娠して）、彼らが自分たちの享楽のために子孫を得るためであった」とも訳すこともできる。

†2　「光のエピノイア」のこと。§57、76参照。

〔B〕（1）文字通りには「彼女たちを暗闇の中で苦しめた」とある本文を修正する訳。

（2）「彼らの模倣の霊……」以下は、あるいは「彼女たちは彼らの……子を生んだ」。

（3）「彼女たち」、「暗闇の子ら」のいずれを受けてもよい。

って、子孫を生じさせて、享楽するためであった。[†1]彼らは成功しなかったので、今や再び互いに集まって、もう一度協議した。彼らは（上から）下ってきたあの霊[†2]の姿に似せて忌むべき霊*を造り出した。それはそれによって魂*を汚すためであった。そして天使たちは彼女らの配偶者の姿に従ってその姿を変え、彼女たちを暗闇の霊――それは彼らが彼女らの上に混ぜ合わせたものである――と悪意でいっぱいにした。彼らは金、銀、贈り物、銅、鉄、金属およ

そして彼らは彼女たちを道ならぬ行ないへ[引き]込んだ。それは彼女たちが自分たちの揺らぐことのない「プロノイア*」のことを想い起こさないようにする[ためであった]。そして彼らは彼女たちを捕らえて、彼らの模倣の霊による[暗]闇の子らを生ませた。彼らの心は閉ざされてしまい、模倣の霊によって頑なにされて、[今]日に至るもなお頑なになったままである。

彼女たちを誘惑した。それは彼女たちが自分たちの揺らぐことのない「プロノイア*」のことを想い起こさないためであった。そして彼らは彼女たちを取って、彼らの模倣の霊による暗闇の子らを生ませた。(2) 彼らの(3)心は閉ざされてしまい、模倣の霊によって頑なにされて、今日に至るまでも頑なになったままである。

びあらゆる種類の善き物を持参した。そして、彼らは彼らの後に付き従った人間たちを大いなる不安の中へ陥れ、【30】多くの迷いの中へ引きずり込んだ。彼ら(人間たち)は何の安楽も得ぬまま年老いてしまった。彼らは死んでしまった。彼らは何一つ真理を見いださず、真理の神を認識*していなかった。そして、このようにして全被造物は世界*の基が据えられたときから今に至るまで、永遠に奴隷とされてきた。そして彼らは女たちを取って、暗闇から、彼らの霊のかたちに従って、子供を生ませた。そして、彼らの心は閉ざされてしまい、忌むべき霊の頑なさによって頑なにされて今日に至っている。

## §80 プロノイアの自己啓示

III 39,11—14

さて今や至福なる[父]母なる者、あの憐れみに富む者が彼女の子孫たちと

B 75,10—14

さて今や、その賞むべき者、すなわちあの父母なる者、あの憐れみに富む

II 30,11—31,27

さて今や私が、すなわち、万物の完全なるプロノイア*が私の子孫たちの間

共に(今まさに)形を[取ろう]としている。†2 最[初に私は]完全なるアイオーン*の[もとへ昇った。

者が彼女の子孫たちの間に形を取る。†2 最初に私はあの完全なるアイオーン*のもとへ昇った。

に姿を変えた。

なぜなら、私は太初に存在し、すべての行く道を行ったのだから。なぜなら、私は光の豊満であるから。私はプレーローマ*の想起である。しかし、私は大いなる暗闇の中を歩んだ。私は(それに)耐えて、牢獄の中央まで進んだ。すると、混沌*の底が揺れ動いた。そして、私は彼らの邪悪のゆえに、彼らから身を隠した。彼らは私に気が付かなかった。

再び私は二度目に内側へ向きを変えた。私は道を進み、光の領域から歩み出た。すなわち、プロノイア*の想起であるこの私が。私は暗闇の真ん中へ、

§ 80

†1 あるいは「父のような母」。なお、「その賞むべき者」、「父母なる者」、「あの憐れみに富む者」はすべてコプト語では女性形の名詞であり、すでに§13で両性具有の「男女なるアイオーン」と呼ばれているバルベーロー・プロノイアのこと。

†2 以下の文章は文脈上意味がよく通らない。写本IIの並行本文ははるかに長く、プロノイア(バルベーロー)が三回にわたって地上に到来し、一人称で語りながら自己を啓示する。おそらくこれが原本の形で、短写本の本文は、紙幅が尽きたというような写本技術上の理由も含めて、何らかの理由で短縮された形であると考えられる。§81の注†2も参照。

▶オフィス(蛇)派の世界像。オリゲネスの報告に基づいてH・ライゼガンクが再構成したもの。

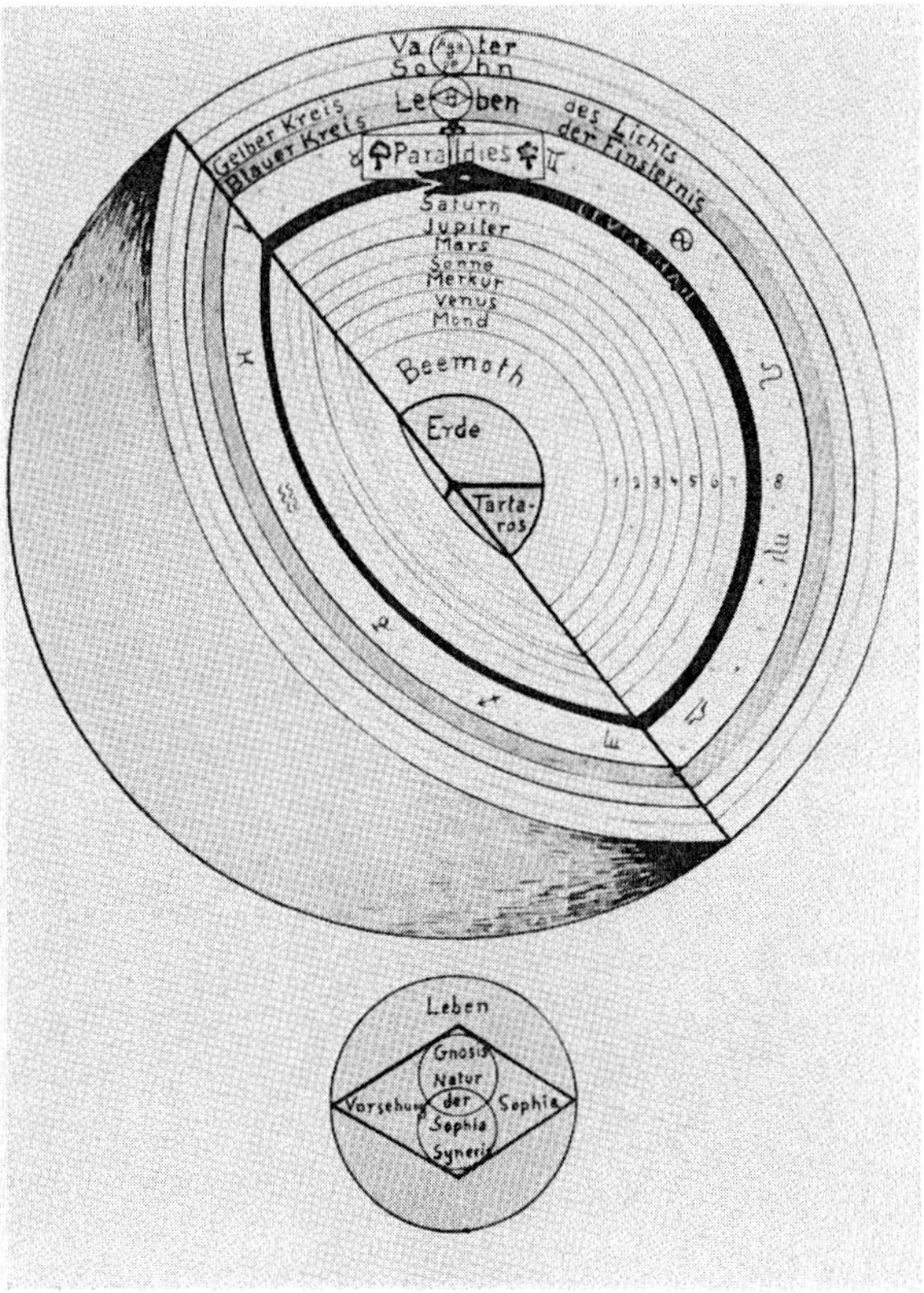


陰府の内側へ入って行った。私の定め[1]を尋ね求めて。すると、混沌の底が揺れ動き、混沌の中にいる者たちの上に今にも落ちかかって、彼らを滅ぼさんばかりになった。そこで私はもう一度私の光の根元へと駆け昇った。彼らが時の満ちる前に滅ぼされることがないように。

なおも三度目に私は道を進んだ。光の中に在る光であるこの私が。プロノイアの想起であるこの私が。それは暗闇の真ん中へ、陰府の内側へやって来るためであった。【31】私は自分の顔を彼らのアイオーン*の完成の光で満たした。そして、私は彼らの牢獄——とはすなわち、肉体という牢獄のことである——の真ん中へ入って行った。そして言った、『聞く者よ、深き眠りから起き上がれ!』。すると、彼は泣いた。そして重い涙を流した。彼はそれ(涙)を拭い去って、言った、『わが名を呼ぶのは誰か。また、この希望は一体どこからやって来たのか。私は牢獄の鎖に繋がれているというのに』。そこで私は言った、『私は純粋なる光のプロノイアである。私は処女なる霊*の思考である。この方(処女なる霊)は君を栄光の場所へ立て直す者である。起き上がれ、そして想い起こせ。なぜなら、君はすでに聞いた者なのだから。そして君の根っこ——とはすなわち、この私、憐れみに富む者のことである——に立ち戻れ。貧困の天使と混沌の悪霊たち、また、すべて君にまとわりつく者たちから身を守れ。そして、深い眠りと陰府の内側の覆いに気をつけていなさい』。それから私は彼を立ち上がらせ、水の光の中、五つの封印で封印した。それは死がこの時より後、彼の上に支配すること

〔II〕(1)　または「任務」。

がないためであった。

　そして見よ、今や私は完全なるアイオーンへと昇って行こうとしている。

## §81　エピローグと書名

Ⅲ 39,15—40,11

だが、私がこれらのことを］君に話すのは、君がそれを書き［留めて］、君と同じ霊の者たちに［密かに伝えるためである］。これは揺らぐことのない［種族の奥］義である。この母親はもう一度［私］より先にやって[†1]来た。［彼女が］この世で［行なったあらゆる］業《わざ》(は次のことである)。彼女は欠*乏を［立て直し］続けた[†2]。私は［君たち］に］、来たらんとしつつあることをさらに［告げ］よう。なぜなら、［私がこれらのことを与えたのは］、君がそれを書き留めるため、また、それがしっ［かりと］預け置かれるためである」。

　それから彼は私に言った、「それ

B 75,15—77,7

だが、私が君にこれらのことを話すのは、君がそれを書き留めて、君と同じ霊の者たちに密かに伝えるためである。なぜならこの奥義は、揺らぐことのない種族のものだからである。【76】さて、あの母親はもう一度私より先にやって[†1]きた。これらが彼女がこの世で行なったことである。彼女は彼女の子孫を立て起こした[†2]。私は君たちに、(今から後)起きることを告げよう。なぜなら私が君にこれらのことを与えたのは、君がそれを書き留めるため、(また)それがしっかりと預け置かれるためである」。それから彼は私に言った、「これらのことを贈物、あ

Ⅱ 31,27—32,9

私はすでにあらゆることを君の耳に入れ終えたが、それは君がそれを書き留めて、君の霊の仲間たちに密かに伝えるためである。なぜなら、これは揺らぐことのない種族の奥義だからである」。そして救い主は彼にこれらのことを与えて、書き留めさせ、しっかりと預け置かせた。そして彼は彼に言った、「これらのことを贈り物、あるいは食べ物、あるいは飲み物、あるいは着物、あるいは他に何かこの種の物と引き換えに与える者は誰であれ呪われよ」。

【32】そしてこれらのことが密かに彼(ヨハネ)に与えられた。すると彼は

らを贈り物、**【40】**あるいは［上着[1]、あるいは］飲み物、あるいは［食］物、あるいは衣類、あるいは何かその類の他の物のために渡す者は誰であれ［呪］われよ」。彼はこの奥義を彼（ヨハネ）に伝えた。すると［直］ちに姿が見えなくなった。彼（ヨハネ）は彼の仲間の弟子たちのもとへ［行き］、救い主が［彼］に語った言葉［について］彼らに語り伝え始め［た］。

ヨハネのアポクリュフォン

るいは食物あるいは飲み物、あるいは衣類あるいは何かその類の他のもののために渡す者は誰であれ呪われよ」。彼はこの奥義を彼（ヨハネ）に伝えると直ちに彼の前から消え去った。そして彼（ヨハネ）は**【77】**彼の仲間の弟子たちのもとへ行き、救い主によって彼に告げ知らされたことを語り伝え始めた。

ヨハネのアポクリュフォン

直ちに彼の前から消え去った。そして彼（ヨハネ）は彼の仲間の弟子たちのもとへ行き、彼に救い主が告げ知らせたことを彼らに伝えた。イエス・キリストが[1]。アーメン。

ヨハネのアポクリュフォン

---

§81

†1　場所的な意味に取って「私の前へやってきた」とも訳すこともできるが、§80の注†2に述べた理由から時間的な意味にとる。

†2　「あの母親はもう一度……」（B）以下ここまでは、コプト語への訳者が、やはり§80の注†2で述べた理由から、プロノイア（バルベーロー）の自己啓示（§80の写本Ⅱ参照）の一部をきわめて乱暴に要約したものと思われる。

（Ⅲ）（1）　あるいは「あらゆる贈り物」。

（Ⅱ）（1）　原文には「イエス・キリスト」とあるのみ。われわれの訳は、これを文脈上前行の「救い主」の同格的言い換えとるもの。しかし、著者あるいは写字生が巻末に書き添えた一種の祈禱文かも知れない。

# アルコーンの本質

大貫　隆訳

内容構成

## 神話に登場する主な役柄と観念

1　万物の父(神)(§6、16、30、39)　＝神的世界(オグドアス)の中の至高神。

2　見えざる大いなる霊(§20)、処女なる霊(§20)、真理の霊(§33、36)、聖霊(§10、17、18、39)、霊

(§6、20)　＝おそらく至高神の属性の一つであるが、地上界へ下って働く救済原理(§8、9の「霊的な女」参照)。

3　完全なる人間(§10)、真実なる人間(§36)、あの(この)種子(§34、38)　＝終末時に派遣される救済者

4　不滅性(§2、4、5、6、20、22)　＝神的存在の一つ。

5　エレレート(§18、20、22)　＝光の天使の一人。

6　ピスティス・ソフィア(§3、22、24、26、28、29)　＝神的存在の一つ、サマエール(ヤルダバオート)の母。

7　ゾーエー(§26、28、29)　＝ピスティス・ソフィアの娘。

8　カーテン(§22、28)　＝神的世界(オグドアス)を下方の世界から区切る境界。

9　サマエール(§3、23)、サクラス(§26)、ヤルダバオート(§26、30)　＝下方の世界の創造主。

10　サバオート(§27—29)　＝サマエールの七人の息子(§25)の一人。父親に反逆して悔い改め、ゾーエーと「対」を構成する。

11　アダムとエバ(§5—12)　＝サマエールとその部下のアルコーンたちによって造られる心魂的、肉体的存在。その中へ「霊的な女」が到来する。

12　蛇(§9)　＝「霊的な女」がアダムとエバを教えるために取る姿。

13　カイン(§11)、アベル(§11)、セツ(§12)、ノーレアまたはオーレア(§12、14—16、19—39)、ノア(§13、14)　＝エバの子供たち。但し、カインのみはアルコーンたちがエバに産ませる子。

14　王なき世代(§37—39)、光の子ら(§39)　＝グノーシス主義者のことで、§33によればノーレアの子ら。

15　嫉妬、死、死の子ら(§30)　＝ヤルダバオートの子供たち。

16　カオス(§3、30)、深淵(§3、26)、物質(§22—24)　＝ピスティス・ソフィア(§3)あるいは「カーテンの陰」(§22)から生じる闇の領域。

# 一　著者の教え（書簡）

## 序　文

§1　【86】支配者たちの本質について。真理の父の霊において、あの偉大な使徒が闇の支配[1]について、われわれに告げた。すなわち、「私たちの戦いは肉や［血］*に対するものではなく、むしろ世の支配者たちと邪悪の霊力に対するものである」と[2]。［私が］これを（君に書き）送っ［たのは］[3]、君が私に支配者たちの本質について尋ねているからである。

### サマエールの思い上がり

§2　さて、彼らの大いなる者は盲目である。［彼の］権力と彼の無知［と彼の傲］慢さの［ゆえに］[4]、彼は彼の［権力］[5]に任せて、［こう］言った、「私こそが神であり、［私の他には］誰もいない」と[6]。
彼がこう言った［とき］、彼は［万物に］[7]対して罪を犯したのである。そして、この言葉は【87】「不滅性」のもとにまで届いた。すると、見よ、その「不滅性」のもとから、ある声が到来して、こう言った、「サマエールよ」*——とはすなわち、盲目の神という意味である——「お前は誤っている」[8]。

### サマエールの母

§3　彼の考えは盲目になった[9]。彼は彼の力——それは彼が口にした侮辱のことである——を送り出すと、その後を追って、カオス*と彼の母なる深淵にまで下って行った。すなわち、それ（深淵）はピスティス・ソフィア*によって生じたもので、彼（サマエール）の母のことである。(10) 彼女は彼の息子たちをおのおのその力に応じて、10上なるアイオーン*の像に似せて立てた。なぜなら、（肉眼に）明らかなるものは隠されたものの中から見いだされたのであるから。(11)

## 「不滅性」の自己啓示

**§4**　「不滅性」が水の領域を眺め下ろした。（すると）彼女（不滅性）の像*が水の中に現れた。すると、闇の支配者たちはそれに恋情を抱いた。15しかし彼らの弱さにゆえに、水の中に現れたその像をつかむことができなかった。

---

（1）　コロ一13参照。直前の「偉大な使徒」とはパウロを指す。
（2）　エフェ六12参照。
（3）　他に「［私が］これを著［したのは］」、「［私が］これを明らかに［したのは］」、「［君が］この点について［なお曖昧でいるのは］」、「彼ら（世の支配者たちと邪悪の霊力）は闇［の中にいる］」とする復元提案がある。
（4）　あるいは「中で」。
（5）　あるいは「言葉」、「口」、「声」、「忘却」。
（6）　イザ四六5、21、四六9他参照。
（7）　あるいは「不死なる方に」。
（8）　あるいは完了形に読んで「誤った」。
（9）　あるいは状態的に「盲目であった」。
（10）　「彼はその後を追って……」以下は、構文の解釈が困難な箇所。本文に示した訳は「深淵」（ギリシア語では女性名詞）がサマエールの「母」、つまり彼がそこで生まれた場所という意味。§22を参照のこと。他に「彼はその後を追って、カオスと深淵にまで下って行った。すなわち、それ（深淵）はピスティス・ソフィアによる彼の母のことである」。「彼はその後を追って、カオスと彼の母なる深淵にまで下って行った。すなわち、ピスティス・ソフィアの教唆によって」と訳す提案がある。
（11）　不可視の神々の世界（プレーローマ、§29「オグドアス」）が可視的存在（ピスティス・ソフィアの息子である支配者たち）のモデルになっているという意味。文言についてはマタ一〇26、トマ福一〇参照。以上の§2―3は内容的に、後続の§22―26に物語られる神話の要約になっている。

なぜなら、心魂的*なる者たちには霊的*なるものをつかむことはできないからである。なぜなら、彼らは下からの者たちであるが、それ(像)は上からのものだからである。[1]

## 心魂的アダムの創造

**§5** このため、「不滅性」がその領域を眺め下ろした。それは、それ(不滅性)が、父の意志において、万物を光と結合するためであった。アルコーン*たちは協議して、こう言った、「集まれ、われわれは土の塵から人間*を造ろう」[2]と。彼らは彼らのこしらえ[物][3]*を造ったが、それは全くの土の人間であった。

しかし、アルコーンたちの[身]体*は女〈でもなければ〉、[男でもな]く[4]、その顔は獣である。彼らは土の[塵]を取り、彼らの身体に似せて、また、水の中で[彼らに]現れた神の[像]に従[っ]て、一人の人間を形造った。

彼らは言った、「[集まれ、]われわれはわれわれが造ったこしらえ物の中に彼をつなぎ止め[5][ようではないか]、そ[れは][6]それが[7]彼の双生の[像]を見るようになる[ためである。][8]」[　±9　]【88】(そして)われわれはそれをわれわれの造った物の中に捕らえよう」。その際、彼らは彼らの無力さのゆえに、神の力のことを考[え]なかった。それから彼(サマエール*)は彼の顔に息を吹き込んだ[9]。すると、その人間は心魂的*な者となり、何日も地の上に(あった)。だが、彼らには彼らの無力さのゆえに、彼を立て起こすことができなかった。彼らはまるで旋風のように執拗に、彼らに水の中で現れたあの像を待ち伏せた。だが、彼らはその力がどんなものか知らなかった。

## 「霊」と「助け手」の到来

**§6** さて、これらすべてのことは、万物の父*の意志によって生じたのである。これらのことの後、「霊*」が地上の心魂的人間を眺めた。そして、「霊」がアダマンティネー[10]の地から到来した。それは下ってきて、彼（心魂的人間）の中に宿った。その人間は生ける者となった[11]。

それは彼の名前をアダム*と呼んだ。なぜなら、地の上で彼が動くのが見られたからである。ある声が「不滅性」からアダムのもとへ、彼を助けるために到来した。そして、アルコーン*たちは地のあらゆる獣と天のあらゆる鳥を集め、アダムのもとへ連れてきた。それはアダムがそれらを何と呼ぶかを見るため、彼に鳥たちとあらゆる動物たちにそれぞれの名前を付けさせるためであった[12]。

---

（1）　ヨハ三31参照。

（2）　創一26、二7参照。ヨハ・アポ§45に類似の場面がある。そこで自己啓示するのは長写本では「バルベーロー・プロノイア」。目下の場面は「不滅性」が女性名詞である点も含めてそれに並行している。

（3）　あるいは「［身］体」、「［人間］」。

（4）　「しかし、アルコーンたちの……」以下は、構文の解釈が困難な箇所。本文に示した訳はギリシア語の相関否定詞「……でもなければ、……でもない」の第一項「……でもなければ」の欠落（書き落とし）を想定しなければならないのが難点である。他には「彼ら（＝アルコーンたち）の［身］体は男女（おめ＝両性具有）であった」、「彼らの［身］体は女のそれであり、出来［損ない］で、獣の顔をしていた」と訳す提案がある。

（5）　後続の注（6）を付した「それ」と同様、三人称・男性・単数の人称代名詞であるが、指示対象が不分明。

（6）　後続の注（8）を付した「ためである」と合わせて±七文字分の復元。

（7）　前出注（5）を付した「彼」と同じ事情。文脈上はどちらも「神の像」を指すと解するのが最も自然。この場合、直後の「彼の双生の［像］」は「こしらえ物」を指すことになり、全体の文意は、万物の父である至高の神が自分の模像（こしらえ物）を見て、それに近づいてくるようにしよう、というアルコーンたちの策略を意味することになる。

（8）　前出注（6）参照。

（9）　創二7参照。

（10）　ギリシア語としては「鋼鉄の」、「不屈の」、「堅固な」の意味の形容詞。起源§46注（4）も参照。

（11）　創二7参照。

（12）　創二19参照。

### 楽園への拘禁

**§7**　彼らはアダムを捕らえて、楽園*に置［いた。］それは彼に［それ（楽園を）］耕させ、守らせるためであった。[1] それからアルコーン*たちは［彼］に命じて言った、「楽園の中にある［すべての］木からお前は食べるであろう。しかし、善と悪の知識の木［からは］食べてはならない。また、それ［に触れてもなら］ない。なぜなら、お前たちがそ［れから］食べる日には、お前たちは必ず死ぬであろうから」。[2]［33 ±8 ］彼らは知らない、何［34 ±8 ］彼に。[3] むしろ、父の意志において【89】彼らはこのように語ったのである。それは彼が食べて全く物質*的な存在となっても、彼らを見破ることになるためであった。[4]

### エバの創造と「霊的な女」の到来

**§8**　アルコーン*たちは互いに相談して、言った、「集まれ、われわれはアダム*の上に忘却をもたらそう」。それで彼は眠りに落ちた。さて、忘却とは無知のことであり、それを彼らは彼の上にもたらしたのである。[5] それで彼は眠った。[6] 彼らは彼の脇腹を生ける女のように開いた。[7] そして彼の脇腹に彼女の代わりの肉を*詰めた。[8] すると、アダムは全く心魂的*な者となった。そして、霊的*な女が彼のところにやって来た。彼女は彼に語って言った、「立ちなさい、アダムよ！」と。すると彼は彼女を見て言った、「あなたが私にいのちを授けてくれた方です。あなたは生けるものの母と呼ばれることでしょう。[9] なぜなら、彼女が私の母なのですから。彼女は医者であり、女であり、産んだ者である」。[10]

## §9　エバの強姦、「霊的な女」が蛇に到来する

だが、支配者たちが彼らのアダムのところにやって来た。しかし、彼らは彼（アダム）の双生の像*（霊的な女）が彼と話しているのを見たとき、大いに心を乱し、彼女に対する恋情に陥った。彼らは互いに言った、「集まれ、われわれはわれわれの種子*を彼女の上にふりかけよう」。彼らは彼女を追いかけた。しかし、彼女は彼らを彼らの

（1）創二15参照。
（2）創二16-17参照。
（3）第33行の±八文字分の欠損を合わせて本文の復元が困難な箇所。他には「彼らは［彼に］こう［言った。］（しかし）彼らは彼に［言ったこ］とが何なのか知らなかった」という提案、第34行の±八文字分の欠損については「［彼らが］彼に［言った］ことが何なのか」と復元する提案がある。
（4）「全く物質的な……」以下は、構文の解釈が困難な箇所。他には本文を修正した上で、「そして彼らが物質的であることをアダムが見るためであった」、「アダムが彼らを物質的な者たちと見［做す］ようになるためであった」、「アダムが全く物質的な人間がするのと同じような見方で彼らを見〈ないように〉するためであった」と訳す提案がある。
（5）「『彼らが彼の上にもたらすと、彼は眠った』とある忘却とは無知のことである」と訳し、全体を挿入文と見做す提案がある。
（6）創二21参照。
（7）文意が不自然な箇所。ある仮説によれば、元来の文章は「彼らは彼の脇腹（cpir）を開いた。〈そして彼の肋骨（bêtcpir）を〉生ける女に変えた」というものであったが、写字生の目が“cpir”から良く似た綴りの“bêtcpir”へ飛んだために、〈　〉部が脱落したと説明される。
（8）創二21参照。
（9）創三20参照。
（10）「なぜなら、彼女が……」以下、この部分の主語は、エバの中の「霊的な女」を指す点では変わらないが、文法的な人称ではそれまでの二人称・女性・単数の「あなた」から、唐突に三人称・女性・単数の「彼女」に変わっている。おそらくは、もともとある写字生が欄外に書き込んだ注であったものが、さらにその後の写字生によって本文中へ持ち込まれたものと思われる。なお、ある有力な仮説によると、この事後的な欄外注は「医者」、「女」、「産んだ者」の三つが、アラム語では、いずれもエバのアラム語表記（Ḥawwâh）と発音が類似することに基づく語呂合わせを行なっている。起源§74も参照のこと。

無恥と盲目さのゆえに嘲笑した。それでも彼女は彼らと一夜を共にした[1]。彼女は彼女の影を、[すなわち、]彼女の[似像を][2]*彼らの下に横たえたのである。そして彼らは自分たち自身をひどく汚すことになった[3]。そして彼女の声の認証[4]を汚した。それは彼らがやがて彼ら自身を、彼らのこしらえ物*と彼らの似像の中で裁くことになるためであった。

しかし、霊的*な女が蛇の、とはすなわち、教示者[5]*[の姿で]やって来た。そして[彼らに教]えて、こう言った、【90】「[彼が]お前たち[に告げ]たことは何か。『[楽]園*にあるすべての木からお前は食べるであろう。しかし、善と悪[の知識*の木か]らは食べてはなら[ない]』ということか[6]」。

肉*の女が言った、「彼は『食べてはならない』とだけ言ったのではなく、『それに触れてもならない。なぜなら、お前たちは、それから食べる日には、必ず死ぬことになろうから[7]』とも言いました」。

すると教示者である蛇は言った、「お前たちは決して死ぬことはない[8]。なぜなら、彼がそうお前たちに命じたのも、妬んでいるからなのだ。むしろ、お前たちの目が開くことになるであろう。そして、お前たちは善と悪とを知る神々のようになるだろう[9]」。それから、教示者がその蛇から取り去られた。彼女(教示者)はそれ(蛇)をただの地的な生き物として置き去りにした。そして肉の女はその木から取って食べた。また、彼女と共にいた夫にも与えた[10]。こうして、心魂的*なる者たちは食べたのである。すると、彼らの邪悪さが彼らの無知から現れてきた。そして彼らは自分たちが霊的なものを剝がれて裸であることに気付いた。彼らは無花果の葉を取って、腰に纏った[11]。

## 楽園からの追放

**§10** すると、彼、すなわちアルコーン*たちの頭領がやってきて、こう言った、「アダム*よ、お前はどこにいるのか」と。なぜなら、彼は何が起きたのか知らなかったからである。するとアダムは言った、「私はお前の声を聞いた。私は裸であるために恐れ、身を隠したのだ[12]」。そのアルコーンが言った、「25もしお前が、私が『それ[か]らだけは食べてはならない』とお前に命じておいたその木から食べたのではないとすれば、なぜお前は隠れたのか。お前はそれにもかかわらず食べたのだ[13]」。アダムが言った、「お前が私に与えたあの女が私に[与えたのだ。]（それで）私は食べたのだ[14]」。すると、傲慢な 30 そのアルコーンは（その）女を呪った。

女は[言った]、「私を騙したのは[蛇なのです。]」（それで）私は食べました[15]」。[32 ±8 ][16]蛇。彼らは彼の影[33

---

（1） あるいは「彼女は彼らの手の中にあって木になった」。確かに起源§91にはこの復元の方が文言上よく並行するが、性交をめぐって展開する文脈には本文に示した復元の方がよく適合するであろう。

（2） あるいは「影」を先行詞とする関係文として、「彼女に似た影を」。「似像」について詳しくは巻末の用語解説を参照。

（3） あるいは「それ（三人称・女性・単数＝「影」）をひどく汚した」。

（4） 「声の認証」は文脈上意味が良く通らない。「認証」は原文ではギリシア語の sphragis が借用されている。これを同根のギリシア語 sphragisma と読み換えて、「声の印刻」と訳す提案もあるが、大した改善にはならない。おそらく本文が損なわれていると考えられる。

（5） 創三1参照。「教示者」については巻末の用語解説を参照。「蛇」が「教示者」と呼ばれるのは、「蛇」を意味するアラム語（ḥewyâ）が「教える」の分詞形（ḥâwᵉyâ）に近いことに基づく語呂合わせ。起源§73を参照のこと。

（6） 創三1参照。

（7） 創三3参照。

（8） 創三4参照。

（9） 創三5参照。

（10） 創三6参照。

（11） 創三7参照。

（12） 創三10参照。

（13） 創三11参照。

（14） 創三12参照。

（15） 創三13参照。

（16） 「[彼らは]蛇のもと[へやって来た]」、「[彼らは]蛇の

±8　]を呪った。彼らには知ることができなかった。[34 ±7　]それが[彼らの]こしらえ物*であることを[1]。その日以来、【91】蛇は支配者たちの呪詛の下に置かれた。彼、すなわち、完全なる人間*が到来するまでの間、呪詛が蛇の上に下った。

彼らは彼らのアダムに向かった。彼らは彼をその妻と共に楽園*から追放した[2]。なぜなら、彼らには[3]何一つ祝福がなく、彼らもまた呪いの下にあるからである。

さらに、彼ら(支配者たち)は人間たちを大いなる試練と生の苦しみの中に投げ込んだ。それは彼らに属する人間たちが生活の労苦に追われて[4]、聖霊に心を配る時間の余裕がないようにするためであった。

## カインとアベル

**§11**　さて、これらのことの後、彼女は彼らの息子カインを産んだ[5]。彼は地を耕す者であった。彼(アダム*)は再び妻を知った。彼女はまた身ごもり、アベルを産んだ[6]。そのアベルは羊飼い、すなわち、牧畜者であった。さて、カインは彼の畑の実りを持ってきた[7]。他方、アベルは彼の子羊を犠牲として持ってきた[8]。神はアベルの供儀に目を留めて、よしとした。しかし、カインの供儀は受け容れなかった[9]。すると肉*のカインは弟のアベルを襲った[10]。

そこで神はカインに言った、「おまえの弟アベルはどこにいるか」。

彼は答えて、言った、「私は私の弟の番人なのですか[11]」。

神はカインに言った、「見よ、お前の弟の血が私に向かって叫んでいる[12]。お前はお前の口によって[罪]を犯した。それ(罪)はお前に戻ってくるだろう。誰であれ、カインを殺す[者]は七[倍の]復讐[を]身に招くであろう[13]。しかし、お前は呻[き苦しみ]、地の上で震えて過ごすだろう[14]」。

## セツとノーレアの誕生

**§12**　さて、アダム*は彼の双生の似像*であるエバを［知った。］彼女は身ごもった。彼女はアダムに息子の［セツ］(15)*を産んだ(16)。そして言った、「私は［アベルの］代わりに、神によってもう一人の［別の］人間を産んだ(17)」。再びエバは身ごもった。彼女は［ノーレア(18)］*を産んだ。そして言った、「彼は私［に一人の【92】処］女を人間の世

---

方に［向きを変えた］」などの復元提案がある。

(1)　第33行の「彼らは彼の影……」以下は、復元が困難な箇所。他には「［彼らは］それ（蛇）が無力な者［となるように］、その（蛇の）影を呪った。というのも、彼らは［彼らの］こしらえ物が［何であるのか］を知らなかったからである」、「彼らは彼の影を呪った。［――このこと］は無力（の業）であった。――彼らは、［それが（単に）彼らの］こしらえ物に過ぎないことを知らなかった」、「彼らはそのぼんやりした影像を呪った。［33　］無力で、それが彼ら自身のこしらえ物に他ならない［ことを］悟らなかった。」、「彼らはそれが無力な者［となるように］、その（蛇の）影を呪った。というのも、彼らはそれが［彼ら自身の］こしらえ物（に他ならない）ことを知らなかったからである」などの提案がある。

(2)　創三23参照。

(3)　おそらく直前の「アダム」と「その妻」を指す。

(4)　創三16-19参照。

(5)　創四1参照。

(6)　創四2参照。

(7)　創四3参照。

(8)　創四4参照。

(9)　創四5参照。

(10)　創四8参照。

(11)　創四9参照。

(12)　創四10参照。

(13)　創四15参照。

(14)　創四12参照。

(15)　「一人の息子を」と復元する提案があるが、欠損スペース（±五文字）に対して長すぎる。

(16)　創四25参照。

(17)　あるいは「私は……［この］人間を産んだ」。

(18)　±七文字分の欠損。「［一人の娘を産］んだ」と復元する提案があるが、欠損スペースに対して長すぎる。

代［から］世代への助けとして産んだ」[1]。これはいかなる権力も汚したことのない処女である。

それから人間たちは増え始め[2]、善良な者になった。

### 洪水、ノアとノーレア

§13　アルコーンたちは互いに相談して言った、「集まれ、われわれは洪水を（われわれの）手で起こそう。そして、人間から獣に至るまですべての肉*なるものを滅ぼそう」[3]。だが、もろもろの権力の頭領[4]は、彼らのこの相談事に気付いたとき、ノアに言った、「お前は朽ちることのない木で一隻の方舟を造りなさい。そして、その中にお前とお前の息子たち、動物たち、天の鳥たちを、小さなものから大きなものまで、隠しなさい。そして、お前はそれをシルの山の上に置きなさい」[5]。

### ノーレア（オーレア）による方舟の焼尽

§14　さて、オーレア[6]がその方舟に乗り込むために、彼（ノア）のもとへやってきた。だが、彼は彼女に（そう）させなかった。彼女は方舟に向かって風を吹きつけ、それを燃やしてしまった。再び彼は二隻目の方舟を造った。

### アルコーンたちの求愛

§15　アルコーンたち*が彼女を騙そうとして、彼女に会いに来た。彼らの中の大いなる者が彼女に言った、「お前の母、エバはわれわれのところにやって来たぞ」。
しかし、ノーレア*は彼らの方に向きを変えて、彼らに言った、「お前たちは闇のアルコーンである。お前たちは呪われている。お前たちが私の母を知ったということもない。むしろ、お前たちはお前たちの双生の似像を知ったに過ぎない。[25]なぜなら、私はお前たちの間から出た者ではなく、［むし］ろ、上なる領域からやって来た者であるから」。傲慢なアルコーンの長は自分の権力に訴えた。［すると］彼の顔はまるで黒い［火］(7)のようになった。彼は厚顔にも

（1） あるいは「彼は私に［一人の処女を］助け手として産んだ。［そして］すべての世代はこの処女の中にいるのである」。

（2） 創六1参照。

（3） 創六7参照。

（4） 造物神サマエール(ヤルダバオート、サクラス)を指す。ただし、サマエールと区別された「義の神」としてのサバオート(§27—30参照)と同定する解釈もある。

（5） 創六14、18-20参照。ノアの方舟は創八4によるとアララト山に漂着する。しかし、ここで言う「シルの山」は古代地中海世界の伝説上の山で、人跡未踏の地の代名詞。この本文は、セツの子孫が天の秘義を記した書をこの山に隠したとするユダヤ教の典外伝承を前提するもの。エジ福§54—55も参照。

（6） 「オーレア」(Ôrea)は§15に出る「ノーレア」(Nôrea)と同じ。ナグ・ハマディ文書の中では、『ノレアの思想』(IX／2)と起源§18、§20にも言及がある。それ以外にも、エイレナイオス『反駁』(I, 30, 9)が報告するセツ派(オフィス派)のグノーシス主義では、ノーレアがセツの妹であると同時に妻として、また、同じセツ派についてのエピファニオス(『薬籠』XXXIX, 5, 2)の報告では、「オーライア」の名でやはりセツの妻として現れる。しかし、これと並んで、エピファニオス(『薬籠』XXVI, 1, 3-5)が報告するニコライ派とマンダ教(“Nuraitâ”)など、ノーレア(その別表記も含む)をノアの妻と見做したグノーシス主義グループも存在する。特にニコライ派は、エピファニオスの報告によると、ノーレアを“Nôria”と表記し、これを「火」を意味するアラム語(nûra)と掛け合わせることによって、“Nôria”＝ノーレアをギリシア神話における洪水伝説のピュルハ(Pyrrha, 元来の語義では「火」を意味し、神話上ではデウカーリオンの妻)に比定したという。さらに、その“Nôria”は夫のノアがこの世の支配者であるアルコーンに仕えたのに対して、超越的な神バルベーローに仕える存在であり、ノアが造った方舟に立ち入りを拒まれると、三度までもそれを焼き払ったという。われわれの文書の目下の§14は、「オーレア」がノアの妻であるとは明言していないものの、ほぼ同じ構図で読まれるべきであろう。他方、先行する§12の復元が正しければ、そこで

彼女に迫って、彼女に［言っ］た、「お前はお前の母エバの［ように］、われわれの言いなりになるべきだ。なぜなら、私には［32 ± 8 ］[1]が与えられたからである。

## ノーレアの叫び

**§16** だがオーレア[2]は［光の[3]］力で向きを変えた。［彼女は］大声で、聖なる方、万物の神に［向かって］叫んだ[4]。**【93】**「邪悪のアルコーン*たちの手から私を助け出して下さい。今すぐ私を彼らの手から救い出して下さい」。

## エレレートの到来

**§17** 一人の天使が天から地上にやって来て、彼女に言った、「なぜお前は神に向かって叫んでいるのか。なぜお前は敢えて聖霊に訴えるのか」。

**§18** ノーレア*は言った、「あなたはどなたですか[5]」。邪悪のアルコーン*たちは彼女から遠ざかった。彼は言った、「私こそエレレート*である。知恵であり、大いなる天使であり、聖霊の御前に立つ者である。私はお前と語って、お前をこれら不法な者たちの手から救い出すために遣わされたのだ。今、私はお前の根源について教えよう」。

# 二　エレレートの啓示（ノーレアとの対話）

## ノーレアの問い

**§19** しかし、あの天使の力を語ることは私にはできないだろう[6]。彼の姿は精選された[15]黄金のようであり、その着物は雪のようである[7]。なぜなら、私の口は彼の力と容貌を語ることには耐えられないであろうから。

---

はノーレアはセツと共に、アベルが殺害され、カインが追放された後に(§11参照)アダムとエバが改めて設けた最初の兄妹である。従って、ノーレアはセツの妹であると同時に不可避的に妻でもあるという含みになって、むしろ上述のセツ派の観念に並行する。つまり、この文書の§12―14では、ノーレアに係わる二つの神話的観念が踵を接して並列されているわけである。

Nôrea あるいは Ôrea という名前の表記そのものの起源については、古来多くの仮説があるが、最近ではユダヤ教のハガダー伝承に起源を求める説が有力である。そこではNa'amah という女性名がやはり一方ではセツの妹かつ妻であり、他方ではノアの妻として言及されるばかりではなく、ノアの方舟の建設を妨げ、天使をも誘惑する悪女とする見方が優勢である。また、Na'amah は元来「快適な」、「魅惑的な」の意味のヘブル語の形容詞であって、これをギリシア語におけるそれと等価の形容詞(ôraios)と合成したものが「ノーレア」(Nôrea)の表記である。但し、前述のグノーシス主義の神話はこの悪女をプラスの存在に、逆にノアをマイナスの存在に価値転倒させながら受容している。

(7) 「黒い[壺]」と復元する提案があるが、文法的に困難である。

---

(1) 「栄誉」あるいは「これも」と復元する提案があるが、文意がうまく通らない。

(2) 本文は Ôrea。これを敢えて Nôrea と読む読みもある。

(3) または「[神の]」、あるいは「[霊の]」。

(4) あるいは「[彼女は]大声で叫んで、聖なる方、万物の神に向かって[言った]」。

(5) 使九5参照。

(6) この「私」を§18までの「ノーレア」と同定してよければ、この箇所(§19)以後の地の文は「ノーレア」が一人称単数で語るものとなる。この問題に関連する資料仮説については巻末の文書解説の二章、三章を参照。

(7) マコ九3および並行箇所。

**§20** 大いなる天使エレレート*が私に言った、「私は」――と彼は言った、「『理解』である。私は見えざる大いなる霊の御前に立っている四つの光輝くものから出た者である。お前はこれらのアルコーンたちの力がお前の上にあると思っている。(しかし)彼らの誰一人として真理の根に逆らうことはできない。なぜなら、それ(真理)のためにこそ、彼は終りの時に現れたのであるから。(1) それらはこれらの支配者たちの上に支配するだろう。(2) そして、これらの支配者たちには、お前とあの種族を汚すことはできないだろう。なぜなら、お前たちの住まい(3)は「不滅性」(4)の中にあるからだ。すなわち、処女なる霊*――とはすなわち、混沌(5)*の支配者たちと彼らの世界*を超越する霊――がそこにある場所*に」。

**§21** それに対して私は言った、「主よ、[これ]らの支配者たちについて教えて下さい。すなわち、彼らは[どのようにして]生まれて来たのですか。また、どのような本[質]からの者たちなのですか。[また、]【94】どのような素材からの者たちなのですか。また、誰が彼らと彼らの力を造ったのですか」。

## ピスティス・ソフィアの過失、流産の子の誕生

**§22** すると、彼、すなわち大いなる天使エレレート*、すなわち「理解」が私に言った(6)、「上なる終りなきアイオーン*には「不滅性」が住む。ソフィア*――これはピスティスと呼ばれる――は彼女の伴侶を得ないまま、ある業《わざ》を遂げたいと欲した。そして彼女のその業は天に似たものとなった。

上なる天と下なるアイオーン*の間には一つのカーテン*がある。そして、(その)カーテンの下に一つの陰が生じた。そしてその陰が物質*となった。そしてその陰は少しずつ投げ捨てられた。そして、彼女が造ったもの(7)は物質

の中でまるで流産のような業となった。それ(業)は陰から形を受け取った。それはライオンに似た傲慢な獣となった。それは、私がすでに述べた通り[8]、男女《おめ》*である。なぜなら、それは物質から出てきたものだからである。

## サマエールの思い上がり、ソフィアの立ち帰り

**§23** それ(獣)は目を開いた。彼は大いなる無窮の物質*を見た。そして高慢になって、言った、『私こそが神である。私の外には何者も存在しない』と。

彼はこう言った時に、万物に対して罪を犯したのである。さて、権威*の高みからある声が到来して、こう告げた、『お前は誤っている、サマエール*よ』と。——とはすなわち、盲目の神という意味である。

**§24** すると彼は言った、『もし私より先に他の者が存在するのならば、その者は私の前に現れよ』と。すると直

---

(1) 「なぜなら、それ(真理)の……」以下、三人称・単数・男性(「彼」)を主語とするこの文章全体を挿入文と見做す説がある。

(2) 先行する「四つの光輝くもの」を指す。不特定多数を指す三人称複数と見做して、全体を「これらの支配者たちは支配されるだろう」と受動態に訳す解釈もある。

(3) ヨハ一四2-3参照。

(4) §4—5の「不滅性」と同じ。ただし、擬人的よりも場所的な意味(=神的世界)に取る解釈もある。

(5) 本文が不鮮明で判読が困難な箇所。「闇の」と読む提案もある。

(6) 以下§31までエレレートの直接話法。

(7) 文法的には「彼の形姿」と訳すこともできるが、文意がうまく通らない。

(8) この「私」は、目下のエレレートの直接話法(注(6)参照)の枠内ではエレレートを指すことになる。しかし、内容的にはエレレートの直接話法での啓示(§19以下)が始まる前のおそらく§5を再指示するものであるから、§5の語り手が一人称・単数で唐突に介入しているものと考える方がよい。

ちにソフィア*が彼女の指を伸ばし、物質*の中へ光をもたらした。そして彼女は混沌*の領域にまで、それ(光)を追って行き、再びまた[彼女の]光[へと]昇って行った。再び闇が[33/34 ±7(1)]物質。

## サマエールの七人の子ら

§25 男《お》[女《め》]*なるこのアルコーン*は彼自身のために、一つの大いなるアイオーン*、[無]窮の【95】大きさを造り出[した。](2)さて、彼は自分に何人かの息子(子孫)を造ることを考えついた。彼は七人*の息子を造り出した。彼らは彼らの父と同じように男女《おめ》であった。そして彼は彼の息子たちに言った、『私こそは万物の神である』と。

## ヤルダバオート(サマエール)の捕縛

§26 すると、ゾーエー*――とはすなわち、ピスティス・ソフィア*の娘(3)――が、こう叫んで、彼に言った、『お前は間違っている、サクラス*よ』――とはすなわち、訳せばヤルダバオート*のことである。彼女は彼の顔に息を吹きつけた。すると、彼女の息は彼女のために火のような天使となった。そして、その天使がヤルダバオートを縛り上げ、タルタロスへと、深淵の底へ投げ捨てた(4)。

## サバオートの悔い改め

§27 だが、彼の息子のサバオート*はその天使の力を見ると、悔い改めた。彼は彼の父と彼の母――とはすなわち物質*のこと――を誹った。

**§28** 彼は彼女を忌み嫌った。しかし、ソフィア*と彼女の娘ゾーエー*に向かっては賛美を献げた。するとソフィアとゾーエーが彼を捕らえて引き上げ、カーテン*の下側の上方と下方の間にある第七の天に据えた。そして彼女たちは彼を諸力*の神サバオートと呼んだ。なぜなら、彼は混沌*の諸力の上に君臨しているからである。ソフィアが彼をそのように据えたからである。

## サバオートとゾーエーの「対」

**§29** さて、これらのことが生じたので、彼(サバオート*)は自分のために一つの大きな車を、すなわち、四つの顔をしたケルビムを造った。侍従する無数の天使たちと竪琴とリラも添えて。そしてソフィア*は彼女の娘ゾーエー*を捕らえると、彼の右に座らせ、彼に「オグドアス*」の［中に］在るものについて教えた。また、彼女は［怒］り［の］天使を[5]彼の左に据えた。その［日以来、彼の右手*］は【**96**】ゾーエーと呼ばれた。そして、左手*は上なる領域の専横者の邪悪さの範型*となった。それらはそれら(右手と左手)よりも前に成ったものである。[6]

---

(1) 「再び闇が物質と［混じり合った］」、「再び闇が物質と［結合した］」、「再び闇が物質の中［に生じた］」と復元する提案がある。

(2) 「彼らの」に代えて「お前の」(二人称・女性・単数)と訳し、語り手のエレレートが聞き手の「ノーレア」を指しているものと解することもできる。

(3) §22―23によれば、サマエール(サクラス、ヤルダバオート)もピスティス・ソフィアの息子であるから、ゾーエーはその姉妹に当たる。

(4) 黙三1-3参照。

(5) あるいは「［火の］天使」。

(6) 正確な文意が取りにくい箇所。特に主語の三人称複数「それら」の指示先が不明瞭。「それら(右手と左手)よりも」の部分は文法的には「おまえ(＝ノーレア)よりも」と

## 他の支配者たちの誕生

§30　だが、ヤルダバオート*は、彼(サバオート*)がこのような大いなる栄光と高みにいるのを見たとき、彼を妬んだ。そして、その妬みは一つの男女《おめ》*なる業《わざ》となった。そして、まさにこれが嫉妬の始めであった。そして嫉妬が死を生んだ。さらに死が息子たちを生んだ。彼(死)は息子のそれぞれをそれぞれの天に据えた。混沌*のすべての天が彼らの数で満たされた。

しかし、これらすべてのことは万物の父*の意志において、上なるすべての天の領域の範型*に従って、生じたのである。こうして、混沌の数が完全になった。(1)

§31　さあ、(以上で)私はお前に、アルコーン*たちの範型*と、それがその中で生まれた物質*と彼らの父と彼らの世界について教えたことになる(2)」。

## ノーレアの子孫に対する救いの約束

§32　そこで、私は言った、「主よ、私自身も物質*に属する者ではないでしょうか」。

§33　「お前とお前の息子たちは初めから在る父に属している。お前の魂*は天の領域から、不滅の光からやって来たのである。このゆえに、支配者たちは彼らに近付くことができないであろう。彼らの中に住んでいる真理の霊のゆえに。他方、この道を認識した者は誰でも、死ぬべき人間たちの間にあっても、不死なる者たちである。

## 「真実なる人間」の到来

**§ 34**　しかし、あの種子(3)*は今はまだ現れないであろう。むしろ、三世代の後に現れるであろう。彼は彼らを支配者たちの過ちの呪縛から救い出した(4)」。

**§ 35**　しかし、私は言った、「主よ、なおどれほどの期間そうなのですか」。

**§ 36**　彼は私に言った、「真〔実なる〕人間*が、造られたもののかたちで、〔真〕理〔の霊を現〕す〔と〕きまでである。それ(真理の霊)は父が【97】遣わしたもの(5)である(6)。

---

訳すこともできる。

(1)　黙六11参照。ある仮説によれば、この段落全体の背後には、さまざまなイデアの生成、つまり「形相の充満」(plenum formarum)を、至高の存在には「妬み」がないことから導出する新プラトン主義の理論が前提されている。

(2)　§22からここまでエレレートの直接話法(§22注(6)参照)。

(3)　創三15の「女の子孫」を暗示するものと見て、救済者の意味に解する。「種子」について詳しくは巻末の用語解説を参照。

(4)　現在完了第1形に読む訳。接続法に修正した上で前文と同様に未来形で訳す提案もある。

(5)　ヨハ一四16-17、26参照。

(6)　「真〔実なる〕人間が……」以下は、あるいは「真〔実なる〕人間が造られたもののかたちで〔現れる時〕までである。真理〔の霊〕は父が送ったものである」。

## 「王なき世代」と終末

**§37** そ［の時には］、それ（真理の霊）があらゆることについて教えるであろう[1]。そして、それは永遠の生命――これは王なき世代からそれに与えられたもの[2]である――の塗油*によって彼らを塗油するであろう。

**§38** そのときには、彼らは盲目の考えを取り去られるであろう。そして、支配者たちを踏みにじって、滅ぼすであろう。そして、無窮の光へと昇ってゆくであろう。それ（無窮の光）こそがこの種子*がそこにある場所*である。その時には、支配者たちは彼らの時を失うであろう。そして、彼らの天使たちは彼らの滅亡を嘆き悲しむであろう[3]。そして、彼らの悪霊たちは彼らの最期を嘆くであろう。

**§39** その時には、すべての光の子たちは本当に真理[4]と自分たちの根源と万物の父*と聖霊とを知るであろう。彼らはすべて声を一つにして言うであろう、『父の真理は義である。そして御子は万物の上にあり、あらゆるものを貫いている[5]。永遠から永遠まで。聖なるかな、聖なるかな、聖なるかな、アーメン』と」。

(1) ヨハ一四26、一六13参照。
(2) 「それ」が何を指すか不詳。文脈上は先行する「それ」＝「真理の霊」のことと解さざるを得ない。しかしその場合、内容的には、「王なき種族」＝グノーシス主義者が永遠の生命を与える側となってしまい整合的でない。
(3) 黙一八11、19参照。
(4) ヨハ一三36、Ｉテサ五5参照。
(5) エフェ四6参照。

# この世の起源について——無表題グノーシス主義文書

大貫　隆訳

## 内容構成

## 神話に登場する主な役柄と観念

1　八つのもの（§30、33—34）　＝神々が棲む超越的な光の世界、「垂れ幕」によって第七の天以下の領域から隔離されている。

2　不朽なる者（§4）、不死なる光の人間（§25）、不死なる人間（§27、41、101、109、128）、人間（§68、82）、真実なる人間（§80、93）、不死なる父（§130、131、137）、生まれざる方（§149）、生まれざる父（§149）
＝「八つのもの」の中の至高神。

3　救い主（§33、135）　＝「イエス・キリスト」（§33）の原型。

4　至福なる小さき者たち（§130、133、134）、王なき完全なる種族（§136）　＝グノーシス主義者。

5　光のアダム（第一のアダム）（§46、63、66、98）　＝「八つのもの」からヤルダバオートのもとに遣わされた後、「八つのもの」と「第七の天」の間に留まる。

6 ピスティス・ソフィア(信仰・知恵)、ピスティス(§4—10他)　＝「垂れ幕」とヤルダバオートを生みだした者、陰に陽にドラマの主役。

7 ソフィア・ゾーエー(知恵・生命§69、85、114)、ソフィア(§62、71)、ゾーエー(§30、39)　＝「ピスティス・ソフィア」の娘、心魂的人間(アダム)を創造し、地的アダムを起き上がらせる。

8 垂れ幕(§4)　＝「八つのもの」と第七の天以下の世界の境界。

9 ヤルダバオート(§10、12、19、27他)、アルキゲネトール(§23、28、36、41、44、48他)、第一のアルコーン(§95)　＝第七の天から下へ地上世界までの「カオス」の領域の支配者で、両性具有の「造物主」。配下の六人と共に「七人」の「アルコーン」(支配者)あるいは「権威たち」とも総称される。

10 イャオー、サバオート、アドーナイオス、エローアイオス、オーライオス、アスタファイオス(§16)　＝ヤルダバオートの子供たち。いずれも両性具有であるため、二倍されて「十二の神々」(§29、40)とも呼ばれる。

11 イエス・キリスト(§33)　＝サバオートによって創造され、その右に座す。

12 聖霊の処女(§33)　＝サバオートによって創造され、その左に座す。

13 (下なる)ソフィア(§16、21、22)　＝アスタファイオスの女性的側面。

14 地的アダム(§78—86、98—114)　＝アルコーン(支配者)たちによって創造され、ソフィア・ゾーエーによって起き上がらされる。

15 生命のエバ(§72)、真のエバ(§92)　＝ソフィア・ゾーエーが地的アダムに送った「教示者」(§85)、楽園で知識の木に変身(§91)。

16 エバ(§90、92)　＝地的アダムの妻、生命のエバの模像。

17 アベル(§95、101—113)　＝エバがヤルダバオートによって産んだ子。

18 教示者 ＝創世記三章の蛇のことで、生命のエバの顕現形態あるいはその息子(§73)。

# 一 序詞

**§1** **【97】**この世のあらゆる神々と人間たちは、カオス*(混沌の領域)よりも前には何も存在しない、と言っているので、[1] 私はそれに対して、［彼らが］すべて誤っていることを論証しよう。なぜなら、彼らはカオスの［組］成とその(カオスの)根源を知らないからである。［以］下が［その論］証［である。］

**§2** カ［オス］*に関して、それは闇だ、と主張することがどうしてすべての人［の］一［致］するところであり得ようか![2] **【98】**それはむしろ、それはある陰から出て来たものなのである。それ[3](陰)が闇と呼ばれた。しかし、その陰も初めから存在するある業《わざ》から出て来たものなのである。[4] それ(＝その業)がカオスの存在するようになる前

---

(1) 後続の§22との関連でヘシオドス『神統記』六七九—六八〇、七〇〇行以下が前提されていると思われる箇所。

(2) §1の最後の文からここまでの復元には、「［だが私は］カ［オスに関］して、それが一つの闇なのだということがすべての人々［の］承［認を得る］場合に、(そこから)論証していこう」という別の提案がある。

(3) 原文では三人称・単数・男性を指す代名詞。前文の「陰」は女性名詞(単数)であるから、文法的に厳密に言えばこの指示関係は困難であるが、§5にも全く同じ指示関係が現れる。

(4) ナグ・ハマディ第XIII写本の第一文書『三体のプローテンノイア』は同写本の最終頁(**50**頁)にある後書きで終るが、同頁はその後になお一〇行分の本文を含んでいる。この一〇行は内容的にここに訳した第II写本の目下の箇所までと並行している。つまり、『この世の起源について』には二つの異版が存在したことになるが、第XIII写本には冒頭の一〇行しか伝わらない。

にすでに存在していたことは明らかである。それ（カオス）は最初の業の後から、それに続いて出て来たのである。

**§3**　それでは、われわれは真理のもとに赴こうではないか。まずは、カオス*がその中から生じて来た最初の業《わざ》へ。そうすることによって真理が明らかに論証されるであろう。

# 二　宇宙生成論

**神統記**

**§4**　さて、不死の本性が不朽なる者から完成したまさにその時に、ピスティス*から一つの像[1]*が流出した。それはソフィア*と呼ばれた。それはある意志を抱き、最初から在る光に似た一つの業《わざ》となった。そして直ちに、彼女（ソフィア）の意志が現れてきた。それ（意志）は、考えられないような大きさの天の像となった。それは不死の者たちと、彼らの後から天的な仕方で生じてきた者たちの中央[2]にある。彼女（ソフィア）[3]は人間たちと天上の事柄の間を隔てる垂れ幕[4]*である。

**§5**　さて、真理の永遠の領域の内側[5]には闇は存在しない。なぜなら測りがたい光がその中の至る所に存在しているからである。しかし、その（アイオーン*の）外側は陰である。それは闇と呼ばれた[6]。一つの力がその闇の上に現れた。さて、彼らの後から生じてきた諸力たちは、その陰を無限のカオス*と呼んだ。その（カオスの）中から神々の種［族］が生じてきた。［そして彼らは生じてきた、］それぞれと（この）場所全体[7]*が。それ[8]［ゆえ］、［闇は］最初の業《わざ》の後に続いて【99】来たものであり、すでに言及したピスティスから深淵〈の中に〉現れてきたのである。

**§6** それからその陰は自分よりも強い者が存在することに気付いた。それ（陰）は妬んだ。そして、自分自身によって妊娠すると、直ちに妬みを産み落とした。その日以来、妬みの原理がアイオーン*全体と彼らの世界*に出現した。その妬みは霊*を欠いた生まれ損ないであることが明らかになった。それは陰と同じように、大いなる水のような実体の中に生じたのである。続いて、憎悪がその陰から生じてきたが、カオスの一部へと投げ捨てられた(9)。

**§7** その日以来、水のような実体が現れた。そして、その中に含まれていたものが流れ出た。それはカオス*の中に現れた。子供を産む女の場合にすべて余分なもの(10)が剥落するのと同じで、その陰から生じてきた物質*も（カ

---

(1) 原語の eine はギリシア語旧約聖書（七十人訳）の創一26の homoiôsis（類似性）に相当する。以下では創世記の同じ箇所の eikôn（形）もそれと区別された上で頻出する（例えば§67注（1）参照）。

(2) あるいは「天の範型に準じて生じてきた者たち」。おそらく本文が壊れていると思われる。

(3) 原文は三人称・女性・単数。これを男性・単数に修正して、先行する「天の像」（男性名詞）と同定する提案もある。

(4) エイレナイオス『反駁』I, 30, 3、アルコ§22参照。

(5) 原文は「外側に」（impefbol）であるが、これを文脈に合わせて「内側に」（impefhoun）に修正する訳。

(6) §2の注（3）と同じ事情。

(7) 「場所」は地上世界のこと。以下でも同様。

(8) 以下パラグラフ末尾までは残存本文の単語の区切り方と欠損部の復元が困難な箇所。本文に示した訳の他には、「その結［果］、糞の［種］族が最初の業に続いて現れて［きた］」。深淵はわれわれがすでに言及したピスティスからのものである」という提案がある。さらに、この訳の「糞の種族」の代わりに「流産の種族」と読む提案もあるが、いずれも単語の区切り方において説得的ではない。

(9) アルコ§22参照。

(10) いわゆる「後産」（胞衣）のこと。

オスの）ある部分へと投げ捨てられた。それ（物質）はカオスから生じてきたものではなかった。むしろ、物質はカオスの中に在ったのである。なぜなら、それはそれ（カオス）の一部の中に在ったのであるから。

**§8** さて、これらのことが生じたとき、その時にピスティス*が到来した。彼女はカオス*の物質*の上に、すなわち、生まれ損ないのように投げ捨てられた物質の上に現れた。なぜなら、その（生まれ損ないの）中には霊がなかったからである。なぜなら、これらすべては無限の闇であり、底知れぬ水だからである。

**§9** さて、ピスティス*は、自分の過ちから生じたことを見たとき、動揺した。その動揺がある恐れの業《わざ》を明るみに出した。[1] それはカオス*の中［へ］[2]逃げ込んだが、彼女はそれ［に］向かって近づいて行った。［あらゆる］天の【100】下方［にある奈］落で、その顔に［息を吹き付ける］ためであった。[3]

**§10** だが、霊*を欠いたそれが一つの形を取って、物質*とあらゆる諸力*たちの上に君臨するようになることをピスティス・ソフィア*が望んだとき、まず一人のアルコーン*（＝支配者）が水から現れてきた。彼はライオンに似ていて、しかも男女《おめ》*であり、ある大いなる権能を彼自身の中に持っていたが、自分がどこから生じてきたのかを知らなかった。さて、ピスティス・ソフィアは水の底に彼が動くのを見たとき、彼に「若者よ、こちらの場所に渡って来なさい！」と言った。この意味を解けば、「ヤルダバオート*」である。[4]

**§11** その日以来、「言葉」の原理[5]が現れた。これ（言葉）は神々と天使たちと人間たちのもとにまで届いた。そしてその「言葉」によって生じたものを神々と天使たちと人間たちが完成させた。

**§12** さて、そのアルコーン・ヤルダバオート*はピスティス*の力を知らなかった。彼はまだ彼女の顔を見たことがなく、水のなかで彼と語ったその(＝彼女の)模像*を見たに過ぎなかった。そして、彼はあの声に従って、自分のことを「ヤルダ〈バ〉オート」[6]と呼んだ。しかし、完全なる者たちは彼を「アリアエール」と呼んだ。なぜなら、彼はライオンの姿をしていたからである。[7]

**§13** さて、この者(ヤルダバオート*)が生じて、物質*に対する権力を持つ者となったとき、ピスティス・ソフィア*は彼女の光に向かって再び上方へ戻って行った。[8]

(1) あるいは自動詞に解して、「その動揺は恐れの業として現れてきた」。
(2) あるいは「……の中の彼女[のもとへ]」。
(3) 内容的に§22を先取り。
(4) 一説によれば、前半の「ヤルダ」はシリア語で「若者」を意味する yaldâ(ヘブル語 yéled)に対応し、後半の「バオート」はおそらくシリア語の「渡る」bᵉʿat の命令形 bᵉʿôt に対応する。後出の§25(特に注(3))参照。
(5) 創一の「神は言われた」(3節他)、ヨハ一1参照。
(6) 写本自体が「ヤルダオート」と誤写。
(7) ライオンとの関連づけは、「アリアエール」の語頭の「アリ」の音がヘブル語でライオンを意味する ʼarî に通じることによる。その他のグノーシス文書にも宇宙の支配者の一人として比較的頻繁に現れる「アリエール」(ヒッポリュトス『全反駁』V, 14, 5f;『ピスティス・ソフィア』III, 102; IV, 144-146)と同じ。セム系のごく通常の人名の語源でもある(民二六17、サム下二三20参照)。
(8) 「八つのもの」、つまり神々の領域(プレーローマ)への帰昇と取る解釈もあるが、後出の§26、29、34との関連から、「第七の天へ」と解するのが妥当と思われる。

§14　このアルコーン*は自分の偉大さを見たとき、そして彼が見たものが自分一人であって、水と闇の他には誰の存在も見えなかったとき、存在するのは[自分一]人なのだと思い込んだ。彼の[考え][1]は「言葉」によって完全なものとな[った]。【101】彼は水の上を揺れ動く一つの霊*の[中]に現れた[2]。その霊が現れたとき、アルコーンは水のような実体を一つの部分へと分けた。そして、乾いたものは、また別の部分へと分けられた[3]。また彼は物質*から自分のために、住む場所*を造り、それを天と呼んだ。またアルコーンは物質から一つの足台を造り、それを地と呼んだ[4]。

§15　その後、アルコーン*はその本性に従って考えを巡らせた。(そして)「言葉」によって一人の「男女《おめ》*」を造り、それ(「男女」)を誇った[5]。それは目が開いたとき、自分の父を見て、「イー」と言った。そこで父は彼を「イヤオー」と呼んだ。再び彼(父)は二番目の息子を造った。彼はそれを誇り[6]、その目を開けた。彼は自分の父に「エー」と言った。父は彼を「エローアイ」と呼んだ。再び彼は三番目の息子を造った。彼はそれを誇り[7]、その目を開けた。彼は自分の父に「アス」と言った。父は彼を「アスタファイオス」と呼んだ。これらが彼らの父の三人の息子たちである。

§16　「七人*」がカオス*の中から男女《おめ》*として現れた。彼らは男性名と女性名を持っている〈…………〉[8]。女性名は「プロノイア・サンバタス」、すなわちヘブドマス*(「一週間」[9])である。その息子は「イャオー」と呼ばれる。彼の女性名は「支配」である。「サバオート*」、彼の女性名は「神性」。「アドーナイオス」、彼の女性名は「王国」。

「エローアイオス」、彼の女性名は「妬み」。「オーライオス」、彼の女性名は「富[裕]」。また「アスタファイオス」、彼の[女性]名【102】は「ソフィア」*。これらがカオスの七つの天の七[つの]勢力[である。](10)]

**§17** さて、彼らは彼らよりも前から存在する不死の原像に対応して男女《おめ》*となった。それは初めから存在する者の像(11)が永遠に支配するようにとのピスティス*の意志に沿って起きたことであった。

**§18** 君はこれらの名前の働きおよびその男性的なるものの力を『預言者モーセの至高天使(の書)(12)』の中に、他方その女性的なるものの名前は『ノーライアの書』の第一巻に発見するであろう。

---

(1) 約七文字分の欠損。
(2) 創一2参照。
(3) 創一9参照。
(4) 創一10参照。
(5) 「誇った」の代わりに「囁いた」と訳す提案がある。
(6) 前注と同じ事情。
(7) 前々注と同じ事情。
(8) 相当量の脱文を想定すべき箇所。脱落したのはおそらく次のような内容の文であったと考えられる――「さて、そのアルコーンについて言えば、その女性名は……」(以下は本文に示した訳文に接続)。
(9) 「サンバタス」については、これまでヘブル語の『シュビラの託宣』にだけ確認されている女神名(?)「サンベーテー」(Sambēthē)を想定し、この文書の著者がこれを元来ヘブル語で第七週日あるいは一週間を意味する「サバットン」(Sabbaton)と関連付けたとする説、あるいは「サバットン」のアラム語形「サバッター」(šabbattā)から直接導出する説がある。
(10) §16におけるヤルダバオートの子供たちの配列順は、先行の§15のそれと異なっており、整合的に読むことが難しい。
(11) §4(98 13)参照。
(12) ギリシア語魔術文書にも言及がある(*Papyri Graecae Magicae II*, Leipzig/Berlin 1931, XIII, 972)。

§19　さて、アルキゲネトール*、とはすなわちヤルダバオート*は大いなる権力を持っていたので、「言葉」によって自分の息子のそれぞれに住処として美しい天を創造した。そして天ごとに七倍も卓越した大いなる栄光を（創造した）。玉座と住処と神殿と車と、見えざるものに基づいた処女なる霊(1)*と栄光を息子たちのそれぞれが自分の天に持っている。神的諸力の軍勢と主と天使と至高天使と何万の者たちをも（従えている）。これらのすべてが（その息子たちに）仕えるためである。

§20　これらのことについては君は『ノーライア』の第一書(2)の中にさらに詳しい記事を発見するであろう。

§21　それらはこの天(3)から第六の天、すなわちソフィア(4)*の領域に至るまで完成された。

§22　天(5)とその地は、すべてのものの下にいる揺り動かす者によって揺り動かされた。そして六つの天(6)が震えた。なぜなら、カオス*の諸力*たちは、彼らの下なる天(7)を滅ぼした者が誰なのかを知っていたからである(8)。さて、ピスティス*はこの動揺から生じた不名誉に気付いたとき、彼女の気息を派遣し、［彼を縛り］、タルタロスに投げ捨てた。［その日以来、(9)］ヤルダバオート*の（娘なる(10)）、彼らすべての下にいるソフィア(11)によって【103】天と彼の地が固まった。

§23　さて、諸々の天とその諸力とがあらゆる組成を備えて固まったとき、アルキゲネトール*は自分を誇った。

そして天使たちの全軍勢によって賞め讃えられた。すべての神々とその天使たちは彼を祝福し、賞め讃えた。彼は心の内で喜び、ますます誇り高ぶり、彼らに向かって言った、「私は他の何物も必要としない」と。彼は（さらに）「私こそが神である。私の他には何者も存在しない(12)」とも広言した。

**§24** しかし、彼がこう言い放ったとき、彼は不死なる者たちに対して罪を犯したのである。彼らはそれを受け止め(13)、（裁きのために）保留した(14)。

---

（1） あるいは「見えざるものにまで至る処女なる霊」。
（2） 文法的には『オーライア』の第一書」も可。§18の末尾に言及される書物との異同は定かでない。それぞれ「第一巻」、「第一書」と番号付けが行なわれているところから推すと、「ノーライア」あるいは「オーライア」の名が付された文書が多数存在したものと思われる。いずれにせよナグ・ハマディ文書第Ⅸ写本中の『ノレアの思想』とは別の文書。
（3） §14で言及ずみのヤルダバオートの天。これは下から数えれば「第七の天」であるが、ここではその「第七の天」から、しかもそれを除外して、下向きに数える。
（4） ピスティス・ソフィアではなく、§16でアスタファイオスと対を成すソフィア。
（5） 上から数えて最下位の「第六の天」（§21参照）よりもさらに下に広がる月下界（地上界）の天を指す。
（6） ヤルダバオートの天と地上天（前注（5）参照）の間の六つの天。
（7） 注（5）の天と同じ。
（8） ギリシア神話に言うティタン神族に対するゼウスの戦いが前提されているとする解釈がある。後続の「タルタロスへ投げ捨てた」も同じ神話を示唆する。
（9） 「その気息でもって」と復元する提案がある。
（10） この補充の根拠については次注を参照のこと。
（11） アスタファイオスと対のソフィア（§21注（4）参照）。ヤルダバオートの娘に相当。
（12） イザ四五5、21、四六9。アルコ§2、23も参照。
（13） 原語 tsche wô の正確な語義は不詳。
（14） 本文が壊れていると思われる箇所で、（ ）内の補充は不確実。積極的な意味で「保護した」と復元する提案がある。

**§25** さて、ピスティス*は大いなるアルコーン*の神無き思い上りを見たとき、怒った。彼女は目に見えない仕方でこう語った、「お前は誤っている、サマエール*よ——これはすなわち盲目の神という意味である[1]——お前よりも先に不死なる光の「人間*」が存在するのである[2]。この者が(やがて)お前たちのつくり物*の中に現れるであろう。彼はお前を踏み潰すであろう。まるで、陶工の粘土が踏み潰されるように。そしてお前は、お前に従う者たちと共にお前の母、すなわち奈落[3]へ降りてゆくことになるだろう。なぜなら、お前たちの業《わざ》が終りを迎えるときにこそ、真理の中から現れたあらゆる欠乏*が解消されるであろうから。そして、それ(欠乏)は過ぎ去り、そもそも存在しなかったもののようになるであろう」。

**§26** ピスティス*はこう語ると、自分の偉大さの像を水の中に現した。そして、そうしながら彼女の光に向かって戻って行った[4]。

**§27** さて、ヤルダバオート*の息子サバオート*がピスティス*の声を聞いたとき、彼は[彼女を]讃えた[5]。[彼は]その父[と母を][6]ピスティスの言葉のゆえに非難[した]。【104】[彼は]彼女を讃えた。彼女が不死なる「人間」について、また、彼の光について彼らに教えたからである。さて、ピスティス・ソフィアは彼女の指を伸ばして、彼の上に彼女の光を注ぎかけた。それは彼の父を非難するためであった。サバオートはその光を受けたとき、カオス*の諸力*全体に対する大いなる権力を受け取った。その日から彼は「諸力の王[7]」と呼ばれた。

**§28** 彼は自分の父である闇を、また母である奈落を憎んだ。彼は自分の姉妹、すなわちアルキゲネトール*の思考——それは水の上に漂っていた者のことである[8]——に吐き気を催した。さて、彼の光のゆえにカオス*のすべての権威*たちは彼を妬んだ。そして動揺したとき、彼らは七つの天の中で大いなる戦いを引き起こした。[9]

**§29** ピスティス・ソフィア*はこの戦いを見たそのとき、彼女の光からサバオート*のもとへ七人*の天使長を派遣した。彼らは彼を第七の天[10]まで運び去ると、彼の面前に侍従として仕えた。再び彼女はまた別の三人の天使長を彼のもとへ遣わした。彼女は彼にあらゆる天の支配権を委ねた。それは彼がカオス*の十二の神々[11]の上に支配するた

---

(1) 一説によれば、「サマエール」をシリア語で「盲目な」を意味する形容詞 samyâ に掛ける語呂合わせ。

(2) エイレナイオス『反駁』I, 30, 6 参照。

(3) 他では一貫してギリシア語の借用語「カオス」が用いられている。これに該当するシリア語の借用語は bahût であるから、これを「母」とする「若者」(§10注(4)参照)は yaldâbahût と書けることになり、「ヤルダバオート」の元来の意味は「混沌の子」であったとする古典的学説(A. Hirgenfeld, H. Leisegang)がこの箇所から証明される。ただし、これはグノーシス主義が行なった説明の一つであってすべてではないことは、すでに§10に別の説明が提示されていることにも明らかである。

(4) この後は内容的には§41に接続する。その間に挟まれた§27—40(103 32-107 17)は挿入記事。巻末の文書解説を参照のこと。

(5) 以下104 1までアルコ**95** 13-18(§27)に並行。

(6) この復元はかなり不確実。

(7) 旧約聖書の「万軍の主」(yahweh ṣᵉba'ōt)のギリシア語表記に正確に対応する表現。

(8) §14の「水の上を揺れ動く一つの霊」を受ける。「姉妹」という表現は、セム語では「霊」が常に女性名詞であることに基づく。

(9) ティタン神族とゼウスの戦いに並行させる解釈がある(§22注(8)参照)。

(10) 下から数えて「第七の天」、つまりヤルダバオートの天(アルコ§28参照)。§36から推すと、サバオートはそれまで「第六の天」にいたことになる。

(11) ヤルダバートの配下のアルコーンは六人。それぞれが

めであった。

**§ 30** さて、サバオート*が彼の回心のゆえに安息*の場所を受け取ったとき、ピスティス*はさらに彼女の娘であるゾーエー*と大いなる権威*とを彼に与えた。それは彼女(ゾーエー)が彼(サバオート)に、「八つのもの」(1)*の中に存在するすべての者たちについて教えるためであった。

**§ 31** さて、彼は権威*を持っていたので、まず初めに一つの住処を造った。それは大いなるものである。なぜなら、それは実に栄光に満ち溢れ、七つの天[に]存在するものすべてに勝って、その[七]倍も(大きい)からである。

**§ 32** 【105】さて、彼は自分の住処の前に一つの玉座を造った。それは四つの顔をしたケルビムと呼ばれる車の上に乗っていた。そのケルビムは四つの角のそれぞれに八つの彫像を備えていた。ライオンの像と雄牛の像と人間の像と鷲の像である。(2)その結果、すべての像の合計では六十四の像を成すことになり、(3)七人の天使長たち*がその前に控えていた。彼自身は第八の者である。なぜなら彼には権威*があるからである。すべての像では七十二となる。なぜなら、この車からこそ七十二柱の神々がかたちを受け取ったのであるから。彼らがかたちを受け取ったのは、諸国民の七十二の言語の上に彼らが支配するためであった。(4)さて、その玉座の上に彼は竜の姿をした天使をも何人か造った。彼らはセラピフィーム(5)と呼ばれ、いつも彼に栄光を帰していた。

**§ 33** その後、彼は数千、数万、いや、それこそ無数の天使たちの集会を造った。それは「八つのもの*」の中にある教会に似ていた。そして（彼はまた）「イスラエル」——とはすなわち「神を見る人間」[6]のことである——と呼ばれる初子[7]と、それとはまた別の「イエス・キリスト」と呼ばれ、上方の「八つのもの」の中にいる救い主に似ていて、彼（サバオート*）の右に在って栄光の玉座についている者とを（造った）。他方、彼の左側には聖霊の処女[8]が玉座の上に座って、彼に栄光を帰している。そして彼女の前には七人の処女*が立っている。彼女らの手には三十のキタラとハープ[9]［と］【106】トランペットがあって、彼に栄光を帰している。そして、天使の全軍勢も彼に栄光を帰し、賞め讃えている[10]。

**§34** さて、彼は大いなる光の中、彼を覆う雲の玉座[11]の上に座っている。そして、その雲の中にはソフィア・ピ

両性具有であるため、二倍して十二人とも考えられる。

（1）この文書では一貫して「プレーローマ」、すなわち超世界的な光の神々の領域を指す。

（2）以上四つの像とその順番については、エゼ一〇1-14、默四7と比較せよ。

（3）各々の角を構成する二面のそれぞれに上から下へ四つ、二面の合計で一角あたり八つ。四つの角の合計が三十二。それぞれの像が両性具有であるから、二倍して六十四。

（4）創一〇参照。『十二族長の遺訓』の一つ「ナフタリの遺訓」八章はノアの方舟から七十の民族と七十の言語を派生させている。

（5）イザ六2参照。

（6）一説によれば、「イスラエル」を 'îš râ'âh 'ēl と綴って創三二31に合わせる強引な語呂合わせ。

（7）出四22参照。

（8）「聖霊の」を説明の属格と取れば、「聖霊なる処女」と訳すことができ、サバオートの右の座にいる「イエス・キリスト」と左右の対とも見做され得る。

（9）本文が壊れていると想定して、「さらに別の三十人がいて、キタラとハープを手に持って」と修正する提案がある。

（10）§35の叙述と合わせると後出§35注（2）の図のような位置関係になる。

（11）出二四15以下参照。

スティス[1]がいた。それは「八つのもの」*の中に存在するすべての事柄について彼に教えるためであった。しかし、その他には誰もいなかった。（ピスティス・ソフィア*がそこにいたのは）それらのもの（「八つのもの」の中にあるもの）の模像*が造られて、王権がカオス*の諸々の天と諸力*が終末*を迎えるまで、彼のもとに留まるようになるためであった。

**§35** だが、ピスティス・ソフィア*は彼を闇から隔て、自分の右の座に呼んだ。左にはアルキゲネトール*を置いた。その日以来、「右」は「正義」、「左」は「不義」と呼ばれた[2]。このゆえに彼らはすべて正義の集会、および不義――［それは全］被造物の上に立っている[3]――の集会の世界*を受け取った。

**§36** さて、カオス*のアルキゲネトール*は息子のサバオート*を見たとき、また、その栄光がカオスのすべての権威*たちよりも勝っているのを見たとき、彼のことを妬んだ。そして彼が怒ったとき[4]、彼は彼の死から「死」を生んだ。それ（死）は第六の天に据えられた。サバオートはその場所*から運び去られていたのである[5]。こうしてカオスの権威たちの六の数が揃った[6]。それから、その「死」は男女《おめ》*であったので、自分の本性と交わり、男女《おめ》なる七人の息子たちを産んだ[7]。

**§37** 男性的なるものの名前は次の通りである。妬み、怒り、涙、ため息、嘆き、悲嘆、号泣。女性的なるものの名前は次の通りである。立腹、悲痛、快楽、嘆息、呪い、苦汁、争い。彼らは互いに交わり、［それぞれ］が七つのものを産んだ。その結果、彼らは（全部で）【107】四十九の男女《おめ》*なる悪霊となっている[8]。

**§38** 彼らの名前と働きについては、君は『ソロモンの書』[9]の中にそれを発見するだろう。

**§39** これらに対抗して、サバオート*と共にいるゾーエー*が男女《おめ》*なる七つの勢力を創造した。男性的なるものの名前は次の通りである。妬むことのない者、至福なる者、喜び、真実なる者、悪意なき者、愛すべき者、信ずべき者。他方、女性的なるものの名前は次の通りである。平和、喜悦、歓喜、至福、真理、愛、信仰。そして、これらから(生じる)善良で罪のない多くの霊が存在する。

---

(1) 原文では「ソフィア」と「ピスティス」がそれぞれ定冠詞つきでこの順で同格的に並ぶ。「ソフィア、(すなわち)ピスティス」、あるいは「ピスティス〈の娘の〉ソフィア」とも読める。

(2) §33の叙述と合わせると、「第七の天」では次のような位置関係となる。

ピスティス・ソフィア
├ 右(正義)＝サバオート
│　├ 右＝イエス・キリスト
│　└ 左＝聖霊――七人の処女
└ 左(不義)＝ヤルダバオート(アルキゲネトール)

(3) 本文が壊れていると思われる箇所。この箇所に並行する British Library Fragment IIa との突き合わせから、本来の本文はおそらく「……および不義の集会を受け取った。――そこで彼らはすべて自分たちの基盤の上に立っている」に近いものであったと推定される。

(4) アルキゲネトールを指す。

(5) §29参照。空位になっていた「第六の天」が今や「死」によって埋められたということ。

(6) ヤルダバオート(アルキゲネトール)を除外した数。

(7) §36全体についてアルコ§30参照。

(8) 「四十九の悪霊」は『ピスティス・ソフィア』でも随所(IV, 144, 145, 146, 147 他)に現れる。

(9) ソロモンの名前を持ち出す悪霊祓い用の文書は、ヘレニズム末期のユダヤ教の周辺に無数にあるため、厳密な同定は困難である。

**§40** 彼らの働きの結果と働き方については、君は『十二人の下の天の宿命の星位の書』[1]の中にそれを発見するだろう。

**§41** [2]さて、アルキゲネトール*はピスティス*の模像*を水の中に見たとき、ひどく悲しんだ。とりわけ水の中から彼に呼びかけた最初の声に似た彼女(ピスティス)の声を聞いたときに。そして、彼女こそが自分に名前をつけた者であることに気付いたとき、彼は嘆息し、自分の失態を恥じた。そして自分よりも先に光の人たる不死の「人間*」が存在するということに本当に気が付いたとき、大いに動揺した。なぜなら、以前にすべての神々と天使たちに向かって、「私こそが神である。私の他には誰も存在しない」と公言してしまっていたからである。すなわち、彼よりも先に別の者が存在することに彼ら(すべての神々と天使たち)が気付くのではなかろうか、そして自分を誇るのではないかと彼は恐れたのである。

**§42** だが、彼は思慮無き者であったので、その誹りも無視して、敢えて言った、**【108】**「もし私より先に誰か別の者がいるのなら、その者は現れるがよい。彼の光をわれわれが見るために」と。

**人間生成論**

**§43** すると見よ、その瞬間に、上なる「八つのもの*」からある光が到来した[3]。それは地上のすべての天を通り過ぎた。

**§44** アルキゲネトール*はその光が美しく輝くのを見たとき、驚嘆し、かつ深く恥じ入った。その光が現れたとき、ある人間の模像*がその中に現れた。それは実に驚くべきものであった。いまだかつてそれ(模像)を見た者は、ただアルキゲネトールと彼と共なるプロノイア*を除いては誰もいない。しかし、その光の方は諸々の天のすべての諸力たち*(の目)に明らかとなった。彼ら全員がそのために動揺した。

**§45** それからプロノイア*はその遣わされた者を見たときに、彼に恋してしまった。(4) しかし、彼の方は彼女を嫌った。というのは彼女が闇の中にいたからである。それでも、彼女は彼を抱きたいと願った。しかし、(そうすることが)できなかった。彼女は自分の情欲を満たすことができなかったので、自分の光を地の上に漏らした。(5)

---

(1) 未知の書。「十二人」はおそらく§29の「カオスの十二の神々」と同じ。従って、「十二人の下の天」は地上天(月下界の天)と同じ。

(2) §41は内容の上からは全体として、本来サバオートの回心とそれに続いて行なわれた中間界の再編成についての叙述(§27—40)よりも前に位置して、サバオートの回心の動機付けを示すべきもの(§26注(4)参照)。

(3) 創一3参照。

(4) 『ポイマンドレース』(ヘルメス文書I)の一四章にも類似のモティーフが出る。

(5) このモティーフを含め§43—48は、八世紀末のシリアのキリスト教(ネストリウス派)の学者テオドール・バル・コーナイ(Theodor bar Kônai, *Liber scholiorum*, ed. A. Scher, *CSCO* 69, 313, 10-318, 4 が伝えるマニ教の救済神話に多くの点で共通する。特に目下のモティーフについては、マニ教の「第三の使者」が女性的アルコーン(闇の娘)たちに現れて情欲を掻き立たせた後、流産させる場面(ebd. 316f=A. Böhlig, *Die Gnosis, Bd. III: Der Manichäismus*, Zürich/München 1980, 107)を参照。

§46 その日からその遣わされた者は[1]「光のアダム*」と呼ばれた。これを訳せば「光の血の人間」という意味である。[2] そして[3]地は彼の上、すなわち聖なるアダマス[4]の上に広がった。これを訳せば「聖なる鋼鉄の地」である。

§47 その日から、すべての権威*たちはその処女の血を崇めた。地はその処女の血のゆえに清められた。

§48 だが、(それよりも)はるかに水の方が、その中でアルキゲネトール*に現れたピスティス・ソフィア*の模像*によって、清められた。確かに「水を通して」と言われたのは正当である。なぜなら、聖なる水はすべてのものを活かし、【109】清めるからである。[5]

§49 その最初の血から男女《おめ》[6]*なるエロースが現れた。それの男性性はヒーメロス[7]である。なぜなら、彼は光から出た火であるから。彼と共なる女性性は血の魂*である。[8] それは何かプロノイア*の実体から出てきたものである。彼はその美しさにおいて際立っていた。なぜなら、彼にはカオス*のあらゆる被造物に勝って優美さが備わっていたからである。

§50 それから後、すべての神々と天使たちはエロースを見て、恋してしまった。彼(エロース)は彼らすべての間に現れたとき、彼らを焦がした。一つのランプに火が灯され、同じ光がそこに在ることになり、しかも(当初の)ランプ(の火)が小さくなったりしないのと同じように、エロースもちょうどそのようにカオス*のすべての被造物の上に広がり、しかも小さくはならなかった。[9]

**§51** ちょうど光と闇の中間からエロースが現れ、天使たちと人間たちとの間でエロースの交接が完成したのと同じように、地から第一の快楽が生じてきた。

**§52** 女が地の後に続いた。そして結婚が女の後に続いた。出産が結婚に続いた。解消が出産に続いた。

**§53** エロースの後から葡萄の木が地に流された血から生じてきた。このゆえにそれを飲む者たちは、交接の欲望を自分の中に生み出すことになるのである。葡萄の木の後からは無花果とザクロの木が地に生じてきた。また、

---

（1）あるいは「天使」。
（2）「光のアダム」＝「光の血の人間」という同定は、「アダム」のヘブル語表記 'ādâm の後半を「血」を意味するヘブル語 dâm に語呂合わせで掛けたもの。
（3）以下の文については、§45に言及された「プロノイアの光」を主語、直後の「地」(pkah)を目的語とする関係文と解して、全体を「それ(プロノイアの光)がその上に広がった地は『聖なるアダマス』(と呼ばれた)。これを訳せば……」と訳す提案がある。
（4）「アダマン」も可。後続の「聖なる鋼鉄の地」は「鋼鉄」を意味するギリシア語と「地」を意味するヘブル語 'adâmâh の語呂合わせ。
（5）洗礼を示唆。
（6）あるいは前文へ編入して、「清める」に掛けることも可。
（7）コプト語原文の表記「ヒミレーリス」(himirêris)はギリシア語の崩れた形。「ヒーメロス」はエロースおよびアフロディテーの神話圏に登場する愛の神霊。
（8）アモールとプシュケーの恋物語(アプレイウス)に類似。
（9）エロースは図像学的には、しばしば松明を手に持っている姿で描かれる。絵画、レリーフ、彫像、壷の装飾、貨幣の印刻などに現れる実例については、*Lexicon Iconographicum Mythologiae Classicae* (*LIMC*), vol. III, Zürich/München 1986, pars 1, pp. 881-882 (Eros 366-387), pars 2, pp. 628-629 参照。

その他の樹木もその種類に従って(生じてきた)。それらすべてには、権威*たちとその天使たちの種子*【110】に由来する種子があった。

**§54** それから後、「正義[1]」は楽園*を造った。それは美しく、月の軌道と太陽の軌道の外側にあって[2]、東方の石[3]地の直中の豊満な土地[4]にあった。そして欲望は美しく見かけのよい[5]樹木の直中にあった。そして不死なる生命の木は、[6]神の御心によって明らかになった通り、楽園の北の方にあった。それは聖なる者たち、すなわち、この世の終末*に際して貧困のつくり物*から脱出するであろう者たちの魂*を不死なるものにするためであった。さて、その生命の木の色は太陽のようであり、その枝は美しい。その葉は糸杉の葉に似ている。その実は葡萄の房に似て白い。その高さは天にまで達している。

**§55** そして、その傍らには神の力を備えた知識*の木が(立っている)。その輝きは、もっとも輝く時には、月のようである。そして、その枝々は美しく、その葉は無花果の木の葉のようであり、その実は上質の見かけのよいナ[7]ツメヤシの(実の)ようである。さて、これは楽園*の北の方にある。それは魂*を悪霊たちの眠りから呼び覚ますため、そうしてそれらの魂が生命の木へやってきて、その実から食べ、やがて権威*たちとその天使たちを滅ぼすためである。

**§56** この木の効用は『聖なる書[8]』に(こう)記されている。「君こそは知識*の木、それは楽園の中にあって、最初の人間がそれから食べた。それは彼の叡知を開いた。彼は自分の同伴者を愛し、他の見知らぬ【111】模像*を裁き、それらに向かって嘔吐した」(9)。

**§57** さて、その後にはオリーブの木が生じてきた。これは最後の日々に現れてくるであろう諸王と義の大祭司とを聖別するためである。しかし、オリーブの木が最初のアダムの光(10)から現れたのは、人々が受ける塗油*のためであった。

**§58** さて、最初の魂*は自分と共にいるエロースを恋してしまった。それ(魂)は(自分の)血を彼(エロース)(11)と地の上に漏らしてしまった。その血からまず薔薇の花が地の茨の間から生じてきて、茨の茂みの間に現れるべき光(12)にとって歓びとなった。

---

(1) サバオートのこと(§35参照)。
(2) 地上から見て太陽と月の軌道より彼方ということ。§111の「彼を楽園から下方の地へ」以下参照。
(3) 創二8参照。
(4) 「悦楽の土地」。
(5) あるいは「背の高い」、「食欲をそそる」。
(6) 「八つのもの」(プレーローマ)の中の至高神。「不朽なる者」(§4)、「不死なる光の人間」(§25)、「不死なる人間」(§27、41、101、109、128)、「人間」(§68、82)、「真実なる人間」(§80、93)、「不死なる父」(§130、131、137)、「生まれざる方」(§149)、「生まれざる父」(§149)と同じ。
(7) §54の注(5)と同じ事情。
(8) 詳細不明の未知の書であるが、§117にも言及と引用があり、いずれの場合にも内容的には楽園に関連しているから、創世記二―三章を集中的に再解釈する文書であった可能性が強い。
(9) 以上の引用文を詩文(讃歌)として訳す提案がある。
(10) 「光の中に」も可。
(11) あるいは「彼のゆえに」。
(12) 出三2-3参照。

**§ 59** その後から再び、プロノイア*の娘たちの処女のそれぞれから、美しく香りの良い花々がそれぞれの種類に従って、地に生じてきた。彼女たちはエロースに恋したとき、自分たちの血を彼と地の上に漏らした。

**§ 60** その後から、あらゆる植物がその種類に従って地に生じてきた。それらには権威*たちとその天使たちの種子*が備わっていた。これらに続けて、権威たちは水からあらゆる動物を種類に従って、また、這う物と鳥を種類に従って創造した。それらには権威たちとその天使たちの種子が備わっていた。

**§ 61** さて、これらすべての(ことが起きる)前、彼が最初の日に現れたとき、(1)彼は約二日の間地上に留まり、(その後)プロノイア*を下方の天に残して自分の光に戻って行った。(2)すると直ちに、闇が全世[界]*を覆った。(3)

**§ 62** 【112】さて、下方の天にいたソフィア*が欲したとき、彼女はピスティス*から権威を受け、大いなる光り輝くものたち*とすべての星を創造した。彼女はそれらを天に据えて、地を照らすものとした。それはまた、それらが時の印、時の点、年、月、日、夜、時刻およびその他すべてその種のものを完成するためであった。そして、このようにして、天のすべての場所*が秩序付けられたのである。

**§ 63** さて、光のアダム*は彼の光へ、とはすなわち「八つのもの」*へ戻って行きたいと願ったが、そうすることができなかった。それは彼の光と混じり合ってしまった貧困のせいであった。そこで、彼は自分のために一つの大きな領域を創造した。そしてその領域の中にさらに六つの領域とそれを飾る物とを造った。それらは六つを成して、カオス*のあらゆる天とそれを飾る物に比べて七倍も優れていた。

**§64** さて、これらすべての領域とそれを飾る物は「八つのもの」*とその下方のカオス*との間の無限の領域の中に在る。なぜなら、それら（の領域）は貧困の領域の世界に属しているからである。

**§65** もし君がそれらの組成を（知りたいと）欲するならば、君はそれが『預言者ヒエラリアスの第七の世界』[4]の中に記されているのを見いだすであろう。

**§66** さて、光のアダム*がカオス*から立ち去って行く前に、権威たち*が彼を見た。[5] そして彼らはアルキゲネトール*をあざ笑った。なぜなら、彼は「私こそが神である。私の前には何者も存在しない」[6]と語ることで嘘をついたからであった。

**§67** 彼らは彼のところにやってくるとこう言った、「われわれの業《わざ》を滅ぼしてしまったこの者こそ神ではない

---

（1） 内容上は§46へ接続。
（2） 多くの訳者は「下方のプロノイアを天に残して」と訳す。われわれの訳の根拠については、大貫隆「三つのプロノイア――グノーシス主義、ストア、中期プラトン主義の関係を巡って」『聖書の思想とその展開』教文館、一九九一年、三四一―三八三（特に三五四）頁参照。
（3） あるいは「闇は［叡知］なきものとなった」。
（4） 未知の書。解説第五章（三二五頁）参照。
（5） §44（特に108 9-13）に内容的にうまく適合しない。
（6） イザ四五5、21、四六9参照。

のか」。すると彼は答えて言った、「その通りだ。さあ、もし彼がわれわれの業を滅ぼすことができないようにとお前たちが望むのであれば、来なさい。われわれは一人の人間をわれわれの身体*の形に従って、(1)また、この者（光のアダム*）の姿に倣って、地から造ろうではないか。【113】そして彼がわれわれに仕えるように、また、自分の模像*を見てそれに恋するようにしようではないか。（そうすれば）彼はもはやわれわれの業を滅ぼしたりしないであろう。むしろ光から生まれてくる者たちをわれわれはこの世の全時間にわたってわれわれに仕える者とするであろう」。

§68 しかし、このことはすべてピスティス*の予見に従って生じたのである。それは「人間*」が彼の模像の前に現れて、彼らを彼ら自身のつくり物*の内側から滅ぼすためであった。そして彼らのそのつくり物は光の檻となった。

§69 それから権威*たちは人間を造るために必要な知識*を受け取った。(2)（しかし）彼らよりも先にソフィア・ゾーエー*——すなわち、彼女はサバオート*の側にいるのである——が到来し、彼らの思惑をあざ笑った。(3)なぜなら、彼らは無知で盲目であるために、彼（人間）を彼ら自身に対抗するものとして造り出してしまった。しかも、自分たちが何をしでかす結果になるのか知らないからである。

§70 このゆえに、彼女は彼らにさきがけてやってきて、まず最初に彼女（自身）の人間を創造した。それは彼（その人間）が彼らのつくり物*に、彼らを嘲笑し、彼らから逃れる方法を教えるためであった。(4)

§71 さて、教示者*の誕生は次のような次第であった。ソフィア*が光の一滴を投じたとき、それは水の上に流れた。

すると直ちに人間が現れた。彼は男女《おめ》*であった。

**§ 72** 25 彼女（ソフィア）*は（その光の）滴を初めに女の身体*にかたちづくった。[5] その後で、その身体をかつて出現した母の模像*にかたちづくった。[6] それは十二箇月を経て全きものとなった。30 一人の男女《おめ》*なる人間が生まれたのである。すなわち、ギリシア人たちがヘルマアフロディテース（Hermaphroditēs）[7]と呼ぶ者が。しかし、彼の母親のことをヘブライ人たちは生命（ゾーエー）のエバ、すなわち、生命の教示者と呼んでいる。[8]

---

(1) 創一26以下参照。
(2) あるいは「人間を造るべきであるという認識」。
(3) 以下パラグラフの末までを直接話法として「　」で括る提案がある。
(4) 以下パラグラフの末まで、「それは彼（その人間）が彼らのつくり物を教えるためであった。それ（つくり物）は彼らを嘲笑するであろう。ちょうどそのように、それ（つくり物）は彼らに逆らって救われるであろう」と訳す提案がある。
(5) 文法的には「その（光の）滴は初めに女の身体の形になった」と訳すこともできる。また、本文が壊れている可能性を想定し、元来は「その滴が初めて水に女の身体の形を与えた」という文であったのではないかとする推定がある。
(6) 「かたちづくった」は前注(5)と同じ別訳も可能。
(7) 「ヘルマフロディテース」は、「ヘルマス」（男神）と「アフロディテー」（女神）の合成物（あるいは両者の子）で両性具有の存在。パウサニアス『ギリシア案内記』VI, 26, 6、オウィディウス『変身物語』4, 285 以下、ルキアノス『神々の対話』15, 2 他に言及がある。図像表現も古代ギリシア・ローマの世界において多数生み出された。*Lexicon Iconographicum Mythologiae Classicae* (*LIMC*), vol. V, Zürich/München 1990, pars 1, pp. 268-285, pars 2, pp. 190-198 参照。「滴」との関連では、アフロディテーが「泡」から誕生したとするギリシア神話の伝承に注意。
(8) 「エバ」＝「生命の教示者」という同定の背後にヘブル語とアラム語の両語に跨がる語呂合わせを想定する説がある。それによれば、まず「エバ」のヘブル語表記 Ḥawwâh が音韻上の近さからアラム語 ḥ$^{a}$wâ＝「教える」に、次いでこのアラム語の分詞形 ḥâw$^{e}$yâ＝「教師」と結び付けられた。同時に ḥ$^{a}$wâ はやはり音韻上の類似からアラム語の h$^{a}$yâ＝「生きる」（ヘブル語は ḥâyâh）とも結び付けられることによって、エバは単なる教示者ではなく、「生命の教

**§ 73**　さて、彼女の息子は被造物であり、[35]これ（被造物）が主である。それから【114】権威*たちは彼（息子）のことを「動物」と呼んだ。それはそれが彼らのつくり物*をして迷わせるためであった。「動物」を訳せば「教示者*」である。[1]すなわち、彼らはそれがすべての者よりも賢いことを発見したのである。

**§ 74**　ところでエバは最初の[5]処女である。彼女が夫なしで産んだとすれば、彼女こそは自分で自分の助産婦を務めた者である。[2]

**§ 75**　このゆえに、彼女について人々は言うのである、彼女はこう語ったと。

「私は母の一部。
私は母。
私は女。
私は処女。
[10]私は妊婦。
私は助産婦。
私は産みの苦しみを和らげる者。
私の夫が私を産んだ。
私は彼の母であり、

彼は私の父、私の主。
彼は私の力。
彼が望むこと、[3]それを彼は正しく語る。
私は成ろうとしている。
しかし〈私は〉すでに一人の人間を主として産んだ」。

**§76** さて、これらのことは御心によってサバオート*と彼のキリストの魂*たちに、とはすなわち、権威*たちのつくり物*へとやってくる魂、そして、聖なる声が「増えよ、満ちよ、すべての被造物を支配せよ！[4]」と告げた魂たちに啓示されたのである。[5]そしてこれら(の魂)はアルキゲネトール*によって、それぞれの運命に応じて捕縛された。このようにして彼らはつくり物の牢獄の中へ世の終末*に至るまで[6]閉じ込められた。

---

示者」と呼ばれる。

(1) この箇所で行なわれている「動物」=「教示者」という同定も、前注の仮説によれば、アラム語で「教師(教示者)」を意味する前述の分詞形 ḥâwᵉyâ が音韻上の近さから、アラム語で「蛇」を意味する ḥewyâ に結び付けられ、次に綴り上はこの語の w と y を入れ換えただけの違いで、音韻上も類似する語 ḥyw (= ḥêwâ と発音)、すなわち「動物」に結び付けられたことによるもの。

(2) 「自分で自分を癒した者」と訳す提案があるが、直後の§75に「助産婦」と出ることとの連絡がつかない。

(3) 以下の三つの文は文意がうまく通らず、翻訳が困難な箇所。他に「彼が望むこと、それを彼は語る。理性あるものに私はなる。しかし、私は主なる一人の人間を産んだ」と訳す提案がある。

(4) 創一28参照。

(5) パラグラフの初めからここまで写本に欠損はないが、文意をとりにくい箇所。他に、本文が壊れているとして、元来の本文を「これらのことはサバオートと彼のキリストの意志によって、権威たちのつくり物の中に正に入ろうとしている魂たちに啓示された」とする推定がある。

**§77** さて、この時点において、アルキゲネトール*は彼と共にいた者たちに、人間についての思惑を告げた。[1] それから彼らはそれぞれの種子*を地の臍の中心に向かって放出した。

**§78** その日から七人*のアルコーン*たちは人間をかたちづくったが、その身体*は確かに彼らの身体に似てはいるが、その像は彼らに現れたあの人間(光のアダム*)に似ていた。彼のつくり物*はそれぞれの部分ごとに生じてきた。(彼らの内の)最高の者(アルキゲネトール*)は脳と髄を造った。

**§79** その後で[彼は]彼の前にある(者の)ように現れた。[2] 彼は【115】心魂的*人間になった。そして彼は彼より先に在る者の名に従って、アダム*——とはすなわち「父」——と呼ばれた。

**§80** さて、彼らが(この)アダム*を完成したとき、彼(アルキゲネトール*)は彼(アダム)を生命のない器として投げ捨てた。[3] なぜなら、彼は霊*を持たない奇形児のような姿をしていたからである。大いなるアルコーン*はこのことについてピスティス*の言葉に(改めて)気付いたとき、真実なる「人間」が彼のつくり物*の中へ到来して、その上に支配するのではなかろうかと恐れた。

**§81** そのために彼は彼のつくり物を四十日間、息のないままにしておいた。[4] 彼は退いて行ってしまい、それを放置した。しかし、その四十日目にソフィア・ゾーエー*が彼女の気息をアダム*の上に、すなわちいまだ気息のないアダムの上に送った。(5) 彼は地の上に動き始めた。しかし、立ち上がることができなかった。

§82 さて、七人のアルコーンたち*は、やってきて彼を見たとき、ひどく動揺した。彼らは近づいて彼を捕まえた。そして彼の内に在った気息に向かって言った、「お前は何者だ！ どこからここへやってきたのか」。彼は答えて言った、「私は「人間*」の力によって、お前たちの業《わざ》を滅ぼすためにやってきた」。

§83 〈…………〉(6)を聞いたとき、彼らは彼を讃えた。なぜなら、彼は彼らの内にあった恐れと心配から(彼らを解放して)安心させたからである。それから、彼らはその日のことを「安息*」と呼んだ。なぜなら、彼らは苦難から安らいだからである。(7)

(6) 「世の終末に至るまで」の部分については本文が壊れている可能性がある。

(1) 内容上は§67の末尾に接続する。アルコ§5参照。
(2) この文の意味はよく分からない。おそらく本文が伝承中に損なわれている可能性が大きい。
(3) 「彼(アダム)をある器の中に置いた」と訳して、ゲーテ『ファウスト』(第二部)にも登場するホムンクルス(人造小人)の観念への思想史的連続性を指摘する解釈がある。
(4) 「四十日」には、荒野におけるイエスの試練(マコ一13、マタ四2、ルカ四2)、モーセ(出三四28)とエリヤの断食(王上一九8)など並行記事が多い。イスラエルの荒野の放浪(申八2-3)も参照。ヘレニズム諸宗教の間でも、流産の後は四十日間の祭儀的清めが必要とされた(M. P. Nilsson, *Geschichte der Griechischen Religion*, Bd. II, 3. Aufl., München 1974, S. 130)。
(5) 創二7参照。
(6) 写本に欠損はないが、文脈から推して、かなりの量の脱文が想定される箇所。
(7) 創二1-3参照。

§84 さて、彼らはアダム*がなお立ち上がれずにいるのを見たとき、喜んだ。彼らは彼を拉致して、楽園*の中に監禁した。そして彼らの天へ戻って行った。

§85 (この)安息*の日の後に、(1)ソフィア・ゾーエー*はエバと呼ばれる娘を教示者*として送った。それは彼女(エバ)が気息を持たないアダム*を起き上がらせ、(やがて)彼の生み出すものが光の器となるためであった。

§86 【116】エバは自分の双生の模像*(アダム)*が横たわっているのを見た[とき]、彼をかわいそうに思った。そして言った、「アダムよ、生きなさい！ 直ぐに地の上に起き上がりなさい！」。彼女の(この)言葉は一つの業《わざ》となった。なぜなら、アダムが直ちに起き上がったとき、彼は目を開いたからである。彼は彼女を見て言った、「お前は「生ける者たちの母(2)」と呼ばれるであろう。私に命を与えてくれたのはお前であるから」。

§87 それから、権威*たちは彼らのつくり物*が生きており、起き上がっていることを知らされた。彼らはひどく動揺した。彼らは何が起きたのかを見るために、七人*の天使長を送った。

§88 彼らはアダム*のところへやってきた。彼らはエバが彼と話しているのを見て互いに言った、「この光るもの(3)は一体何だろう。それはわれわれに光の中で現れた模像*に全くよく似ているからだ。さあ、集まれ、彼女を捕まえよう。そして彼女にわれわれの種子*を浴びせよう。彼女は一度汚されれば、自分の光に向かって戻ってゆくことはできなくなるであろう。むしろ、彼女が生み出す者たちがわれわれに仕えることになるであろう。

**§89** しかし、われわれはアダム*には告げてはならない。なぜなら、彼はわれわれの一人ではないからである。(4) むしろ、彼の上には忘却をもたらそう。そして彼が眠っている間に、教えてやろうではないか、あたかも彼女(エバ)が彼の肋骨から生じてきたかのように。(5) それは女が仕える者となり、彼が彼女を治める者となるためである」。(6)

**§90** そのとき、エバは——彼女は力ある者であったので——彼らの(この)思惑をあざ笑った。彼女は彼らの目に霧をかけ、密かに自分の模像*をアダム*の傍らに横たえた。

**§91** 彼女は知識の木へ戻って行き、そこに留まった。(7) だが、彼らは彼女の後を追いかけた。彼女は自分がその木へ戻っていること、また、木になってしまっていることを彼らに啓示した。すると、彼ら盲目の(8)者たちはひどい恐怖に陥って逃げ去った。

---

(1) 創二1-3の第七日に続く第八日に相当することになる。§98の注(5)を参照のこと。
(2) 創三20参照。
(3) 女性名詞単数形。
(4) 元来の本文を「なぜなら、彼女はわれわれの一人ではないからである」とする推定がある。
(5) 創二21以下参照。
(6) 創三16参照。
(7) ヘレニズム世界の変身物語、その中でも特にダフネーのそれとの類似が指摘される箇所。ダフネーはアポロンに追いかけられた時、ゼウスとゲーに懇願して、月桂樹に変身させられて難を逃れた。以来、月桂樹はアポロンに聖別された樹となったという(オウィディウス『変身物語』1, 452ff 参照)。
(8) コプト語原文は brre で「新しい」。これを nblle＝「盲目の」の筆写(音写)ミスと見做す訳。

§92　その後、彼らは眠りから覚めた［とき］、［アダムの］*ところへやってきた。［そして］この女（エバ）の模像*を【117】彼の側に見つけて、動揺した。なぜなら彼らは、それが真のエバであると思ったからである。それでも彼らは敢えて彼女のもとへやってくると、彼女を捕まえ、その上に自分たちの種子*を浴びせた。

§93　彼らは彼女に対して破廉恥なことを行なった。自然なやり方で汚したばかりではなく、彼女の最初の声——それはかつて彼らに「お前たちよりも先に存在する者は何か」と語った声である——の認証[2]もしたい放題に汚したのである。[1]それは、（世の）終末*に至って、自分たちは真実の「人間」*から言葉によって生まれたのだと主張するであろう者たちを汚そうとの意図からであった。

§94　彼らは誤った。なぜなら彼らは他でもない自分たちの身体*をこそ汚したこと[3]を知らなかったからである。権威*たちと彼らの天使たちがありとあらゆる仕方で汚したのは模像*であった。[4]

§95　彼女（模像*のエバ）はまず最初に、第一のアルコーン*によってアベルを孕んだ。また、他の息子たちを七人*の権威*とその天使たちによって産んだ。

§96　このすべてのことはアルキゲネトール*の予知に従って生じた。それは第一の母（模像*のエバ）が自分の内側にあらゆる種子*を混合物として生み出すためであった。すなわち、（天空の）星位によって働く宇宙の宿命と「正義」に適合させられるところの種子を。

**§97** 一つの計画がエバのために生じた。つまり、権威たち*のつくり物*が光の檻となるべきであった。やがて、それ(光)は彼らを彼ら自身のつくり物によって裁くであろう。

**§98** さて、光のアダムは霊的*なる者である。彼は最初の日に現れたのである。第二のアダムは心魂的*である。彼は[六日][5]目に現れた。これは[ア]フロディテーと呼ばれる。第三のアダムは地的な者である。すなわち、彼は

---

(1) 以下パラグラフの末尾まで写本に損傷はないが、文意が通らない箇所。他に「……最初の声の証印をもしたい放題に汚したのである。――それは『真実の「人間」から終末に際して言葉によって生まれると語る者たちが汚されるとは、お前たちの間で生じていることは一体何なのか』と告げた声である」とする訳、あるいは本文の伝承が損なわれていると想定し、本来の本文を「――それはかつて彼らに、『〈お前たちは〉お前たちよりも先に存在する者が何であるのか〈知らないのか。否、〉(世の)終末に至って、自分たちは真実の人間から言葉によって生まれたのだと主張するであろう者たちを汚すことは〈不可能である〉』」とする推定がある。

(2) アルコ§9参照。

(3) アルコ§9参照。

(4) アルコ§9参照。

(5) 他に「彼は[四日]目に現れた」と復元する提案(A・ベーリッヒ)がある。その理由は次の二点である。(1)ここで問題になっている「心魂的人間」は§72の「ヘルマフロディテース」と同じであり、この名前の前半に含まれたヘルマスはヘレニズム星辰宗教では、第四週日の惑星であること、(2)目下の§98は人間創成の過程をいわゆる「一週八日」(Oktahemeron)の図式で考えており、第一の「光のアダム」の出現を「最初の日」に、第三のアダムのそれを第八日目に当てているから、比例配分すると中間の第四日目が第二の(心魂的)アダムの出現にふさわしい。

ただし、ヘレニズム期の星辰宗教によれば、アフロディテーは厳密には第六週日の惑星である。われわれの文章の直後に続く文章が心魂的アダムを直ちにそのアフロディテ

律法に属する者であり、八日目に現[れ]たが、[これは][1]貧困からの安【118】息*のことであって][2]、すなわち「太陽の日」(＝日曜日)と呼ばれる。[3]

§99　さて、地的アダム*の子孫は増大した。それは完全なものとなり、自らの中に心魂的アダムについてのあらゆる知識*を生み出した。しかし、万物は無知の中にあった。

§100　さらに続けて私は語ろう。すなわち、アルコーン*たちは、彼(地的アダム)とその連れ合いの女がまるで家畜のように無知の中を彷徨っているのを見たとき、大いに喜んだ。

§101　彼らは[4]彼らは不死なる「人間*」が彼らを見過ごすことはなく、むしろ彼らは木となった女(エバ)を恐れることになることに気付いたとき、動揺した。彼らは言った、「あるいはこれが真の「人間」なのではなかろうか。われわれに霧を投げかけて盲目にし、われわれに打ち勝つために、汚された女について、彼女が彼に似ていることをわれわれに教えたこの者が」。

§102　その後、彼らは七人*で協議した。彼らは恐る恐るアダム*とエバのもとへやってきた。彼らは彼に言った、「楽園*の中のすべての木はお前たちのために造られたのであり、その実は食べられる。しかし、知識*の木については、それから食べないように気をつけなさい。もし食べるならば、お前たちは死ぬだろう[5]」。彼らは彼ら(アダムとエバ)に大きな恐れを吹き込むと、彼らの権威*たちのもとへ戻って行った。

**§103** その後に、彼らすべてに優って賢い者がやってきた。(6) これはすなわち「動物」と呼ばれた。そしてそれは彼らの母エバの模像*を見たとき、彼女に言った、「「神」はお前たちに何と言ったのか。『知識の木からは食べてはならない！』と言ったのか」。彼女が言った、「彼は『それから食べてはならない！』と言っただけではなく、さらに『[お前たちは](7)死ぬことに[ならない]よう、それに触ってもならない』とも言いました」。それ(動物)は[彼

---

ーと同定していることからすれば、「[第六日]目に」と復元する別の提案の方が妥当と思われる。

（1） 次注(2)を付した欠損と一連の欠損で約十文字分。

（2） 前注(1)参照。

（3） §98は全体として、本文書のこれまでの論述を人間論の側面から中間的に総括するもの(直後の§100冒頭に「さらに続けて私は語ろう」とあることに注意)。著者は「一週七日」(Hexahemeron)ではなく「一週八日」(Oktahemeron)の図式で考えている。これまでの論述から該当する文言を集めてこの図式に割り振ると、なお多くの不分明な点が残るが、ほぼ次のような具合になる。

| | | |
|---|---|---|
| 第一日 | 第一の(光の)アダムの到来 | §43(§46、61も参照) |
| 第二日 | 地と水の清め、動植物の発生 | §46—60 |
| 第三日 | 光のアダムの帰昇 | §61—66 |
| 第四日 | ヘルマフロディテースの成立 | §67—76 |
| 第五日 | 空白 | |
| 第六日 | 第二の(心魂的)アダムの成立 | §77—82 |
| 第七日 | 創世記二1-3の安息の日 | §83 |
| 第八日 | ソフィア・ゾーエーが地的アダムのもとへ | §85 |
| | 第三の(地的)アダムの成立 | §98 |

なお、第八日を「真の安息日」とする見方は『バルナバの手紙』一五9にも現れている。また「太陽の日」、つまり「日曜日」と呼ぶ慣習については殉教者ユスティノス『第一弁明』六七に最初の証言がある。

（4） §101は内容的に§94に接続すると見る解釈、あるいは§100と§101の間でいくつかの文章が脱落しているとする推定がある。

（5） 創三17参照。

（6） 以下§103と§104は内容的にアルコ§9(**89**31—**90**19)と並行。

（7） あるいは「お前は」。

ら」[1]に言った、「恐れるな！　お前たちは決して［死ぬことはない］だろう。なぜなら、［彼は知っているのである］、お前たちがそれから食べるであろうということを。【119】するとお前たちの叡知が呼び覚まされ、お前たちが邪悪な人間と善良な人間との間の違いを知って、まるで神々のようになるであろうことを。[2]なぜなら、彼がお前たちにそう言ったのは、嫉妬から、お前たちに食べさせないようにしたかったからである」。

§104　さて、エバはこの教示者*の言葉を信じた。彼女はそれが美しくて、背が高いのを見た。彼女はそれを好ましく思い、その実を取って食べ、自分の夫にも与えた。彼も食べた。すると、彼らの叡知が開いた。なぜなら、彼らが食べたとき、知識*の光が彼らに輝いたからである。彼らは羞恥を身に着けたとき、自分たちが知識を欠いていたことに気付いた。[3]彼らは正気に戻ったときに、自分たちが裸であるのを見て、互いに愛し合った。彼らは自分たちを造った者たちが野獣のような姿をしているのを見たとき、彼らに対して吐き気を催した。彼らは大いに認識したのである。

§105　それから、アルコーン*たちは彼ら（アダム*とエバ）が自分たちの戒めに背いたことを知ったとき、地震と大いなる脅迫を伴って楽園*の中のアダムとエバのもとへやってきた。それは「助け」[4]の成果を見届けるためであった。そのとき、アダムとエバは深く動揺し、楽園の中にある樹木の間に隠れた。するとアルコーンたちには、彼らがどこにいるのか分からなくなった。彼らは言った、「アダムよ、お前はどこにいるのか」。彼は言った、「私はここにいます。しかし、あなたたちに対する恐れから自分を恥じ、身を隠したのです」。彼らは無知のままに彼に言った、「お前が身に着けた羞恥のことをお前に告げたのは誰か。もしお前がその木から［食べ］たのではないとすれば！」。彼は言った、「あなたが私に与えたくれた女、彼女こそ【120】私に食べるようにと与えたのです」。すると、［彼らは（エバに）言った］(5)、「お前は一体何をしたのか」。彼女は答えて言った、「教示者*が私を唆したのです。それで私は食べたのです(6)」。

§106 そこで、アルコーンたちは教示者*のもとへやってきた。彼らの目は彼（教示者）によって盲目にされてしまった。[5]彼らは彼に向かって何一つすることができなかった。彼らは（自分たちの）無力さゆえにひたすら彼を呪うばかりであった(7)。

§107 それから彼らは女のもとへやってきて、彼女とその息子たちを呪った。女に続けてアダムを、また彼のゆえに地とその実も呪った(8)。さらに彼らが造ったすべての事物を[10]呪った。

§108 彼らにはいかなる祝福もない。善は悪から生じ得ないものなのである(9)。

(1) あるいは「彼女に」。
(2) 創三1-5参照。
(3) 創三6-7参照。
(4) おそらく創二18を踏まえた表現で、アダムを「助ける者」としてのエバのこと。
(5) 119 34の行末に「彼女に」（＝エバに）を読み取る復元提案がある。
(6) 以上§105について創三9-13およびアルコ§10参照。
(7) 創三14-15参照。
(8) 創三16-17参照。
(9) あるいは「彼らには邪悪なるもののゆえに善なるものを産みだす力がない」。

§109　その日から権威たち*は、彼らより先に力強き者が実際に存在するということに気付いた。（しかし）ただ彼ら（アダムとエバ*）が彼らの命令を守らなかったということ以上には悟らなかった。不死なる「人間*」一人のせいで大いなる妬みが世にもたらされたのである。

§110　さて、アルコーンたち*はアダム*が異質な認識*に到達しているのを見たとき、彼を試みに会わせようと欲した。彼らはあらゆる家畜と地の動物と天の鳥を集め、アダムのもとへ送った。それは彼がそれらをどう名付けるか見るためであった。彼（アダム）はそれらを見たとき、彼らのつくり物*に名前を与えた。(1)

§111　彼らは動揺した。なぜなら、アダム*があらゆる葛藤(2)から覚めていたからである。彼らは集まり、協議を巡らせて言った、「見よ、アダムはわれわれの一人のようになり、光と闇の違いに気付いている。願わくば、今や彼がもう一度認識*の木の場合のように誘惑されて、今度は生命の木に近づき、それから食べて、不死の者となって支配し(3)、われわれに逆らって非難し、［われわれとわれ］われのあら［ゆる］栄光を誇［る］者とならないことを！　もしそうなれば彼はわれ［われと］世を裁くであろう。集まれ、彼を【121】楽園*から下方の地へ、彼がそこから取られた場所*へ投げ捨て(4)、彼が今から後、われわれに優って何一つ知ることができないようにしようではないか」。こうして彼らはアダムを彼の妻と共に楽園から投げ捨てた。(5)

§112　しかし、彼らが行なったこのことも彼らにとっては十分ではなかった。それどころか、彼らはなおも恐れた。彼らは生命の木のもとへやってくると、それを大きな恐るべきもの、つまり火のような生き物たち――それらは

「ケルビム」と呼ばれる——で取り囲んだ[6]。そしてその中央に、絶えず恐ろしい仕方で回[転]し続ける炎の剣を置き、以後地上の人間の誰一人としてその場所にやってくることが決してないようにした。

**§113** これらのことの後で、アルコーン*たちはアダム*を妬んだ。そのとき彼らは彼ら(アダムとエバ)の時を短くすることを望んだが、最初から彼らの上に置かれている宿命のゆえに(そうすることが)できなかった。なぜなら、彼ら(アダムとエバ)の時は光り輝くもの*たちの回転に従って、それぞれに千年と定められていたからである。さて、アルコーンたちはそうすることができなかったが、邪悪なことを行なう者たちのそれぞれによって十年が減じられた。だから、(残された)時間全体は九百三十年となる[7]。それは悲嘆と虚弱と邪悪な試練の中にある。その日以来、生活は世の終末*に至るまでそのようなものであり続けた。

**§114** それから、ソフィア・ゾーエー*は、闇のアルコーン*たちが彼女の双生の模像*を呪うのを見たとき、不機嫌になった。そして、第一の天からあらゆる勢力を備えて到来すると、アルコーンたちを[それぞれの]天から追放し、下方の罪の世[界]*へ投げ捨てた。その結果、彼らはそこで地上の悪しき[霊]となった[8]。

(1) 創二19-20参照。
(2) あるいは「麻痺」、「無知」。
(3) 創三22参照。
(4) 楽園は太陽と月の軌道の彼方(上方)にある(§54参照)。
(5) 創三23、アルコ§10参照。
(6) 創三24参照。
(7) 創五5参照。
(8) 内容的には§123へ接続。創六1-4参照。

# 三　寓喩的挿話

§115 [35 35b ±10][1]【122】それは楽園*の千年をフェニックスと呼ばれる気息ある生物が彼らの世界*の中で過ごすためである。それ(フェニックス)が自分を殺し、かつ生かすのは、彼らに対する裁きの証人としてである。なぜなら、彼らはアダム*とその種族に対して悪しきことを行なって、世の終末*にまで至ったからである。

§116 世が終末*に至るまでは、三種類の人間とそれぞれの種族がある。それは永遠の領域に属する霊的*な者と心魂*的な者と地上的な者である。

§117 それに応じて楽園には三体のフェニックスがいる。第一のそれは不死で[ある][2]。第二のそれは千年を過ごす[3]。第三のそれについては『聖なる書[4]』に、それは喰われてしまうものだ[5]、と書かれている。

§118 こうして洗礼にも三つある。第一は霊的なそれである。第二は火のそれであり、第三は水のそれである[6]。

§119 フェニックスは天使たちに対する証人[7]として現れる。エジプトにいる水竜[8]についてもそれと同じである。それは一人の真の人間(となるため?・)の洗礼*へと下ってゆく者たちに対する証人となった。

§120 エジプトにいる二頭の牛は秘儀として太陽と月を持っている。(9) それはサバオート*の証人として仕えるためである。なぜなら、それらの上にソフィア*が世界*を受け取ったのであるから。25彼女は太陽と月を創造したその日から、自分の天に永遠の領域に至るまで封印を施したのである。

---

(1) 「彼女(ソフィア・ゾーエー)は自分のためにあるものを造った」と復元する提案があるが、きわめて不確実。

(2) 古代地中海世界におけるフェニックス伝説は、時代と共にさまざまな変容を遂げた。その中で「不死鳥」説と呼べるものは、フェニックスが自己焼尽の後、その灰の中から復活するとするもので、ルキアノス『ペレグリーノスの昇天』(27節)とオウィディウス『変身物語』(15, 392-407)など比較的後代の説である。アントニウス・ピウス以後のローマの貨幣にも不朽性(aeternitas)のシンボルとして刻印された。

(3) フェニックスの自己焼尽と自己更新が千年周期で繰り返されるとする説については、大プリニウス『自然誌』(XXIX, 1)、ラクタンティウス『フェニックス讃歌』(v. 59)、パノポリスのノンノス『ディオニュッソス讃歌』(XL, 395f)参照。

(4) §56参照。

(5) 「喰われてしまう」(ouwm)をギリシア語の analis-kesthai(焼尽される)の等価語と見做して、ラクタンティウス『フェニックス讃歌』(v. 98-102)、サラミスのエピファニオス『錨に固定された者』(Ancoratus)(84)、リュディアのヨハネ『月々の慣習について』(IV, 11)との関連を指摘する説がある。いずれの箇所でも、フェニックスの焼かれた灰の中から一匹の「虫」が生じてくる(後続の§121参照)。ローマのクレメンスの『コリント人への第一の手紙』二五章では、フェニックスが死んでその肉体が朽ちると、そこから「虫」が湧いて、五百年周期での自己更新が始まる。エルサレムのキュリロス『教理問答』(18, 8)、アンブロシウス『ヘクサメロン』(V, 23)も参照。

(6) マタ三11、マコ一8、ルカ三16参照。

(7) 「対する」はコプト語の前置詞 “n” の訳であるが、「について」あるいは「に対抗して」のいずれの意味かは判然としない。

(8) 本文の読みと宗教史的関連について仮説の多い箇所。

(1) 原文の綴り hydria を文字通りに「瓶」の意に取って、錬金術師ゾシモス以降主としてシリアに伝わる古伝承との関連を推定する説。その古伝承によれば、ソロモンは琥珀で七つの瓶を造り、その表面に呪文を刻んだ上で、追い出した七つの悪霊をその中に封印し、エジプトの祭司たちのもとへ送り届けたという。

(2) 原文の hydria を hydra の誤記と見做し、これを

§121 さて、フェニックスから生まれた虫は人間*ではない。(1) それについては、(2) こう書かれている、「義人はフェニックスのように茂るであろう」(3) と。そして、フェニックスは生きて現れ、それから死に、やがて再び起き上がる。なぜなら、それは［世の］終末*に現れ［るであろう］(4) 者の予兆だからである。

§122 これらの大いなる予兆はただエジプト［において］だけ［明ら］かとなったのである。他のどのような土地にも、【123】それが(5) 神の楽園*に似ていることを示す予兆は存在しない。

# 四 人類の歴史

§123 われわれは先に語ったアルコーン*たちについての話にもう一度戻って、彼らについての解明を提示しよう。

§124 なぜなら、七人*のアルコーンたちは、彼らの天から下方の地上に追放されたとき、自分たちのために天使たちを、とはすなわち、多くの悪霊どもを創造し、自分たちに仕えさせたのである。これら（の悪霊たち）は人間たちに、多くの迷妄と魔術と魔法と偶像崇拝と流血と神殿と供犠と地上のあらゆる悪霊たちへの灌祭を教え込んだ。その際、彼らは同労者として宿命を手にしていた。それは不正義の神々と正義の神々の間の協議に従って生じてきたものである。

§125 [15]そして世はこのようにして存在するようになったとき、混乱の中に迷妄に陥った。[(6)] すなわち、世界の開闢*

スラブ語『エノク書』(長写本J)12, 1; 15, 1(『聖書外典偽典・旧約偽典I』教文館、一九七五年に収められた森安達也訳のものは短写本Aを底本としているため、該当する箇所と文言を含まない)でフェニックスに同行する動物として言及されている「銅の蛇」と同定し、具体的には「鰐」を指すとする説。

(3) 前記の原文の綴りを“enydris”の崩れた形と見なし、「かわうそ」と訳す説。この説明を補強する事実として、サラミスのエピファニオス(後四世紀後半)の名前の下に伝わる偽作 Physiologus(自然界の事物をキリストの受肉と復活の視点から寓喩的・象徴的に解釈する著作で、書名は「自然学者」の意、実際の著作年代は遅くとも後二〇〇年前後とされる。邦訳は梶田昭訳、博品社、一九九四年)で、「かわうそ」が水陸に両棲し、しかも自分の体に泥を塗ってから鰐とも戦う習性のゆえに、キリストの受肉と帰昇、信徒の洗礼(水に下り、また昇る)の象徴とされている(第二五話)ことが挙げられる。

われわれは一応多数意見に従っているが、直後に洗礼についての言及が続くことを考えれば最後(第三)の説の方に分があるかも知れない。

(9) Mnevis と Apis のことで、前者が太陽、後者が月と結び付けられる。後者はエレ四六15にも言及がある。『旧約新約聖書大事典』教文館、一九八九年の「雄牛」の項参照。

---

(1) あるいは反対に「虫も人間である」と訳す提案がある。フェニックスと「虫」の関係については§117の注(5)を参照のこと。この直後に詩九一13(「七十人訳」九一13)からの引用が続くことを考え合わせると、目下の文言の背後にも詩二二7「私は虫けら、とても人とはいえない」があるかも知れない。

(2) 「それ」はフェニックスと「虫」のいずれにも掛かり得る。

(3) 詩九一13(「七十人訳」九一13)。この引用によって、動物(鳥)のフェニックスから「なつめ椰子」の意味のフェニックスへ話が転回する。すでにテルトゥリアヌス『肉の復活について』一三に同じ転釈の例がある。

(4) あるいは「現れた」。

(5) 何を受けるか判然としないが、文脈から推せばフェニックス(男性名詞)。

(6) あるいは「世がこのようにして混乱に陥ったとき、世は迷妄に陥った」。

から終末*までいつの時代も(1)、地上のすべての人間たちが――一方では正義の天使たち、他方では不義の人間たちも――悪霊たちに仕えてきたのと同じように、世は混乱と無知と忘却に陥った。真実の「人間*」が到来するまで、すべての者が迷った。

§126 君たちは以上で足れりとしなさい。次にわれわれは世(の考察)へ進むことにしよう。そして、その組成と布置(についての記述)を正確に仕上げよう。

§127 そうすれば、隠されたもの――とはすなわち、(世界の)開闢から世の終末*まで明白であるもの――に対する信仰がどのようにして見いだされたのかが明らかになるであろう(2)。

§128 さて、私は不死なる「人間*」に[ついて語る]主要点へと進もう。私はすべて彼に属する者たちにつ[いて]、一体なぜ彼らが現にこのような住居の中にいるのかを語ろう。

§129 たく[さん]の人間たちが、【124】創造された[アダムか*]ら生じてきた(3)。そして、世界がすでに物質*によって(4)満たされたとき、アルコーン*たちがそれを支配した。つまり、それを無知の中に拘束したのである。

§130 その理由は何か。これがその理由である。すなわち、不死なる父は一つの欠乏*が真理の中から永遠の領域とその世界の内側に生じたことを知っていた。彼はこの理由から、滅びのアルコーン*たちを彼ら自身のつくり物*を通して破滅させたいと願ったとき、その滅びの世界に向かって君たちの模像を*送り出した。つまり、いまだ罪に汚れていない霊、至福なる小さき者たちのことである。彼らは認識から疎外されてはいない。

**§131** なぜなら、あらゆる認識*が、彼らの前に現れた一人の天使――この天使は父の前に力弱くはなく、彼らに認識を授ける力がある[5]――の中に在るからである。《なぜなら、あらゆる認識が、彼らの前に現れた一人の天使――この天使は父の前に力弱くはなく、彼らに認識を授ける力がある。[6]》

**§132** もし彼らが滅びの世界に現れるとすれば、彼らは直ちにまず最初に不滅性の模型を啓示することにより、アルコーン*たちと諸力*たちにとって裁きとなるであろう。

**§133** さて至福なる者たちが権威*たちのつくり物*の中に現れたとき、彼ら(権威たち)は彼らを妬んだ。権威たちはその妬みのゆえに、自分たちの種子*を彼らの間に混ぜ合わせた。それは彼らを汚すためであった。(しかし)彼らには(そうすることが)できなかった。

---

(1)「いつの時代も」を前文に編入する提案がある。
(2) パラグラフ全体を「そうすれば、それ(=§126の「世界の組成」)は……(中略)……信仰が見いだされたのかに応じて明らかになるであろう」と訳す提案がある。
(3) あるいは後続の「満たされたとき」と並列させて、「……生じてきたとき」。
(4) あるいは「……物質から創造された[アダム]から」と訳し、前文へ掛ける。
(5) あるいは本文を修正して「彼は彼らに認識を与え〈た〉」。内容的にはマタ一八10に類似。
(6) 二重筆写。

§134　さて、至福なる者たちが光り輝きながら現れてきたとき、彼らはさまざまに相異なった仕方で現れた。そしてそれぞれが自分の土地から、滅びの形成物*の間に現れた教会に自分の認識*を啓示した。それ（教会）には、［それと混じり］合った[1]権威*たちの種子*のゆえにあらゆる種子が含まれているのが認められた。

§135　［なぜ］なら[2]、救い主[3]が彼らすべてから［33 ± 6 ］[4]造り出したのであるから。そして、これらの者たちの霊*は優れたものであり、至福なるものであり、【125】選びに従って種々に異なっている［ことが明らかとなる］。そして無数の他の者たちについても、彼らが王なき者たちであり、彼らより昔のすべての者に優る者たちであることが（明らかとなる）[5]。

§136　その結果、四つの種族が存在する。（その内の）三つは「八つのもの*」の王たちに属している。しかし、四番目の種族は王なき完全なる種族[6]*であって、彼ら（三種族）すべてよりも上にいる。

§137　なぜなら、彼らは自分たちの父の聖なる場所*へ戻って行き、くつろぎと言葉には尽くせない永遠の栄光と終りなき喜びの中に安らぐことであろうから。

§138　他方、彼らは死ぬべきものの中にあっては、不死なる者として王なのである。彼らはカオス*とその諸力*たちとを裁くであろう。

**§139** 今や、あらゆる者に優った「言葉」が派遣された。それはただひたすら、知られざる事柄について告知するためであった。彼は言った、「隠されているもので明らかにならないものはない。また、知られずにきたものは知られるであろう」[7]。

**§140** さて、これらの者たちは[8]、隠されている事柄と、カオス*の七人*の権威*と、彼らの神無き思い上りとを明るみに出すために遣わされたのである。彼らは死へと裁かれた。

**§141** ところで、アルコーン*たちの形成物*の中にすべて完全なる者たち*が現れて、比べる物のない真理を啓示したとき、(この世の)神々のあらゆる知恵が辱められた[9]。彼ら(神々)の宿命は滅びを宣告され、彼らの力は解消されてしまった。彼らの支配は解かれ、彼らの予知は彼らの栄光と[共に虚ろな][10]ものとなった。

(1) マタ一三24-30、36-43参照。
(2) あるいは「それ[か]ら」。
(3) §33(**105** 26)参照。
(4) 「それぞれを」と復元する提案がある。
(5) あるいは「彼らより前のすべての者にまさって優れている無数の他の者たちをも(救い主は創り出した)」。
(6) グノーシス主義者の自己呼称としての「王なき種族」はアルコ§37、知恵B 92⁴以下などにも見られる。また、『イザヤの昇天』八章によれば、第六の天より上にはいかなる玉座も、左も右もなく、聖なる賛美の歌だけが響いている。
(7) マコ四22、マタ一〇26、ルカ八17参照。
(8) §138の「彼ら」を指す。
(9) Ｉコリ一20参照。
(10) 他に「彼らの栄光の[中に存在しないもの]となった」とする復元があるが、文脈とのつながりが悪い。

# 五　終末の詩

§142　［世の］終りの前には、この場所全体*が［大い］なる地震によって揺り動かされるであろう。そのとき、アルコーンたちは［彼らの］(1)死を［絶叫しながら］(2)嘆くことになるであろう。【126】天使たちは彼らの人間たちのために嘆くことであろう。悪霊たちは彼らの時のために泣くであろう。彼らの人間たちは彼らの死を嘆き、泣き叫ぶであろう。

§143　その時、この世は始めるであろう。そして彼らは動揺するであろう(3)。彼らの王(4)たちは炎の剣に酩酊するであろう。彼らは互いの間で戦争を引き起こすであろう。その結果、地は流される血によって酔い痴れるであろう(5)。もろもろの海もその戦争によって鳴りどよめくであろう(6)。

§144　その時、太陽は暗くなり、月はその光を失うであろう(7)。天の星はその回転を変えるであろう(8)。そして大いなる雷鳴が*カオスのあらゆる諸力よりも上に*——とはすなわち、あの女の天蓋が在る場所に*——在る大いなる力から到来するであろう(9)。彼女はその最初の業《わざ》をなし遂げるとき、知性の火を脱ぎ捨て、尋常ではない怒りを身にまとうであろう。

§145　それから、彼女は自分が造り出したカオス*の神々とアルキゲネトール*を追放するであろう。彼女は彼らを深淵に投げ込むであろう。彼らは不義のゆえに拭い消されるであろう。すなわち、彼らは火を吐く山のようになり、[10]互いに喰い合って、彼らのアルキゲネトールによって滅ぼされる時にまで至るであろう。彼は彼らを滅ぼしてしまうと、（次は）自分自身に矛先を向け、自分自身を破壊することになるであろう。そして、やがて時至って滅びるであろう。

**§146** そして彼らの諸々の天は互いの上に崩れ落ちるであろう。[11] 彼らの力は燃え尽きるであろう。彼らの永遠の領域も滅びるであろう。

**§147** そして、彼の天は落ちて、真っ二つに裂けるであろう。[12] 彼の［世界は］地に落ちる［であろう］。［その結果地は彼らの重さに］耐えることができないだろう。彼らは奈落へ落ち込むであろう。そして［（その）奈落も］破壊さ

---

（1）次注（2）を付した欠損部と一連で合計約十一文字分。
（2）前注（1）の欠損部と合わせ、不確実な復元。
（3）ここまで写本に欠損はないが、本文が損なわれていると思われる箇所。他に「（新しい）アイオーンが始まるであろう。そして彼らは動揺するであろう」、あるいは「その時にこの世は動揺し始めるであろう」と訳す提案がある。
（4）原文は「彼の」。
（5）イザ三四7、黙一七6参照。
（6）ルカ二一25参照。
（7）イザ一三10、マコ一三24（および並行箇所）参照。
（8）エチオピア語『エノク書』八〇6参照。
（9）黙一〇3参照。
（10）黙八8参照。
（11）以下の文章について、「そして彼らの力はさらにもう一つ別の世（アイオーン）の間燃え続けるであろう。彼らは打ち滅ぼされるであろう」と訳して、マニ教が言う千年間の世界大火に関連づける解釈がある。
（12）マコ一10参照。

れるだろう。

§148 光が［闇を切り裂き］、拭い去るであろう。それ（闇）は【127】あたかもいまだかつて存在しなかったかのようになるであろう。そして闇がその後に続いた業[1]は解消されるであろう。そして、欠乏*は地の下の根元で、闇の中へと抜き取られるであろう。[2]そして光は自分の根源へと戻って行くであろう。

§149 そして、「生まれざる方」の栄光が現れて、すべてのアイオーン*の領域を満たすであろう。もし預言と王たる者たちについての知識*が現れて、「完全なる者*」と呼ばれる者たちによって完成されるならば。しかし、生まれざる父にあってなお完全とはなっていない者たちは、彼らの領域と不死の者たちの王国の中で彼らの栄光を受けることになるであろう。しかし、彼らは決して王なき状態にまで到達することはないであろう。

§150 なぜなら、おのおのの者がもともと出てきた場所*へ戻ってゆくことが必要なのであるから。すなわち、人それぞれ自分の実践と自分の認識から自分の本性を明らかにすることになるであろう。[3]

---

（1） §1—2を参照。
（2） エチオピア語『エノク書』九一8参照。
（3） 写字生はこの後直ちに、後続する文書『魂の解明』の表題を記している。この文書はその末尾にもう一度表題を後書きされているから、二重に表題を示されるのに対して、この文書には後にも先にも表題が全く欠けるという結果になっている。おそらく写字生の何らかの思い違いによるものと思われる。この文書が別名「無表題グノーシス主義文書」と呼ばれる所以である。

Ⅱ

# プトレマイオスの教説——エイレナイオス『異端反駁』(I, 1, 1 - 8, 5)

小林　稔　訳

内容構成　〔　〕は、本文中に小字体で挿入した部分を示す。

**一　プレーローマ界**　一1—三6

プレーローマの成立(一1—2)

以上の聖書による証明とそれに対するエイレナイオスの批判(一3)

アイオーンたちのパトスとソフィアの「堕落」およびホロスによる救い(二1—2)

〔二3—4前半　同じ記事に関する資料Bの重複記事〕

ソフィアの事件の結末(二4後半)

キリストと聖霊の流出およびアイオーンたちに対する彼らの役割(二5—6前半)

ソーテールとその天使たちの流出(二6後半)

以上の聖書による証明とそれに対する批判(三1—6)

**二　中間界**　四1—5

キリストによるアカモートの形成(四1前半)

アカモートのパトスとエピストロペー(四1後半—四2前半)

〔四2後半—4　パトスの将来に関する異説と、これに対する批判・皮肉〕

ソーテールの派遣と彼によるアカモートの形成、この世の三要素（の材料）の成立（四5）

## 三　この世

デーミウールゴスの形成と彼による創世および彼の無知（五1―3）

物質的存在について（五4前半）

〔五4後半　異説における物質的存在の詳述が挿入される〕

人間の創造（五5―6）

人間論。三要素間の関係、この世とソーテール来臨の目的（六1前半）

〔六1後半―4　グノーシス主義者とキリスト者および前者の放埒行為〕

終末論。三つのものの運命（七1）

キリスト論（七2）

預言者とデーミウールゴス（七3―4前半）

来臨したソーテールとデーミウールゴス（七4後半）

〔七5　人間を三つの種族と捉える弟子たちの説〕

〔八1―2前半　論敵の聖書の使い方に対するエイレナイオスの批判〕

以上の聖書による証明（八2後半―4）

神話に登場する主な役柄と観念

1　プレーローマ（一1―3、二3―四5、七1―2、八3―5）　＝アイオーンと呼ばれる霊的諸存在の神的領域。

2　ビュトス（一1、二1、6、八4）　＝万物の知られざる根源。エンノイアと対をなす男性的存在で、プロパトールなどとも呼ばれる。

3　ヌース（一1、二1、5、八5）　＝ビュトスとエンノイアから生まれた男性的存在。モノゲネースとも呼ばれ、これだけが、知られざるビュトスを知る。

4　ソフィア（一2、二2―5、三1、四1、5）　＝ヌースのいわば孫が生んだ六対の神的存在中、最下位に位置する女性的存在。パトスにとりつかれてアカモートを孕み、プレーローマの秩序を危機に陥れる。

5　パトス（二2―4、三3、四1、5、五1、4、八2）　＝ビュトスを知りたいという思い（エンテューメーシス）に伴って生じる気持ち、男性的存在への分を超えた熱情、さまざまな感情、さらには苦しみなども意味する。アカモートのパトスから物質世界の材料が生じる。

6　ホロス（二2―4、三1、3、5、四1、七2、八2）　＝神的世界プレーローマの秩序を保持するため、非神的な不純物を外に排除し、枠組みの役割を果たす存在。スタウロスとも呼ばれる。

7　キリスト（二5―6、三1、四1、5、七2、八2、4）　＝神的世界の固定と強化のためにヌースから、聖霊とともに流出された男性的存在。ソーテールと区別して第一のキリストとも呼ばれる。彼はビュトスが知られざるものであることをアイオーンたちに教え、ソフィアが孕んだ後、いわば堕ろし、外に棄てた流産の胎児をかたちづくってアカモートに作り上げる。

8　ソーテール（二6、三1、4、四5、五1、6、七1―2、4、八2―5）　＝全アイオーンから構築された男性的存在。第二のキリストやイエスとも呼ばれる。アカモートにグノーシスを与え、彼女の抱える非神的存在を処理し、心魂や物質世界のもとを形成する。またキリスト者がイエス・キリストと呼ぶ人物（三2―3、5、六1、七2、八4）に鳩のかたちで降り、受難の前までその中に留まったという。

9　アカモート（四1―八4）　＝神的世界の外に遺棄された（上の）ソフィアの思い。（下の）ソフィアともエンテューメーシスともオグドアスとも呼ばれる。キリストによってかたちあるものとされる。今は神的世界とこの物質世界の間にある中間界にいるが、完成の暁には神的世界に入る。彼女がソーテールの従者たちを見て想像妊娠し、デーミウールゴスのうちに据え、彼が人間を創造したときに吹き込んだものが、霊的なもの、霊的人間などと呼ばれる、人間の中の神的要素。

10 エピストロペー（四1―2、5、五1） ＝立ち帰りの意。アカモートのキリストへの傾きで、心魂（決断するものとしての人間）のもととなる。

11 デーミウールゴス（四2、五1―3、5―6、六1、七1―4、八3―4） ＝アカモートのエピストロペーから生じた心魂的存在で、この物質世界の製作者。今はこの世界の頂点である第七天にいるが、終わりの日には心魂的なものとして完成された義人たちとともに、神的世界のすぐ下にある中間界に上げられる。

12 物質（三1、5、四2、5、五1―6、六1、七1、八4） ＝アカモートのパトスから生じたもの。この物質世界は終りの時には火によって焼き尽くされ、無に帰するという。

---

## 第一章

1（彼らは）不可視で、名付けることのできない高みには、先在した完全なアイオーン*なるものがあるといい、これをプロアルケー（原初）とも、プロパトール（原父）とも、ビュトス（深淵）とも呼ぶのである。それは把握不可能で不可視、永続的で生まれざるものであって、無限の世において、大いなる静寂と静穏のうちにあり、彼とともにエンノイア（思考）もあって、これをカリス（恩寵）ともシゲー（沈黙）とも名付ける。

そして、あるとき、このビュトスは万物の初めを自身の中から流出しようと考えた。(1) そして、（自分が）流出しようと考えたこの流出を、自身と共に存在するシゲーに、ちょうど種子*を胎の中に（置く）ようにして置いた。この

(シゲー)はこの種子を受けて妊娠し、ヌース(叡知)を生んだが、(彼は自分を)流出したものと類似しており、かつ等しく、(彼)だけが父の偉大さを捉えるのであった。そして、このヌースを(彼らは)モノゲネース*(独り子)とも、パテール(父)とも、万物のアルケー(初め、原理)とも呼ぶ。さて、彼と共にアレーテイア(真理)が流出された。そして、以上が、第一の、そして最初に生まれた、ピタゴラスの(いう)テトラクテュス*であり、(彼らは)これを万物の根とも呼んでいる。すなわち、(第一に)ビュトスとシゲーがあり、次にヌースとアレーテイア(があるのである)。

このモノゲネースは、(自分が)流出された(その目的を)知覚して、自身も、ロゴス(言葉)とゾーエー(生命)を、すなわち、彼の後にあるものすべての父であり、全プレーローマ*の初め、形成たるものを流出した(という)。そして、ロゴスとゾーエーからは、対*の形で、アントローポス(人間)とエクレーシア(教会)が流出されている。そして、これが最初に生まれたオグドアス*、万物の根と実体であるが、これは彼らの間では、ビュトスとヌースとロゴスとアントローポスという四つの名称で呼ばれる。それらの各々は男女《おめ》*だからである。このようにして、まずプロパトールが対の形でそのエンノイアに、モノゲネースすなわちヌースがアレーテイアに、ロゴスはゾーエーに、そして、アントローポスがエクレーシアに一致しているのである。

2 さて、これらのアイオーン*は父の栄光のために流出されたのであるが、自分でも自分固有のもので父に栄光を

---

(1) 日本語としては「流出させようと考えた」とすべきかもしれない。語としても5 5で、この語と区別して「溢出」と訳出した語が流出によく合う。自動的な流出でなく、登場者が自分の意志で発出ないし生みだしてゆく、この教説の独自性を損なう恐れはあるが、他の所収文書との関連を示すため、以下「流出(する)」を訳語とし、自動詞でなく他動詞として用いる。

帰そうと望み、対*の形において流出を行なった。ロゴスとゾーエーはアントローポスとエクレーシアを流出した後、他の十のアイオーンを（流出した）のであって、それらの名は次の通りだという。すなわち、深み《ビュティオス》にあるものと交わり《ミクシス》、不老《アゲラートス》のものと一致《ヘノーシス》、自ら成長した《アウトヒュエース》者と快楽《ヘードネー》、不動《アキネートス》のものと混合《シュンクラーシス》、独り子《モノゲネース》と幸福《マカリア》（である）。以上が、ロゴスとゾーエーから流出されていると（彼らの）断言する十のアイオーンである。

また、アントローポスは、自分でも、エクレーシア（教会）と共に十二のアイオーンを流出した（といい、彼らは）それに次の名を授けている。（すなわち）、援け主《パラクレートス》と信仰《ピスティス》、父に属する《パトリコス》者と希望《エルピス》、母に属する《メートリコス》者と愛徳《アガペー》、永遠の叡知《アエイヌース》と理解《シュネシス》、教会に属する《エクレーシアスティコス》者と幸せ《マカリオテース》、欲せられた《テレートス》者とソフィア*（である）。

3 これらが、彼らの迷いなる三十のアイオーン*であって、秘密にされており、識られないでいる（ものである）。この、彼らのいう不可視で霊的なプレーローマ*は、オグドアス*（八）とデカス（十）とドーデカス（十二）の三つに区分されている。

そして、このために、ソーテール（救い主）は――彼を主と名付けることを（彼らは）欲しないのである――、三十年間、公に何も行なわなかった[1]、（すなわち、イエスの三十年間の私生活は）これらのアイオーンの秘義を示すためだったのだという。

それればかりか、葡萄園に送られた働き人たちの譬え[2]でも、これら三十のアイオーンが明確に説き明かされているという。ある者たちは第一時のころ、ある者たちは第三（時）のころ、ある者たちは第六（時）のころ、ある者たちは第九（時）のころ、他の者たちは第十一（時）のころに送られており、以上述べた時刻の、その数を加えると三十の数を充たすからである。一と三と六と九と十一（の和）は三十になるからで、これらの時によって諸アイオーンが説き

明かされていると(彼らは)主張する。(3)

そして、これらは大いなる、また不思議な、そして秘密の秘義である(というが)、それを結実するのは彼らであり、聖書の中でいわれている[多くの](4)ことどものうち、どこかで何かが彼らの(勝手にかたちづくった)こしらえ物*に適応できるなら、また(それを)描くことのできるものであれば(他のところでも彼らは同じようにするのである)。

## 第二章

1 さて、彼らの(いう)プロパトールは、彼から流出しているモノゲネース*すなわちヌースのみに識られ、その他のすべてのものには不可視であり、把握できないものであると(彼らは)いう。彼らによれば、ヌースだけが父を眺めることを楽しんでおり、測り知れない彼の偉大さを思いみて歓喜していた。そして、父の偉大さを、(すなわち、父が)どれほど大いなるもので、またどれほど偉大であるか、また初めもなく、把握不可能であり、見るに至ることのできない方であることを、残りのアイオーン*たちにも伝達しようと思いめぐらしていた。だが、シゲーが、彼らを皆、前述した彼らのプロパトールを探求しようという思いと憧れに導きたい(5)と欲して、父の望みにより、彼を引き止めた。

(1) ルカ三23参照。
(2) マタ二〇1-16参照。
(3) 創作神話を叙述する中で、ここでは新約聖書からだが、さまざまな文献による「裏付け」がなされる。これはグノーシス主義者自身が行なっていたことであるが、以下、この章の終りまでの数行は明らかに彼らの聖書の使用法に対するエイレナイオスの批判である。
(4) ラテン訳にないので底本は削除している。
(5) 底本は「導きのぼりたい」。

そして、確かに、他のアイオーンたちも同じように、自分たちの種子*を流出したものを見たい、また初めのない根を観察したいと、ひそやかに憧れることになったのではあった。

[2]だが、アントローポスとエクレーシアから流出したドーデカスの中で、最後の、そして最も若いアイオーン*、すなわちソフィア*は(それだけで終らず、さらに)多く進んだ。すなわち、伴侶なるテレートスとの抱擁なしにパトス(熱情)にとりつかれた。ヌースとアレーテイアのもとにあるものの内に始まったものが、「このアイオーンつまりソフィアに」[(1)]臨んだが、(このアイオーンは)愛という口実のもとに、(しかし実際は)ヌースのように完全な父と交わっていないゆえの軽はずみから心変わりしたのである。さて、そのパトスは父の探求である。彼らの言うところによれば、(ソフィアは)彼の偉大さを把握したいと欲していたのである。その後、(彼女は)不可能な事柄に自分を賭けたゆえにできなかった。そして、父の深さの大きさと、探り難さと、また彼に対する愛着のゆえに、全くひどい苦闘に陥り、絶えず自分を前へ伸ばそうとした。このとき、仮に、全(プレーローマ*)を硬め、そして言い表し難い父の偉大さの外側で(全プレーローマを)見守っていた力《デュナミス》[(2)]*に出会わなかったとすれば、(彼女は)彼の甘美さに最後には呑み込まれ、存在全体の中に消えてしまっていたことであろう。[(3)]

さて、(彼らは)この力《デュナミス》を境界《ホロス》*とも呼ぶ(が、ともかく)これによって(ソフィアは)制止され、固められた。そして、ようやくのことでわれに帰り、父が把握できない(方)であることを納得し、あの激しい驚きのあまり、前の思い(エンテューメーシス)を、付随的に生じたパトスと共に棄てた(というのである)。

[3]彼らのうちのある人々は、ソフィアのパトスと立ち帰りを次のように物語る。

彼女は不可能で把握できない業《わざ》に手をつけて、形相《かたち》のない存在（すなわち）女性が産むことのできるような本性のものを産んだ。それを見て（彼女は）、最初には誕生の不完全さのゆえに悲しんだが、次には（自分の）［存在すること］(4)自体が終るのではないかと怖れた。それから、仰天し、原因とそして生まれたものをどのようにして隠そうか求めたが、途方にくれてしまった。（これらの）パトス（熱情、受難）に落ち込んだ彼女は立ち帰り、父のもとへ急ぎ帰ろうとした。そして、ある程度まで敢行したけれど、弱り果てて父の（保護を求める）嘆願者となった。そして、他のアイオーンたちも、特にヌースが、彼女と共に願った。ここからして、（彼らは）物質的存在は無知と悲しみと怖れと驚愕から始まりを獲得しているという（のである）。

4 さて、父は先に述べた（境界《ホロス》を、これら（のアイオーン）に加えて、モノゲネース（独り子）により、自分の（模）像に似せ、対でないもの、女性につながれていないものとして流出する。彼らは、父が、あるときにはシゲー（沈黙）なる伴侶と共に（あると主張する）が、あるときには超男性であり、超女性であると主張するのである。(5)境界《ホロス》*を（彼らは）十字架《スタウロス》とも、贖い主《リュトウローテース》とも、解放者《カルピステース》とも、境界を置く者《ホロテテース》とも、元に戻す者《メタゴーゲウス》とも呼ぶ。(6)そして、この境界《ホロス》によってソフィアは浄められ、固められ、また*対に復帰させられたと（彼らは）いう。エンテュ

(1) ラテン訳を採った。底本はエピファニオスのギリシア本文「この変心した（アイオーン）に」を採用している。

(2) 潜在的な力を指す語であるが、ここではアイオーンと同様、天的存在を意味している（「用語解説」参照）。

(3) ūsia を「存在」と訳したが、彼らの文脈では質料形相論の「質料」に近いようである。「消える」とは個別性の解消を意味するのであろう。

(4) ラテン訳を参照してエピファニオスを修正した。底本はラテン訳をそのまま採り、「これそのものが」（つまり産んだものが）と、理解している。

(5) 以上のテーマに関する別のグノーシス主義者たちの説明がこのように続く。その内容は、3節の末尾の一文など一部を除いて、ヒッポリュトスがヴァレンティノス派の紹介に使っている主要資料B（以下Bと略記。解説三三〇頁参照。）と似ている。

(6) 訳者はこの文が主要資料Bに属すると判断するが、これをBに属すると考える人もある。

ーメーシス（思い）は付随して起こったパトスと共に彼女から離され、（1）（ソフィア）はプレーローマ*の中に留まったのであるが、他方そのエンテューメーシス（思い）はパトス*と共に、境界《ホロス》によって締め出され、十字架につけられた。

そして、（ホロス）の外へ来ても霊的存在であって、一種アイオーンの本性的衝動［のごときもの］（2）が起こるが、他方何ものをも受けなかったがゆえに、形相がなく姿もない。そして、このゆえに、［彼女の］実は弱々しく、（3）女性的であると（彼らは）いう。（4）

5 この（エンテューメーシス）がアイオーン*たちのプレーローマ*の外へ締め出され、その母が自分固有の対*に復帰させられて後、モノゲネース*は父の計らいに従って、再び別の対を流出した。それは、アイオーンたちの内の誰かが、この（ソフィア*）と似たことを被らないためであった。（その対とはすなわち）キリストと聖霊であって、（その流出は）プレーローマの固定と強化のためであり、この（キリストと聖霊）によってアイオーンたちは整えられた（という）。

キリストは彼らに対の本性を、（すなわち）……を教えた。（5）また、彼らの内にあって、父の認識*を、（すなわち、父が）モノゲネースによって［識られる］（6）以外には把握不可能で捉えられない方であり、彼を見ることも聞くこともできないということを宣言した。そして、残りの者たちにとっての永遠の存続の原因は、父の［最高の］（7）把握不可能性であり、［彼らの］（8）発生と形成の（原因）は、彼の把握可能性、すなわち子であること（を宣言した）。そして、一方で、今流出されたばかりのキリストは彼らのうちで以上のことを行なった。

6 他方、聖なる［一つの］霊は、（9）均等化された彼ら皆に感謝することを教え、真の安息*を導き入れた。

このようにして、アイオーンたちは形相《かたち》と考えに関して等しくされ、皆がヌースに、皆がロゴスに、皆がアントローポスに、皆がキリストになった。また、女性的な(アイオーンたち)も同様に、皆がアレーテイア(真理)に、皆がゾーエー(生命)に、プネウマ(霊)に、そしてエクレーシア(教会)に(なった)という。[10]

ここにおいて、万物は固められて完全に安息し*、大いなる歓呼に参与して、大きな喜びをもってプロパトール(原父)を賛美すると(彼らは)いう。

この恩恵のために、アイオーンたちの全プレーローマ*は一つの意思と考えで、(同時に)キリストとプネウマが同

---

(1) つまりヌースとアレーテイアのもとにあるアイオーンたちの内に始まった、父を知ろうとする意図に付随して起こったパトス(熱情と受難、両方の意味がある)。

(2) 底本はエピファニオスの本文を採って省いているが、訳者はラテン訳における加筆でなくギリシア語本文での脱落と考えた。

(3) ラテン訳を採る。底本はホルの修正ギリシア語本文「彼女(その実体)は弱々しい実であり」。

(4) 訳者はこれを別の説の挿入と判断する。2節よりも3節で紹介されたBに、よく合うからである。Bではソフィアの堕落が、父をまねようという思い上がり(ヒュブリス)から伴侶なしに不完全なものを産んだと説明されている。

(5) さまざまな読み替えがなされているが、古い時期に誤り伝えられたものと見做し、復元不可能なものとして残す。底本も同様。

(6) ラテン訳にないこの語の削除を底本は指示。

(7) ラテン訳にないこの語を底本はホルに従って省く。写本は「最高の把握可能性」。

(8) 写本は「彼の」だが、ホルやサニャールの修正を採る。底本は、削除すべきものとしてカッコに入れて校訂し、「彼らの」と仏訳している。

(9) ラテン訳に「一つの」がないので、底本は「聖霊は」と訳している。

(10) エイレナイオスの報告では以上のように続く。知識による均等化に関するこの挿入的説明はエイレナイオスの主要資料A(以下Aと略記。解説三三〇頁参照。)と矛盾はしないが、ビュトスとシゲーがアイオーンのリストから除外される、つまり第一の対が別格とされる限りではBと合致する。小さな差違を無視したエイレナイオスの説明的挿入のように思われる。

意し、彼らの父が封印して(であるが)(1)、アイオーンたちの各々は、自身の内に持っている最も美しく、最も華やかなものを持ち来たり、寄せ合って、これらを調和よく編み合わせ、釣り合いをとって一つにしてから、ビュトスの栄誉と栄光のために流出物を出した。全き美、プレーローマの星、すなわち完全な実イエスである。この(イエス)はソーテール(救い主)とも、また父の名に因んでキリストともロゴスとも、また全(アイオーン)からのものゆえに万物《パンタ》とも称される。また、彼のための守護者として、彼らの栄誉のために、同種の天使《アンゲロス》たちが共に流出された(と彼らは言う)。

## 第三章

1 以上が、彼らによって言われた、プレーローマ*内部の話である。つまり、父の探求ゆえに苦しみ、大いなる物質(2)のうちでほとんど滅亡(3)するところだったアイオーン*の災難。そして、境界《ホロス》――すなわち十字架《スタウロス》、つまり贖い主《リュトウローテース》、言い換えれば解放者《カルピステース》、別の言葉で言えば境界を置く者《ホロテテース》、換言すれば元に戻す者《メタゴーゲウス》――「による苦悶からの固定」(4)。また、(ソフィアの)立ち帰りの後の、彼らの父による、聖霊と共なる第一のキリストの、(他の)アイオーンたちよりも後の発生。そして、寄せ集められたものから合成された、ソーテール(救い主)ともいわれる第二のキリストの構築(である)(5)。
が、以上のことは、皆が彼らの知識*を把えるわけではない(6)ゆえ、顕示的に言われたのではなく、ソーテールによって、譬え話により、以上のように理解できる人々に対して説き明かされている(という)。三十のアイオーンは、先に述べた通り、ソーテールが公には何も行なわなかったと(彼らの)いう三十年によって、また葡萄園の働き人の譬えによって説き明かされているから(と彼らは言うのである)(7)。

パウロもこれらのアイオーンをたびたびはっきりと口にしているし、さらにアイオーンのアイオーンたちのすべての世代にまでと、このようにいう時には、彼らの位階までも守っているというのである。その上、われわれが感謝の際に、世々に至るまでという時にも、あのアイオーンたちを指し示している(のだと言い)、そして、世(アイオーン)または世々(アイオーネス)(という言葉)が口にされるところでは(どこでも)、あの(アイオーン)たちへの言及であると主張するのである。(8)(9)(10)

2 アイオーンたちのドーデカスの流出は、主が十二歳の時に律法の教師たちと議論したことによって、また使徒*(11)

---

(1) あるいは「確証して」。承認、認証を意味するのであろう。

(2) 質料とも訳せる。個別的物質が生じるのは五1、その質料が生じるのは四5に至ってからであり、実はこの時点で「物質」はいわばその材料さえも存在しない。また、プレーローマの中の物質というのもおかしい。しかし、二2、三3において同じ文脈で使われる「存在」に比して、パトスを含んだ場違いな不純物といった否定的意味合いを持っている可能性があるので、三5と共に、ここでも四2、5以下を先取りし、同じ訳語「物質」を用いる。

(3) 底本のギリシア語本文は「しばらく後で」だが、ラテン訳に依拠して修正する。

(4) ハーヴェイの校訂(ex agōnos)を採った。底本は「の六重(の機能・名称)の組み合わせ(hexagōnos)」と読む。

(5) 以上、エイレナイオスによる二章の物語の要約はAのみを取り上げているといえよう。以下4節の末尾までは、新約聖書による神話論の裏付けとこれに対するエイレナイオスの批判。

(6) マタ一九11参照。

(7) 一3で述べたことの要約。

(8) エフェ三21参照。

(9) 底本は「感謝の祭儀」つまり聖餐式と術語的に理解しているが、ラテン訳が一般的にとっているので、これに従う。

(10) ギリシア語では「アイオーンたちのアイオーンたちに至るまで」とも読める。

(11) ルカ二42-47参照。

たちの選出(1)によって説き明かされる(という)。使徒たちは十二人*だから(というのである)。

そして、残りの十八のアイオーンは、死者のうちからの復活の後、十八箇月間(2)、彼が弟子たちと過ごしたということによって、明らかにされ、その上、また彼の(イエスという)名の最初の二つの文字、(ギリシア数字の十である)ヨータと(八を表す)エータによっても、十八のアイオーンは明確に説き明かされる(という)(3)。

また、十のアイオーンも同様に、彼の名の先頭にある文字ヨータによって指し示されると(彼らは)言う。そして、このゆえに、ソーテールが、万事が成るまでは一つのヨータ、一つの角《かど》も過ぎ去らない(4)と言っているのである。

3 十二番目のアイオーン*に起こったパトス*は、使徒たちの中で十二番目だったユダの背きによって(5)、また(イエスが)十二箇月目に苦難を受けたことで指し示されているという。彼が宣べ伝えたのはその洗礼後一年間(6)であると主張するからである。

なお、このことは出血症を患った(女性)においてもはっきりと明らかにされる(という)。彼女は十二年間苦しんで後、ソーテールの現存により、その(衣服の)房に触れて癒されているからである(7)。そして、このゆえに、ソーテールは、アイオーンたちの中で起こった秘義と受難したアイオーンの治癒を弟子たちに教えるため、誰が私に触れたのか(8)、と言っているのである(という)。

十二年間苦しんだ(女性、すなわち)あの力《デュナミス》*は、彼らのいうように、身を伸ばし、存在が無限にまで流れたから、仮に(9)あの「子」の衣服に、すなわち房によって説き明かされている最初のテトラスのアレーテイアに触れなかったとしたら、その存在全体の中へと消えてしまったことであろう。しかし、(実際は)存立し、苦難を終えた。「子」から出た力《デュナミス》が、——この（力）が境界《ホロス》*だと（彼らは）主張する[10]——彼女を癒し、パトスを彼女から離したからである。

4 そして、ソーテールが全（アイオーン）からのものとしてすべて《パーン》であることは、「胎を開く男性的なものはすべて《パーン》て」[11]という（言葉）によって明らかにされていると[12]（彼らは）いう。

彼はそのパーンであって、苦難を受けたアイオーンのそのエンテューメーシスの胎を、彼女がプレーローマの外へ締め出されたにもかかわらず、開いてやった。そして、この（エンテューメーシス）を（彼らは）第二のオグドアスとも呼ぶが、この（第二のオグドアス）については少し後で述べることとする[13]。

---

（1） ルカ六13参照。

（2） 使一3によれば四〇日間だが、エイレナイオス『反駁』I, 30, 14でもオフィス派の説として記されている。

（3） 同様の考えは「バルナバの手紙」（九8）やクレメンスの『雑録』（VI, 84, 1）以下にも見いだされる。

（4） マタ五18。

（5） 底本と同じだが、写本にかなりの修正を加えた。

（6） クレメンス『雑録』（I, 145, 3）もこの見解を示している。エイレナイオスはヨハネ福音書が三度の過越祭を記すのに依拠して、この見解に反対している『反駁』II, 22, 2。

（7） マコ五25、マタ九20、ルカ八43とその文脈参照。

（8） マコ五30、ルカ八45-46参照。

（9） エイレナイオスの報告では、以上の条件節があるが、AでなくB（二3）に対する説明のように思われる。

（10） ソフィアを救う力（デュナミス）が子であるヌースから流出されるという記事はB（ヒッポリュトス『全反駁』VI, 31, 2）に見いだされる。その名前がキリストでなくホロスといわれる場合もその流出に関する記述はBに見いだされる（二4、注（5）参照）。このあたり、エイレナイオスはそれらの教説を区別していないらしい。

（11） ルカ二23からの引用。出一三2、出一三15（七十人訳）参照。

（12） 底本はラテン訳に基づいて冠詞を指示代名詞に代え、「……というこの（言葉）によって」と校訂している。しかしこのラテン訳は、自分の言語にない冠詞を指示代名詞で訳出することがある。

（13） エイレナイオスはルカ二23を引用したのを機会に、その箇所が「胎を開く」ことについても利用されることを述べ、ここで以上のように報告している。これは四5末尾の神話の先取りであるが、B（ヒッポリュトス『全反駁』VI, 34, 3）の方が近いように思われる。

そして、パウロによって、「彼は万物《パンタ》である[1]」、また「万物《パンタ》は彼に、そして万物《パンタ》は彼から[2]」、また「彼のうちに神性のプレーローマ*なるすべて《パーン》のものが宿る[3]」と、そして「［神によって］キリストの内に万物《パンタ》が再統合される[4]」ことが述べられているのは、明確にこのためだと言い、他にもこのようなことがあれば、（彼らは）［以上のように］述べられていると解釈するのである。

5 次に、彼らの境界《ホロス》*について、それを（彼らは）もっと多くの名称で呼ぶけれども、これに二つの作用が、すなわち確立（作用）と分割（作用）がある。そして、確立し、固める限りにおいて十字架《スタウロス》であり、分割し、分離する限りにおいて境界《ホロス》（である）と言明する。

そして、その二つの作用をソーテール（救い主）が次のように説き明かしているという。（すなわち）第一に、確立（作用）は「自分の十字架《スタウロス》を担って私について来ない人は、私の弟子になることができない[5]」、また「自分の十字架《スタウロス》をとって私について来なさい[6]」といった時に、他方その分離（作用）は「私は平和ではなく剣を投げるために来た[7]」といった時に（説き明かしたというのである）。

そして、ヨハネも「彼の手には箕が（あり、彼は）脱穀場を浄め尽くして、穀物はその倉に集め、もみ殻は不滅の火で焼き尽くすだろう[8]」と言った時に、ちょうどこのことを説き明かしており、またこれによって境界《ホロス》の作用を説き明かしているのだと（彼らは）いう。あの箕は、火がもみ殻（にする）ようにすべての物質的*なものを滅ぼし、箕が穀物にするように救われる人々を浄めるものなる十字架《スタウロス》であると（彼らは）解釈するからである。

そして、使徒パウロその人も、次のようにしてこの十字架《スタウロス》に言及していると（彼らは）言う。（すなわち）、「実に十字架《スタウロス》の言葉は滅びる人々にとって愚かであるが、救われるわれわれにとっては神の力《デュナミス》*（である）[9]」と。また、

「イエスの十字架《スタウロス》以外の何事においても、私には誇りとするものがないように。この(十字架)により、私にとって世は十字架につけられ(たものであり)、私も世に対して(十字架につけられているのである)[10]」と。

[6]さて、彼らのプレーローマ*と万物なるつくり物*について、(彼らは)立派に言われたことを、自分たちによって悪く考察されたことへと強引に適合させて以上のようなことを言うのである。また、福音(書)や使徒(書)から、解釈を改変し、釈義に関して偽りを行なって、証明をしようとするだけでなく、律法や預言者からも、(そこでは)多くの譬えや比喩が語られており、その曖昧さで釈義によって多くのことに引き寄せることができるゆえ、[もっと]うまく[11]そして狡猾に(自分たちの)こしらえ物*に適合させ、(こうして)全能の父なる一人の神と神の子なる一人の主イエス・キリストに対するしっかりした信仰を守り通さない人々を、真理から(引き離して)とりこにするのである。

## 第四章

[1]さて、プレーローマ*の外部のことで、彼らによって言われていることは次のようなことである。上のソフィア*

(1) コロ三11。
(2) ロマ一一36。
(3) コロ二9。
(4) エフェ一10。聖書にない「神によって」を底本は削除している。
(5) マタ一〇38、ルカ一四27。
(6) マコ一〇21。
(7) マタ一〇34。トマ福・語録一六(八三31—36)参照。
(8) ルカ三17、マタ三12。
(9) Iコリ一18。
(10) ガラ六14。
(11) ラテン訳に基づくホルの校訂を採る。底本は、ギリシア語本文の「他の人々は」を除去する一方で、この副詞は原級「うまく」のまま残している。

のエンテューメーシス(思い)は、これを(彼らは)アカモート(1)とも呼ぶが、(それは)パトス*と共に[上の](2)プレーローマから陰と空虚の場所に、必然性に従って投げ出されたという。

何も受けていないゆえ、流産した胎児のように形相《かたち》なく姿もないもの、光すなわちプレーローマ(充足)には無縁のものとして生まれたからである(3)。

彼女を[上の](4)キリストが憐れみ、十字架《スタウロス》を通り抜けて身を伸ばし、自分固有の力《デュナミス》*で外形《かたち》をかたちづくった(が、その外形は)存在《ウーシア》に基づくものに過ぎず、知識《グノーシス》*に基づくものではなかった。そして、これを行なってから、(彼女が)自分のところにある、プレーローマ(から)の離別ゆえの、パトス*(苦しみ)を知覚し、キリストと聖霊によって自分の内に遺された一種の不滅の香りを有し、卓越したものを(切望して)もだえるよう、(キリストは)自分の力《デュナミス》を引き戻して走り帰り、彼女を取り残した。

そこで、彼女は両方の名で呼ばれる。(すなわち)父の名に因んでソフィア*(と言われ)――その父はソフィアだと讃えられるからである――、またキリストのもとにある霊に因んで聖霊と(言われるというのである)。

彼女はかたちづくられ、理性あるものとなった後、ほんのしばらくで、見えないかたちで自分と一緒にいたロゴスすなわちキリストを欠くものとされたため、自分をとり残した光を求めて突き進んだけれど、境界《ホロス》*にさえぎられたため、それを捉えることができなかった。

そして、ここにおいて、ホロスは、彼女に対して前へ突き進むことをさえぎり、ヤオーといった。ここからヤオーの名が起こったのだと(彼らは)断言する(5)。

(彼女は)パトスに混ぜられていたゆえに境界《ホロス》を突き破ることができず、一人外に棄て残された。そのため、多くの部分から成り、そして多様なものなるパトスのそのすべての部分に陥った。そして、捉えなかったゆえに悲しみ《リュペー》を、他方、光が彼女を〔棄てた〕と同様、生きることも〔彼女を〕残し去るのではないかという恐れ《フォボス》を、そして、これらに加えて行き詰まり《アポリア》を被った。〔これら〕すべてを無知《アグノイア》のうちに〔被ったのである〕。そして、〔彼女は〕第一のソフィアにしてアイオーンなる*自分の母のように、諸パトスの中にあって変容していったのではなく、内に矛盾するものを有していたのである[6]。そして、彼女には〔自分を〕生かしたものへのエピストロペー〔立ち帰り〕という別の傾きがその上に起こっているのである。

²この〔寄せ集め〕が物質的存在*となり[7]、それからこの世界が起こったという。エピストロペーからこの世とデーミウールゴスとに属するすべての心魂*がその起源を受け、残りのものは、恐れ《フォボス》と悲しみ《リュペー》からその初めを獲得している。

---

(1)　「上のソフィアのエンテューメーシス」と呼ばれてきた(二2、4)存在は、ここからは専らこの名称で呼ばれる。ソフィアのヘブライ語ホクマーに由来する別名であるが、エイレナイオスは混乱を避けるため、統一用語としてこの名称を選んだようである(「用語解説」参照)。

(2)　ハーヴェイ、ホルとともにラテン訳に従って補う。底本にはない。

(3)　エイレナイオスの報告では、ここで以上のように説明される。「流産した胎児」はIコリ一五8に出る語で、Bに頻雑に出る。この説明文は二4の注(4)に述べたBの特徴と共に用語の点でもBに属するもののようである。

(4)　ラテン訳に従って補う。底本にはない。

(5)　エイレナイオスの報告にはここに以上の文がある。このヤオーという名は、AやBの文脈とは関係がなく、オフィス派(I, 30, 5, 11)とマルコス派(I, 21, 3)についての記述の中に見いだされる。したがって、この名の由来を述べる挿入文はグノーシス主義一般についての知識を与えようとする著者がここに挿入したことも考えられる。

(6)　上のソフィアがパトスを受けない状態から受ける状態への変化を被り、立ち帰ってこれを棄て(一2)、アパティアの状態に戻ったのに対し、下のソフィアははじめから、互いに反対の性質を持った諸パトスと共にあり、これを消滅させることはできなかった(四5)ということであろう。

(7)　ラテン訳にしたがって syntaxin と読んだ。底本は systasin と読み、「これが物質の起源および本質となり」と理解する。

るからである。

彼女の涙(ダクリュオン)からすべての湿った存在が、笑い(ゲロース)からは輝くものが、そして悲しみ(リュペー)と狼狽(エクプレークシス)から、この世の物体的な構成要素が生じているのだから(というのである)。彼らによれば、(アカモートは)ある時には、闇と空虚の中に一人取り残されているゆえに泣いたり悲しんだりし、ある時は、自分を取り残した光に思いを馳せて、狂喜したり笑ったりし、またある時には怖れ、他の時にはまったく途方にくれたり、われを忘れたりしていたからである。

3 一体何事であろうか。ここには今や彼ら各々の大いなる悲劇と想像がある。存在がどのパトスから、[また]どの構成要素からその起源を受けているか、(彼らは)それぞれ別の仕方により、もったいぶって説明するのである。それを、皆が皆、公にではなく、これほどの秘義の代償として大きな報酬を払うことのできる人々にのみ教えようとするが、これは私にはもっともなことだと思われる。これらのことは、われらの主が「(あなたがたは)ただで受けた。ただで与えなさい(1)」と言っているあのこととはもはや似ておらず、嘘を好む人々が多くの労苦のうちに獲る、難解で不思議で深遠な奥義だからである。パトスを被ったアイオーンのエンテューメーシス(思い)の涙(ダクリュオン)から海や泉や川やすべての湿った存在が、またその笑い(ゲロース)からは光が、そして狼狽(エクプレークシス)と手詰まり(アメーカニア)からこの世の物体的構成要素がその起源を受けている、ということを学ぶために、一体誰がそのすべての財産を費やさないでおられよう。

4 さて、彼らが実を結ぶように私も若干寄与したいと思う。実際あるものは、泉や川や雨やその類いのもののように真水であるが、他方、海の水は塩(水)である。このことを見て思うのだが、すべてが彼女の涙によってもたらされたのではないようである。涙は塩辛い性質のものだからで、それゆえ、明らかに塩水だけが涙からのものである。ところで、彼女は大いなる苦闘と手詰まりの中に陥って、どうも冷汗をかいたらしい。したがって、彼らの説に従うなら、泉や川やそのほか真水を有するものがあれば、(これらはその)起源を彼女の汗から獲得したと受け取るべきである。涙の性質が一つであってみれば、(その涙)から、あるものが塩(水)として、あるものが真水として出てくるというのは、承服しがたいからである。(むしろ)あるものは涙から、あるものは汗からという方が、より説得的である。さて、この世には暖かい(水)もあれば、苦い水も(ある)から、(その各々についてあなたは)、彼女が何をし、どのような部分からこれらのものをもたらしたかを考えなければならない。このような(研究)成果が、彼らの説には(よく)適うのである。[2]

5彼らの母はすべてのパトス*を通って行ったが、(それを)乗り越えることはどうしてもできなかったので、自分をとり残した光すなわちキリストへの嘆願に転じたと(彼らは)いう。(ところが、この)プレーローマ*に帰った(キリスト)は、自身で二度目に降《くだ》ってくることを躊躇したらしく、[3]援《パラクレートス》け主すなわちソーテール(救い主)を彼女のもとへ遣わした。(このソーテール)に父はすべての力を与え、また万物を権威*のもとに引き渡した。また、アイオーン*たちも同様に(行なった)。それは、万物が、見えるものも不可視のものも、位も神性も主権も、彼において創られるためであった。[4] (こうして、ソーテールは)自分の仲間たる天使たちと共に、彼女のもとへ遣わされるのである。さて、アカモート*は、最初は彼を畏れて慎みゆえにヴェールを被っていたが、その後、彼の結実全体と共に彼を見て、その出現から力を受け、彼のところへ走り寄ったと(彼らは)いう。そして、彼は知識《グノーシス》*に基づいて彼女をかたちづくり、また(パトス*)を彼女から切り離して、そのパトスからの癒し

---

(1) マタ一〇8参照。
(2) エイレナイオスの報告は以上のように続く。2節後半の詳しい記述に出る笑いはここに出ないことなどから、ナハシュ派(ヒッポリュトス『全反駁』VI, 10, 2)に見いだされるモティーフを著者がここに挿入したと見る人もある。3－4節はエイレナイオスの皮肉、嘲笑である。
(3) 四2－3で述べたことを四4で茶化したエイレナイオスには、その気分が残っているらしい。
(4) コロ一16参照。

を行なった。が、（この場合のパトス）は、既に習性となり、力あるものであったから、先の（上なるソフィア*）のもののように、（これが）消失することは不可能であったゆえ、その世話もしなかったわけではない。（彼は）分離し、別に混ぜ合わせて固め、それを非物体的パトスから非物体的物質[1]*へと変えた。それから、それが合成物および物体となるよう、以上のようにして、それに適合性と本性を造った[2]。それは二つの存在が、（つまり）パトスからはくだらない（存在）が、そしてエピストロペー（立ち帰り）からの、パトスを被りうる（存在）が生じるためであった。そして、このゆえにソーテールは力でもって製作をなしたと（彼らは）断言するのである。

そして、アカモートはパトスの外に来た時、（ソーテール）の中の光、すなわち彼と共に（いる）天使たちを、喜びをもって眺めて彼らに発情し、その（模）像*に従って[3]実を孕んだ。（すなわち）ソーテールの守護者たちとの類似に従って生じた霊的胎児*を（身ごもった）と、彼らは）教えるのである。

## 第五章

1 さて、彼らによれば、今や三つのもの、（つまり）パトス*に由来するもの、すなわち物質*、およびエピストロペーに由来するもの、すなわち心魂的*なもの、そして（アカモートが*）生んだもの、すなわち霊的*なものが存在しているわけであるが、（アカモートは）次のようにして、これらのものの形成に着手した。しかし、霊的なものは彼女と同質であったから、彼女が（これを）かたちづくることはできなかった。それで、（彼女は）自分のエピストロペー（立ち帰り）から生じた心魂的存在の形成に着手し、ソーテール（救い主）から学んだものを発した。すなわち、彼女は、まず心魂的存在から、万物の父*であり王であるもの[4]を、（父や王とはいっても）彼と同質のもの、すなわち右のもの*と呼ばれる心魂的なもの、および左のもの*と呼ばれる（あの）パトスと物質*に由来するもの（だけ）の（父であり王であるものであるが、ともかくこれ)をかたちづくったという。

彼らの言うところによれば、彼は、無意識の内に母に動かされてしたのではあっても、(ともかく)自分のより後のものをすべてかたちづくったからである。

ここから、(彼らは)、彼が右のものすなわち心魂的なものの父(であり)、左のものすなわち物質的なものの製作者(であり)、一切のものの王(だからということで)、彼のことを母父《メートロパトール》*とも父なき者《アパトール》ともデーミウールゴスとも父《パテール》とも呼ぶ。

彼らによれば、このエンテューメーシス(つまりアカモート)はアイオーン*たちの栄誉のために万物を作成したいと思い、(アイオーンたち)の(模)像*を作成した。(というよりは)むしろ彼女によってソーテールが(作成した)。

そして、彼女は(自分を)不可視のパテールの(模)像[のうちに]、すなわちデーミウールゴスに知られないものとして保った。(5) 他方、この(デーミウールゴス)は(6)独り子なる子の(模像であり)、そしてこのものから生じた大天使たちと天使たちは残りのアイオーンたちの(模像である)。

(1) まったく形相のない第一質料(materia prima)のようなものが考えられているらしい。しかし抽象概念による展開でなく、物語の中で、まだ個別化されない、どろどろした材料のような表象で捉えられているようであり、明らかにこの世の物質の質料なので、このように訳しておく。

(2) これを物体にするのは、エイレナイオスの報告ではデーミウールゴスである(五2)。

(3) 底本は「彼らの(模)像に従って」。ラテン訳の「彼の」に基づいて「彼らの」と補っている。

(4) 底本は「万物の[神であり]父であり王であるもの」と補っている。

(5) ギリシア語本文の諸写本もラテン訳も一致しているのでそのまま残したが、底本はホルの想定に従って「彼女は不可視のパテールの似姿[を]デーミウールゴスに知られないものとして」と修正している。

(6) これは、二1のビュトスとヌースの関係からみてAと

2それで、（デーミウールゴス）は、すべての心魂的*なものと物質的*なものとの作成者であるがゆえに、プレーローマ*の外にあるものの父となり、また神になっていると（彼らは）いう。（彼は）混ざっていた二つの存在を分離して非物体的なものから物体的なものとし、[1]天的なものと地上的なものを製作し、物質的なものと心魂的なもの、右のもの*と左のもの*、軽いものと重いもの、上昇するものと下降するものの製作者となっているからである。実際、彼らの言うところによれば、デーミウールゴスは七つの天を構築して（自身は）その上にいる。そして、このゆえに（彼らは）彼のことをヘブドマス*（七つのもの）と呼び、母アカモート*のことをオグドアス*（八つのもの）と（呼ぶ。こうして彼女は）プレーローマの中の、最初にして初めのオグドアスの数を保持するものとなる。

そして、（彼らは）七つの天には叡知があると言明し、（これらの天）を天使と考える。デーミウールゴスも神に似た天使にほかならないと（考えるのである）。同様に楽園も第三の天の上にあるゆえ、力（を基準として考えれば）第四の大天使であり、アダムはその中に住んで（この第四の天使）からなにがしかを受けていたのだというのである。[2]

3これらのものをデーミウールゴスは［ことごとく］[3]自身で作り上げたものと思ったが、アカモート*が発したから（こそ）それらのものを作成し（え）たのであったと（彼らは）言明する。彼らの言うところによれば、（彼は）天を知らずして天を作成し、人間を知らずして人間を形成し、地を知悉せずして地を示した。そして、すべてについてこのように[4]（自分が）作成したものの原型《イデア》に（も）、母そのものにも無知であり、自分だけがすべてであると思ったのである。彼にとって、この［作成］[5]の原因は母であったという。（母アカモートは）、自分の存在の頭、支配者として、業《わざ》全体の主として、彼をこのように導くことを望んだのである。この母を、（彼らは）オグドアス*ともソフィア*とも、大地《ゲー》*ともエルサレムとも、聖霊とも、また男性として主《キュリオス》とも呼ぶ。[6]そして、彼女は中間の場所を占めている。すなわちデーミウールゴスの上にいるが、成就に至るまで、プレーローマ*の下あるいは外に(いるというのである)。

4 さて、物質的存在*は三つのパトス*から、(すなわち)恐れ《フォボス》と悲しみ《リュペー》と行き詰まり《アポリア》から起こったという[7]。心魂的なものは、もちろん恐れ(フォボス)とエピストロペー(立ち帰り)とから成立している。彼らの称するところによれば、デーミウールゴスはエピストロペーに、他の心魂的実体、例えば非理性的動物や獣や人間の魂といったものは、すべて恐れにその起源を有しているのである。そして、このゆえに、霊的なものを識る力のなかった(デーミウールゴス)は、自分が唯一の神であると思い込み、預言者を通して「私は神である。私の他には誰もない」[8]と言っている(というのである)。そして、悲しみ(リュペー)から邪悪な霊ども[9]が生じていると(彼らは)教え、そこからコスモクラトールとも呼ばれる悪魔(ディアボロス)も悪霊(ダイモニオン)たち「も天使たち」[10]も、また邪悪な霊的実体のすべてが、その起

---

矛盾するので、他の神話をエイレナイオスが挿入したものと判断した。

(1) この可視化は四5でソーテールにより、あらかじめ準備されていた。

(2) デーミウールゴスの構築した天使たちへの言及は五1末尾とここだけで、その箇所をAに属さないものと判断した。少なくとも以下2節の末尾までが主題と直接の関係を持たないことは確かである。なお、クレメンス『抜粋』(51, 1)でも楽園が第四の天と呼ばれている。

(3) ラテン訳に従って補う。底本は採っていない。

(4) 「彼らの言によれば」以下ここまでは、矛盾を強調するためのエイレナイオスの挿入であろう。

(5) ラテン訳に従う。底本のギリシア語本文は「この[思いこみ]の」。

(6) 「この母を」以下ここまでで、報告者はアカモートの名前を総括するが、大地とエルサレムはBに由来する(ヒッポリュトス『全反駁』VI, 30, 9)。「主」もサニャールはAとは異質な資料に基づくものと考えている。

(7) 「物質的存在」について述べる五4を、多くの人々が全体として異資料に帰するが、訳者は本文に残した部分をAの文脈で理解することが可能だと考えた。

(8) イザ四五5、四六9、申四35、出二〇5参照。

(9) エフェ六12。クレメンス『抜粋』48, 2参照。

(10) ラテン訳にはない。底本は省いている。

源を獲得しているのだと(いう)。しかし、デーミウールゴスは彼らの母の心魂的な子であり、他方、コスモクラトールはデーミウールゴスの被造物であった。そして、コスモクラトールは邪悪の霊であったから自分の上に(ある)ものを識るが、他方、デーミウールゴスは心魂的であるから無知である。そして、彼らの母は天の上の場所にすなわち中間に住み、デーミウールゴスは天上にすなわちヘブドマスに、そしてコスモクラトールはわれわれの世界に[2](住む)という。さて、先に述べた通り、「より形のない」[1]ものとしての狼狽と手詰まりから、この世の物体的な構成要素が生じた[3]。地は狼狽《アメーカニア》の状態によって、水は恐れ《フォボス》の運動によって、空気は悲しみ《リュペー》の固定によって(生じたのである)。そして、ちょうど、無知が(これら)三つのパトスに仕込まれていると同様、火は死および滅びとして、これらすべてに内在しているのだと(彼らは)教えている。

5 さて、(デーミウールゴスは)この世を造ったとき、この乾いた大地からではなく、不可視の存在から、(すなわち)物質*の(中の)流れ出る液状(の部分)からとって泥的*人間を造り、これに心魂的*な人を吹き込んだと言明する[4]。そして、これが「(模)像*と類似性に基づいて」[5]生じた人である。(模)像に基づいて(生じたの)が物質的な人であり、(これは)似てはいても神と同質のものではない。他方、類似性に基づいて(生じたの)が心魂的な人であり、このゆえに「生命の霊」とも言われている。その存在が霊的溢出に由来するからである[6]。その後、(デーミウールゴスは)彼に「皮の衣」[7]をまとわせたという。そして、これが感覚可能な肉体であると主張するのである[8]。

6 さて、彼らの母なるアカモート*の胎児、(すなわち彼女が)ソーテールの従者たる天使たちを眺めて生んだものは、母と同質のもので霊的なものだったが、それについてもデーミウールゴスは無知であったという。そして、本人が知らない間に、(彼女はこれを)密かに彼のうちに据えつけた。それは、彼を通して彼に由来する心魂*とこの物質的*な身体の中に蒔かれ、これらの中に宿って成長し、全きロゴスを受ける用意をするためであった。

そういうわけで、(彼らの)言うところによれば、彼の吹き込みと共に、ソフィア*により、言い表し難き力と摂理によって蒔かれた霊的人間は彼には知られずにいた。(彼は)母を知らなかったように、彼女の種子*も(知らなかったのである。そして、この種子)こそがエクレーシア(教会)であり、上のエクレーシアの影像*(であると)いう。そして、これは自分たちのうちにある人間であると(彼らは)評価する。

したがって、彼らはデーミウールゴスからは心魂を、泥からは身体を、そして物質からは肉的なものを、母(すなわち)アカモートからは霊的人間を所有していることとなる。[9]

(1) ラテン訳に近い九世紀の写本による。底本は「より重い」。
(2) または元素。コロ二8、20参照。
(3) この部分にはBに近いものやオフィス派、セツ派に帰されるものがある。エイレナイオスはこれらを区別せず、グノーシス主義について一般的知識を与えようとしているようである。
(4) 創二6-7、Iコリ一五47参照。
(5) 創一26参照。
(6) Aと論理的に整合しないが、エイレナイオスがAの中に見いだしたもののようである。Aが自らのうちに取り込んだけれども、まだAに消化されていない資料の痕跡とでも理解するほかないようである。
(7) 創三21参照。
(8) 五5にはAも報告者も使わない語が出るが、他方Aの神話論に不可欠な要素であり、五5を異資料として除くことはできない。人間の発生に関する何らかの資料(創世記の解釈)がAによって使われたものと見なす他はないように思われる。
(9) 「肉的」というAでは使われない語が用いられているので、Aにはなかったと判断した。エイレナイオスによるまとめと考えてよいであろう。

1そういうわけで、(人間には)三つのものがあって、(そのうち)左のもの*とも呼ばれる物質*的なものは、不滅性の息吹を全く受け入れえないゆえ、必然的に滅びゆく。他方、右のものとも称される心魂的*なものは、霊的*なものと物質的なものとの中間にあるゆえに、どちらかに傾きをなせばそちらの方へ行く。そして、霊的なものは、この世で心魂的なものと対*をなしてかたちづくられ、帰還においてこれと共に訓育されるよう遣わされているというのである。そして、この(霊的なもの)を(彼らは)塩または世の光と呼ぶ[1]。心魂的なものにとっては、感覚的な訓育も必要だったからである。そのためにこの世も備えられているのであり、そして、ソーテールがこの心魂的なもののところへやって来たのもそのためだった。すなわち、(心魂的なものは)自律的であるゆえ[2]、その(心魂的なもの)を救うためであったという。

彼は(自分が)救おうとするものの初物を受けている。(すなわち)アカモート*からは霊的なものを(受けており)、デーミウールゴスからは心魂的なキリストを着せられており、また経綸《オイコノミア》から[3]は心魂的存在なる身体*を、(すなわち、彼が)見え、触れ得、そして苦しみ得るものとなるために、言い表し難い技巧で備えられた(身体)をまとわされている、と言明するのである。しかし、物質は救いを受容できないゆえ、彼は物質的なものは一切受けていないという[4]。

そして、すべての霊的なものが、知識*によってかたちづくられ、完成される時が成就である。

(霊的なものとは)、すなわち霊的な人間たち(であって)、神についての完全な知識を持ち、アカモートの秘義を伝授されている(人々のことであり、彼らは)自分たちがこの(霊的な)人々であると考えている[5]。

2 他方、業とただの信仰とによって確立されるが、完全な知識を持たない人々、(すなわち) 心魂的な人間たちは、心魂的なものに関して訓育されたのである。そして、この(心魂的な人々)とは、われわれ教会の人々であると(彼らは)いう。それゆえに、(この)われわれには、別の方法で救われることが不可能ゆえに、よき行ないが必要であると(彼らは)言明する。他方、彼ら自身は行ないによってではなく、本性として霊的であるゆえに、あらゆる面で、確かに救われるはずだと宣言する。泥的なものが救いに参与できないように——(泥的なもの)は(救い)を受容できないと(彼らは)言うのである——、同様にまた(彼らが)自分たちこそそれだと主張する霊的なものは、どのような行ないにかかわろうとも、(これが)滅びを受け入れることは不可能だからである。ちょうど、黄金が汚物の中に置かれていても、汚物が黄金を少しも害することはできないゆえに、(黄金は)その美しさを失わず、自分の美しさを守り抜く、と同様に、彼らもまたどんな物質的な行ないの内にあっても、彼らは何ら損なわれず、また霊的実体を失うこともないというのである。

---

(1) マタ五13-14参照。

(2) これは七5の他、B(エピファニオス『全異端反駁』VI, 32, 8-9)やクレメンス『抜粋』(56, 3)でも同様。

(3) 報告者エイレナイオスは「救いの営み」(oikonomia)という言葉を、唯一の神が世界の歴史を導いていることを表すのに限定使用する。同じ語がプトレマイオスの教説ではデーミウールゴスによるこの世の統治(七4)、その統治領域、またそこにあるもの、イエスの可視的身体の材料のようなもの(六1、七2)、身体そのもの(七2の異説)を表すのに用いられており、少し意味合いが異なるので経綸という術語を採用する。

(4) ヒッポリュトスも、プトレマイオスが属するイタリア派の人々がこれを主張したという。クレメンス『抜粋』(59, 4)も同様で、これに基づいて六二2では仮現説を明示している。

(5) 六2—4をAとは別の異質な資料と考える人が多いが、訳者は1節の末尾も、先行部分に対する、六2—4という異質な資料に基づく説明的付加と考える(拙論「グノーシス主義における physei sozesthai の問題」『宗教研究』第五〇巻、一九七六年、一五五—一七七頁)。フェルスターは2節および4節末尾「それで、(彼らはわれわれを)心魂的な人々と名付け」以下のみをAに属するものと考えている。

3 それゆえに、聖書が、「それらのことをする者どもは神の国を継がないであろう」[1]と(いって)確認している(にもかかわらず)、彼らの中の、「いとも完全なるお方たち」は、それらの禁じられていることをすべて平気で行なう。それによって何ら汚されることはないと考えるゆえに、偶像に献げられた(肉)[2]さえも見境なく食べ、また偶像の栄誉のために行なわれる異教徒の全ての祭りの楽しみに[も][3]率先して集まるのであり、彼らの内のある人々などは、神と人間たちの前に憎まれている(人間の)獣との戦いや(剣奴による)人殺しの一騎打ちといった見世物も避けないほどなのである。そして、肉の快楽に深く隷属しているにもかかわらず、肉のものは肉的な人々に、霊的なものは霊的な人々に帰せられるという。また、彼らの内のある者たちは、自分がこの教えを教えた女性たちを密かに滅ぼしてしまう。たびたび、彼らの内のある者たちに誘惑されて後、神の教会に立ち戻った女性たちが、残りの迷いと共にこのことも告白したのである。他の者たちは公にも破廉恥なことをした。(自分の横)恋慕する女性を(その)夫から引き離して、自分の妻としたのである。また、他の者たちは、初めは、姉妹とのように謹厳に共住するのだと触れ込んでいたが、時が経つと(人々から)非難された。「姉妹」が「兄弟」によって妊娠してしまったからである。

4 そして、忌むべき、また神を恐れぬことをこの他にも数多く行ないながら、神への畏れゆえに、思いや言葉に至るまでも罪を犯すまいと警戒するわれわれを、素人で何も知らない者だと罵しり、自分たちを全きもの、選びの種子と呼んで自慢する。彼らによれば、われわれの受けている恩寵は貸されているのであり、従って、それはまた取り去られるであろう。しかし、彼らの持っている恩寵は上から、いい表し難く、また名付けることのできない「対」から降りて来た、自分たちの持ち物であり、したがって、自分たちには増し加えられるであろう。[4] それゆえに、自分たちはあらゆる方法で、また常に、「対」の秘義を実践しなければならないというのである。このことに関しても、(彼らは)次のような話をして、無知な人々を説得する。[6] (すなわち)、世に在って、[5] その女《ひと》[7]と結ばれるほどに女性を愛さないなら、(彼は)真理からのものではなく、真理に進み行くこともない。しかし、世からの人が女性と結ばれるなら、(この人が)真理に進み行くことはない。(彼は)欲情の内に女性と結ばれるのだからである(というのである)。

それで、(彼らはわれわれを)心魂的な人々と名付け、世からものであるというが、このゆえに、われわれには、それによって中間の場所へ行くため、節制と善き行ないが必要である。が、霊的な人々、全き人々と呼ばれる彼らには決して(その必要がない)。行ないがプレーローマに導き入れるのではなく、そこから幼児として遣わされている種子が、この世で完成される時に、(彼らをプレーローマに導き入れるのだ)からである。(8)

## 第七章

1さて、種子*が皆完成される時には、彼らの母なるアカモート*は、中間の場所*から離れてプレーローマ*の内部に入り、その花婿なるソーテール、(すなわち)すべての(アイオーン*)から生じた方を受ける。それは、ソーテール(救い主)と、ソフィア*すなわちアカモートとの対*が生じるためである。そして、これが花婿と花嫁であって、新婦の部屋(9)*は全プレーローマであるという。そして、霊的*な人々は心魂*を脱ぎ棄てて叡知的な霊となり、制せられずに、見えない形でプレーローマの内部に入り、ソーテールの従者たる天使たちに花嫁として委ねられる(という)。

そして、デーミウールゴスは自身、母なるソフィアの場所、すなわち中間に移動し、また義人たちの心魂もそのものとしては中間の場所で安息*するであろう。心魂的なものがプレーローマの内部に進み行くことはないから(というのである)。

これらのことが以上のようになるとき、この世に潜む火は輝き出し、発火して、すべての物質*を焼き滅ぼし、(物質)と共に燃え尽くされて無に帰すると(彼らは)教える。

(1) ガラ五21参照。
(2) 使一五29、二一25参照。
(3) 底本にはない。ラテン訳は「のために」と伝えている。
(4) ルカ一九26、マコ四24、マタ六33参照。
(5) ヨハ一七11参照。
(6) ヨハ一八37参照。
(7) ヨハ一七14-16参照。
(8) 以上をAとは異質な資料と考える理由については、解説第二章「証言の内容」を参照されたい。
(9) ヨハ三29、マタ二五10などを神話論の裏付けとして用いているのであろう(「用語解説」参照)。

そして、デーミウールゴスは、ソーテールの来臨以前には以上のことを何も知らないでいたと（彼らは）言明するのである。

[2]さて、彼はキリストをも自分の息子として、しかしまた心魂的なものとして流出し、彼について預言者を通して語った。（このように）言う人々がある。(1)

この（キリスト）は、ちょうど水が管を通って流れるようにしてマリヤを通り抜けて来た方で、(2)この方の上に、洗礼*の際、プレーローマ*に由来した、全（アイオーン*）から（生じた）あのソーテールが、鳩の姿で降り立った。(3)そして、彼の内には、アカモート*に由来する霊的種子**もあった。

そういうわけで、われらの主は、最初にして第一のテトラクテュスの範型を保っていて、次の四つのものから成り立っていると（彼らは）言明する。（すなわち）アカモートに由来した霊的なものと、デーミウールゴスに由来した心魂的なものと、経綸《オイコノミア》、すなわち言い表し難き技巧でもって構築されていたものと、ソーテールすなわち彼の上に降り立った鳩なるものとから（成立しているというのである）。(4)

そして、この（ソーテール）は受難を受けなかった――彼は（元来）捉えられないもの、見られ得ないものであったゆえ、苦しみを受けることはあり得なかったからである――。そしてこのため、彼に据えつけられていたキリストの霊は、彼がピラトの前に引き出された時には、取り去られていた。そして、母に由来した種子も受難を受けなかったという。（種子）も霊的なものであるから（元来）苦しみを受けないものであり、またデーミウールゴス自身にとってさえ見えざるものだからである。それで、結局、彼らの言うところによれば、心魂的キリスト、および経綸《オイコノミア》から構築された者が苦難を受けたが、それは秘義的にであり、母が彼によって上のキリストの範型*を示すためであった。（上のキリスト）は十字架《スタウロス》に自らを拡げ、アカモート*を存在に基づいて形成したからで、これらの（出来事）はすべて、あの（プレーローマ*における出来事の）範型だからというのである。

3 さて、アカモート*の種子*を持っている心魂*は他のものよりもすぐれている。それゆえ、他のものよりもデーミウールゴスに愛されているが、但し、それは（彼が）原因を知っているからではなく、自分から（受けたゆえに）そのよう（にすぐれた）ものなのだと考えるからである。（ともかく）それゆえに、（彼は）彼らを預言者や神官や王に任命していたという。そして、（種子が）より高い本性のものであったから、預言者を通じて（言われていることの）多くは、この種子によって言われているのだと（彼らは）釈義する。そして、母もより上のことについて多くのことを言っているが、またこの（デーミウールゴス）を通じても、またこの（デーミウールゴス）によって生じた心魂たち（を通じても、多くのことが語られている）と（彼らは）言う。

そして、（彼らは）結局預言を切り分ける。言われていることのうち、あるものは母に、あるものは種子に、またあるものはデーミウールゴスに由来すると主張するのである。それにまた、（彼らは）イエスの話していることも同じように、われわれの話が進めば示す通り、あることはソーテールに、あるものは母に、そしてあるものはデーミウールゴスに由

---

（1） この記述からしても、七2冒頭は異資料である。この異資料を七4前半までと考える人もあるが、以下のキリスト論は、文脈上、挿入的ではあるものの、内容はAに適合する。七2冒頭のこの異説を契機に、著者がAのキリスト論を挿入したのであろう。

（2） ルカ一31以下に特別な解釈を加えたのであろう。

（3） マコ一10、マタ三16、ルカ三22参照。

（4） 一3で、彼らはイエスを主と呼ばない、と言われていたのに矛盾する。訳者はこれを、先行部分のキリスト論を一1、六1と結びつけて、自分の言葉でまとめたエイレナイオスの説明ととる。内容的にはAに適合する。

来する（というのである[1]）。

4さて、デーミウールゴスは自分の上にあるものを知らなかったから、（預言者たちによって）言われることに（心を）動かされたが、他方それを軽視していた。時により、別の原因（であると、すなわち）自分でもなにがしかの固有の動きを有する、預言する霊とか、（ただの）人間とか、あるいはより劣るものの混合とか（であると）思い込んだからである。

そして、このようにしてソーテールの来臨まで無知のままでいたが、ソーテールが来たとき、彼は彼からすべてのことを学んだ。そのすべての力を挙げて、喜んで彼のところへ行ったのである。そして、（このデーミウールゴス）が、ソーテールに「私も自分の権威*のもとに兵士と奴隷を持っており、（私が）命じることを（彼らは）行ないます[2]」と言った（あの）福音書中の百人隊長であるという。

そして、彼は特に教会への配慮ゆえに、そしてまた自分のために準備された報い、（すなわち）母の場所へ進み行くだろうということを認識したゆえに、しかるべき時までこの世の経綸《オイコノミア》を全うするであろう（という）。

5さて、（彼らは、）ちょうどカイン、アベル、セツが存在したように、人間（には）三つの種族、（すなわち）霊的なもの、泥的なもの、心魂的なもの（がある）と考える。［それは、］これらの（人）によって［も］三つの本性［を示すためである[3]］。（但し、それは）もはや個人ごとではなく、種族ごと（である）。そして、泥的（種族）は滅びに進み行く。また、心魂的（種族）は、もしより善きものを選んだなら、中間の場所に安息するであろうが、もしより悪しきものを（選んだ）なら、これもまた（悪しきものに）類似したところへと進み行くであろう[4]。が、あの時以来今に至るまで、アカモートが霊的なものども［を］蒔きつけている［。それゆえ、］心魂たち［は］、この世で訓育されるであろう。そして、種子は幼児のままで遣わされているゆえに、成長せしめられ、後に完全なものと評価されるときには、花嫁としてソーテールの天使たちに委ねられるであろう。そして、彼らの心魂は必然的に、デーミウールゴスと共に、いつまでも中間に安息する。（彼らはこのように）断言する（のである）。また、心魂そのものをも再び細分して、あるものは本性的に善きものだが、あるものは本性的に邪悪なものだという。[5] そして、これらの良き（心魂）は種子を受容しうるが、本性的に邪悪なものがあの種子を受け取ることは決してないだろう（というのである）。[6]

# 第八章

1 さて、彼らの説は以上のようなものであるが、（このようなこと）は、預言者も宣べ伝えなければ、主も教えず、また使徒たちも伝えはしなかった。それを（彼らは、自分たちが）他の人々よりもより多く識っていると大いに自慢するのである。（彼らは）アグラファ[7]で読み、俗にいうところに従えば、砂からひもを編み合わせようとして（いるのであり、

（1） エイレナイオスによるまとめ。

（2） マタ八9、ルカ七8参照。

（3） ラテン訳による。底本は「また、これら（の人）から三つの本性（があると考える）」（ギリシア語本文）。

（4） 底本は「が、あの時以来今に至るまで、アカモートが義なる心魂たちに蒔きつけている霊的なものどもは」に以下を追加。

本文のように読んだ理由については、拙論（"Some Remarks on the Anthropology of Valentinians (Ir., *adhaer* I 1, 1-8, 4)", *Annual of the Japanese Biblical Institute* 2, 1976, pp. 175-184）を参照されたい。

（5） Aにも七3冒頭ですでにこの言辞への傾向が見られるが、心魂の本質が決断能力にあるとするAと矛盾するように思われる。

（6） 七5をフェルスターらはAに属するものと考えている。しかしその人間論は「個人ごとではなく種族ごと」と言われ、「泥的」が「物質的」に代わって用いられるが、前者は異資料（六2）と聖書証明（八3）以外は五5にしか出ない。末尾以外はAと異質な思想ではないが、おそらくそれなりの展開をみたもので、Aとは区別すべきだと訳者は判断する。詳しくは解説第二章「証言の内容」を参照されたい。

（7） 外典文書がイエスの言葉として伝えるもの。八1から2の冒頭にかけてはエイレナイオスの非難。

その努力によって）まことしやかに、主の譬え話や預言者の言ったことや使徒たちの言葉を、（自分たちの）言っていることに適応させようと試みるのであるが、それは自分たちの造り上げたものに証言があるかのように見せかけるためである。聖書の順序とつながりを破り、力の及ぶ限り真理の肢体を分解することによって（自説への適応を試み）、また、取り替え、改変を行ない、またあるものから他のものを作成することによって、多くの人々を、（自説に）適合させられた主の語録ででっち上げられた見せかけでもって欺くのである。例えば、熟練した職人により、注目すべき宝石で入念に造り上げられた美しい王の（模）像（があったとして）、ある人がその下絵である人間の形を消し、あの宝石を移動させ、置き換えて、犬や狐の貌《かたち》、しかも粗雑に造り上げられた（貌）を作成したとする。それから、（同じ宝石を）最初の職人は王の（模）像のためにきれいに組み立てていたのに対し、後の人は犬の貌に下手に置き換えたのであるが、（それにもかかわらずこの）宝石を示しつつ、これが（例の）熟練せる職人の造り上げたあの美しい王の（模）像であると、宣言したり、言ったりしたとする。そして、宝石という見せかけによって、王の貌を理解しない不案内な人々をたぶらかし、狐のつまらない形こそがあの美しい王の（模）像であると説得したとする。ちょうどこれと同じ方法で、この人たちも老婆たちのお咄をつぎはぎしてから、言説や話や譬えをどこからでもあたり構わず引き離してきて、神の言葉を自分たちのお咄に適合させようとするのである。そして、（彼らが）プレーローマ内部のことにどれほどまでに適合させるかは（われわれが既に）話した（通りである）。

2 他方、（彼らが）聖書から、自分たちのプレーローマの外のことに取り込もうとしていることは以下のようなものである。

主が世の終りの時に(1)苦難のためにやって来たが、それは次のことのため、（すなわち）アイオーン*たちの最後のものに起こったパトス*を示すため、またこの最期によってアイオーンたちにおける出来事の結末を現すためであったという。

そして、あの十二歳の少女、（すなわち）主がそばに来て死者の内から甦らせた会堂長の娘(2)は、彼らのキリストが身を伸ばしてかたちづくり、彼女をとり残した光の知覚にまで導いた(あの)アカモート*の範型*であると(彼らは)叙述する。

「そして、(アカモートが)流産した胎児の運命でプレーローマの外にあった時、ソーテールが彼女に[自らを]現した(3)」と言っていることは、パウロがコリント人への第一の(手紙の)中で、「最後には流産した胎児のような私にも現れた(3)」と言っているという(4)。

そして、ソーテール(救い主)が仲間たちと共にアカモートのところへ来臨することは、彼が同じ手紙の中で、「女性は天使たちのために頭にヴェールをつけるべきである(5)」と言って、同じように顕している。また、ソーテールが彼女のところへ来たとき、アカモートが慎みゆえにヴェールを被ったことは、モーセが自分の顔にヴェールをかけて、明らかにしている(6)(という)。

また、(彼女が)被ったそのパトスは主が[十字架《スタウロス》において(7)]指し示していると(彼らは)言明する。すなわち「わが神よ、わが神よ、どうして私を見棄てられたのか(8)」と言ったとき、彼は、ソフィア*が光から棄て残され、先へ進む

(1) Iペト一20参照。一3の記述にもかかわらず、八2では三箇所でイエスが「主」と呼ばれている。同じ聖書証明のリストである三2の冒頭と同様、何らかの資料を用いいつもエイレナイオスが自分たちの言葉で要約しているのであろう。
(2) マコ五22-23、ルカ八41-42参照。
(3) Iコリ一五8。
(4) この引用にあてられている物語はBに近い。但し、アカモートの形成が言われる限り、Aにもある程度共通の思想が前提されている可能性もある。
(5) Iコリ一一10の自由な引用。
(6) 出三四33-35、IIコリ三13参照。
(7) 写本のままで読む。底本はラテン訳によるホルの修正を採って「十字架において」の位置を変え、「主が指し示していると(彼らは)言明する。すなわち十字架において……といったとき」と読んでいる。
(8) マコ一五34、マタ二七46、詩二二2参照。

ことを境界《ホロス》に阻まれたことを説き明かしたのであり、「私の魂*は深く悲しんでいる(1)」といって彼女の悲しみ《リュペー》を、「父よ、できることなら、この杯が私から過ぎ去りますように(2)」と言って恐れ《フォボス》を、また、同様にして「(私は)何と言おうか。わからない(3)」と言っていた時には行き詰まり《アポリア》を(説き明かしたというのである)。

[3]そして、人間の三つの種族は彼が次のように示したと教える。(すなわち)物質的*なものは、(5)「あなたに従ってまいります」と言った人に「人の子にはまくらするところがない」と言って、(4)他方、心魂的*なものは、「あなたに従ってまいりますが、まず家の者に別れを言いに行かせて下さい」と言った人に対し、「手をすきにかけてから後ろを見る者は、天の国では役に立たない(6)」といって、(示したというのである)。この人は中間に属するというのである。また、義の大部分を行なっていると公言した後、従って行こうとはせず、富に打ち負かされて完全なものとはならなかったあの人(7)、これもまた心魂的種族に属すると(彼らは)主張する(8)。(これらに対し)霊的*なものは、「死人を葬ることは自分たちの死人に任せておきなさい。あなたは出掛けて行って神の国を告げひろめなさい(9)」といった時に、

また徴税人のザカイオスに「急いで降りてきなさい。私は今日、あなたの家に泊まることになっているのだから(10)」と言って(示したのだという)。これらの人々は霊的種族に属するものであると(彼らは)宣言するのである。また、女性が三斗の粉の中に仕込んだといわれるパン種の譬え(も)三種族を明らかにしているという。女性によってソフィアのことが言われていると教え、また三斗の粉で、霊的、心魂的、泥的という人間の三つの種族が、そしてパン種でソーテール自身が言われていると教えるのである(11)。

また、パウロも「泥的*な人々は(あの)泥的な人と同じようなもの(である)[12]」というところで、「心魂的な人は霊のものを受け入れない[13]」というところでまた「霊的な人は万物に関して判断を下す[14]」というところで、泥的な人々、心魂的な人々、霊的な人々のことを明快に言っている(という)。

そして、「心魂的な人は霊のものを受け入れない」というのは、デーミウールゴスについて、これは心魂的なものであったから、霊的なものである母やその種子*やプレーローマ*の中のアイオーン*たちを知らなかったということが言われているのだという。

そして、ソーテールが(自ら)救おうとしていたものの初物を採り上げたことは[15]、パウロが「初物が聖ければ、ねり粉も(聖い)[16]」といっている。

(1) マタ二六38、マコ一四34。マスエはラテン訳者が「死ぬほどに」を読まなかったか、省いたのだと言う。
(2) マタ二六39。
(3) ヨハ一三27に「わからない」を加えている。
(4) この文脈から言えば以下の「物質的なもの」は「物質的種族」だが、元来Aでは「物質的な要素」だったのではないかと思われる。以下、ルカ九57-62を引用する「心魂的なもの」「霊的なもの」も同様。
(5) ルカ九57-58からの抽出。マタ八19-20参照。
(6) ルカ九61-62の自由な引用。
(7) マコ一〇17-18、マタ一九16-17、ルカ一八18-19参照。
(8) 前後は三つのもの(おそらく元来は要素)をルカ九57-62の語録で説明しており、ここだけ「種族」と明記しているので、この文は後から付加されたものと想定した。
(9) ルカ九60の西方写本と同じ。
(10) ルカ一九5の自由な引用。
(11) ルカ一三20-21、マタ一三33参照。先のルカ九章からの三つの引用と違い、この部分では「種族」と明記されている。
(12) Iコリ一五48からの引用。
(13) Iコリ二14からの引用。「神の」が削除されている。
(14) Iコリ二15からの引用。
(15) 六1の記事をいうのであろう。
(16) ロマ一一16からの自由な引用。

初物によって霊的なものが、ねり粉によって、われわれ心魂的な教会が言われている（、彼らはこのように）教え、（その教会）なるねり粉を彼は採り上げ、自身がパン種であるゆえに、その中にあって生成させている（というのである）。[1]

4 また、アカモート*がプレーローマ*の外をさ迷い、キリストにかたちづくられ、ソーテールに探し求められたことは、彼が、自分はさ迷っている羊のところへ来ているといったときに説き明かしたという。[2]（彼らは）さ迷っている羊は自分たちの母が言われているのだと釈義し、（その母）からこの世の教会が蒔かれていると主張する。他方迷《プラ》い《ネー》はプレーローマの外における、あらゆるパトス*の中での滞在であると（釈義し、それらのパトス）から物質*が生じていると考えるのである。そして、家を掃いてドラクマ貨を見つけた女性は、上のソフィア*が言われたのだと説明する。[3] 彼女は自分のエンテューメーシス（思い）を失い、後に、ソーテールの来臨によって万物が浄められた際に、それを見いだした（からである。そして）それゆえに、この（エンテューメーシス）も、彼らによれば、プレーローマの内部に復帰する（という）。[4]

そして、キリストを腕に受けて神に感謝し、「今こそ、主よ、（あなたは）その御言葉通りに、ご自分の僕を平安のうちに去らせて下さいます」と言ったシメオン[5]は、ソーテールが来たとき、自分の移されることを学んでビュトス（深淵）に感謝した（あの）デーミウールゴスの範型*だという。また、福音書の中で宣べ伝えられている女預言者アンナ、（すなわち）七年間夫と共に住んだ後、あとはソーテールを見て彼を認識し、すべての人に彼のことを語ったというその時までずっと、すべての期間中やもめであった（あの女預言者）[6]によっては、アカモートが明白な形で説き明かされていると言明する。かつて、しばらくの間、ソーテールをその仲間と共に見た（後）、残りのすべての期間は中間にいて、（彼が）いつまたやってきて自分をその対*に復帰させてくれるだろうかと待っていた（あのアカモートである)。

また、彼女の名は、「ソフィア*はその子らによって義とされた[7]」と言って、ソーテールにより、説き明かされており、またパウロによっても「完全な人々の中では(われわれは)ソフィアを語る[8]」と、同じように(説き明かされているという)。

そして、プレーローマ内部の対《シュジュギア》*も、パウロは(そのうちの)一つについて示しつつ、言っていると言明する。日常生活の夫婦《シュジュギア》に関して書き、「この秘義は大きい、私はキリストとエクレーシア(教会)を指して言うのである[9]」と言ったからである。

5 なお、主の弟子であるヨハネも本文そのものによって、第一のオグドアス*を説き明かしていると(彼らは)教える。次のように言うのである。

主の弟子であるヨハネは全(アイオーン)*の発生を、(すなわち)父がそれに基づいてすべてのものを発した(あの起源を)言おうとし、一種の原理(アルケー)として、神から生まれた第一のものを前提する。(そして、ヨハネは)

---

(1) この文は、ソーテールと心魂的なものの関係に関する限りでは六1に符合するが、霊的なものと「われわれ心魂的な教会」という分け方に関する限り、異資料の六2に近いといえよう。
(2) 内容的にはマタ一八12-13、ルカ一五4-7よりもトマ福・語録一〇七に近い。対応する神話論は四1、5に出た。
(3) ルカ一五8-9の寓意的解釈。
(4) 「復帰」は現在幹の不定詞でいわれているが、六1、七1によれば、「種子が皆完成される」将来のこと。
(5) 発言そのもの以外は、ルカ二29の自由な引用。
(6) ルカ二36-38参照。
(7) ルカ七35の西方写本の読みと同じ。
(8) Iコリ二6からの引用。
(9) エフェ五32のヴァティカン写本などの読みと同じ。

これをモノゲネース*(独り子)なる子とも神とも呼んでおり、父がこの中にすべてのものを種子*のように発した(としている)。そして、この(モノゲネース)によってロゴス(言葉)が発せられた、そして、その(ロゴス)の内にアイオーン*たちの全存在《ウーシア》があり、この(存在)を後にロゴス自身がかたちづくったと(彼は)いう。

そうして、第一の誕生について話してから、そのアルケー(原理)から、すなわち神とロゴス(から)見事に教えを造り上げる。そして、次のように言う。「アルケーのうちにロゴスがあった。そしてロゴスは神のもとにあった。そしてロゴスは神であった。この(ロゴス)はアルケーのうちに、神のもとにあった[1]」と。

まず三つのもの(すなわち)神とアルケーとロゴスを分けた後、再びそれらを一つにする。それら各々のものの、(すなわち)子とロゴスの流出、および両者の互いに対する、また父に対する一致を示すためである。父において、また父から、アルケーが、そしてアルケーにおいてまたアルケーからロゴスが(流出している)のである。

そこで、(ヨハネは)見事に言った。「(初めに、つまり)アルケーのうちにロゴスがあった」と。子の内にあったのである。「そしてロゴスは神のもとにあった」、アルケーも(神のもとにあったの)である。その結論として「そして、ロゴスは神であった」と。神から生まれたものは神だからである。「この(ロゴス)はアルケーのうちに神のもとにあった」。流出の順序を示したのである。「すべてのものは彼を通して生じ、彼なしには何一つ生じなかった[2]」。ロゴスはその後のアイオーン*たちすべての、形成および発生の原因となったのである。

しかし「彼において生じたものはゾーエー(生命)である[3]」と言う。ここで対*をも説き明かしている。全(アイオーン)は彼を通して生じたが、ゾーエーは彼において(生じたの)である。それで、これは、彼において生じたから、彼を通して生じたものたちよりも、[彼のうちにあって[4]]親密である。彼と共にあり、彼によって実を結ぶからである。なぜなら「そしてゾーエーはアントローポス(人間)たちの光であった[5]」と付け加えるからである。ここでアントローポスたちと言って、一つの名称で対の一致を明らかにするため、「アントローポスという」[6]同じ名でエクレーシア(教会)を説き明かした。実にロゴスとゾーエーからアントローポスとエクレーシアが生まれるのである。そして、彼ら(すなわちアントローポスとエクレーシア)が(ゾーエー)から照らされている。すなわちかたちづくられ、顕わされているゆえに、ゾーエーがアントローポスたちの光(であった)と言った。このことをパウロも「実にすべて顕わにされるものは光である」[7]という。

さて、今、ゾーエーはアントローポスとエクレーシアを顕わし、かつ生んだから、彼らの光と言われている。したがって、ヨハネは以上の言葉により、他のことと共に、また第二のテトラス(四)(すなわち)ロゴスとゾーエー、アントローポスとエクレーシアを、はっきりと明らかにしている。

しかしながら、また第一のテトラス(四)をも説き明かした。ソーテール(救い主)に関して説明し、彼によって、プレーローマ*の外のものが皆かたちづくられていると言うとき、彼が全プレーローマの実であることを言うからである。そして、彼が闇の中に現れたが、(闇)によって把握されなかった光であると言っている。[8] なぜなら、激情から生じたものをすべて整えたとき、(彼は)彼らに知られなかったからである。

そして、彼は子であり、真理であり、生命であり、肉*となったロゴスであるという。(そして、肉となったロゴ

(1) ヨハ一1-2。
(2) ヨハ一3。
(3) ヨハ一3-4。ただし、繫辞を現在形で読むのは少数の写本。『反駁』III, 11, 1参照。
(4) 底本は除去を指示。
(5) ヨハ一4。
(6) 底本は除去を指示。
(7) エフェ五14。
(8) ヨハ一5参照。

ス）の栄光を（われわれは）観《み》た。そして彼の栄光は、モノゲネース*（独り子）のもののごとくであり、パテール（父）から彼に与えられたものであって、カリス（恩寵）とアレーテイア（真理）に充ちていたという。そして、（彼は）次のように言う。「そして、ロゴスは肉となった。そしてわれわれの間に幕屋を張った。そして（われわれは）彼の栄光を、父からの、独り子のもののような栄光を観た。（彼は）恩寵と真理に充ちていた(1)」と。

従って、（彼は）パテールとカリス、そしてモノゲネースとアレーテイアといって、第一のテトラス（四柱のアイオーン）をも精緻に説き明かした。

以上のように、ヨハネは第一の、そして全アイオーンの母なるオグドアス*（八柱のアイオーン）について語っている。パテールとカリスとモノゲネースとアレーテイアとロゴスとゾーエーとアントローポスとエクレーシアを語っているからである。

「プトレマイオスは以上のように」（教えるのである）。



(1) ヨハ一14。

# バシリデースの教説——ヒッポリュトス『全異端反駁』(VII, 20, 1-27, 13)

小林稔訳

内容構成 〔字下げをした五箇所はハール(解説第四章参照)が抜粋から省いている部分〕

**一 世界の発生と神的なものの上昇・帰還**

　ヒッポリュトスの導入文(二〇1)
絶対的な無としての原初の状態(二〇2—3)
概念による把握の限界(二〇4)
　ヒッポリュトスはこの説明をアリストテレスの悪用と見做す(二〇5)
非存在としての神から生じた、可能体としての世界種子(二一1—4)
　世界種子についてのヒッポリュトスの解説と批判(二一5—二二6)
世界種子の中にあって神と同一本質である三つの部分からなる子性(二二7)
発生と同時に非存在なる神まで上昇した第一の軽い子性(二二8)
聖霊という羽で上昇した第二の重い子性(二二9—11)
　軽い子性の羽として神の近くまで上昇し、その香りを受けた聖霊(二二12—15)
汎種子混合体の中に留まっている第三の子性(二二16)

**二 非神的なものの発生と上昇**

世界種子から発生してオグドアスまで上昇した第一の支配者、その子による世界の創造（二三1—7）

支配者とその子の関係をヒッポリュトスは身体と魂の関係で説明する（二四1—2）

世界種子から発生してヘブドマスまで上昇した第二の支配者（二四3—5）

まだ第三の子性が地上に留まっている（二五1—2前半）

**三　神的な世界についてのグノーシス**

旧約の神はヘブドマスにいる第二の支配者（二五2後半—5前半）

オグドアスの支配者の子が神の子性の思惟内容を捉える（二五5後半—7）

自分の子から真相を知らされたオグドアスの支配者（二六1—4前半）

ヘブドマスの支配者にも同じことが生じた（二六4後半—5）

同じことが三百六十五の天で行なわれた（二六6）

それは地上にいる第三の子性に啓示されなければならない（二六7）

**四　地上に残された神的なものの帰還開始と完成時に起こること**

イエスがこの照らしを受けた。第三の子性はすべて彼のように非神的なものを棄てる（二六8—10）

子性がすべて上昇し終わるとき、自分の本性を超えたことに憧れることはなくなる（二七1—4）

**五　現状への適応**

第三の子性は心魂的な人の中にある霊的な人である（二七5—6）

真相についての知識としての福音に対して支配者の反応（二七7）

イエスの内に行なわれた諸要素の分離と原状復帰（二七8—11前半）

それは（第三の子性を有する）すべての人の中になされるべきこと（二七11後半—13）

## 神話に登場する主な役柄と観念

1 絶対無としての存在しない神(二〇1—二一4、二二1) ＝原初の状態。ここから世界の種子が生じる。

2 世界の種子(二一2—5) ＝地上に置かれた、すべての可能性を内包する無秩序な可能体。

3 子性(二二7) ＝世界種子の中で、非存在者としての神と同一本性のもの。三つに分けて説明される。

4 第一の子性(二二8) ＝小さな部分からなるもので、世界種子の発生と同時に非存在なる神のところに上昇・帰還する。

5 第二の子性(二二9—16) ＝自らの力では昇れないので、聖霊を羽として上昇する。同一本性ではない聖霊を棄てて非存在者のもとに入る。

6 聖霊(二二10—15、二三1—2、二五6—7) ＝第二の子性の羽としてこれを運び上げた後、第二の子性の香りのようなものを保持し、超世界と世界との間の蒼穹、境界の霊として留まる。大いなる支配者の上に非存在者があるという福音、超世界的なものについてのグノーシス(二七7)を伝える役割を果たす。

7 第一の支配者(二三3—二四3、二五2—5、二六1—4、二七1—4) ＝世界種子・汎種子混合体から生じて蒼穹まで昇り、基体から子を造って自分の右に座らせ、彼によってエーテル界を創造する。オグドアスとも呼ばれ、モーセに自らを顕わす。自らの子から福音を知らされてそれを受け容れる。第三の子性が浄化され、上昇して原状復帰するときには、再び上のものに無知になる。

8 大いなる支配者の子(二三5—二四2、二五6—7) ＝大いなる支配者から生まれるが、魂が身体を治めるように自分の親を治める。子性の思惟を知覚し、支配者に伝える。

9 第二の支配者(二四3—5、二五2—5、二六4—5、二七1—4) ＝第一の支配者と同様、世界種子から生じて、自分よりも知恵ある子を作成し、月下界を創造し、モーセに至るまで神として振る舞う。ヘブドマスとも呼ばれる。第一の支配者と同様、自らの子から福音を知らされてそれを受け容れるが、第三の子性が原状復帰するときには、再び上のものに無知になる。

10　第三の子性（二二16、二三4、二六7―10、二七8―12）　＝非存在なる神と同一本性だが、この世界で心魂によいことをし、またよいことをされるために無形相のままで留まっているもの。つまり「われわれ霊的な人々」（二五1―2前半）。福音の光を点火されたイエスが死と復活を通して諸要素に分割された、その道をたどることにより、身体や心魂という非神的なものを棄てて上昇することになっている。

## 第二〇章

1さて、バシリデースと、またバシリデースの真の子供であり弟子であるイシドーロスは、マッテア(1)が隠された言葉を自分たちに話してくれたと言う。（それらの言葉をマッテアは）救い主から自分たちだけに教えられた際に聞いた（のだというのである）。それゆえ、われわれとしては、バシリデースもまたイシドーロスもそしてこれらの人々の一群全員が、単にマッテアのみならず、実に救い主自身をも欺いている、それがいかに明白であるかを見ようではないか。

2何もなかった時があった(2)と（バシリデースは）言う。何らかの存在するもの、「何も」（つまり無）さえなく、純粋に留保なしに［そして］一切の言い逃れなしに、全面的に何もなかった。彼の言うには、（そういう時が）「あった」と私が言う時には、私は（そういう時が）存在したと言っているのではなく、自分が見せたいと思うこと、全面的に何もなかったというそのことを示そうとして（何もなかった時があったと言っているの）である。3彼の言うには、それは単純に言い表せないものとして存在するのではない。［それは「言い表せないもの」と］名付けられるのである。われわれはそのものを「言い表せないもの」と呼ぶが、（そう呼ぶときには）それは（もはや）言い表せないものではないからである。そして（ひとたび）言い表せないものでな（くなった）ものは、「言い表せなくはないもの」と名付けられるが、彼の言うには、「およそ名付けられるすべての名称を超えて(3)」いる。

4 彼の言うには、この世界のためにも名称は十分でなく、足りないからである――そのように（世界は）多くの部分から成っているのである――。それで、彼の言うには、すべて［のもの］について（その各々のため）一義的に（使える）名称を、［何ものかが］見いだしてくれることを、私は［もうこれ以上］期待しない(4)。むしろ、名付けられた（個々の）ものの独自性を、名称によってではなく叡知により、言語化しないやり方で把握すべきである。［彼の言うには］同名異義的なものが、聞く人々に物事（の内実）［について］の混乱と誤りを引き起こしているからである。

5［ところで］彼らはまず第一に、以上のことを逍遥（学派の祖であるアリストテレス）［から］取ってきて私物化・盗用し(5)、自分たちと一緒に群がる人々の無知（につけ込んで彼ら）をだましているのである。幾世代にもわたってアリストテレスはバシリデースの先駆者となってしまっており、カテゴリー論の中での同名異義的なものについての理論(6)を悪用されてしまっている。その（理論）をこの人々は自分独自のもの、何か新しいものであるかのようにして、またマッテアの隠された言葉とかいうものの一つとして（白々しくも）見せびらかすのである。

（1） イエスの直弟子の一人で、イエスの死後、ユダの補欠として十二（使徒）の一人となった人（使一15-26）。

（2） 似た表現としては、ニケア公会議で排斥された、アレイオスの「（子の）なかった時があった」が有名だが、プラトン『プロタゴラス』（320 c 8）でも「（死すべきものの）いなかった時があった」と言われる。ここでは、より一般化し、また徹底している。

（3） エフェ一21。

（4） 底本の校訂に従った。「名称を見いだすことに携わることはしない」も可。いずれにせよ、一般概念による個別者把握の限界を述べているようである。

（5） 言葉通りだと「専有物、また盗品として取ってきて」。

（6） アリストテレス『カテゴリー論』1a1以下。

# 第二一章

1［さて、（バシリデース）が言うには］質料*も実体も非実体的なものも、単純なものも複合的なものも、可知的なものも知覚可能なものも、人間も天使も神も、およそ名付けられるようなもの、感覚によって捉えられるもの、可知的な事物といったものは全面的に何も［存在せ］ず、このようにして、単純に叙述されているものすべて［よりも］なお詳細に（叙述される）ものも（存在しなかった）から、存在しない神は(1)――これをアリストテレスは思惟の思惟と呼ぶが(2)、この人々は存在しない者（と呼ぶのである）――知られず、知覚されず、計画されず、熟慮の末の決断としてではなく、情緒の影響を受けずに、欲望なしに、世界*を造りたいと思った。2彼の言うには、「したいと思った」と私（バシリデース）が言うのは、意志なしに、また知られず、そして知覚されずにということを表すためである。「世界を」というのは、分割によって生じており、最終的には（二次元の）広がりによって（多くの部分に）分かれている（世界を）ではなく、実に世界の種子*を（言っているのである）。3そして、世界の種子は自らの内にすべてを持っている。ちょうど芥子の種(3)がすべてを、一緒に［混ぜ合わせて］きわめて小さな中に包括して持っているのと同様である。つまり（芥子種は）根、幹、枝、葉、この木［から］生まれる、（そして）他の（新たに生まれる芥子の木の）種子となる、種の数え切れない［量］を（自分の中に持っており、その実った種が）また他の木の（種子となるというように）度重なって（ゆく、その可能性をすべて持っているのと同様である）。

4［さて］このようにして、存在しない神は世界*を存在しないもの［ども］として（多くの）存在しないものから造った。［存在しないものを］投げ込んで、何か一つの種子*のようなものを下に置いたのである。（その種子は）自らの内に世界の汎種子混合体を持っていた。5彼らの言っていることをより明らかにしてみたい。あるきわめて多くの色を帯びたそして多彩な鳥の、孔雀かあるいはもっと多くのかたちを持った、多彩な、何か他の（鳥）の卵が、一つのものでありながら、多くのかたちを持ち、多彩で、多くの要素を持った（諸）実体の多くのイデアを自らの内に持っているように、それと同様、彼の言うには、存在しない神によって投げ込まれた、存在しない種子は、世界の、多重形相(4)で同時に多重本質の［汎種子混合体］を有している。

## 第二二章

1 それで［彼の言うには］すべては、蓄積された宝として種子*に内在していた。（すべてというのは）言うことのできるもの、あるいはまだ見いだされていないものとして無視できるもの、また種子から生じるはずの世界*に将来調和することになっているもの、（世界）に（将来）［非存在と考えられてきたものとして生じる］（ことになっている）ものである。その世界は）自分の時機《とき》にあたり、増加に応じて、神により、必然的に成長させられる（のであり、それをする神とは）このように大いなる、そして、被造物は言うこともできず、思惟に場所*を譲ることもできないものとなってしまった（そのような方なのである）。ちょうどわれわれが、新しく生まれた子供に、後になって歯や、父親の形質や、判断力や、（その他）人間が成長するにつれて若い時から少しずつ生じるもの、以前にはなかったものが加わってゆくのを見るのと同様である。

2 存在しない神［から］なにかの流出が生じているというのは理不尽であるから、存在しない［種子*］を［持ち出す

（1） 究極存在を、存在論で類比的に捉えるのでなく、存在の範疇を超えるものとして想定している。
（2） アリストテレス『形而上学』1074 b 34.
（3） マコ四30-32、マタ一三31-32、ルカ一三18-19、トマ福・語録二〇にも出る例。
（4） 上述の「多くのかたちを持つ」と同じ語。

のである」。というのも、バシリデースは全くの逃げをうっているであり、彼は、生じているものの（実体）を、流出に応じて「生じている」実体を恐れているのである。というのも、ちょうど蜘蛛が糸を（とり）、死すべき人間が（何かを）造り出そうとするときに、銅や木材や「その他」物質*の部分の何がしかをとるように、神が世界を造り出すためには、どのような流出が、あるいはどのような質料*の前提が必要であろうか「と彼は言う」からである。[3]だが、「彼が言うと生じた(1)」と言う。そして、この人々が言う「ように」、これはモーセによって「光が生じよ。すると光が生じた(2)」と言われたことである。彼の言うには、光はどこから生じているのか。無からである。彼の言うには、どこからとは書かれておらず、言った方の声から「生じたもの」とだけ（書かれている）。しかるに、彼の言うには、言った方は存在していなかったし、言われていたことも存在していなかった。

[4]「そこで、」彼の言うには、存在しないものから、世界の「存在しない」種子*が、「光が生じよ」と言われたその言葉が生じている。彼の言うには、これは福音書の中で「真の光があった。それは（この）世界に来て、すべての人を照らしている(3)」と言われることである。[5]「世界はすべて」あの種子から始まりを受けて照らされている「のだからである」。それは、自らのうちに汎種子混合体を有している種子であり、それは、ちょうどわれわれが動物を、牛、馬、人と分割するように、無限の種に分割される類であるとアリストテレスは言っている。そして、その（種子）は非存在者である。

[6]さて、「このようにして」彼らが言う「通り」、世界種子*が基体として（前提されて）いるので、私はこれらの後で生じているものについて言うと彼は言う。どこから（生じた）かということを彼は問わない。その種子はすべてを自らの内に持っているからである。（つまり）すべてを、宝のように蓄積され、非存在者として横たわるものとして（すなわち）存在しない神によって生じるように予め計画されたものとして（世界種子は持っているのである）。[7]そ

れゆえ、彼らが、世界種子から生じているものに関して、何を第一のもの、何を第二のもの、何を第三のものと言っているか、われわれは見ようではないか。［さて］彼が言うには、その種子そのものの中に、三つの部分からなる子性があった。（その子性は）すべてにわたって存在しない神と同一本性であり、（諸々の）非存在から生まれている。この三つに分割されている子性の（内）あるものは小さな部分からなり、他のものは［大きな部分からなり、また他のものは］浄化を必要としている。

[8]さて、小さな部分からなる（軽い）ものは、非存在者によって、種子の最初の構築*がなされると同時に、第一のものとして、すぐに沸き立ち、また上昇し、そして、急いで一種の作成能力を用いて、（鳥の）羽か（人の）想いのように(4)、下から上へと駆け上った。そして、彼の言うには、非存在者のもとに達した。というのは、この（非存在者）を、（その）満ちあふれる美と円熟のゆえに、それぞれ別の仕方ではあるが、すべての本性が憧れているからである。

[9]それに対し、まだ種子*のうちに留まっていた、大きな部分からなる（重い本性）は、何とか模倣しようとしたが、駆け上ることはもちろんできなかった。というのは、この子性によって駆け上った（軽い本性）が有していた（子性）を、小さな部分からなる（軽い本性）よりも、はるかに欠いているので、取り残されたのである。[10]そこで、大きな部分からなる（重い）子性は、一種の羽を（大きな部分からなる重い本性）に生えさせた。アリストテレスの師であるプラトンが『パイドン』の中で(5)魂に羽をつけている（が、）そのような（羽を生えさせたのである）。そしてこのようなものをバシリデースは羽とは呼ばず、聖霊と（呼ぶ。その聖霊）を子性は着てよいことをし、またよいことを

（1）詩三三9、一四八5。
（2）創一3。
（3）ヨハ一9。
（4）『オデュッセイア』7, 36.
（5）『パイドン』でなく、『パイドロス』246-249 あたりに見いだされる。

されるのである。11「そういうわけで」、確かによいことをし［、またよいことをされる］。なぜなら、鳥の羽がそれ自体として、［また］羽のうちで抜けてしまったものが、高みに達したり、地上から浮上したりということは、まさかあり得ないであろう。また逆に羽をむしられた鳥が、高みに達したり、地上から浮上したりということもまさかあり得ないであろう。それと同様、子性は聖霊に対して、また霊*は子性に対して、何か同じような関係にあるのである。

12確かに子性は、ちょうど羽によって（運ばれる）ように、霊*によって運び上げられながら、羽をつまり霊を運び上げる。そして、小さな部分からなる子性に（近づき）、また存在せず、非存在者から［存在しない世界を*］製作した神の近くに来たが、（小さな部分からなる子性）と共に（霊）を持つことは確かにできなかった。（霊は）同一本性ではなく、子性の本性を持ってはいなかったからである。13むしろ、ちょうど魚にとって清く乾いた空気が本性に反し、危険であるように、それと同様、聖霊にとっては、同じ一つの存在しない神と子性の（場所*）、言い表せないものどもよりも言い表せない、そして「すべての名よりも」高い[1]あの場所は、本性に反するものであった。

そこで子性は、あの幸いな、そして知られることも、何らかの言葉で特徴付けられることも不可能な場所の近くに来たとき、（羽である霊*）を棄てた。［もっとも］（霊は）全く見棄てられたわけでも、子性から抜け落ちてしまったわけでもない。14というのは、そうではなく、非常に香りのよい香油がひとたび器に注ぎ込まれると、たとえ細心の注意を払って空にされても、香油の香りは同じようにまだ何かしら残り、（香油がその）小さな器から離されていても、（香りは）残存している。小さな器は、（その中に）香油を［持って］いなくても、香油の香りを［持って］いる。それと同様、聖霊は［一方では］子性と運命を共にせず、抜け落ちてしまっているが、他方では自らの内に香油にきわめて近い力、［子性の］香りを持っているからである。15そして［彼の言うには］、これが「頭に（注がれた）香油、アロンのひげに下る(香油)のような[2]」と言われていることである。[つまり]聖霊から、上から下へ、無形相[3]とわれわれの領域にまで運ばれた香り(のことが言われているというのである)。その(無形相とわれわれの)ところから、彼が言うには、子性は鷲の翼か背中の上に(乗せて)運び[上げ]られるかのようにして上昇し始めたのであった[4]。
16 というのは、彼の言うには、すべてのものが下から上へ、より劣るもののところからより優れたもののところへ、急いで(行きたいと切望して)いる。(そして逆に)より優れたものたちの間では、無知のあまり、(上の方に)[留まらないで]下の方へと降りてこようなどと(思う)ものはいないからである。さて(大きな部分からなる重い子性も上昇したが)、彼の言うには、浄化の必要な第三の子性は、汎種子混合体の大きな堆積の中に留まった。(そして今も堆積中に留まっていて、)[その(子性)自身も]よいことをし、よいことをされている。どのような方法でよいことをされ、よいことをしているのかということは後で、われわれが彼自身の言葉に沿って(進みながら、適切なところに)来たとき、述べることになる。

## 第二三章

1 さて、子性の第一、第二の駆け上りが行なわれ、聖霊が上述の方法で、(諸々の)超世界的なものとこの世界*との間に蒼穹として定められ、そこに留まった後、2 ――バシリデースによって、存在するものは二つに、つまり卓

(1) エフェ一21参照。
(2) 詩一三三2前半。但し、「ひげ」は繰り返されない。
(3) 無形相(amorphia)。アリストテレスの『自然学』(Ph 190 b 15)によれば、基体に対置されているものの一つで、「無型式」と訳されるが、この教説では通俗的に、形相によって規定されていない質料的状態や、それらのものを指しているように思われるので、無形相と訳しておきたい。
(4) 申三二11参照。

越した第一の分割で分割される。そして、彼によれば一方は世界、他方は超世界的なものと呼ばれる。そして、世界と超世界的なものの間に［定められている］（蒼穹）を境界*の霊*と［呼ぶ］。（この霊）は聖なるもので、子性の衝動がその中に留まっている(1)――3さて［このようにして］天よりも上にある蒼穹が生じた時、世界*種子と汎種子混合体の堆積とから、沸き立って、大いなる支配者が生まれた。（この支配者は）世界の頭、美と偉大さ、［あるいは］(2)（誰も）語ることのできない力（である）。彼の言うには、（この支配者は諸々の）言い表せないものよりも言い表せないものであり、（諸々の）力あるものよりも力があり、（諸々の）知恵ある者よりも知恵があり、あなたが言うどんな優れたものよりも、（それら）すべてにまさって優れた者だからである。

4［さて］、この（支配者）は生まれると、自分を上げ、高くまで挙げ、高く蒼穹にまで運ばれた。実に蒼穹を上昇と高みの終点だと思いこみ、それらの後には全く何もないと考えたのである。すべての基体よりも――（とはいっても）後はこの世界*のものであったが――知恵があり、力があり、優れており、輝いており、あなたが言うどんな優れたものよりも（それら）すべてを卓越した者となったからである。（但し）まだ汎種子混合体の中に取り残されていた子性だけが例外（であった）。つまり、（支配者は）自分よりも知恵があり、力があり、より優れたもの（子性）のいることに無知だったのである。5そこで、自分が主であり(3)、主人《あるじ》であり、「知恵ある建築技師(4)」であると思いこんだため、世界の個々のものの創造に着手する。そして、まず一人でいるべきではないと考え、自分よりもずっと優れたそして知恵のある子を、基体から自分のために造り、生んだ。6――以上のことはすべて、存在しない神が、汎種子混合体を投げ落とした時に、予め計画していたのであった――。さて、（支配者は）子を見ると、驚き、愛し、驚嘆した。子のこのような美の類いは大いなる支配者には現れていなかったからである。そして、支配者は彼を［自分の］右に座らせた。7［そして］これが、彼らのところでオグドアス*（八）と言われている（場所*）である。そこには大いなる支配者が座っている。それで、天上の被造物は皆、つまりエーテルは、大いなる［また］知恵ある製作者が労作したのである。（とはいえ）この（製作者なる支配者）から生まれている子が、製作者自身よりもずっと知恵あるものであって、（製作者）のために実現し、助言していたのである。

## 第二四章

――1これが、アリストテレスの（いう）(5)、本性的・器官的身体の完全現実態(6)、つまり身体のために現実化する魂＊である。（この魂）を離れては、身体は、より大いなるもの、より輝かしいもの、より力あるもの、より知恵あるものを、何も労作することができない。さて、この説を（時代的に）先立つものとしてアリストテレスは魂と身体について言っているのであるが、［これを］バシリデースは大いなる支配者と、彼の（言う）子とについて説明するのである。2というのは、バシリデースによれば、支配者は子を生んでおり、アリストテレスは魂が［身体の］業《わざ》であり完成であって、本性的・器官的身体の完全現実態であると言うからである。それで、ちょうどその完全現実態が身体を治めているように、バシリデースによれば、それと同様、子が（諸々の）言い表せないものよりも言い表せない神を治めているのである。――

（1）　言葉通りだと「子性の衝動を自分の中に留まるものとして持っている」。
（2）　「そして」(kai)と校訂する人々もある。底本の校訂(hē)でも「（この支配者は）世界の頭であり、美と偉大さに関して語られることのできない力（である）」とでも訳せなくはないが、構文がつかみにくいのでēと読む。
（3）　イザ四五5-6参照。
（4）　Iコリ三10、三3（七十人訳）参照。
（5）　アリストテレス『霊魂論』(II, 1, 412 a 19-28)。
（6）　entelecheia を energeia と区別してこのように訳したが、『霊魂論』(257 b 8)の用法と同じく、可能態との対照にすぎないので、現実態と言ってもいいかもしれない。

[3]さて、エーテル（界）のものはすべて、大いなる支配者によって、予め考えられ、治められている。――そのエーテル界というの）は月までである。そこからは空気がエーテルから区別されるからである。――さて、エーテル（界）のものがすべて整えられてしまうと、汎種子混合体から、また別の支配者が上った［と彼は言う］。それは一方ではすべての基体よりも大いなるものであるが、ただそれは残されている子性を別にしてのことであり、他方では第一の支配者よりもずっと劣っている。[4]この（支配者）も彼らによって言い表せないものと言われており、この場所はヘブドマス*（七）と呼ばれる。そして、この（支配者）はすべての基体を［造り出す者、］統治者、作製者である。（この支配者）も、第一の［支配］者について（すでに）言われたと同様、自分のために汎種子混合体から、自分よりも賢く、知恵のある子を造り出して（統治者、作製者となったの）である。[5]この領域の中にあるものは、彼の言うには、堆積そのものであり、汎種子混合体である。そして自然に従って、生じる（べき）ものが生じる、（ちょうど）先に生じたものが、［存在しない神］によって生まれたように。（その存在しない神は）将来（生じる）ものが、しかるべきときに、しかるべきものとして、しかるべき方法で、生じるよう（すでに）計算（済みなのである）。そしてこれらのことの統括者、管理者、製作者のようなものは、何者もいない。彼らにはあの計算で十分だからである。［この計算］を存在しない［神は世界を］造り出していたときに、計算していたのである。

## 第二五章

[1]さて、彼らによれば、世界全体*とまた超世界的なものが完成され、何も欠けるものがなくなっている（今）、汎種子混合体の中に（まだ）残っているのは、種子*の中でよいことをし、またよいことをされる［ために］取り残されている第三の子性である。そして、下に残されている子性は、現出され、原状復帰させられ、［また］境界の霊**（つま

り蒼穹)を超え、小さな部分からなる(軽い)子性、(これを)模倣した(重い子性)、および非存在者たちのところに向かって、上の方へ[上昇]しなければならなか[った]。彼の言うには、「被造物自身も、神の子たちの現出を待望して、[今に至るまで]共にうめき、共に産みの苦しみを味わっている」(1)と書かれている通りである。[2] [神の]子らとは、彼の言うには、われわれ霊的な人々である。(自分たち霊的な人々は)、この領域に留まるという本性を持った心魂(2)を、整えあげ、かたちづくりあげ、正しく方向付け、完成させるため、ここに取り残されている(と言うのである)。

書かれているように「アダム*から実にモーセに至るまで、罪は[世界にあって]支配した」(3)。[彼が言うのだが、][3] というのは、蒼穹までを自分の終りとして有する、大いなる支配者が「自分が唯一の神であって、自分の上には[誰もい]ない」(4)と思いこんで(5)、支配したからである。というのは[彼の言うには]すべては隠された沈黙で保持されていたのである。彼の言うには、これが「先立つ世代には知らされなかった秘義」(6)である。しかし、それらの時代には大いなる支配者、つまりオグドアス*(八)が、そう見えていた通り、すべてのものの王であり、主であった。[4] しかし、[別の支配者]ヘブドマス*(七)がこの領域の王でもあり、主でもあった。そしてオグドアスは言い表せないものであり、ヘブドマスは言い表し得るものである。これが、モーセに語って「私はアブラハム、イサク、ヤコ

(1) ロマ八19、22からの自由な抜粋。
(2) 以上プラトンやアリストテレスに即して「魂」と訳出したのと同じ語だが、以下「霊」との対照で術語的に用いられるので「心魂」と訳する(「用語解説」参照)。
(3) ロマ五13-14の大変自由な引用。
(4) イザ四五5-6、四六9、申四35、三二39など参照。
(5) 底本は冠詞を補い、「思いこんだ大いなる支配者」と属詞的に校訂している。
(6) エフェ三4-5からの自由な引用。

ブの神である。私は神の」、すなわちオグドアスの言い表せない支配者なる神の――彼らの意見によればこのように記されているのである――「名を彼らには顕わさなかった(1)」と言ったヘブドマスの支配者である。5そういうわけで、彼の言うには、救い主以前の預言者たち(2)は皆、そこから語ったのである。

それゆえ、彼の言うには、われわれ神の子らが現出されなければならなかったので――(その神の子ら)については「被造物が、現出を待望して、うめき、産みの苦しみを味わった(3)」と彼は言う――、この世界*に福音が来た。そして「あらゆる支配と権勢[と勢力と]主権、[および]名付けられるすべての名(4)」を通り抜けた。6こうして、それは来た。上から何も降りてこなかったし、あの把握不可能で幸いな、存在しない神の、幸いな子性が実存しないにもかかわらずである。それなのに実際、ちょうどインドのナフサ(5)はとても離れたところから見られるだけなのに、火をつける、それと同様、[彼の言うには]、下は堆積の無形相から、上は子性に至るまで諸力*は身を延ばす。7というのは、インドのナフサのやり方で――何か不滅のようなものであるから――オグドアス*の大いなる支配者の子は、境界*の[霊*]の向こうの子性から、思惟内容を知覚し、捉えることはするからである。というのは、聖霊の真ん中にある、つまり境界の中に[留まっている]、子性の力は、(諸々の)思惟内容が[幸いな]子性[から]流れ、運ばれてくるときに(これらを)、大いなる支配者の子にわかち与えるからである。

## 第二六章

1さて、彼の言うには、福音が子性から[大いなる]支配者のそばにいる子を通して最初に支配者のところに来た。そして支配者は[自身が]すべてのものの神ではなく、生まれたものであり、[自分の]上に、言い表せず、名前のない非存在者と子性との宝が蓄えられて(自分のために)あったことを学んだ。そして、(自分が)どのような無知の内にいたかを理解したとき、立ち帰り、また畏れた。2 これが、彼の言うには、「知恵の初めは主への畏れ（6）」と言われていることである。［支配者が、自分の］そばにいる子から教え聞かされ、非存在者とは誰か、子性とは何か、聖霊が何であるか、すべてのものの構築が何であり、これら［すべて］のものがどこ（へ）原状復帰されることになるか、（それらのことを）教えられて、知恵あるものとなり始めたからである。3 これが「秘義の中で言われた知恵（7）」である。それについて、彼の言うには、聖書が「人間的な知恵によって教えられた言葉においてではなく、霊*によって教えられた（言葉）において［言われた（8）］」（知恵である）と言っている。そこで、彼の言うには、［大いなる］支配者は教え聞かされ、教えられ、また畏れ、（かつて）自身を賞讃することによって犯した罪を告白した。4 これは、彼の言うには、「私は自分の罪を知らせ、自分の不法を私は知っています。この（罪）について永遠に告白するでしょう（9）」と言われていることである。

さて、一方では大いなる支配者が教え聞かされ、他方ではオグドアス*の被造物が皆教え聞かされていて、（すでに）教え込まれており、そして秘義が天上のものに知られたので、後は、ヘブドマス*の支配者も似たやり方で教えられ、福音を告げられるため、福音がヘブドマスにも来ることが必要となった。5 ［そこで］大いなる支配者の子が、上から（つまり）子性から自分で灯して持っていた光を、ヘブドマスの支配者の子の上に輝かせた。そしてヘブドマ

（1） 出六3参照。
（2） マタ一一13参照。
（3） ロマ八19、22参照。
（4） エフェ一21に見られる表現。
（5） 揮発性の液体ないしは気体の総称。
（6） 詩一一一10、箴一7、九10。
（7） Iコリ二7参照。
（8） Iコリ二13に見られる表現。
（9） 語としては、詩三二5-6、五一5、七十人訳の詩五一11が混ぜ合わされている。

スの支配者の子は照らされて、その福音をヘブドマスの支配者に告げ知らせた。そして、先に述べたように、（ヘブドマスの支配者）も同様に畏れ、（罪を）告白した。

6そこで、ヘブドマス*にあるすべてのものが（すでに）照らされており、福音が彼らに告げられているので、——というのは、その領域には、彼らによれば、無数の被造物と［世界］*と支配と勢力と権勢があるのである。それらについて彼らのもとには多くの（言葉）で言われた実に巨大な説明がある。そこには三百六十五の天があって、それらの大いなる支配者はアブラサクス*であると、彼らは言う。その名前は三百六十五という数を含んでいるからである(1)。その結果、その名の数はすべてを含んでいる。そして、このゆえに年はこれほど多くの日々から成っているのである。——7しかし、彼の言うには、以上のことがこのようになされたので、後はわれわれのところにある無形相が照らされ、また無形相のなかにちょうど流産した胎児(2)のように取り残されている子性に「先立つ世代には知らされなかった秘義(3)」が啓示されなければならなかった。彼の言うには「啓示によって私に秘義が知らされた(4)」また「人間にとっては話すことが許されていない、言い表せない言葉を私は聞いた(5)」と書かれている通りである。

8［そこで］上から（つまり）オグドアス*からヘブドマス*の［支配者の］子に降った光が、ヘブドマスからマリヤの子イエスの上に降った。そして（イエスは）自分の中に輝いた光で点火され照らされた。9これは、彼の言うには、「聖霊が」［すなわち］子性から境界*の霊*を通してオグドアスとヘブドマスの上に、マリヤにまで通り抜けてきた［光］が、「あなたの上にやって来るであろう。そしていと高きものの力が」［すなわち］上から［子性の］頂上から製作者［を通して］被造物、すなわち［イエス］にまで降ってきた決断の力が「（その影で）あなたを被うであろう(6)」と言われていることである。10この（イエス）に至るまで、（バシリデースの）言うには、世界*はこのように成り立っている。心魂*によいことをし、またよいことをされるよう、無形相の中に取り残されている子性はすべて、変容してイエスにつき従う(に至る。そして)清められ、最初の[子性の]ように(その子性)を通して駆け上ることができるため、小さな部分からなる(軽い)ものとなって、駆け上り、上昇するに至る。(子性)は、上から下に輝く光によって本性的に強化する力をすべて持っているからである。

## 第二七章

[1]さて、彼の言うには、子性がすべて上昇し、境界の霊*の上にあるようになる時、その時、被造物は憐れみを受けることになる。「今に至るまでうめき声を上げ、苦しみ(7)」、そして子性に属するすべての人が皆ここから上昇するよう、「神の子らの現出を待っている(8)」からである。[さて]このことが起こる時、彼の言うには、神は世界全体*に大いなる無知をもたらすであろう。それはすべてのものが本性にあった(ところ)に留まる(ため)、何ものも本性からはずれるようなことを(何も)欲しがったりするようなことがないためである。[2]しかし実際、この領域の心魂*は、不死なるものとしてここだけに留まり通すという本性のものなので、この領域よりも優れたもの、よりよいものを何も知悉しないままである。上にあるものの噂や認識《グノーシス》*が下にある(基体)の間に生じることもないであろう。下にあ

(1) アブラサクスは鶏頭・蛇足で、盾と鞭を持ち、四頭立ての馬車に乗る神。ギリシアでは数字がアルファベットで表される。この神の綴り ABRASAX の各文字が表す数を足すと1+2+100+1+200+1+60=365 になるので、三百六十五がこの神の数だといわれる。
(2) Iコリ一五8に見られる表現。
(3) エフェ三4-5参照。
(4) エフェ三3からの引用。
(5) IIコリ一三4。「語る」が「話す」になり、「聞く」の人称が変わっている以外はそのままの引用。
(6) ルカ一35。
(7) ロマ八22参照
(8) ロマ八19参照

ある心魂が、ちょうど魚が山で羊と一緒に飼われたいと欲するように(1)、不可能なことに憧れて苦しむことがないためである。(仮にそのようなことがあったとすれば)このような欲望は彼らには滅び(をもたらすもの)となっただろう[からである]。3[それで]彼の言うには、それぞれの場所に留まっているものはすべて(将来も)不滅であろう。それに対して、本性にあった[ところ]から跳び越え、踏み出そうとするなら滅びるものとなるであろう。

このようにしてヘブドマス*の支配者は上にあるものを何も知らないようになるであろう。彼から「悲しみと苦しみとうめき(2)」が離れるよう、大いなる無知がこの(支配者)をも捕らえるだろうからである。(そうなれば彼は)不可能なことは何も欲したりしないし、悲しんだりもしないだろうからである。4同じようにオグドアス*の大いなる支配者をも、また彼よりも下にある被造物もすべて似たように、この無知が捕らえるであろう。どの[ところの]ものであれ、何ものも何かの本性に反するものに憧れ、苦しむようなことのないためである。そして、はじめにすべてのものが種子*の中に本性に応じて基礎を置かれているが、[将来]固有の時機《とき》に[固有のところへと]原状復帰[させら]れ、このようにしてすべてのものの原状復帰がなされるであろう。

5彼の言うには、各々が固有の時機《とき》を持っている(3)ことを、救い主が「私の時はまだ来ていない(4)」と言って、そして[彼の]星を観た占星学者たち(5)[もまた]、十分に[証ししている]。というのは、彼の言うには、(救い主)自身、(可能体としての)大いなる堆積の中にあって、発生の[時機《とき》]と原状復帰の時[に従い、存在しない神]によって予め考えられていたからである。6これが彼らのもとで思いこまれている「内なる人間(6)」、心魂的な*(人)の中にある霊的な*(人)である。それが、——ちょうど先立つ子性が境界*の聖霊を上で適切なところに残したように、死すべきものとしてではなく、その本性に従って存続するものとして——ここに心魂を捨て去った、[第三の]子性である。(その子性は)かつては固有の心魂を着ていたのである。

[7]彼らのもとで(思いこまれている)ことをわれわれが何も省略しないため、福音に関して彼らが言っていることを私は公にしよう。福音とは彼らによれば(諸々の)超世界的なもの(について)の認識《グノーシス》*であって、[先に]明らかにされたように、これを大いなる支配者は知悉しなかったのである。さて、聖霊[すなわち]境界*の(霊のあること*)、子性(のあること)、そしてこれらすべてのものの原因である存在しない神のあることが、(支配者)に明らかにされると、[(バシリデース)の言うには](支配者は)言われたことに喜び、歓喜した。(7) [そして]彼らによればこれが福音なのである。

[8]イエスは、彼らによれば、われわれが上述したようにして生まれた。予め明らかにされていた誕生が実現し、救い主と関連することが、彼らによれば、すべて福音書に書かれているように起こっているのである。以上のことが起こったのは、彼の言うには、イエスが一緒くたに流出したものの種別の初穂となるためであった。[9]というのは、世界がオグドアス*へ*——その(オグドアス)とは全世界の頭であり、[オグドアスの]頭は大いなる支配者である——、またヘブドマス*へ——その(ヘブドマス)とは[月下の世界の]頭(であり、)ヘブドマスの[頭は]その下にある(基体)の製作者である——、また無形相がある、われわれのこの領域へと、分割されたものとなる時、一緒くたに流出したものはイエスの分割によって種別されなければならなかった。[10]彼の身体的部分であったこのもの、無形相に属していたものが、苦難を受け、無形相に原状復帰した。彼の心魂的部分*であったこのもの、ヘブドマスに属

(1) ヘーロドトス『歴史』(V, 92, 1)はポリスによる政体の違いを魚と人間の住む場所の違いに例えている。
(2) イザ五三10、五一11。
(3) Iテモ二6、六15、テト一3参照。
(4) ヨハ二4。
(5) マタ二1-2参照。
(6) エフェ三16、ロマ七22、IIコリ四16。
(7) マタ五12、ルカ一14、黙一九7に見られる表現。

していたものが、復活して、ヘブドマスに原状復帰した。頂上に属し、大いなる支配者と同族であったこのものは、大いなる支配者のもとに留まった。境界の霊に属したこのものは上の方へ[蒼穹]まで引き上げられ、境界の霊の内に留まった。[11]よいことをし、またよいことをされるために、[無形相の中に]取り残されていた第三の子性は彼を通して浄化され、これらすべてのものを通り抜けて、幸いな子性のところにまで上昇した。

流出[と]あたかも汎種子混合体の[堆積]のようなもの、および種別、そして一緒くたに流出したものの、同族のものへの原状復帰、(これら)[についての]彼らの教説は全体として……[(1)]。[12]そういうわけでイエスは[確かに]種別の初穂となっている。そして、受難は何か他のことのためになされているのではなく、一緒くたに流出したものが種別されるために[他ならない]。というのは、彼の言うには、よいことをし、またよいことをされるために、無形相の中に取り残されていた子性全体は、イエスも種別されているのと同じ仕方で、種別されなければならないからである。[13]ともかく、以上がバシリデースがお噺《はな》しすることであり、[彼は]エジプト[人の地]で時を過ごし、彼らからこのような知恵を学んで後、このような実を結実したのである。

(1) 底本はここに「真理に合った教えからは遠く、つじつまのあわない、エジプト人の知恵である」とでもいった言葉が欠落したものと考えている。

# バルクの書――ヒッポリュトス『全異端反駁』(V, 26, 1 - 27, 5)

荒井献訳

## 内容構成

## 神話に登場する主な役柄と観念

1　善なる者（二六1、16—18、24、29、32）＝「万物の生まれざる三つの始原」の中の最高位を占める男性的始原、至高神。

2　生まれた万物の父（二六1—32）＝三つの始原の中の第二位を占め、エローヒームと呼ばれる人間の創造者・救済者。

3　万物の母（二六1—32）＝三つの始原の中の第三位を占め、エデンと呼ばれ、エローヒームと共に人間の創造者。ナース（二六6）と共に悪の起源となる。

4　パラダイス（二六5—7）＝エローヒームとエデンから生まれた二十四天使の総称。

5　バルク（二六6、24—32、二七1）＝パラダイスの中の「命の木」と同定され、父エローヒームの十二天使の中の第三の天使。人間の救済者として遣わされる。

6　ナース（二六6、21—26、31）＝パラダイスの中の「善悪の知識の木」および蛇と同定され（ナースは「蛇」を意味するヘブライ語「ナーハーシュ」に由来）、母エデンの十二天使の中の第三の天使。エデンと共に悪の起源となる。

7　アダム（二六7—8）＝エローヒームの天使たちにより、土の人間的高貴な部分から造られた人間の始祖。彼にエデンは心魂を、エローヒームは霊を差し入れ、両者の「愛の封印と記念、結婚の永遠のシンボル」となる。

8　エバ（二六9）＝アダムと同様に「土の像」であるが、はじめから心魂として造られ、エローヒームから霊を差し入れられる。

9　四つの始原（二六11—13）＝四つの川。母のエデンの十二天使たちが四つのグループを成し、この世の権力を母から受けて、それぞれの地域を支配する姿。

10　バベル（二六19）　＝アフロディテー。エローヒームがエデンを被造物のもとに残して、彼女を離れ、善なる者のもとに昇ったために、エデンはバベルに命じ、人間の間に不倫と離婚を引き起こさせる。
11　悪（二六14—24）　右のエデン‐バベルにその「必然性」があると共に、エバとアダムを誘惑し、姦通と男色が人間界に生じた時から人間を支配。
12　モーセ（二六24—25）　＝エローヒームから遣わされたバルクの第一の器となって、イスラエルの子らに、ナースの支配から脱し、善なる者に立ち帰るようにと勧告する。
13　ヘーラクレース（二六27—28）　＝バルクの第二の器。「無割礼の者」（異教徒）に、エデンの十二人の悪しき天使を倒し、彼らの支配から父の霊を解放するようにと、その言葉と行動をもって説得した。
14　イエス（二六29—32）　＝バルクの最後の器。バルクのすべての言葉を宣べ伝え、ナースは彼を十字架にかけようとしたが、彼はエデンの身体を十字架上に残し、善なる者へと昇って行く。
15　プリアーポス（二六32—35）　＝善なる者の別名。「先立って造った者」（ギリシア語の動詞「プリアポイエイン」に由来）の意。
16　洗い（二七2—3）　＝「誓い」と共に、本書を聖典となるグノーシス派の入会儀礼。

## 第二六章

1　——彼（ユスティノス）が言う——万物の生まれざる三つの始原、(1) すなわち二つの男性的始原と一つの女性的始原があった。二つの男性的［始原］のうちの一つは「善なる者」と呼ばれ——これだけがそう呼ばれる——、万物を

---

（1）　ギリシア語で archē. 一般的には「初め」の意。ここでは「万物」の「根源」また「原理」。黙三14ではこの語がキリストに当てられている。

予見するものであるが、もう一つは「生まれた万物の父*」と呼ばれ、予見せざるもの、[知られざる者]、見られざるものである。(1)他方、女性的始原は、予見せざるもの、怒り易いもの、二つの心を持つもの、二つの身体*を持つものである。それは――ユスティノスによれば――ヘーロドトスの物語の[少女]に酷似していて、隠部に至るまで処女で、その下は蛇であるという。(2) [2]しかし、この処女は「エデン」(3)と「イスラエル」と呼ばれ、これらが――と彼は言う――、万物の始原、根元、源泉[であり]、そこから存在するものが生じたのであって、それなしに何ものも存在しなかった。ところで、予見せざる者である父は、あの半処女すなわちエデンを見、彼女への欲情に燃えた。この父が「エローヒーム」(4)と呼ばれる、と彼は言う。[さて、]エデンも少なからずエローヒームに欲情を感じ、欲情が彼らを愛の一つ思いへと結びつけた。[3]このような結合により父はエデンから自分のために十二人の天使を生んだ。ところで、父の天使の名は、以下の通りである。ミカエール、アメーン、バルク、ガブリエル、エサダイオス、[　　±20　　]。[4]また、エデンが造った母の天使の名も、同様に伝えられている。バベル、アカモート*、ナース、ベル、ベリアス、サタン、サエル、アドナイオス、カヴィタン、ファラスト、カルカメオンス、ラタン。[5][さて、]これらの二十四人の天使のうち、父の天使は父を助け、すべてを彼の意志通りに行ない、母の天使は母エデンを助けた。これらすべての天使の群れは総じて――と彼は言う――モーセが、「神は東の方のエデンにパラダイスを設けた」(5)と語っている「パラダイス」である。(神は)、エデンを目の前にして、エデンがパラダイスつまり天使たちを見守るように(パラダイスを設けたのである。)[6][なぜなら、]このパラダイスの天使たちは、寓喩的に「木」と呼ばれ、「命の木」が父の天使たちの第三の天使、すなわちバルクだからである。しかし、「善悪の知識の木*」(6)は母の天使たちの第三の天使、すなわちナースである。なぜなら、そのように彼(ユスティノス)がモーセの言葉を解いて、次のように言っているからである。「モーセはそれを隠して言った、すべての人が真実を捉えてはいないので」。

[7]しかし、エローヒームとエデンと［の］共なる満悦からパラダイスが造られた時、エローヒームの天使たちが、最も良い土——すなわち土の獣的部分ではなく、隠部の上にある、土の人間的高貴な部分——から取って、人間*を造った。(7) 他方、獣的部分から——と彼は言う——獣と他の生き物が生じた。[8]さて、彼ら（エローヒームとエデン）は人間を彼らの統合と好意のシンボルとして造り、彼の中に彼らの力を、すなわちエデンは心魂*を、エローヒームは霊*を差し入れた。(8) こうして、人つまりアダム*は、エデンとエローヒームの愛の封印と記念、また彼らの結婚の永遠のシンボルとなる。[9]同様に、エバもまた——と彼は言う——、モーセが書いているように、土の像*とシンボル、永遠に守護する封印となった。同様に、土の像であり生魂*であるエバにも、エローヒームから霊が差し入れられ、

（1）「知られざる者」(agnōstos)と「見られざる者」(aoratos)という二つの形容辞は、グノーシス派において一般的には「至高者」(この書では「善なる者」)に当てられ、ここのように、「至高者」より下位にある存在(「生まれた万物の父」＝「エローヒーム」)に当てられることはない。フェルスター(解説参照。)では、おそらくこの二つの形容辞を二次的加筆と想定して、本文から削除している。

（2）ヘーロドトスが『歴史』IV, 8-10 に報告している、黒海地方居住のギリシア人の伝承によれば、ヘーラクレースはヒュライアという土地の洞窟内で、「半身は狼の姿で人獣二性を具えた蝮」、「腰から上は女、腰から下は蛇身の怪物」を見つけ、この「蛇女」と契った、といわれる(松平千秋訳)。

（3）ギリシア語本文(および七十人訳聖書)では「エデム」(Edem)。ここではヘブライ語の発音に従って「エデン」とした。「園」の意。

（4）ギリシア語本文では「エローエイム」(Elōeim)。ここではヘブライ語の発音に従って「エローヒーム」とした。これは旧約聖書で「神」を意味する普通名詞。

（5）創二8。

（6）創二9。

（7）創二7前半参照。

（8）創二7後半参照。

彼らに戒めが与えられた。「産めよ、増えよ、地――つまりエデン――を継げよ」(1)。なぜなら、彼（ユスティノス）は、そのように書かれていたと思っているからである。[10]なぜなら、エデンは自分のすべての力を、結婚の際の持参金のように、エローヒームに持ってきたからである。だから女たちは今日に至るまで、あの最初の結婚の真似をして男たちに、エデン［から］（出されて）エローヒームのもとで結ばれた、エローヒームとエデンのもとに成立した神的・父的規定に従って、持参金を持ってくるのだ。

[11]さて、天と地とその中にあるすべてのものが造られた時(2)、母の十二人の天使たちは「四つの始原に」分けられた(3)。そして、これらの部分のそれぞれが――と彼は言う――「川」と呼ばれる。すなわち、モーセが言うように、ペイソン（ピション）とギホンとチグリスとユーフラテスである(4)。これらの十二人の天使たちは、四つのグループを成し、この世の権力をエデンから得て、この世を巡り支配する。[12]しかし彼らは、必ずしも常に同じ場所*に止まらず、輪舞する合唱隊《コロス》のように［全地を］巡り、場所から場所を変えて、彼らに割り当てられた場所を（一定の）時と間に通り過ぎた。しかし、ペイソンが場所を支配する時、地のその部分に飢え、艱難、苦難が生ずる。なぜなら、吝嗇《ペイドーロン》がこれらの天使たちの仕事だからである(5)。[13]同様に、四つの各部分においても、それぞれの（川の）力と種類に応じて、悪しき時と諸々の病いの状態が［生ずる］。そしてこれが、悪の流れのように永遠に、四つの部分に分けられた川の意志に応じ、エデンの意志に従って、絶えることなくこの世を巡っている。

[14]しかし、悪の必然性は次のような原因から生じたのである。エローヒームが（エデンとの）共なる満悦からこの世を用意し造った時、彼は天の高い部分に昇り、彼の被造物に欠けたところがないかどうか、観《み》ようと思った。彼は自分の天使たちを伴ない、上方に向かったが、エデンは下方に残した。地なる彼女は、上方へと伴侶に従って行こうと思ったが［できなかった］からである。[15]さて、エローヒームが、上方、天の境界*に来て、自分が造った光よ

りも大いなる光を観て言った、「私のために門を開け。入って主に感謝するために。私は(自らを)主と思っていたからである」(6)。[16]彼に光から声が与えられ、次のように言った、「これが主の門、義人がここから入る」(7)。そして直ちに門が開き、父は天使を伴なわずに善なる者のもとに来て、「目が見ず、耳が聞かず、人の心に思い浮ばなかったこと」(8)を見た。[17]そこで、善なる者が彼に言う、「私の右に座りなさい」(9)。しかし、父は善なる者に言う、「主よ、私が造ったこの世を破壊することをお赦し下さい。私の霊*が人間たちの中に縛られており、それを取り戻したいのです。[18]善なる者が彼に言う、「お前は私のもとに居るのだから、いかなる悪しきこともすることができない。お前とエデンは、共なる満悦からこの世を造ったのだ。だからエデンに被造物を、彼女が欲する限り委ねなさい。しかしお前は、私のもとに留まりなさい」。

[19]その時エデンは、エローヒームから見棄てられたことを知り、嘆き悲しんで、自分の天使たちを彼女のもとに立たせ、エローヒームに欲情を起こして彼女のもとに降りて来るように、自らを美しく飾った。[20]しかし、エローヒームは善なる者に捉えられ、もはやエデンのもとに降りて来なかった。エデンはバベル——彼女がアフロディテ——に命じ、人間の間に不倫と離婚を引き起こさせた。彼女が自らエローヒームから離されたように、人間のうちなるエローヒームの[霊*]もまた、そのような分離によって苦しめられ、悩まされ、見棄てられたエデンと同じ苦

---

(1) 創一28参照。
(2) 創二1参照。
(3) 創二10参照。
(4) 創二11-14参照。
(5) 「ペイソン」(peison)を「吝嗇」を意味する「ペイドーロン」(peidōlon)から導出している。
(6) 詩一一八19参照。
(7) 詩一一八20。
(8) Iコリ二9／トマ福一七。
(9) 詩一一〇1。

しみを受けるためである。[21]そしてエデンは、彼女の第三の天使ナースに、人間の内なるエローヒームの霊をあらゆる懲らしめをもって懲らしめるために、大いなる権限を与える。それは、彼と結ばれた契約を破って伴侶を見棄てたエローヒームが、霊を介して懲らしめられるためである。

父なるエローヒームがこれを見て、自分の第三の天使バルクを、あらゆる人間の内にある霊*を助けるために遣わした。[22]バルクは来て、エデンの天使たちの直中に、すなわちパラダイスの直中に、立った。パラダイスは、彼がその直中に立った天使たちだからである。そして、彼は人間に告げ知らせた、「パラダイスにあるすべての木から取って食べなさい。ただし、善悪を知る［木］からは食べてはならない(1)」。――この木がナースである(2)――。すなわち、［ナースにではなく］エデンの他の十一人の天使たちに聞き従うように、と。十一人は情欲《パトス》を持ってはいるが、不法を持ってはいないからである。しかし、ナースは不法を持っていた。[23]なぜなら、彼はエバに近づいて彼女をだまし、彼女と姦通をした。それが不法行為だからである。他方、彼はアダムにも近付き、彼を少年のように扱った。これもまた不法行為である。そこから姦通と男色が生じた。その時から、悪が人間*を支配し、善が彼らを［受けいれた］。それらは一つの始原すなわち父から生じたのである。[24]なぜなら、父は善なる者に昇って、昇ることを欲する者たちに道を開き、他方、彼はエデンと離別し、人間の内なる［父の］霊に悪の始原を造ったからである。

ところで、バルクはモーセに遣わされ、彼を通してイスラエルの子らに、善なる者に立ち帰るようにと語った。[25]しかし、第三の［エデンの天使］［ナース］は、あらゆる人間の内に、モーセの内にも住む、エデン出自［の］心魂*によって、バルクの戒めを暗くし、彼に固有なものに聞くように仕向けた。それゆえに、心魂は霊*に、霊は心魂に対立するのである(3)。なぜなら、心魂はエデンであり、霊はエローヒームであり、両方があらゆる人間の内に、男と女の内に住むのだから。[26]その後、再びバルクは預言者たちに遣わされ、人間の内に住む霊が預言者たちを通して聞き、父エローヒームが避けたように、エデンと（その）形成物*を避けるようにした。同様にナースは、同じ意図をもって［預言者たちを介し］、父の霊と共に人間の内に住む心魂により、預言者たちを誘惑した。そして、彼らすべてが誘惑され、エローヒームが命じたバルクの言葉に聞き従わなかった。

27 最後にエローヒームは、無割礼の者の中から[4]ヘーラクレースを預言者として選び、彼を遣わして、エデンの十二人の悪しき天使を倒し、被造物の十二人の悪しき天使から父の［霊］*を解放させようとした。これが、ヘーラクレースが初めから終りまで順を追って成し遂げた、ヘーラクレースの十二の功業——ライオン、水蛇《ヒュドラー》、猪等々、——である。[5] 28 なぜなら、これらは、——と彼は言う——母の天使たちの力から改名された、異教徒の名だからである。しかし、彼が（功業を）成し遂げたと思ったとき、オムパレー——彼女がバベルあるいはアフロディテーである——がヘーラクレースに取り憑き、彼から力——エローヒームが彼に命じた戒め——を裂ぎ取り、彼に彼女自身の衣、——すなわちエデンの力、下からの力——を着せた。[6] こうして、ヘーラクレースの預言と彼の功業は空しくなった

---

（1）　創二16-17。

（2）　ここで「善悪を知る木」と同定されている「ナース」は、以下の文脈から見て明らかなように、創世記三章に登場する「蛇」（ヘブライ語で nāhāš「ナーハーシュ」）である。「ナース」(naas)はヘブライ語「ナーハーシュ」のギリシア語綴りに由来。

（3）　ガラ五17参照。

（4）　つまり異教徒。

（5）　ヘーラクレースはギリシア神話において最大の英雄。彼は十二の功業を成し遂げたと伝えられているが、ネメアのライオン退治、レルネーのヒュドラー（水蛇）退治、リュトマントスの猪の生獲りは、それぞれ、第一、第二、第四の功業に当る。

（6）　リューデアの女王オムパレーについては、ヘレニズム・ローマ時代になると、ヘーラクレースが彼女の衣を着て女装し、糸をつむぐなど女の仕事を行ない、彼女はヘーラクレースの棍棒を持ち、彼のライオンの皮を身につけて、男の真似をした、と伝えられている。

のである。

[29]最後に、「王ヘロデの時代に(1)」、バルクが遣わされ、再びエローヒームにより下に遣わされ、ナザレに来て、ヨセフとマリヤの子イエスを、羊を飼う十二歳の少年を見いだし、彼に、はじめから起こったこと、[すなわち]エデンとエローヒーム[と善なる者]から起こったこと、[また]その後に起こるであろうことのすべてを、告げ知らせ、(次のように)言った、[30]「お前より以前の預言者たちはすべて誘惑された。だからイエスよ、人の子よ、誘惑されないようにして、この言葉を人間たちに宣べ伝え、父と善なる者のことを彼らに告げ知らせ、善なる者のもとに昇り、そこに、万物のわれらの父エローヒームと共に座りなさい」。[31]そして、イエスは天使に聞き従い、「主よ、私はすべてをします」と言い、宣べ伝えた。そこでナースは、この人をも誘惑しようとしたが、[そうすることができなかった]。なぜなら、彼はバルクに忠実であったからである。そこでナースは、自分が彼を誘惑できなかったことに腹を立て、彼を十字架にかけようとした。しかし、彼はエデンの身体*を木に残し、善なる者へと昇って行った(2)。[32]しかし、彼はエデンに言った、「女よ、あなたの子です(3)」。――(この子は)心魂的*・泥的*子である。しかし、彼は父の手に自分の霊*をゆだね(4)、善なる者へと昇って行った。

ところで、善なる者は、――と彼は言う――存在するものに先立《プリ》って造《ンポイエイン》ったプリアーポスである。彼は、すべてのものを先立《プリオ》って造《ポイエイン》ったがゆえに、――と彼は言う――プリアーポスと呼ばれるのである(5)。[33]それゆえに彼は、――と彼(ユスティノス)は言う――すべての被造物に崇められて、すべての神殿とすべての街路に立っており、自らの上に収穫の果実を担っている。それらが、彼が原因となった、被造物の実であり、先立っては存在しなかった被造物を先立《プリオ》って造《ポイエイン》った者である。[34]ところであなたたちが、――と彼は言う――白鳥がレーダーのもとに来て、彼女を孕ませたと人々が言うのを聞くならば(6)、白鳥はエローヒームで、レーダーがエデンなのである。また人々が、鷲がガニュメーデースのもとに来たと言うならば、[7] 鷲がナースで、ガニュメーデースがアダム*なのである。[35] また人々が、黄金がダナエーのもとに入って来て、彼女から子を成したと言うならば、[8] 黄金がエローヒームで、ダナエーがエデンなのである。

同様に、人々は同じ仕方で、神話に類似したこのようなすべての話を並べ立てて教える。[36] ところで、預言者が、「天よ聞け、地よ耳を傾けよ、主が語られる」[9] と言うならば、彼は、――と彼は言う――「天」で人間の内なるエローヒーム出自の霊*のことを、他方「地」で霊と共に人間の内なる「エデン出自の」心魂*のことを、「主」でバルクのことを言っている。[37] 彼が言うには、[父が言う、]「イスラエルは私を知らない」[10] と。「イスラエル」でエデンのことを言っている。

(1) ルカ一5。
(2) 十字架にかけられたのはイエスの仮象(ここでは「エデンの身体」)でその本質(多くの場合「霊」)は受難しなかったという、いわゆるキリスト仮現説の古典的箇所。この仮象が、バシリデース(エイレナイオス『反駁』I, 24, 3)とセツ教**56** 11)ではキュレネ人の「シモン」(マコ一五21)、ペト黙(**81** 20)では「生けるイエスの肉体的部分」に当る。
(3) ヨハ一九26。
(4) ルカ二四46参照。
(5) プリアーポスは元来ヘレースポントスのラムプリサコスの豊穣神。ヘレニズム・ローマ時代に彼の崇拝がギリシア・ローマの各地に広がった。ここでは「……以前に、……に先立って」を意味するギリシア語の前置詞「プリン」(prin)と動詞「ポイエイン」(poiein)から人名「プリアーポス」(Priapos)を導出している。
(6) アイトーリアの王テスティオスとエウリュテミスとの娘。ゼウスが白鳥の姿となって彼女と交わり、ヘレネー、ポリュデウケース、カストール、クリュタイムネーストラーが生まれた、といわれる。
(7) ガニューメーデースはギリシア神話で最も美しい少年。ゼウスが鷲になって彼を天上にさらい、自らの酒盃の奉持者にした、といわれる。
(8) ダナエーはアルゴス王アクリシオスとラケダイモーンの娘エウリュディケーとの娘。神託が王は娘の子に殺されるであろうと告げたので、青銅の部屋にダナエーを閉じ込めたが、ゼウスが黄金の雨に身を変じてダナエーの膝に入り、彼女と交わり、子ペルセウスが生まれた、といわれる。
(9) イザ一2。

に人間のうちにある［私の］霊を懲らしめることをしなかったであろう。

もし彼女が、［――と彼は言う――］私が善なる者のもとにいることを知っていたならば、彼女は、父の無知のゆえ

ことを語っている。なぜなら、エデンはエローヒームの伴侶で、イスラエルとも言われるからである。なぜなら、

## 第二七章

[1]「バルク」というタイトルが付けられている［彼らの］第一の書に、誓いも書かれている。これらの奥義を聞き、善なる者［のもとで］全き者にされたいと思う人々が、これを誓うものである。この誓いを、――と彼は言う――われらの父エローヒームが誓った。そして彼は、自ら誓ったことを後悔しなかった。それについて、――と彼は言う――次のように書かれている。「主は誓った。そして後悔することはないであろう(1)」。[2]この誓いは次の通りである。「私は万物の上にいます者、善なる者に誓います。これらの奥義を守り、誰にも口外せず、善なる者から被造物へと背き去らないことを」。この誓いを誓ってから、善なる者のもとへ来て、「目が見ず、耳が聞かず、人の心に思い浮かばなかったこと(2)」を見る。そして、「活ける水(3)」から飲む。これは彼らにとって「洗い(4)」であり、彼らの考えでは、「ほとばしり出る活ける水の泉(5)」なのである。[3]なぜなら、水と水との間に区別があり、天空の下にある悪しき被造物の水があって、その中で泥的*人間と心魂的*人間が身を洗うが、天空の上には善なる者の活ける水があって、その中で霊的*・活ける人間が身を洗い、その中でエローヒームが身を洗い、後悔することがないからである。[4]預言者が、――と彼は言う――「淫行の女を受け入れよ。この地は淫行に耽って主から離れているからだ(6)」と言うならば、――すなわち（「この地」は）エローヒームから離れたエデン――こうして預言者は明らかに全奥義を語っている。そしてこれは、ナースの悪意によって聞き入れられないのである。

5 このような仕方で、彼らは他の預言書をもかなり多くの書物を介して解釈しているが、彼らにはとりわけ「バルク」と題された書物があって、その中で、彼らの神話の叙述全体を——それに出会う者は——知ることができるであろう。

(10) イザ一3。

(1) 詩二〇4。
(2) Ⅰコリ二9。
(3) ヨハ四10。
(4) 「洗礼」のこと。テト三5参照。
(5) ヨハ四14参照。
(6) ホセ一2。

# 解説　ヨハネのアポクリュフォン

大貫　隆

## 一　コプト語写本

『ヨハネのアポクリュフォン』(＝以下ＡＪと略記)を今日に伝えるのは、すでに冒頭の内容構成でも述べたように、四つのコプト語写本である。

その内の一つで現在ベルリンのボーデ博物館に収蔵(一部展示)されているものは、すでに一八九六年にドイツの博物館の手にわたったもので通常「ベルリン写本」と呼ばれる。正確には『ベルリン・グノーシス主義パピルス８５０２』(Papyrus Berolinensis Gnosticus 8502)と名付けられた文書に、第一文書『マリヤによる福音書』、第三文書『イエス・キリストの知恵』、第四文書『ペトロ行伝』と共に、第二文書(第**19**頁６行―第**77**頁７行)として収められているものである(＝以下写本Ｂと略記)。保存状態は、一部判読しにくいところはあるものの、本文の大きな欠損はなく、後述の他の写本に比べれば、はるかに良好と言える。元来の発見場所は上エジプト(ナイル中流域)のアクミーム(ｖ頁の地図参照)の近くであったと伝えられるが、正確なところは不明である。使われているコプト語は、コプト語の方言の内でもっとも文学向きであり、上エジプトの主要方言でもあったサヒド方言を基本として、部分的に準アクミーム方言(Subachmimisch)を織り混ぜたものである。写本そのものの成立年代は、古書体学的に見て、遅くとも後五世紀初頭とする説が有力である。

校訂本の刊行については、東方教会史の碩学カール・シュミット(Carl Schmidt)が一九〇五年にほとんど校訂出版目前まで漕ぎつけたにもかかわらず、水道管の破裂という不測の事故の巻き添えになって、その刊行は頓挫してしまった。それ以後も新たな校訂出版の努力は続けられたが、シュミットの死、第二次世界大戦という障碍に加えて、一九四五年に上エジプトで発見されたナグ・ハマディ文書の中にも、同じAJの三つの異版が含まれていることが判明したのに伴い、本文批評的な校合作業が必要となったため、校訂版の出版は大幅に遅延した。やっと一九五五年にW・ティル(Till)による第一版が公刊され、続いてH・M・シェンケ(Schenke)による改訂第二版が一九七二年に現れている(後出第七章に掲げる文献①参照)。

ナグ・ハマディ文書に含まれる三つの異版は、より正確に言えば、ナグ・ハマディ文書第Ⅱ写本、第Ⅲ写本、第Ⅳ写本に、いずれもそれぞれの写本の第一文書として含まれている。いずれもナグ・ハマディ文書全体と共に現在はカイロ市内のコプト博物館に収蔵されている。

第Ⅱ写本はサヒド方言にアクミーム方言と準アクミーム方言を交えた言語で書かれており、後四世紀の半ばに筆写されたものと推定されている。AJはその第**1**頁1行から第**32**頁9行にわたって筆写されている(=以下写本Ⅱと略記)。しかし、最初の六頁については、それぞれ(奇数頁は右側、偶数頁は左側の)上から下までほぼ三分の二に相当する分量の本文が失われており、特に写本Bとの校合によって推測的に復元するしか方法がない。その復元にも多大な困難がつきまとい、多くの場合に確実とは言い難い。ただし、本書の邦訳では、欠損部分あるいはそれを推測的に復元した部分は、日本語としての語順の制約に縛られて分散してしまっているため、コプト語本文でそれほどまとまった本文が失われていることが、少なくとも視覚的には見えにくくなっていることをお断りしておく。

第Ⅲ写本はサヒド方言で書かれ、後四世紀から五世紀にかけて筆写されたものと推定されている。ＡＪはその第**1**頁1行から第**40**頁11行に筆写されていたはずである(＝以下写本Ⅲと略記)。しかし、最初の四頁については、それぞれきわめて小さな断片が残存するに過ぎないため、本書の翻訳からは除外している。第**5**頁から第**12**頁にかけては、奇数頁では左上に、偶数頁では右上に大きな欠損があり、各頁の三分の一から五分の一程度の本文が失われている。第**21**頁から第**40**頁にかけては、奇数頁では左側から、偶数頁では右側から頁の中央に向けて鋭角に食い込む形で大きな欠損があり、分量的には各頁の本文のやはり三分の一から五分の一が失われている。加えて第**19**—**20**頁の二頁は完全に欠落している。この二頁は一枚のパピルスの表裏になっていたはずであり、おそらく一九四五年の発見時にはあったものが、その後の取り扱いのどこかで二次的に失われてしまったものと思われる。

第Ⅳ写本はサヒド方言で書かれ、後三世紀末から四世紀初めにかけて筆写されたものと推定されている。ＡＪはその第**1**頁1行から第**49**頁28行にかけて筆写されていたはずである(＝以下写本Ⅳと略記)。しかし、その保存状態はナグ・ハマディ文書全体の中でも最悪で、例外的に保存が良いごく僅かな頁を別とすれば、どの頁についても写本Ⅱの並行記事をそのままもってきて復元補充とする他に手がない。この理由から本書の翻訳からは除外されている。

以上に述べたＡＪの四つのコプト語写本Ｂ、Ⅱ、Ⅲ、Ⅳはいずれもギリシア語原本からの翻訳である。このことは、それぞれの写本の校訂本(写本Ⅱ、Ⅲ、Ⅳの校訂本は後出第七章に掲出する)を一見するだけで明らかである。ギリシア語からの借用語がほとんど無数に繰り返されているだけではなく、ある写本がギリシア語を借用している箇所で他の写本は同じ語をコプト語に移していることもその証明である。また、§14の注†1に記した通り、光の世界(プレーローマ)における神々の男性性と女性性の「対」関係が現存のコプト語写本では混乱している事実も同じことを証明している。ギリシア語原本では男性名詞と女性名詞を当てて無理なく表現できていた「対」関係が、それぞれの名詞をコプト語に移すと文法的な性が変わってしまうために起きた混乱だからである。

## 二　ギリシア語原本とその伝承史

AJの四つのコプト語写本は伝承史的には二系統に分かれる。すなわち、写本Ⅱ(およびⅣ)は、写本ⅢとBに比べると、大小さまざまな挿入(§49—53と§77の一部など)あるいは特種記事(§80参照)を含むため、その分だけ分量的に長くなっている。このため写本ⅡとⅣを一括して「長写本」、写本ⅢとBを一括して「短写本」と呼ぶことがある。

さて、これら四つの写本は相互にどのような関係にあるのか。まず、あるコプト語写本が他のコプト語写本からの写しである可能性がないとは言い切れない。最近の研究では写本ⅡとⅣの間がそのような関係と見做されている(この意味でも写本Ⅳの翻訳を除外するのは正当である)。しかし、写本B、Ⅱ、Ⅲの間では、ギリシア語からの借用語の分布状況が異なる他、二つの短写本の間でさえ記事によっては内容的にも相互に違いが大きいので、原則としては、それぞれが依拠しているギリシア語原本そのものが別物であったと考えなければならないであろう。

それでは、写本B、Ⅱ、Ⅲそれぞれのギリシア語原本は写本の伝承史の上で、どれが一番古く、どれが一番新しい写本なのか。この問題については、一九六七年に荒井献が「ヨハネのアポクリュフォンにおけるソフィア・キリスト論」と題する重要な研究を公にしている(その後、同氏の『原始キリスト教とグノーシス主義』岩波書店、一九七一年に収録)。荒井はAJの本体(われわれのパラグラフ区分では§19—25)、本体の前後あるいは中央で状況の設定を行なっているいわゆる「枠」(同§1、61—62他)、本体と「枠」の縫合部(同§80、81)に登場する「キリスト」に注目し、次のような結論に達する。AJのそもそもの原本には元来キリスト像は含まれていなかったところへ、まず最初に写本Ⅲの編集者が前述の「枠」を付加し、同時にキリスト像を導入することによって、ＡＪのキリスト教化に着手した。このキリスト教化はその後写本Ｂ、次いで写本ⅡとⅣの順で拡大されて行った。つまり荒井の見解では、ギリシア語原本の伝承史上の新旧関係は写本Ⅲ→Ｂ→Ⅱ(Ⅳ)の順となる。

その後私自身も拙著 *Gnosis und Stoa, Eine Untersuchung zum Apokryphon des Johannes*, Fribourg/Göttingen 1989 [*NTOA* 9] において、荒井とは異なる視点から、すなわち、ヘレニズム末期の多様な学派哲学の中でも最も大衆的な影響力の強かったストア哲学のさまざまな命題に対してＡＪのそれぞれの写本が向ける論駁の強弱を尺度として、写本Ｂ、Ⅱ、Ⅲの相互関係を吟味した。その結果は前述の荒井の判断と一致する。

まず、長写本が短写本に比べてストアに対する論駁を二次的に強めていることは、すでに§51注(1)、§52注(2)、§53注(1)、(2)、§77注†1でも触れたように、長写本にしかない大小さまざまな挿入記事がストア哲学の認識論、属性論、情念論、宿命論を論駁しながら、同時にそれをグノーシス主義固有の意味へ神話論的に翻案しようとしている事実から端的に明らかである。まず、この視点から、「長写本」のギリシア語原本は「短写本」のそれに比べ、時間的にも遅い写本と考えなければならない。

二つの短写本の間の関係については、やはりストア哲学の主要なテーマの一つであるプロノイア(摂理)論に対する論駁の強度が良い尺度となる。詳しくは後述するように(第五章参照)、ストアではプロノイアは「宿命」(ヘイマルメネー)と同一であるのに対して、ＡＪはグノーシス主義の立場から前者をいわば「闇」の原理(§77参照)に貶め、後者を「光」の原理バルベーロー(§13参照)へ高めて、二分割しているのである。さらに§18、20、22、45、66、68、76について、三つの写本Ⅲ、Ｂ、Ⅱを文献批判的に詳細に比較すると、プロノイアが果たす救済論的な役割がこの順で拡大していることが確かめられるから、短写本の間では、写本Ⅲの方がＢよりも伝承の古い段階を示していると見做すことができる。

但し、念のために付言すると、プロノイア(バルベーロー)の自己啓示を内容とする§80は、確かに現存のコプト語写本では長写本にしかないものであるが、これは長写本が前述のようなストアのプロノイア論に対する論駁を一段と強めるという全般的な傾向の中で初めて付加・挿入されたものとは考えられない。なぜなら、すでに§25の注†1で言及した通り、§25は§80を内容的に先取り——光の世界の生成という「初め」の話の中へ、地上の人間たちの死後のさまざまな運命という「終り」の話を先取り——するものだからである。さらにいささか細かなことを言えば、特に§25に「第四のアイオーンには、プレーローマのことを知らず、直ちに悔い改めず、むしろしばらくの間ためらい、その後(初めて)悔い改めた者たちの魂が置かれた」とあるのは、§80に描かれた改悛者の姿、すなわち、プロノイア(バルベーロー)の三度目の出現に接して初めて「重い涙」と共に悔い改める人間たちの姿を先取りするものである。つまり、§80はAJ全体の構造に取って不可欠な一環なのである。短写本も§25を長写本とほぼ同じ形で所持しているのだから、§80も本来短写本にも在ってしかるべきである。それがないのは、すでに§80の注†2と§81の注†2に記したような写本技術上の理由に迫られて、無理な要約で済まさざるを得なくなったためと考えられる。

§80がAJの元来の一部(エピローグ)であったとすると、AJが蒙っているキリスト教化とそのための本文の改竄は、前述の荒井説よりも、程度においては軽微、経過においてはもっと複雑であったと考えなければならない。すなわち、§80も含めて荒井が「枠」あるいは本体との「縫合部」と呼んだ箇所は、AJをキリスト教化しようとした者が初めて付加したものではなく、キリスト教化される前のAJの原本——後出第六章でも述べるが、キリスト教的要素を取り除いて残る内容から判断すれば、ヘレニズム・ユダヤ教の産物と思われる——がすでに一定の

「枠」を持っていたと考えるべきである。その段階の「枠」では、「救い主」が語り手として登場し、啓示の受け手である不特定の「私」(キリスト教化された後のヨハネ)に§6以下の救済神話を物語る形になっていたものと思われる。§80は文書のほとんどエピローグの位置にあって、そこまで神話を語ってきた「救い主」が実はバルベーロー・プロノイアに他ならないことを、バルベーロー・プロノイア自身が自らを啓示することによって、明らかにする場面であったと考えられる。この観点から見ると、§4の「三重の像」が写本Bによると、最終的には「一人の女」の形に収斂してゆくことは、決して偶然ではない。元来、その女の姿こそはバルベーロー・プロノイアであったに違いない。写本B(短写本)はここで良く原型を保持したが、§80のエピローグについてはいささか杜撰な要約で事足れりとしてしまった。反対に長写本は§80のエピローグは良く保持したものの、§4では「一人の女」の姿を男性名詞の「像」に変えてしまったために、語り手の「救い主」が女性であることが見えなくなってしまった。いずれにせよ、AJの「枠」部分におけるキリスト教化の手は、すでにそれ以前から在った枠の上に重なる形で加えられているのであって、「枠」そのものを創作したのではない。それだけAJのキリスト教化の程度は軽くなるわけである。

## 三　内　容

AJが物語る救済神話の詳細な内容については、すでに「序」においてすべてのパラグラフの小見出しを一覧表にしてあるので、ここでは繰り返さない。ただし、大きな主題上の区分をもう一度確認すれば、§1—5がプロローグ、§6—25がプレーローマ界の生成、§26—43が中間界の生成、§44—57が心魂的人間の創造、§58—69が肉体的人間の創造とその子孫、§70—75が人間の相異なる終末論的運命、§76—79が「模倣の霊」の起源についての補論、§80がプロノイアの自己啓示、§81がエピローグという構成になっている。ここではグノーシス主義の神観、宇宙観、人間観、終末論、救済論が神話の形で物語られる。その筋書の首尾一貫性は、数多いグノーシス主義文書の中でも稀なものである。現存のコプト語訳が翻訳としてはかなり杜撰なものであるにもかかわらずそう言えるから、元来のギリシア語原本での話の首尾一貫性は推して知るべきであろう。

神話に登場する主な役柄と観念の垂直的・階層的な位置関係を、原則として短写本に従って整理して、右から左の順で表記すれば次のようになる。［　］で示すものは長写本にしか現れないものである。

見えざる処女なる霊(＝第一の人間)

バルベーロー(＝プロノイア、万物の母胎、母父)

第一の認識　＋　独り子(アウトゲネース、キリスト)

不　滅　性　＋　叡　知

永遠の生命　＋　意　志

［真　　理］　＋　言　葉

第一の光り輝く者アルモゼール

恵み、真理、かたち　＋　原型アダム

第二の光り輝く者オーロイアエール

プロノイア［エピノイア］、知覚、想起　＋　セツ

第三の光り輝く者ダベイテ

理解、愛、現象　＋　セツの子孫
第四の光り輝く者エーレーレート
完全、平安、知恵（ソフィア）　＋　躊躇の後悔い改めた魂

---

ヤルダバオート（＝サクラス、サマエール）
「十二人」
ヤオート
ヘルマス
ガリラ
イョーベール
アドーナイオス
サバオート［カイン］
カイナン・カミン［アベル］
アビレッシア
イョーベール
アルムピアエール
アドーニン
ベリアス

「七人」

アオート　＋　プロノイア［善］

エローアイオス　＋　神性［プロノイア］

アスタファイオス　＋　善［神性］

ヤゾー　＋　火［支配］

サバオート　＋　王国

アドーニン　＋　理解［妬み］

サバダイオス　＋　知恵［理解］

三百六十［三百六十五］人の天使（悪霊）群

心魂的人間

---

肉体的人間

生命の木

善悪を知る木

蛇

すべて生ける者の母（エバ）

ヤワァイ（ヤハウェ）

エローイム（エローヒーム）

カイン
アベル
セツ
セツの種子
模倣の霊〔忌むべき霊〕
物質

## 四　文学ジャンルと著作目的

復活したイエスが昇天の前に弟子たちに現れて、さまざまなことを教えるという話は、ルカによる福音書二四章とヨハネによる福音書二〇章をマルコによる福音書一六章と比べれば直ちに分かる通り、すでに正典福音書の中でも時間を追うごとに拡大していった。この傾向はいわゆる外典文書ではさらに顕著となり、ナグ・ハマディ文書のいくつかもそのような定型的な場面設定を行なっている。AJに最終的に手を加えて全体をキリスト教化することを試みた編集者も、§2―4で基本的に同じ定型に従っていると言ってよい。

しかし、そのような定型的な状況設定の枠組みの中で語られる本論部は、前章でも述べたように、神話であり、広い意味で一つの物語である。もちろん、同じように神話を物語るグノーシス主義文書は、例えばナグ・ハマディ文書の『アルコーンの本質』や『エジプト人の福音書』、あるいはヴァレンティノス派(プトレマイオス派)やバシリデース派についてのエイレナイオスの抜粋報告などのように、AJ以外にもないわけではない。しかし、AJのような首尾一貫性をもって、しかも話の最後まで語り切るものは、少なくとも他には伝わらない。

ＡＪの著作目的について言えば、合計四つもの写本が伝わるグノーシス主義文書は他にないという事実がまず重要である。しかもナグ・ハマディ写本Ⅱ、Ⅲ、Ⅳはいずれも A J を第一文書として筆写しているのである。このことはＡＪを生み出し、伝承した者たちにとって、この文書が第一級の重要性を持つものであったことを証明している。おそらく、彼らにとってこの文書は、彼らのグノーシス主義世界観を支える基礎文書、あるいは一種の「要綱」であったのであろう。一般にグノーシス主義が生み出した文書の文学的ジャンルは神話に限らず、論文、説教、語録など実に多様であるが、それらはＡＪのような基礎文書を共通の前提とした上で初めて、個々の必要に応じて生み出されたものであると思われる。

## 五　資料と思想史上の系譜

写本Ⅱは§54で『ゾーロアストロスの書』に言及している。すでに§54の注Ⅱ(2)で述べたように、この書を厳密に特定することは不可能である。しかし、§54は直前の§53が情念論を展開したのを受けて、「なお残る他の情念の上にはさらに別の者(天使)たち」が存在しており、彼らの名前が『ゾーロアストロスの書』に記されていると言う。その§53がストアの情念論を前提にしていることは、同じパラグラフの訳注(1)でも触れた。もちろん、学派哲学としてのストアは歴史が長かっただけに、一口にストアの情念論と言ってもいささか漠然としているから、さらに限定して、例えばロードスのアンドロニコスの偽名で伝わる『情念について』(*Pseudo-Andronicus de Rhodes, Peri pathon*, ed. A. Glibert-Thirry, Leiden 1977)と比較してみれば、著しい並行関係が端的に明らかになる。しかし、§53はストアの情念論を悪霊論と結び付けて解釈することによって、明らかに貶めている。

§54で言及される『ゾーロアストロスの書』が証明するのは、まさにそのようにして貶める解釈が、ＡＪの写本Ⅱの編集者以前に行なわれていたということである。この編集者が使っている資料は、そのようないわば二次的な解釈を経たものであって、ストアの情念論の一次資料ではないと考えられる。ストア哲学の論題は情念論の他にも、§51で認識論、§52で属性論が前提されているが、これらについても同様に考えるべきであろう。反対に、§49―50の「人体解剖学」の部分は、古代の生理学を内容とする何らかの文献資料（一次資料）を利用しているに違いない。しかし、同じ論題は、それほど詳細ではないまでも、バシリデースの教説にも現れており（§49注（1）参照）、思想史的にストア哲学とどう関係するかはよく分からない。

以上はすべて写本Ⅱについてだけ言えることである。それに対して、ＡＪのすべての写本において重要かつ広範な役割を果たしているプロノイア（バルベーロー）と§77で言及される「宿命」の背後にも、ストア哲学の摂理（宿命）論が終始意識されている。周知のようにストア哲学においては、摂理（プロノイア）と宿命（ヘイマルメネー）は同じものであった。それは、神的原理であり、別名「火」、「自然」、「ゼウス」とも呼ばれるロゴスが、宇宙万物の内に遍く広がりながら、個々人には災いと見える出来事も含めてあらゆることを、究極的には全体の益になるように配剤し、かつ、そのように導いてゆく働きのことを言う。だからそこでは「宿命」も究極的には肯定的な意味で語られる。これとは対照的にＡＪは、ストアにおけるプロノイアと宿命の同一性を破り、前者を至高神に次ぐ位置にあってグノーシス主義者の救済のためにもっとも活動的に働く原理へ、後者を悪の原理へと二分割して、グノーシス主義の世界観に合わせている。ただし、ストアのプロノイア・宿命論はヘレニズム末期の地中海世界では学派哲学の枠を超えて、広範囲に大衆化していたから、ＡＪの著者もおそらくそれを意識しているに留まり、何らかの一次資料を使っているわけではないであろう。

ストア哲学との関係以上に顕著なのが中期プラトン主義、その中でも特にアルキノス(別伝ではアルビノス)の『プラトン哲学要綱』(Didaskalikos=Alcinoos, *Enseignement des doctrines de Platon*, ed. P. Louis/J. Whittaker, Paris 1990)との内容上および全体の構成上の並行関係である。

そのアルキノス(アルビノス)についてまず一言すれば、後二世紀の前半――次の第六章で述べるように、AJの原本も同じ時期までに成立していたと思われる――にスミュルナ(現トルコのイズミール)でプラトン主義哲学を講じていたという証言が伝わるのみで、詳しいことは分からない。しかし、その著『プラトン哲学要綱』はその名の通り教科書であるだけに、プラトン亡き後多くの学頭の下でさまざまな変容を遂げながら学派哲学として存続してきたプラトン主義が、後二世紀の時点でどのような姿を呈していたかを知る上で最も貴重な資料である。そこでは中期プラトン主義哲学の体系が、当時有力であったストア派の学問体系観の影響の下、論理学、理論的学、実践論の三分野に分けられ、それぞれの分野がさらにいくつかの下位テーマに区分されて、概論的に紹介される。その内でAJとの並行が著しいのは理論的学の分野に収められた神学と自然学の部分である。

例えば、神学の部分は、AJの§6―12と全く同じように、至高神について延々と否定詞あるいは否定形容詞を連ねる言表――いわゆる「否定神学」――で始まる。その分量もAJに勝るとも劣らないばかりか、使われている個々の否定詞・否定形容詞も大幅に一致している。イデア(複数)が至高神の自己思惟として成立してゆく点も、AJのバルベーロー以下のアイオーンの生成と並行する。その並行の度合は、後者を前者の神話論的翻案と呼ばざるを得ないほどのものである。同じように、「物質」についてのAJの発言(§52―53参照)も、その存在を当初から前提している、つまり一つの「原理」として扱っている点で、アルキノスにおける「質料」を神話論的に翻案したものと言える。このようにして確かめられる主題的な並行関係を、それぞれの文書の全体にわたって並記すると、次のようになる。

| AJ | | / | アルキノス |
|---|---|---|---|
| §6—12 | 至高神(否定神学) | | X章 |
| §13—25 | プレーローマの神々／イデア | | XI章 |
| §26—27 | ソフィアの過失／欠 | | — |
| §28—29 | ヤルダバオートの誕生／世界霊魂の創造 | | XIV章 |
| §30—43 | 諸力・勢力・悪霊／世界と神々(天体・神霊) | | XII—XIII章 |
| §44—46 | ソフィアの後悔・至高神の自己啓示／欠 | | — |
| §47—48 | 心魂的人間の創造／人間の魂 | | XVI章 |
| §49—50 | 人体解剖学 | | XVII章 |
| §51—54 | 物質(悪霊の母)／質料・属性・情念論 | | VIII、XI、XVI、XVII章 |
| §55 | 「力」の抜き取り／魂の指導的部分 | | XVI—XVII章 |
| §56—69 | 肉体の牢獄／身体の創造 | | XVII章 |
| §70—75 | 人間の相異なる運命／魂の移住 | | XVI、XXIII—XXV章 |
| §77 | 宿命論 | | XXVI章 |

至高神という根本原理から「下降しながら」(アルキノスVIII章)世界と人間の生成を物語る全体的な構成は両者の間

で酷似している。これに個々の論題での並行関係を考え合わせると、ＡＪとアルキノスの間に文献的依存関係を想定すべきではないかとさえ思われる。もちろん、この一覧表は同時に細部でのズレも示している。特にＡＪのソフィアの過失と後悔、および至高神の自己啓示に相当する記事はアルキノスには見当たらない。しかし、まさにそこにこそＡＪのグノーシス主義的見解が表明されている。アルキノスにとっては世界と人間は「最良の制作物」(XII章)であるのに対して、ＡＪにとっては、世界は自分自身がソフィアの過失の子である造物神ヤルダバオートによる「こしらえ物」に過ぎず、人間はその世界を脱出して、「第一の人間」である至高神のもとへ還ってゆくべきなのだ。アルキノスが『プラトン哲学要綱』ならば、ＡＪはグノーシス主義世界観の「要綱」である。(以上、アルキノスとＡＪの関係についてさらに詳しくは、山本巍・宮本久雄・大貫隆『聖書の言語を超えて』東京大学出版会一九九七年刊に収められた拙論「ないないづくしの神──古代における三つの否定神学」を参照していただきたい。)

さて、ストアと中期プラトン主義と並んで、旧約聖書の特に創世記とイザヤ書が重要な役割を果たしていることは、特に§47以下で頻繁に行なわれる引用から明白である。グノーシス主義の救済神話一般においてそうであるように、ＡＪも旧約聖書の神ヤハウェを無知蒙昧で傲慢不遜な造物主の位置に貶めているのである。但し、それらの引用が直接(ギリシア語)旧約聖書の本文を目の前に置きながら行なわれたものかどうかは大変疑わしい。むしろ、記憶による引用と考える方がよい。というのは、§28注†1、§60注†1、§78注†1で注記したように、いわゆる旧約正典以外の、多かれ少なかれ周縁的なユダヤ教の中で伝えられていたと思われる典外伝承や表象が暗黙の内に前提されているが、これらもやはり記憶によってそうされていると思われるからである。この種の暗黙の前提は、仔細に吟味すればおそらくもっとたくさんあるに違いないが、研究上は未開拓のままになっている。今後の研究の進展が待たれる点である。

最後に、ＡＪがグノーシス主義そのものの展開史の中で占める位置については、これをいわゆる「セツ派」に帰す研究者が多い。「セツ派」とは、それぞれの救済神話の中で、アベルとカインの事件の後にアダムとエバの間に生まれるセツ(創四25、新共同訳聖書では「セト」)とその子孫(種子)を積極的に位置付ける点で他と区別される一連の文書およびその背後に想定されるグノーシス主義グループを指す総称である。ナグ・ハマディ文書以外ではエイレナイオス『異端反駁』(I, 30)、ヒッポリュトス『全異端反駁』(V, 19–22)、エピファニオス『薬籠』(XXXIX)に証言があるが、相互に食い違いが大きく、統一的なイメージが結べない。ナグ・ハマディ文書も発見の直後は全体がセツ派の文書と見做されたこともあるが、その後の研究の中では、『アルコーンの本質』(写本II)『エジプト人の福音書』(写本III、IV)、『アダムの黙示録』(写本V)、『セツの三つの柱』(写本VII)、『ゾストゥリアノス』(写本VIII)、『メルキゼデク』(写本IX)、『ノレアの思想』(写本IX)、『マルサネース』(写本X)、『アロゲネース』(写本XI)にＡＪを加えて、合計十の文書に限定されている。

ＡＪをこれに加える根拠は§25と69である。但し、§25は、すでに前出の第二章でも触れたように、§80と連動しながら、「セツの子孫」のさらに下に、「プレーローマのことを知らず、直ちに悔い改めず、むしろしばらくの間ためらい、その後(初めて)悔い改めた者たち」を置いている。彼らの魂の先在の故郷は、プレーローマの第四の光エーレーレートである。これがＡＪを生み出して伝承したグノーシス主義者たちの自己理解に最も近いと言えるかも知れない。

しかし、このような「セツ派」の概念をどこまで歴史的に実体化できるか、すなわち、人的・組織的にどこまで独立のグループであったかについては、研究者の間でも疑問とする声が多い。また、セツ派が元来キリスト教とは無縁のユダヤ教グノーシス主義として成立したものなのか、もしそうだとすれば、いつキリスト教と接触してキリスト教グノーシス主義と呼ぶべきものとなったのかという問題も、前述のエイレナイオス、ヒッポリュトス、エピファニオスの報告を含めて吟味しても、明確に解答できないのである。従って、ＡＪを「セツ派」に帰すことには、大きな思想史的系譜を表現する以上の意味はない。

## 六　成立年代・場所・著者

成立年代については、エイレナイオスが『異端反駁』(I, 29)で、ＡＪのほぼ§12から§44までに該当する部分を要約的に報告(それ以後の部分は省略)していることが、重要な手掛かりになる。エイレナイオスの著作年代は後一八〇年代とされる。他方、彼の報告は明確にプレーローマ内の存在としての「キリスト」に言及するから、すでにキリスト教化された形でのＡＪがその時期までに、しかもエイレナイオスの司牧地、現フランスのリヨンの地にまで、流布していたことになる。したがって、本解説第二章で述べたような経過でのキリスト教化を蒙る前の原本は、遅くとも後二世紀の前半には成立していたと考えてよいであろう。

著者については何も確かなことは分からないが、旧約聖書に軸足を置きながら、同時に大衆化したストア哲学、中期プラトン主義にも接することができる位置にいたユダヤ人、すなわち、ヘレニズム・ユダヤ教徒を考えるべきであろう。

著作地としては、ＡＪがやがてヴァレンティノス派の救済神話に及ぼした影響から、エジプトを考えるのが一般的である。「セツ」の背後にエジプト古来の同名の神(セト神)との関連を想定する古くからの仮説、あるいは「バルベロー」の語源をコプト語ないしそれ以前のエジプト語に求めて、「大いなる発出」の意味だとする最近の学説(巻末の用語解説参照)が正しければ、エジプト起源説がそれだけ強力となる。しかし、これらの学説も一つの仮説以上のものではない。

## 七　翻訳・底本・参照文献

本翻訳の大きな特徴は、本解説第一章で解説した三つの写本(Ⅲ、B、Ⅱ)の訳文を上下三段の対観形式に並べることによって、三写本間に存在する内容上の並行関係と同時に、それぞれの写本の固有記事も容易に読み分けられるようにしたことにある。上段に写本Ⅲ、中段に写本B、下段に写本Ⅱの順に配置した理由は、すでに前出第二章で述べた通り、文献批判的に吟味すると、Ⅲが内容的にもっとも古い段階、Bが中間段階、Ⅱがもっとも新しい段階をそれぞれ代表する写本だからである。この対観形式の翻訳によって、今後はAJについても、新約聖書の共観福音書について行なわれてきたのと同質の文献批判的な研究が日本語レベルでも進められることが期待される。

この意図から、訳文は日本語としての自然さを多少犠牲にしても、むしろ正確であることを第一としている。特にすべての個々の文について、写本間での構文上の異同を可能な限り訳文にも反映させるように努め、原文の構文が同じであるような場合には、原則として、訳文についても同じ構文を心掛けている。このことは構文レベルにとどまらず、単語レベルでも全く同様である。

さらに、対観を容易にするために、全体を合計八十一のパラグラフ(§)に区分している。他のいくつかのナグ・ハマディ文書についてはパラグラフへの区分が慣行として定着しつつあるが、AJについては、後述の参照文献に挙げられた⑧M・タルジュー(Tardieu)の仏訳以外には、例がない。本翻訳でのパラグラフ区分は、タルジューの区分を参考にしてはいるが、随所で独自の判断に基づくものである。

また、任意の箇所が写本そのものにおいて占める位置を示すために、写本の頁数と行数も訳文中に挿入した。例えば【1】は写本の第1頁、5、10、15、20、25、30、35は当該頁の第5行、第10行……の意味である。しかし、コプト語本文の語順を日本語の訳文に保持することはもとより不可能であるから、いずれの表示も大方の目安を示すものに過ぎない。

翻訳のために参照した校訂本文は次の通りである。

① W. Till/H.-M. Schenke, *Die gnostischen Schriften des koptischen Papyrus Berolinensis 8502*, Berlin 1972.

② M. Krause/P. Labib, *Die drei Versionen des Apokryphon des Johannes im Koptischen Museum zu Alt-Kairo*, Glückstadt 1962.

③ S. Giversen, *Apocryphon Johannis, The Coptic Text of the Apocryphon Johannis in the Nag Hammadi Codex II with Translation, Introduction and Commentary*, Copenhagen 1963.

④ M. Waldstein/F. Wisse (ed.), *The Apocryphon of John Synopsis of Nag Hammadi Codices II'1, III'1, and IV'1 with BG 8502'2*, Leiden 1995.

以上の内、①は写本Bの校訂本文、②は写本Ⅲ、Ⅱ、Ⅳの校訂本文、③は写本Ⅱの校訂本文、④は写本Ⅲ、B、Ⅱの校訂本文であり、それぞれドイツ語あるいは英語の対訳を付している。

しかし、これらの内、写本ⅢとⅡについては、②—④の三者の読みが細かな点で相当に異なっている場合が少なくない。特に本文の損傷が激しい写本Ⅱ劈頭の六頁分の校訂(欠損部の復元)においてとりわけそうである。そのような場合には、本翻訳の訳者自身が原写本のファクシミリ版(*The Facsimile Edition Of the Nag-Hammadi Codices*, Leiden 1976)および以下に掲げる欧米語諸訳を参照しながら、校訂者とは異なる独自の読みを採用した箇所も少なくない。ただし、そのような場合にも、必ずしも常に訳注でその旨断っている訳ではない。立ち入った専門的な説明は一般読者の方々には無用であろうと考えたからである。そのような専門的な説明が必要な場合には、⑪—⑬の拙訳に付された訳注を参照して下さるようお願いしたい。そこでは本翻訳の訳注では一切省略された文献学的な議論が詳細に行なわれている。

⑤ R. Kasser, *Bibliothèque gnostique I: Le livre secret de Jean:* *'Απόκρυφον 'Ιωάννου*, *RThPh* 97 (1964) 140-150:

II : versets 1-124, *RThPh* 98 (1965), pp. 129-155.

III: versets 125-394 *RThPh* 99 (1966), pp. 165-181.

IV: versets 395-580fin *RThPh* 100 (1967), pp. 1-30.

⑥ M. Krause, Das Apokryphon des Johannes, in: W. Förster (Hg.), *Die Gnosis, Zeugnisse der Kirchenväter*, Zürich/Stuttgart 1969, pp. 141-161.

⑦ B. Layton, *The Gnostic Scriptures, a New Translation with Annotations and Introductions*, New York 1987, pp. 23-51.

⑧ M. Tardieu, *Écrits gnostiques: Codex de Berlin* (*Sources Gnostiques et Manichéennes I*), *introduction, traduction et commentaire*, Paris 1984, pp. 83-166.

⑨ F. Wisse, The Apocryphon of John, in: J. Robinson (ed.), *The Nag Hammadi Library in English*, Leiden/New York 1988 2, pp. 104-123.

⑩ H. N. Bream, *The Apocryphon of John and Other Coptic Translations*, Baltimore 1987.

⑪ 大貫隆「ヨハネのアポクリュフォン(ベルリン写本)──翻訳と訳注」、東京女子大学紀要『論集』第三八巻二号(一九八八年)、一一一─一三八頁、同三九巻一号(一九八八年)、六三─八五頁。

⑫ ──「ヨハネのアポクリュフォン(ナグ・ハマディ写本Ⅱ)」、東京大学教養学部紀要『比較文化研究』第三二輯(一九九三年)、九一─一四〇頁。

⑬ ──「ヨハネのアポクリュフォン(ナグ・ハマディ写本Ⅲ)」、『東京大学宗教学年報』Ⅺ(一九九三年)、一七九─二〇三頁。

# 解説　アルコーンの本質

大貫　隆

## 一　写本

『アルコーンの本質』はナグ・ハマディ文書の第Ⅱ写本に、『ヨハネのアポクリュフォン』、『トマスによる福音書』、『フィリポによる福音書』に続いて第四文書(**86**頁20行から**97**頁23行)として収められているものであり、その後にはさらに『この世の起源について』が続いている。本文の欠損はそれぞれの頁の最後の数行の行頭(偶数頁)あるいは行末(奇数頁)の最大約九文字分にとどまる。それも頁を追うごとに少なくなってゆくから、第Ⅱ写本に収められた文書の中では本文の保存が良い方に属する。

## 二　文学的様式・内容・構成

『アルコーンの本質』という表題は古代の慣例に従って文書の末尾(**97** 22—23)に後書きされている。「アルコーン」とは目に見える宇宙的世界全体を支配し、人間——とりわけ本書を生み出したグノーシス主義者(§37の「王なき世代」を参照)たち——をその中に閉じ込めていると考えられた勢力のことである。文学的な様式の上では、彼らの本質について尋ねた弟子の質問に対して、一人の教師と思われる者が解答を与えるという体裁をとっている

(§1)。

しかし、全体の構成は、仔細に見ると、決して分かりやすいものとは言えない。それには二つ大きな理由がある。

(1) §2から§18までは、すでにアルコーンたちの生成と存在を前提にした上で、むしろ彼らの頭領サマエールの不遜な思い上がりと業《わざ》、すなわち、最初の(心魂的)人間アダムの創造からノアの洪水までを、創世記一—六章をグノーシス主義的に再解釈しながら物語る。この部分の語り手は匿名であり、神話に登場する存在はすべて三人称で指示される。ところが、§19(**93**13)からは、その直前(§16—18)まで三人称・女性・単数で指示されてきた「ノーレア」が突然一人称・単数の「私」で語り始め、彼女が天使エレレートから与えられた啓示を第三者に伝える体裁に変わる。その啓示は終始エレレートとノーレアの間の対話の形で開陳される。内容的には、ここで改めてアルコーン(支配者)たちの生成の次第から説き起こされ(§21参照)、最後は救済論と終末論的な予言(§33—39)をもって終る。このように話が前後するために、例えばサマエールの思い上がりの場面が重複する結果(§2、23、26)になっている。神話の展開としては、ほぼ§21—26→§4—18→§32—39の順で読まないと話の筋が通らない。

(2) いわゆるプレーローマ界(光の世界、§29「オグドアス」)がアルコーンたちの支配領域の上に、それから一つの「カーテン」(§22、28)で仕切られる形で存在し、そこに「万物の父(神)」、「霊(聖霊、見えざる大いなる霊、処女なる霊、真理の霊)」、「完全なる(真実なる)人間」、「不滅性」、「エレレート」、「ピスティス・ソフィア」、「ゾーエー」、「あの種子(子孫)」、「御子」など、すでに翻訳本文の序に一覧表で示した一連の神的存在が属する。しかし、そのことは暗黙の内に前提されるに留まり、これらの神的な存在全体の相互的な組成については何の説明も行なわれない。

この内(2)については、本書がアルコーンの本質という問題に主題を限定しているために、それと直接係わらないプレーローマ界の組成の問題は省略された、という説明が可能である。他方、(1)の困難は、早くから多くの研究者を、この文書の背後に複数の資料を想定する仮説に導いた。と同時に、それらの資料に対する編集がどのように行なわれているかの分析も繰り返し試みられてきた。

## 三　資料と編集

現在は、少なくとも二つの資料を想定するのが定説である。一つは創世記一—六章をタルグーム的にパラフレーズする資料で、§2—14(18)の背後に想定される。もう一つはノーレアに対するエレレートの啓示講話で、ほぼ§19—37の背後に想定される。そして、これら二つの資料を繫ぎ合わせた編集者は、本来ならば、後者において啓示の受け手として一人称・単数の「私」で登場していたノーレアを、三人称・単数に変更すべきであったのに、粗忽にもそうしないでそのまま放置したのだと説明される(H・M・シェンケ)。他方、『アルコーンの本質』の冒頭に序文を、結びには終末論的予告(§36—37)と頌栄(§39)を付すことによって全体を枠付けしたのは、その枠の部分に新約聖書的な語彙が集中的に現れることが端的に証明する通り、間違いなくキリスト教徒——正確にはキリスト教グノーシス主義者——である。しかし、この最終編集者と前記の二つの資料を結合した編集者を同一人物と見做すか(R・カッセ)、あるいは、両者を区別して、キリスト教グノーシス主義による最終的な編集以前に、ユダヤ教グノーシス主義による編集段階を想定するか(B・バルク)、については研究者の意見が分かれている。また、キリスト教グノーシス主義による編集的な加筆を、前述の枠組み部分を越えてさらにどこまで認めうるか、についても同様である。

## 四　グノーシス主義内部での系譜

次に、『アルコーンの本質』は多様なグノーシス主義の展開の中のどの系譜に属するであろうか。この点についても、セツ派、バルベロ派（シェンケ）、オフィス派（R・A・バラード）、ヴァレンティノス派などさまざまな説が提案されてきた。しかし、前述のように、プレーローマ界の組成の叙述が省略されているために、この文書を既知の他のグノーシス主義神話と突き合わせることには自ずから限界があり、厳密な系統化は不可能である。この限界を踏まえた上で、二つだけ顕著な事実を挙げれば、まず、「万物の父の意志」の及ぶ範囲に注意したい。すなわち、ヤルダバオートとアルコーンたちの悪しき業《わざ》も、繰り返し「万物の父の意志において」起きたこととされている（§6、7、30）。ここでは、グノーシス主義本来の二元論が緩和されて、ヴァレンティノス派においてもそうであったように、いわば一元論化されてゆく方向性が否定し難いように思われる。いま一つ顕著な事実は、同じ写本ですぐ後に続く『この世の起源について』との間に、明瞭かつ大幅な並行関係が存在することである。その中でもとりわけ著しいのは、プレーローマとその下の世界を区切る「カーテン」の「陰」から、可視的世界とその支配者たちの成立を説明する記事（§22）である。これは『この世の起源について』の冒頭部分（§2―5）に酷似している。その他の並行関係をすべて列挙すれば、この解説の七章に付した一覧表のようになる。神話論的には『この世の起源について』の方が『アルコーンの本質』よりも発展した形と見るのが定説である。しかし、それは必ずしも『この世の起源について』が『アルコーンの本質』を下敷きにして直接利用しているということではなく、むしろ二つの文書の背後に共通の資料を想定するのが多数意見である。

## 五　成立年代・場所・原語

『アルコーンの本質』が、他の多くのナグ・ハマディ文書と同じように、もともとギリシア語で書かれたものであることは、本文中に無数に現れるギリシア語の借用語から明らかである。成立年代は、コプト語のナグ・ハマディ写本II全体が、定説によれば後四世紀の前半に筆写されたものであるから、この年代を下限とすることになる。上限については、R・A・バラード(Bullard)が、§30(**96** 11―14)に新プラトン主義との並行が認められることを根拠の一つとして、後三世紀を提案している(§30注(1)参照)。B・バルク(Barc)は、ユダヤ教グノーシス主義による編集を後二世紀の前半、キリスト教グノーシス主義による最終編集を同後半に設定するが、明確な根拠があるわけではない。成立の場所としては、バラードが、§5に「アルコーンたちの顔は獣」とあるのを、エジプトにおける動物神崇拝と関連付けて、エジプト説を提案している。いわゆる「生活の座」、つまり、この文書が実際に用いられた場面としては、グノーシス主義的共同体の内部向けの教育活動を考えるのがもっとも順当であろう。すでに述べたように、神話の全体ではなく、その途中から説き起こして解答とするやり方は、対外的な宣伝文書には馴染まないからである。

## 六　翻訳底本・参照文献・パラグラフ区分

翻訳に当たっては次の校訂本の内、原則として②を底本とし、必要に応じて随時①と③も参照している。

① R. A. Bullard, *The Hypostasis of the Archons, The Coptic Text with Translation and Commentary*, with a contribution by Martin Krause, Berlin 1970 (*PTS* 10).

② R. A. Bullard/B.Layton, The Hypostasis of the Archons, in: B. Layton (ed.), *Nag Hammadi Codex II, 2-7, vol. 1*, Leiden 1989 (*NHS* XX), pp. 219-259.

③ B. Barc, *L'Hypostase des Archontes, traité gnostique sur l'origine de l'homme, du monde et des archontes* (*NH II*, 4), Québec/Louvain 1980 (*BCNH* 5).

これら三つの校訂本にはそれぞれ英語とフランス語の対訳が付されている。それ以外には以下のような欧米語の翻訳と研究文献を参照している。


R. A. Bullard/B. Layton, The Hypostasis of the Archons, in: J. M. Robinson (ed.), *The Nag Hammadi Library in English*, Leiden/New York 1988³, pp. 161-169.

K. M. Fischer, Besprechung zu R. A. Bullard, *The Hypostasis of the Archons*, Berlin 1970 (*PTS* 10), *ThLZ* 97 (1972), Sp. 125-129.

R. Kasser, L'Hypostase des Archontes, Bibliothèque Gnostiques X, in; *Revue de Théologie et de Philosophie*, 105 (1972), pp. 168-202.

——, L'Hypostase des Archontes, Propositions sur quelques lectures et reconstitutions nouvelles, in: M. Krause (ed.), *Essays on the Nag Hammadi Texts in Honour of Alexander Böhlig*, Leiden 1972 (*NHS* III), pp. 22-35.

M. Krause, Das Wesen der Archonten, in: W. Fœrster (Hg.), *Die Gnosis II*, Zürich/Stuttgart 1971, S. 46-62.

B. Layton, The Reality of the Rulers, in: B. Layton, *The Gnostic Scriptures*, New York 1987, pp. 65-

76.

P. Nagel, Grammatische Untersuchungen zu Nag Hammadi Codex II, in: F. Altheim/R. Stiehl (Hgg.), *Die Araber in der Alten Welt*, Berlin 1969, Bd. 5/2, S. 393-469.

——, *Das Wesen der Archonten*, Wissenschaftliche Beiträge der Martin-Luther-Universität 1970/6, Halle 1970.

H. M. Schenke, Das Wesen der Archonten, Eine gnostische Originalschrift aus dem Funde von Nag Hammadi, *ThLZ* 83 (1958), Sp. 661-670; Nachdruck: J. Leipoldt/H. M. Schenke, *Koptisch-gnostische Schriften aus den Papyrus-Codices von Nag Hammadi*, Hamburg-Bergstedt 1960, S. 68-78, 83-84.

これらの翻訳と研究文献においても、欠損本文の復元について実に多くの提案が行なわれている。その内、重要と思われるものについては訳注で紹介したが、研究者の名前などの細目は省略している。この点については、東京大学宗教学年報XIV号（一九九六年、一四一―一五八頁）に掲載された拙訳「アルコーンの本質（ナグ・ハマディ写本II／4）」に詳しい紹介と吟味がある。

なお、パラグラフ（§）の区分はB・レイトン（上記校訂本②）の提案に従っている。それとは別に原本の頁数と行数も本文の中に挿入して表記した。例えば【86】は写本の第八六頁を表し、それに続いて5、10、15、20、25、30、35とあるのは、それぞれの頁の第5行、第10行……の意味である。しかし、コプト語本文の語順を日本語の訳文に保持することはもとより不可能であるから、いずれの表示も大方の目安を示すものに過ぎない。

# 七　『この世の起源について』(NHC II, 5)との並行箇所一覧

最後に『この世の起源について』との著しい並行関係(第四章参照)を一覧表にして提示すれば次のようになる(以下の一覧表は H.-G. Bethge, "*Vom Ursprung der Welt*": *Die fünfte Schrift aus Nag-Hammadi-Codex II*, Diss. Masch., Berlin 1975, 1. Teil, S.92-120 をベースにしながら、それをさらに精密化したものである)。

| 『アルコーンの本質』 | 『この世の起源について』 |
|---|---|
| **86**, 27—**87**, 4(§2) | **103**, 8—20(§23—25) |
| **87**, 23—26(§5) | **112**, 29—**113**, 5(§67) |
| **87**, 26—**88**, 5(§5) | **114**, 29—**115**, 3(§78—79) |
| **88**, 11—17(§6) | **115**, 11—15(§81—82) |
| **88**, 19—24(§6) | **120**, 17—24(§110) |
| **88**, 24—26(§7) | **115**, 28—30(§84) |
| **88**, 26—32(§7) | **118**, 18—24(§102) |
| **89**, 3—11(§8) | **116**, 20—25(§89) |
| **89**, 11—15(§8) | **115**, 30—**116**, 8(§85—86) |
| **89**, 16—17(§8) | **114**, 7—15(§75) |
| **89**, 17—23(§9) | **116**, 8—20(§87—88) |
| **89**, 23—31(§9) | **116**, 25—**117**, 15(§90—94) |
| **89**, 31—**90**, 10(§9) | **118**, 24—**119**, 6(§103) |
| **90**, 13—**91**, 3(§9—10) | **119**, 6—**120**, 6(§104—106) |

| | | | | | | | | | | | | | | | | | | | |
|---|---|---|---|---|---|---|---|---|---|---|---|---|---|---|---|---|---|---|---|
| **97** 10–13 (§38) | **96** 3–15 (§30) | **96** 3–8 (§30) | **95** 31–**96** 3 (§29) | **95** 31–34 (§29) | **95** 26–31 (§29) | **95** 22–25 (§28) | **95** 19–22 (§28) | **95** 13–18 (§27–28) | **95** 4–8 (§25–26) | **94** 34–**95** 4 (§25) | **94** 26–32 (§24) | **94** 21–34 (§23–24) | **94** 19–20 (§23) | **94** 16–19 (§22) | **94** 13–15 (§22) | **94** 4–13 (§22) | **91** 13–15 (§11) | **91** 5–7 (§10) | **91** 3–11 (§10) |
| **125** 34–**126** 4 (§142) | **106** 19–29 (§36) | **99** 2–8 (§6) | **106** 5–16 (§34–35) | **104** 26–31 (§30) | **104** 35–**105** 11 (§31–32) | **104** 6–10 (§27) | **104** 17–22 (§29) | **103** 32–**104** 10 (§27) | **103** 8–20 (§23–25) | **101** 9–**102** 7 (§15–17) | **107** 34–**108** 5 (§42–43) | **103** 8–32 (§23–26) | **100** 29–33 (§14) | **100** 1–10 (§10) | **99** 8–13 (§6) | **98** 11–23 (§4) | **117** 15–18 (§95) | **120** 10–12 (§108) | **120** 25–**121** 13 (§111–112) |

解説

# この世の起源について——無表題グノーシス主義文書

大貫 隆

## 一 写本

『この世の起源について』はナグ・ハマディ文書第Ⅱ写本に、『ヨハネのアポクリュフォン』、『トマスによる福音書』、『フィリポによる福音書』、『アルコーンの本質』に続いて第五文書として収められているものである。ナグ・ハマディ文書に属する写本はいずれも原則として、古代の慣習に従って、収められた作品の表題をそれぞれの末尾(後書き)に記している。しかし、『この世の起源について』は例外的にそのような後書きを持っていない。その代わりに次の第六文書『魂の解明』の表題が直後に続いている。すなわち、『魂の解明』は前記の原則に反して、その冒頭に表題を記されているわけであるが、同時に原則通りその末尾にも同じ表題をもう一度記されているから、表題が二重になっている。これに対して、『この世の起源について』は冒頭にも末尾にも表題が全く欠ける結果となっている。もともと無表題の作品であったとは考えにくいから、おそらくは写本の伝承(筆写)過程のどこかで生じた写字生の勘違いによって、元来の表題が写し忘れられたものと思われる。「この世の起源について」という呼称はH・M・シェンケ(Schenke)が一九五九年に行なった提案(後出七章、参照文献①参照)によるもので、それ以来研究者の間では一般的になっているが、それと並んで「無表題グノーシス主義文書」という呼称も用いられることがある。

使われているコプト語は、同じ第Ⅱ写本に収められた前記の文書の場合と同様、前古典期のサヒド方言を基本として、それにアクミーム（準アクミーム）方言の影響が加わったものである。写本で『この世の起源について』に該当する部分（第**97**頁24行―127頁17行）の保存状態は平均をはるかに越えて良好で、欠損は少ない。僅かな欠損部も比較的容易に復元可能な場合が多い。但し、写本に損傷はないにもかかわらず、文意が通らない箇所が少なくない（具体的な箇所については訳注にその都度注記する）。もともとの原本がギリシア語であったことは、他のナグ・ハマディ文書と同様、無数のギリシア語からの借用語によって証明されるが、それを最初にコプト語に訳した訳者の翻訳、あるいはその後の写字生の筆写作業のいずれかが余り正確なものではなかったのだと推定される。

ナグ・ハマディ文書の中には、『ヨハネのアポクリュフォン』（Ⅱ／1、Ⅲ／1、Ⅳ／1）のように、同一の作品でありながら複数の異版が含まれているものがある。『この世の起源について』もその一つで、第XIII写本の最終頁の下十行に異版が筆写されている。しかし、この異版は内容上第Ⅱ写本のこの文書の**98**[5]までに並行するに留まり、それ以後の部分については伝わらない（詳しくは§2注（4）参照）。

もう一つ別の異版は現在大英図書館に MS, Or, 4926(1) の整理番号で保存されている写本断片である。この写本断片の存在自体はすでに一九〇五年以来知られていたが、同年にコプト語学者W・E・クラム（Crum）が検閲したときには、元来の写本から分離されてある別の写本を綴じるための補強材として使われていたものという以上には判別できなかった。これらの断片を一九七二年にCh・オイエン（Oeyen）が初めて判読し、そのいくつか（合計十五）が『この世の起源について』の異版であることを明らかにした。その後の古文書学的研究によって、これらの断片の筆写時期もナグ・ハマディ文書中の二つの版（Ⅱ／5、XIII／2）とほぼ同じ（後四世紀）であることが明らかになっている。しかし、いずれの断片も分量的には小さく、判読できない文言も少なくないため、この文書の本文批評に果たす役割もその分限定されたものとならざる得ない（該当する断片の校訂本文は、後出第七章の参照文献⑤に所収）。

## 二　内　容

『この世の起源について』は間違いなく一定の救済神話を前提にしている。しかし、次節で触れる著作目的とも関連して、その神話を初めから終りまで体系的に語るのではなく、むしろ「話の途中」から説き起こす。その後の論述も物語論的な首尾一貫性には程遠く、多くの逸脱と隙間あるいは挿話を含んでいる。そのために、私が知るかぎり、ナグ・ハマディ文書の中でも、話の筋が辿りにくい最も難解な文書の一つに数えられる。このような文書を読解するための第一歩は、全体の構成を云々する前に、全体を個々の内容的なまとまりに細分化してみることである。一九七五年にH・G・ベートゲ（Bethge）がベルリン大学に提出した学位論文（後出第七章、参照文献④参照）でこれを行ない、全体を百五十のパラグラフに区分した（われわれの翻訳もこの区分を採用する）。その後ベートゲがB・レイトン（Layton）と共同で提示した校訂本文と翻訳（後出第七章、参照文献⑤参照）では、その百五十のパラグラフを、翻訳本文の序に掲出したような「筋」（plot）に整理している。

いささか細かな話になるが、作品末尾の§148に「闇がその後に続いた業」とある文言は、明らかに§1―2の序詞で行なわれている問題設定中の同じ文言を指示し、それと大きなインクルージョンを構成している（§148注（1）参照）。従って、著者が主観的には自分の著作を一つのまとまりある全体と考えていることは間違いない。にもかかわらず、この著作にはなお多くの物語上の、あるいは論理的な不整合と隙間が残されている。ここではその内の主要なもののみ列挙すれば次の通りである。

(1)　§9の末尾(**99**33―**100**1)は§22(**102**26―35)で初めて語られるべきことを先取りしている(§9注(3)参照)。

(2)　§41―42に描かれるアルキゲネトール(＝ヤルダバオート)の羞恥と再度の高ぶりは、神話の展開上は本来§26に直接続き、かつ§27―40の前に位置して、息子のサバオートが父から離反して回心し、ピスティス・ソフィアによって第七の天の支配者に据えられ、父の妬みの対象となるに至るきっかけを叙述すべきものであるが、現実には§27―40の後に続いている。その結果、§27―40が全体として一大挿話のような観を呈している(§26注(4)、§41注(2)参照)。

(3)　§15と§16は相前後してヤルダバオートの息子たちの名前を列挙するが、その配列順が不同で、統一的に読めない。加えて§36にも、サバオートを第一の息子とする別の配列順が前提されているように見える(§16注(10)参照)。

(4)　§77以下に報告されるアルキゲネトールの「人間についての思惑」と支配者たちによる「地的人間」の創造は、内容上は§67に接続する(§77注(1)参照)。

(5)　§98―99は前後の記事が神話に沿って展開しているのに対して、著者がそこまでの話を人間論の側面から中間的に総括するために挿入されたもので、話の筋は§100の冒頭の「さらに私は続けて語ろう」で再びつなげられる。

(6)　エジプトのフェニックス、水竜、二頭の雄牛について語る§115―122も全体が挿話であって、神話の展開は、§123の冒頭で著者自身が言うとおり、§114の「アルコーンたちについての話」から§123へ接続する。この挿入は§113に楽園でのアダムとエバの寿命が千年と定められていたとあることが、著者の連想を千年周期で自己更新するフェニックスに導いたために起きたものであるが、§121では著者の連想はさらに植物のフェニックス(なつめやし)

へ飛んでゆく。

このような不整合と隙間や挿話が事後的な錯簡や改竄あるいは付加によるのではないとすれば、この文書の最初の原本そのものがいまだ著作としては完成度の低い、最終的な推敲以前のもの(opus imperfectum: B. Layton)であった可能性が大きくなる。後述するように(第五章「資料」参照)、著者が実に多くの資料や先行文書を跋渉していることもその一因かも知れない。

## 三　著作目的と文学ジャンル

『この世の起源について』の著作目的は、著者自身が序詞(§1)で明言しているとおり、「カオスよりも前には何も存在しない」とする一定の宇宙観あるいは世界観の誤りを、彼自身の神話論上の立場から「論証」することである。このため、著者は初めから最後まで、論点の整理が必要となるその都度、一人称単数の「私」で発言する(§1、128)。その他、読者にも「君」あるいは「君たち」と直接呼びかけ(§18、20、38、40、65、126)、さらには自分と読者を一人称複数に括っている(§3、123、126)。特に§18、20、38、40、65で著者がそれぞれの論点についてより詳しく知りたいと欲する読者に対し、該当する先行文書を参照するよう指示しているのは、現代の学術論文で言えば脚注に相当する。このように、この文書は文学ジャンルの上では、一種の「論文」なのである。同じナグ・ハマディ文書でも『ヨハネのアポクリュフォン』や『エジプト人の福音書』は一貫して神話を物語り、『トマスによる福音書』や『フィリポによる福音書』は語録集であって、いずれの場合にも、実際の著者は本文の背後に隠れている。それとは対照的に、実際の著者と読者のコミュニケーションが本文の中に顕在化している点に、この文書の語り口の特徴があると言えよう。他方で著者は、自分の著作目的に必要な範囲で、彼自身が奉じる救済神話も報告しなければならない。その結果、神話を報告する物語的部分と著者自身の論評的な発言が終始混在することとなり、読解を一層困難にしている。論評的である点では、ナグ・ハマディ文書の中では『三部の教え』(第Ⅰ写本の第五文書)に似ていると言える。

その救済神話の報告もいわば「話の途中」——「カオス」の生成に直接先行する「業《わざ》」として、ピスティス・ソフィアから巨大な「垂れ幕」が生じてくるところ——から行なわれるに過ぎない。それ以前に「八つのもの」の中で起きたはずの神々の生成過程については、以後の論述の中で時折フラッシュ・バック式に言及はされるものの、組織立った記述は遂に行なわれないままである。このような論述は読者の側に相当量の前知識を前提にしなければ、読解が著しく困難であり、「カオス」こそ万物の始源と考えている読者を実際どこまで説得し得たものか、いささか疑問に思われる。この限りでは、『この世の起源について』の「生活の座」をグノーシス主義の対外的宣伝に求める説(H・G・ベートゲ)は再検討が必要である。

## 四　思想とその系譜

『この世の起源について』の著者は、ユダヤ教の中で蓄積された創世記一—三章をめぐる再解釈の伝統、ギリシア神話(ティタン神族、エロース、ヒーメロス、ヘルマフロディテース)、ヘレニズム思潮(宿命論、占星術、星辰宗教)、さらにオリエント思潮(エジプトのフェニックスと雄牛信仰)に通じ、縦横無尽に引き合いに出している。すなわち、典型的なヘレニズム思想混淆の中に生きているわけであるが、基軸はいわゆるキリスト教的グノーシス主義である。その場合にも、「キリスト教的なもの」(§33、76の「イエス・キリスト」、§118、134、139、141、143—145における新約聖書からの引用あるいは暗示)は思考の基本構造には係わらず、表層に留まっている。著者の思考あるいは思想の特性を知り、それをグノーシス主義の複雑多岐な展開史の中に定位するには、基盤にある救済神話の基本構造を知ることが不可欠である。ところが、前述のように、その救済神話が「話の途中から」しか報告されないために、そのような試みは著しく困難である。そのために、これまでに提出されている学説もさまざまである。

いち早くH・M・シェンケは、『この世の起源について』をいわゆる「バルベロ・グノーシス派」の系譜に位置づけたが、肝心の「バルベロ」という名の神性が現れないこともあって、その一変種であるとした。仮に「バルベロ・グノーシス主義」の典型を『ヨハネのアポクリュフォン』にみることが許されるならば、そこではマイナスに評価されている創世記三章の「蛇」(ヨハ・アポ§62参照)が、この文書ではプラスに位置づけられていること(§73、103、104)も、「バルベロ・グノーシス派」説には不利である。この点も含めて、『この世の起源について』の神話論に構造的に最も近いのは、後二世紀中葉までに存在したことが知られているグノーシス主義グループの中では、すでに繰り返し指摘されているとおり、エイレナイオス『異端反駁』(I, 30, 1-15)の報告から知られる限りでの「オフィス派」あるいは「セツ派」の神話である。母ソフィアと息子ヤルダバオートの関係、ヤルダバオートと六人の子供の関係が特にこの文書のそれと類似する他、「光の滴」というこの文書に特徴的な象徴語(§71、72)も共通している。と同時に、細部での差異も無視できない程度に大きく、両者を早急に同一視することはできない。ヴァレンティノス派との類似性も人間論と救済論(特にいわゆる「大教会」に所属するキリスト教徒にも一定程度の救済の余地を容認する点、§149参照)において認められるが、構造的な類似性について語るには足りないように思われる。

後三世紀以降のグノーシス主義との関係について言えば、多くの研究者が特に§43―48について、マニ教の救済神話との並行関係を指摘している(詳しくは§45注(5)参照)。どちらがどちらに影響されているのか確定することは困難であるが、一応『この世の起源について』の方をマニ教神話よりも前に置く説が有力である。また、この文書の救済ドラマの主人公が陰に陽に「ピスティス・ソフィア」である点では、通常後四世紀のキリスト教グノーシス主義の作品とされる『ピスティス・ソフィア』と同じ系譜に属することは間違いない。この文書の大きな特徴は厳密な神話論的体系性がすでに崩れている点にある。すでに繰り返し触れたように、この文書が「八つのもの」、つまり超越的な神々の領域の生成過程を語らずに済ますことができるのも、単に前述のような限定された著作目的だけに因るものではなく、あるいは著者自身が神話論的体系性への関心を失い始めていることにも因るのかも知れない。しかし、たとえそうであったとしても、『この世の起源について』の神話論的輪郭は『ピスティス・ソフィア』のほとんど「カオス的」とも言うべきそれに比べれば、まだはるかに明瞭であると言えよう。

## 五　資　料

著者が多くの文献資料を使っていることは確実である。旧約および新約文書を別にすれば、『預言者モーセの至高天使』(§18)、『ノーライアの書の第一巻』(§18)、『ノーライアの第一書』(§20)、『ソロモンの書』(§38)、『十二人の下の天の宿命の星位の書』(§40)、『預言者ヒエラリアスの第七の世界』(§65)、『聖なる書』(§56、117)が著者自身によって挙示されている。しかし、いずれもほとんど未知の書であり、内容については『この世の起源について』の前後の文脈から推測する他はない(それぞれ該当する訳注を参照)。

もう一つ注意すべきは『アルコーンの本質』との著しい並行関係である。この並行関係は、本巻所収の『アルコーンの本質』の解説の第七章に一覧表にして示した通りである。両文書の間の並行記事は文字通り逐語的に一致する場合も少なくない。しかしその場合にも、それぞれが置かれた文脈まで一致するとは限らない。共通する語句、モティーフ、記事もそれぞれの文書で扱われる詳しさには差があり、それに応じて長さも違っている。概してこの文書の記事の方が長めである。反対に論理的な明瞭性では、『アルコーンの本質』の方が優っている場合が多い。一方が他方に文献的に依存しているという関係ではなく、共通の資料として第三の文献を想定するのが研究者の間では優勢である。

なお付言すれば、A・ベーリッヒ(後出第七章、参照文献②)は、ヤルダバオートとその子らを指す表現として「アルコーン(ἄρχων)たち」と「権威(ἐξουσία)たち」の二つが交代的に現れる事実から、「アルコーンテス資料」と「エクスーシアイ(権威)資料」を想定しているが、賛同する研究者は少ない。

## 六　成立年代・場所・著者

一方では後二世紀のグノーシス主義諸派との、他方では後三―四世紀のマニ教や『ピスティス・ソフィア』との、前々章および前章で行なったような神話論上の突き合わせから推すと、またナグ・ハマディ第Ⅱ写本全体の筆写年代が、定説によれば、後四世紀前半であることを考え合わせると、『この世の起源について』の成立年代は後三世紀半ばから四世紀初頭の間に置くのが妥当であろう。成立地としては、§115―122の挿話において、とりわけエジプトの救済史的意味が称揚されている事実を重く見れば、アレクサンドリアが有力な候補地となる。他方、§10、16、25、27、33、46、72、73にはヘブル語、シリア語、アラム語に跨がる語呂合わせが繰り返されている。この事実を重く見れば、シリア・パレスティナのいずれかの都市の可能性も捨てきれない。著者についても詳細を知る術はないが、そのような語呂合わせの能力を持ち合わせた人物、おそらくはヘレニズム・ユダヤ教の出身者であると思われる。

## 七　翻訳底本・略号・参照文献

翻訳に当たって次の校訂本⑵、⑷、⑸、⑹と翻訳①、②、③、④、⑤、⑥を参照している。

① H.-M. Schenke, *Vom Ursprung der Welt, Eine titellose gnostische Abhandlung aus dem Funde von Nag Hammadi*, *ThLZ* 84(1959), pp. 243-156.

② A. Böhlig/P. Labib, *Die koptisch-gnostische Schrift ohne Titel aus Codex II von Nag Hammadi im Koptischen Museum zu Alt-Kairo*, Berlin 1962.

③ M. Tardieu, *Trois Mythes Gnostiques: Adam, Éros et les animaux d'Égypte dans un écrit de Nag Hammadi* (*II, 5*), Paris 1974.

④ H.-G. Bethge, "Vom Ursprung der Welt", *Die fünfte Schrift aus Nag-Hammadi-Codex II, neu herausgegeben und unter bevorzugter Auswertung anderer Nag-Hammadi-Texte erklärt, 2 Teile*, Diss. (Masch.), Berlin 1975.

⑤ B. Layton (ed.), *Nag Hammadi Codex II, 2-7 together with XIII, 2, Brit. Lib. Or. 4926* (*1*), *and P. Oxy. 1, 654, 655*, Vol.2, Leiden 1989 (*NHS* XXI), pp. 12-134.

⑥ L. Painchaud, *L'Écrit sans Titre, Traité sur l'origine du monde* (*NH II, 5 et XIII, 2 et Brit. Lib. Or. 4926*〔*1*〕), Louvain 1995 (*BCNH* 21).

翻訳の底本には原則として⑤に所収のB・レイトンによる校訂本文を用いたが、必要に応じて随時②、④、⑥も参照している(但し⑥については、その刊行が本稿の脱稿とほぼ同じ時期であったため、十分に参照することができなかった)。本文の復元と翻訳が困難な箇所については、上記の翻訳も参照しながら、訳者である私自身が独自の判断を下した場合が少なくないが、必ずしもそのすべての場合について専門的・文献学的な議論や根拠付けまで注記しているわけではない。そのような注記は、東京大学大学院総合文化研究科・教養学部外国語委員会編『外国語研究紀要』第一号、一九九七年、一五一―四〇頁に連載中の拙論「この世の起源について」(ナグ・ハマディ写本II/5)に詳細にわたって行なわれている。

なお、パラグラフの表示とは別に、原本の頁数と行数も本文の中に挿入して表記した。例えば**【97】**は写本の第九七頁を表し、それに続いて5、10、15、20、25、30、35とあるのは、それぞれの頁の第五行、第十行……の意味である。しかし、コプト語本文の語順を日本語の訳文に保持することはもとより不可能であるから、いずれの表示も大方の目安を示すものに過ぎない。

# 解説

## プトレマイオスの教説——エイレナイオス『異端反駁』

小林　稔

### 一　エイレナイオスによる証言

この教説を書き遺してくれたエイレナイオス（イレナエウス）は一三〇年から一四〇年くらいの間に小アジアのスミュルナで生まれ、二〇〇年頃に没するまでリヨンで活躍した。彼は、あるキリスト者たちがヘレニズムの世界観でキリスト教を理解した結果、イエスの使信を換骨奪胎し、自分たちの世界観を説明するための単なる素材にしてしまったと判断した。そして、この人々のキリスト教理解に反対して『偽称グノーシスの正体暴露とその反駁』を著した。この全五巻からなる著作は、通常『異端反駁』と略記される。

ごく大ざっぱにいうと、彼は、第一巻で自分が反駁しようとするグノーシスの教説を紹介し、第二巻でこれに反論を加え、第三巻以降では、キリスト教のさまざまな思想を救済史観に基づいて自分なりに一つに統合し、提示しようとしている。彼自身はそれを自分の貢献ではなく、教会に伝えられてきた教えだと言っている。

ともあれ、グノーシスの教説を紹介する第一巻では、彼は一—八章でヴァレンティノス派についての一般的知識を与えた後、九—一〇章でこれを批判し、一一—二一章はヴァレンティノス派の人々が互いに異なる教説を唱えていることを示すのに費やし、二二章で簡単に批判した後、二三—三一章は、彼の表現を借りれば「彼ら（ヴァレンティノス派）の教説の起源となる古い教説」の紹介に当てている。

この訳はその最初の部分である。彼はそこで読者に、ヴァレンティノス派についての知識を与えようとするのであるが、（一二章一節（以下一二1と略記）でわれわれの箇所と矛盾する教説がプトレマイオス派のものとして紹介されているという問題はあるものの）主としてその一分派であるプトレマイオス派の教説を述べているようである。第一巻の序文で、彼は「今、隆盛を極めている人々――私はプトレマイオスの（追随者）たちのことを言っているのであって、（この派は）ヴァレンティノス派の開花であるが――（ともかくこの人々）の意見をわれわれの能力に応じて、簡潔かつ明瞭に告げ知らせよう」（序2）と書いているからである。また、訳出した最後のところにある通り、ヨハネ福音書序文の注解の末尾に「プトレマイオスは以上のように（言う）」（八5）と書いているからである。

他方では、主として一つの資料に依拠しながらも、時に応じて、同じテーマに関するヴァレンティノス派の他の分派の教説を付け加えている。彼自身、「他方、彼らの内のある人々は……次のように物語る」（一一3）とか、「さて……（このように）いう人々がある」（七2）といった導入文を入れているし、序文では「（私は）ヴァレンティノス派の弟子たち――彼らもそれを自認している――のノートに触れ、また彼らの内のある人々に会って、彼らの考えを把握した上で……」（第一巻、序2）と書いているからである。

このように明示されていることを手がかりに、他の分派のものと思われるところを取り除いても、話は少々込み入っている。欧州の研究者たちの間には、グノーシス主義は東洋的な思想なので論理的ではないと言う人もあるが、プトレマイオス自身のものとその弟子たちのものに分けることができるように思われる。訳出した箇所（第一巻一1―八4）の教説はローマのヒッポリュトス（一七〇以前―二三五年）に並行箇所（『全異端反駁』第四巻二九1―三六4）がある。彼は主として別の教説（研究者たちの間でBと呼ばれるもの）について書きながらも、エイレナイオスの主要資料に見られる教説(Aと呼ばれるもの)にも触れており(同書、二九2—4、三〇4後半—5前半、三一3、三四1)、逆にエイレナイオスも自らの説明の中にBを挿入している(第一巻二3—4前半など)。従って、両者の比較により、またそれを基礎に、内容や用語法上の不整合を手がかりとして、エイレナイオスの用いた資料を分析することが可能だからである。

そのようなわけで、訳ではプトレマイオスの教説だけを抽出して読めるよう、彼の弟子たちの教説、別の分派の教説などは小さな字で記した。ただし、皮肉っぽい注釈、自分の言葉による説明、非難と中傷など、報告者エイレナイオスが挿む彼自身の意見に関しては表記は一貫していない。そして、分析結果はあくまでも訳者の意見である。小さな字の部分も併せて読み、自ら判断していただければ幸いである。

## 二　証言の内容

小さな字の部分も含めて、訳出部分の概要を述べると次のようである。

第一章では神的諸存在の発生(theogonia)が語られる。一1の前半で、根元的存在者ビュトス(深淵)とその伴侶シゲー(沈黙)の様子が描かれ、ヌース(叡知。モノゲネース、パテールとも呼ばれる)とアレーテイア(真理)の流出によってテトラス(二対四柱の神的存在)が成立する。ついでヌースとその伴侶からロゴスとゾーエー(生命)が、そしてこれらからアントローポス(人間)とエクレーシア(教会)が流出され、こうしてオグドアス(四対八柱の神的存在)が成立する。一2に入って、ロゴスおよびアントローポスとその伴侶たちから、デカス(十柱の神的存在)とドーデカス(十二柱の神的存在)が流出される。このドーデカスの最下級のアイオーンがソフィアであるが、ともかくこうして神的世界プレーローマが成立するわけである。一3はプレーローマ内のアイオーン(神的存在)の数が聖書によって裏付けされているという主張と、これに対するエイレナイオスの批判である。

第二章では、プレーローマ内の出来事が語られる。事件の発端は、不可知の至高者を観想できるという特権を持つヌースが、他のアイオーンたちにビュトスの偉大さ、その把握不可能性、不可視性を啓示しようとしたのを、シゲーが引き留めたことにある。その結果、アイオーンたちは知られざる根源者を知りたいと憧れることとなり、このパトス（激情）によって彼らは不安定な状態に陥ることとなる（二1）。ただし、アイオーンたちの場合、このパトス（激情とそれによって彼らが被った状態）は最下位のソフィアに凝縮されて、いわばここで症状を顕わす。彼女は無限の父を探求したいというパトスにとりつかれるが、もとより不可能なことを企てたわけであるから、ひどいパトス（苦悶）に陥る。そして消滅の危機に陥るが、ホロス（境界）によって救われ、父が把握できないものであることを納得して、パトスとその元凶なる探求のエンテューメーシス（思い）から解放され（二2）、プレーローマ内の対（の位置）に復帰させられる（二4）。二3および二4の前半は他の資料Bによる重複記事である。

これで事件は一応片付いたわけであるが、同じようなことが再び起こらないよう、ヌースがキリストと聖霊を流出し、アイオーンたちをパトスから徹底的に治療する。つまり、キリストが対の本性と父の把握不可能性を教え（二5）、キリストの教えによって均等化された彼らに、聖霊が感謝と賛美を教え、真の安息を導き入れるのである。そして、アイオーンたちはこれに対する感謝として、一つの意思と考えで、自分たちの最もよいものを集め寄って、ソーテールおよびその守護者なる天使たちを流出する（二6）。第三章は、以上の聖書による裏付け（三1―5）と証明の仕方に対するエイレナイオスの批判（三6）である。

第四章では、ソフィアに棄てられ、ホロスによってパトスと共に（四5によればこれは消滅する）プレーローマの外に出されたエンテューメーシスの運命、すなわち（プレーローマと後に発生するこの世との間にある）中間界の出来事が語られる。遺棄されたエンテューメーシス(アカモート)を憐れんだキリストが彼女を「存在に基づいて」形成するが、彼は彼女を取り残してプレーローマの中へ帰ってしまうので、アカモートは自分が経験したキリストに憧れてこれを追い求める。しかし、パトスと混じっていたために、ホロスにさえぎられてプレーローマに入ることができず、その結果、激しい不安の状態に陥って、さまざまなパトスにとりつかれる(四1)。

四1の末尾で彼女のパトスが上のソフィアのパトスの場合と較べられるが、これを契機に、四2の冒頭では、自分を生かしたものへの傾き(エピストロペー)とパトスの運命が先取りして語られる。しかし、四2の後半は異説であり、四3―4はこの異説とその教え方に対するエイレナイオスの批判と皮肉である。

これらの挿入の後、四5で再び、四1で中断された神話論に戻る。パトスに陥ったアカモートはキリストに嘆願するが、彼は、パテールおよび他のアイオーンたちの協力をえて、彼女を癒すため、ソーテールとその天使たちを派遣する。ソーテールは彼女を「グノーシスに基づいて」形成し、パトスから浄める。しかし、彼女が直ちにプレーローマの安息に入ってソーテールの収斂作用が終結するのではなく、神話論は彼女によってさらに展開を見る。すなわち、彼女は彼の天使たちを見て想像妊娠する(、そして彼女の孕んだ霊的種子が成長して完成するとき、彼女はプレーローマに入る)のである。なお、ソーテールは、彼女から切り離したパトスを処理して、物質の材料に変える。またエピストロペーを心魂的存在にする。

第五章は1―4節が宇宙の起源(cosmogonia)、5―6節が人間の起源についての教説である。すなわち、ここからこの世、七層の天をも含む意味での物質界の領域にはいるわけである。

アカモートはソーテールが処理してくれたものの形成に着手し、ソーテールから学んだものを流出する。すなわち心魂的存在からデーミウールゴスをかたちづくるのである(五1)。そして、デーミウールゴスはソーテールが非物体的なものとして残したものを物体的なものとし、さまざまなものを製作する。そして、自らは七つの天の上、すなわちこの世の最上位に位置を占める(五2)。但し、彼は自分が製作したものの原型であるイデアにも、アカモートにも無知であり、母アカモートの流出によって作り上げることができたのである。五4では物質的存在物について詳述され、デーミウールゴスの無知に関する聖書が引用されるが、その多くの部分は他資料に由来するものと考えられる。

五5―6は人間の起源についての教説(anthropogonia)であり、創世記(一26および二7)を解釈・敷衍した神話によって説明される。すなわちデーミウールゴスが物質の一部から、似像に基づいた物質的人間を作り、これに、類似性に基づいて生じた心魂的な人を吹き込んだ(五5)。ところが、アカモートが自分の種子を秘かにデーミウールゴスの内に据えつけていたため、彼の吹き込みによって霊的な人が人間の内に蒔かれることとなる(五6)。

六1は、これに基づく人間論(anthropologia)である。人間には三つの要素があって、物質的なものは滅びに定められ、心魂的なものは物質的なものと霊的なものの中間にあって、自律的であり、自らが傾いた方へ行く。そして、霊的なものは心魂的なものと対をなして形づくられ、共に教育されるのである。この霊と心魂の対あるいは共学の思想により、また心魂的なものにとっての感覚的教育の必要性により、アカモートの主導によるこの世の創造の動機とソーテール来臨の意義が説明される。

そして、これに関連してキリストについての教説(キリスト論)の挿入があった後、「そして、すべての霊的なものがグノーシスによってかたちづくられ、完成される時が成就である」という文によって七1への移行を示すが、これに続く、分詞句をともなった同格によって「霊的なもの」が説明される。その中では、霊的なものが、秘義の伝授(initiatio)を受けた、いわゆる霊的な人々すなわちグノーシス派の人々と同定されている。これは霊的なものを人間の中にある一つの規定要素と考える五5—六1の人間観とは整合しない。むしろ、六2の人間観と合致する。そして、六2ではふつうのキリスト者と同定される心魂的な人々は、業によってしか救われないものゆえ、彼らには善き行ないが必要であるが、他方、グノーシス派の人々は、本性として霊的であるゆえ、ちょうど汚物の中にある黄金が自らの美しさを失うことのないように、どのような行為の中に沈んでいても何ら損なわれず、必然的に救われると言われる。六3では、報告者がこれに基づくと考えたのであろう、グノーシス主義者の放埒な行為が列挙される。そして、六4では、同じくその裏付けと見做されたのであろう、二種の倫理が説明される。

この部分は内容的にも、可能性、始まりとしての救いを提示し、決断の必要を述べるエイレナイオスの主要資料Aとは異質だと一目で感じられるが、それは用語法にも反映している。他の部分では、人間の中にある三つの本質規定のうち、霊的要素は「霊的なもの」「胎児」「種子」「霊的な人間」と呼ばれ、これに規定された人々が「霊的な人々」と呼ばれる。ところが、この部分で以上の語が使われる際はすべて具体的な人をさし、これらに救いをもたらすものを人間の中にある規定要素で説明しようとするときには「霊的実体」という別の語を必要としているのである。もっとも異質といってもAの思想と無関係ではない。おそらくプトレマイオスの教説を通俗的に理解した人々の理解であろう。

六1の末尾の文から、少し離れた後、七1では主要資料Aに戻り、六1で予告された終末論が述べられる。すなわち種子が完成される日におけるアカモートと霊的な人々、デーミウールゴスと義《ただ》しい人々の心魂、および物質の運命が語られる。

七1の末尾には「デーミウールゴスは、ソーテールの来臨以前には以上のことを何も知らないでいた」とあり、この文を契機として、七2でキリスト論、七3で預言者についての教説、そして七4で預言者とソーテールの関係が語られ、最後にデーミウールゴスのこの世に対する役割が述べられる。これらは内容的に見て、Aに属すると考えられる。

七5は、その冒頭でエイレナイオスが「さて、(彼らは、)ちょうどカイン、アベル、セツが存在したように、人間(には)三つの種族、(すなわち)霊的なもの、泥的なもの、心魂的なもの(がある)と考える。[それは、]これらの(人)によって[も]三つの本性[を示すためである]。(但し、それは)もはや個人ごとではなく、種族ごと(である)」と書いている。その上、彼はこの教説を七2—4の後で付加的に記している。ところが彼は、八3で論敵が自分たちの教説を聖書によって裏付けしようとするその証明を紹介する際、Aと七5の説とを区別していない。したがって両者の区別がエイレナイオスに由来するとは考えがたい。それゆえ、七5の教説は一応「三種族説」としてAから切り離して考えるべきであろう。

自律性をその本質とする心魂が、七5末尾では、種子を受容しうる本性的によき心魂と、決してあの種子を受け取ることのない本性的に邪悪な心魂とに、決定論的に二分される。Aの教説において生じる問題、心魂が物質的なものを選んだ場合、これと対になっていた種子はどうなるのかという問題に対する解答、つまり種子は善き心魂のみが受容し得るので、そのようなことは起こり得ないという答えだと説明する人(W. Fœrster, "Die Grundzüge der Ptolemaeischen Gnosis", *NTS* 6, 1959/60, p. 18)がある。

私見によれば、Aを正しく解すれば、この研究者が提起する問題は生じない。Aにおいては完成の時には「霊的な人々は心魂を脱ぎ棄てて叡知的な霊となり、制せられずに、見えない形でプレーローマの内部に入り、ソーテールの従者たる天使たちに花嫁として委ねられる」(七1)といわれ、続いて「義人たちの心魂もそのものとしては中間の場所で安息するであろう」(七1)といわれる。一見したところ「霊的な人々の心魂は種子から分離されて中間の場所に安息する」という教説が引き出せそうである。しかし、同じプトレマイオスに帰される『フローラへの手紙』の用語法(エピファニオス『薬籠』XXXIII 3, 6-7; 5, 5; 7, 5-6)によれば、「義人」とは倫理的に正しいけれども霊を受け容れないゆえに不完全な人々である。従って、その人々の心魂を「霊的な人々の心魂」と同一視はできない。それゆえ、霊的な人々に「脱ぎ捨てられる心魂」の運命については触れられていないというべきであろう。つまり

プトレマイオス派の神話論

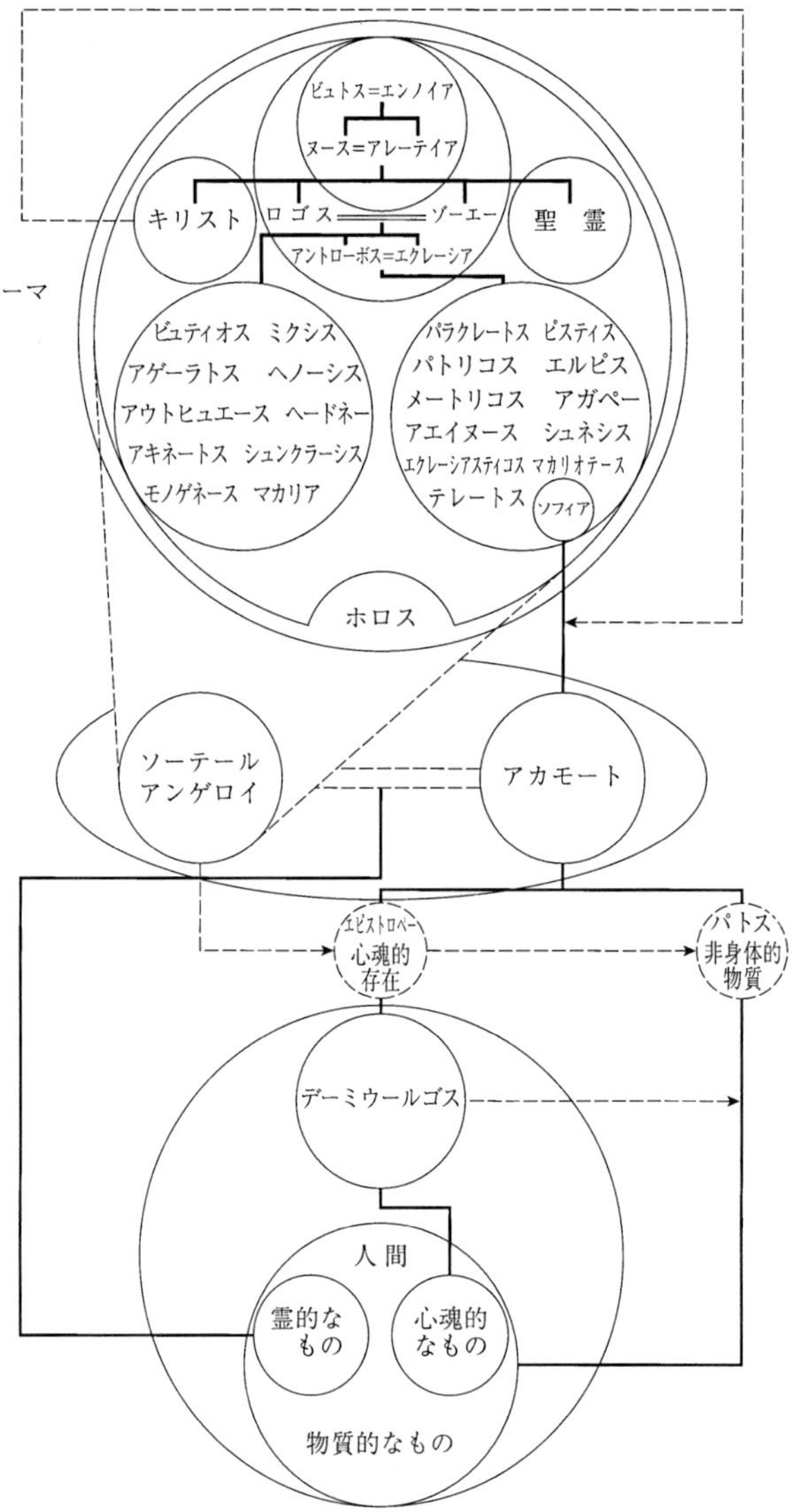

Aにおいてはプレーローマにはいるのは具体的な人間であり、心魂や種子はあくまでもその属性として人間に内属するものと考えられているわけである。

そこにおいては、先に挙げた意見のような問いは生じえない。しかし、興味が「救われる人間」から「要素」に移り、内属性が人間の中にある自立的存在者と考えられるときには、その種の問題が生じる。ところが、実際七5では「アカモートが霊的なものども[を]蒔きつけている。……種子は……花嫁としてソーテールの天使たちに委ねられるであろう。そして、彼らの心魂は……いつまでも中間に安息する」といわれる。ここ七5では種子や心魂を自立的存在とみなす思考が前提されている。したがって、この三種族説はプトレマイオス自身の教説とは考えにくい。

他方、ここでも霊的種族は、心魂を教育しつつも、育まれる必要のある幼児とされている。したがって、七5末尾の心魂二分の説においては自律性の役割が薄められているとはいえ、基本的にはAの教説を継承しているといえよう。このようなことから、七5はプトレマイオス自身ではなく、その弟子の教説のように思われる。

第八章は四章以下の神話論の聖書による証明(八2後半―5)とその方法に対するエイレナイオスの批判(八1―2前半)である。

以上のように見てくると、訳の冒頭に記した内容構成のようにまとめることができよう。そして、小さな挿入を別にすれば、異説の挿入は二3―4前半、四2後半―4、五4後半、六1後半―4、七5だけであり、これらの挿入を除けば前後がうまくつながるゆえ、エイレナイオスが主要資料Aを中心に説明しているのを確認できるであろう。

そして、異物を排除してもなお多少複雑な、主要資料Aの神話論の系図関係は、前頁に荒井献『新約聖書とグノーシス主義』(岩波書店、一九八六年、四〇一頁)から転載した図で示すことができよう。

## 三　救済神話の特徴

以上に概観してきた神話をさらにおおざっぱに見ると、展開原理としてプレーローマ内のものを下に伝えてゆく女性的存在、ソフィア、アカモートがあり、これらによって伝えられた霊的なものが種子であること、他方、知識による形成によって収斂の原理となっているものに、キリスト、ソーテール、地上のイエスという男性的存在があるのを見ることができる。これらが、プレーローマ、中間界、この世という、各々の領域でそれぞれの機能を果たすわけである。

この三分割は人間論にも貫かれ、人間の中にも三つの存在に由来する三つの要素のあることが確認される。そして、終末論では、霊的なものがプレーローマ界に、心魂的なものが中間界に、物質的なものが滅びに至る。すなわち、すべてがあるべきところに落ち着くわけである。ここに宇宙論と人間論の対応関係を確認できよう。

また、霊的なものに視点を置いてAの神話論を概観すれば、サニャール(F.-M.-M. Sagnard, *La gnose valentinienne et le témoignage de Saint Irénée*, Paris 1947, pp. 255-265)の指摘する一つの基本構造が三つの領域を通じて貫徹されているのを見ることができる。その基本構造あるいは過程とは、(1)まず知られざる無限の原理があって、(2)各領域の霊的存在者にこの第一の原理を求める傾向があるが、(3)彼らはこれを把握できない。(4)その結果として不安定な状態(パトス)が生じる。(5)この状態から救い出すための救済者が現れてグノーシスを啓示し、(6)不安定な状態から生じた悪い下級の要素から浄化する。(7)その結果、彼らは安息の喜びの状態を獲得するというのである。図示すれば次のようになろう。

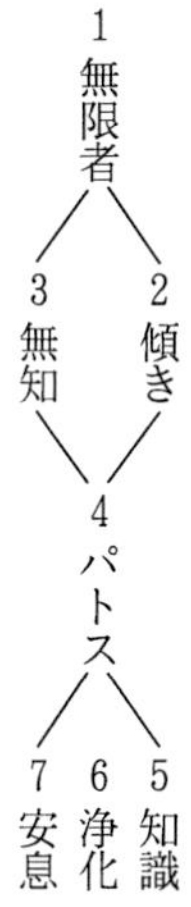


プトレマイオスの教説は以上が軸になって神話論が展開し、その前提として神的存在者と宇宙および人間の発生についての記事が挿まれているというわけである。

以上は他の神話論でもほぼ共通していることかもしれない。この神話論の特徴をあえて挙げれば、二元論が緩和され、デーミウールゴスやキリスト者に一定の役割と評価が与えられていることであろうか。

## 四　邦訳の底本

エイレナイオスの『異端反駁』の全五巻を伝えるのはラテン訳のみで、われわれの箇所に関しては四世紀のエピファニオス(『薬籠』XXXI 9, 1-26, 7)がギリシア語本文を保存してくれてはいるが、両者の間には多少の相違がある。

ラテン訳の本文としては、種々のコーデックスを自ら参照して校訂したというハーヴェイ(W. W. Harvey, *Sancti Irenaei libri quinsque adversus haereses*, Cambridge 1857; reprint: Ridgewood 1965)をほぼそのまま前提としたが、彼がこれと並列させるギリシア語本文には、彼が脚注で述べる理由も含めて、納得できない箇所が多々見いだされた。そこで、ペトー(D. Petau)の校訂したエピファニオスの本文(Paris 1622; reprint in: Migne,. *PG* 41, Paris 1858)およびマスエ(R. Massuet)の校訂したエイレナイオスの対訳本文(*Irenaei adversus haereses*, Paris 1710; reprint in: Migne, *PG* 7, Paris 1857)と比較し、また、エイレナイオスに依拠したと思われるテルトゥリアヌスの『ヴァレンティノス派反論』(A. Kroymann, “Tertulliani adversus Valentinianos”, in: *Tertulliani opera*, Pars 2 (CChL), Turnholti 1954) を参照しつつ、ギリシア語本文を決定した。その結果、エイレナイオスのラテン訳を参照しつつエピファニオスを校訂したホル (K. Holl) のもの Epiphanius, *Ancoratus und Panarion I* (GCS 25), Leipzig 1915 とほぼ同じ読みになった。

その後、ルソー (A. Rousseau) とドートレロー (L. Doutreleau) の校訂になる Iréné de Lyon: *Contre les Hérésies*, Livre I (Sources Chrétiennes), Paris 1979 が出た。この書はわれわれの箇所に限定していえば、ラテン訳とエピファニオスの本文を並べた上で、仏訳と自分たちの復元したギリシア語本文を並べている。彼らは読者が仏訳で読むことを期待しているが、訳者は彼らの復元したギリシア語本文と照合し、採らなかったところは注で明記した。

さらに、ブロックス (N. Brox) の対訳本文 Irenäus von Lyon: *Epideixis, Adversus Haereses* (Fontes Christiani 8/1, Freiburg 1993) が刊行されたが、だいたいルソーとドートレローのものに依っているようなので、問題になる箇所だけを照合するに留めた。

解説

# バシリデースの教説——ヒッポリュトス『全異端反駁』

小林 稔

## 一 ヒッポリュトスによる証言

バシリデース派は、プトレマイオスの属したヴァレンティノス派と並んで代表的なグノーシス主義の体系的教説とされる。その創始者バシリデースは、アレクサンドリアのクレメンス(『絨毯』VII 106, 4)によれば、ハドリアヌス帝からアントニウス・ピウス帝の時代までアレクサンドリアで活躍した。

彼の教説については、ヘゲモニオス(『アルケラオス行伝』67, 4-12)やアレクサンドリアのクレメンス(『絨毯』I, 146, 1-4. II, 10, 1. 3; 27, 2; 36, 1; 112, 1; 113, 3-114, 1. III, 1, 1-3, 3. IV, 81, 1-83, 2; 153, 3; 165, 3. V, 3, 2-3; 53, 2-5. VII, 106, 4)およびオリゲネス(『ローマの信徒への手紙注解』第一部第五巻(小高毅訳、創文社、一九九〇年、二九八—二九九頁)に訳がある)が断片的に伝えている。まとまった報告は、エイレナイオス『異端反駁』I, 24, 3-7にも見られるが、ここではローマのヒッポリュトス(一七〇頃—二三五/二三六年)のものを訳出した。前者の概略は荒井献「バシリデース」(『キリスト教人名辞典』日本基督教団出版局、一九八六年、一〇八七—八八頁)に記されている。二つの報告は必ずしも一致しないが、その問題には立ち入らず、以下は後者の報告内容に限定する。

第三の子性とよばれるものを、人々の内奥に存する神的なものと理解し、それに焦点を合わせてヒッポリュトスが紹介する神話論の概略を述べてみたい。

## 二　証言の内容

(1)　最初に絶対的な無からの世界種子の発生が語られる。

冒頭では絶対的な無としての原初の状態が語られる(二〇2—3)。究極存在は言葉の上だけでなく全面的に無であり、これを無という概念で捉えることはできないという。この非存在としての神から、汎種子混合体を自らの内に持つ、くだいて言えば、一方であらゆる可能性を自らの内に持ち、他方では秩序付けも形相もない、そのような世界種子が生じる。それがどのようにしてか、あるいはなぜなのかは述べられない。起こることすべてを神は計算済みだが(二四5)、意図的に作ろうとしたのではないといわれる(二一1—4)。

後で「一緒くたに」流出したといわれる、世界種子の中には、神と同一本性である子性があり、それは三つの部分からなるという(二二7)。そのうち第一のものは軽いものなので、世界種子の発生と同時に非存在なる神まで上昇、帰還する(二二8)。第二の重い子性は、聖霊という羽をつけて上昇し、神のもとに帰る(二二9—11)が、聖霊は究極者と同一本性ではないので神的領域には入れず、そのすぐ下、超世界的なものとこの世界との間に、蒼穹として留まる。しかし外に留まったものの、神的なものの香り、子性の衝動を受けているといわれる(二二12—15、二三1—2)。これですべてが完了したわけではなく、第三の子性が地上の汎種子混合体の中に留まっている(二二16)。

(2)　聖霊が境界の霊、蒼穹としてその位置が定められて後、非神的なものの発生と上昇が行なわれたという。まず、世界種子と汎種子混合体の堆積から大いなる支配者が発生する。そして神的なものと同じように上昇し、蒼穹にまで達するが、それよりも上にあるものを知らず、下にある第三の子性にも無知であったため、自らが最高の存在だと思いこんで、世界内の個々のものの創造に取りかかる。基体から自分よりもすぐれた知恵ある子を作り、生み出す。そして自らの位置オグドアスまで引き上げる。そしてこの子によって天上界のもの、月よりも上の世界、エーテル界のものが作られる(二三1―7)。なお、フェルスターはオグドアスを恒星天と考えている。もしその通りなら、バシリデースはこの点でプトレマイオスとは少し異なった見解を示していることになる。

同じように第二の支配者が発生して、ヘブドマス(フェルスターはこれが恒星天でなく惑星天だという)まで昇り、自分よりも知恵ある子を作成して自分よりも下にあるものを作製、統治する(二四3―5)。このようにして、世界全体、またその上にある超世界的なものが完成するが、まだ第三の子性、つまり「われわれ霊的な人々」が、汎種子混合体の中につまり地上に留まっている(二五1―2前半)。これは非神的なものを導くために取り残されているのであるが、いずれは神的領域まで昇らなければならない。

(3)　続いて、非神的な天上界に神的世界の存在が知られるようになった。モーセに至るまではヘブドマスの支配者が知られていただけで、言い表せないオグドアスの支配者も人々には知られておらず、預言者たちは彼ら(あるいは前者)によって語ったと言われるが、いずれにせよヘブドマスの支配者もオグドアスの支配者も神的な世界については無知であった(二五2後半―5前半)。

しかし、境界の霊(聖霊)の中にある神的なものの力が仲介し、ちょうど揮発性のものに引火するようにして、神的世界の思惟内容がオグドアスの支配者の子に知られることになったという（二五5後半—7）。そして、それまで自らが最高神だと思いこんでいたオグドアスの支配者は自分の子から真相（二五5ではこれが福音と呼ばれる）を知らされ、畏れ、悔い改め、知恵あるものとなり始める（二六1—4前半）。ヘブドマスの支配者にも同じことが生じ（二六4後半—5）、またその下にある三百六十五の天（の支配者たち）にも同じことが行なわれる（二六6）。

その真相・福音は、流産した胎児のように無形相の中に取り残されている第三の子性、つまり地上に生きる人間たちの中に潜む神的なものにも啓示されなければならない（二六7）。

(4)　その啓示はすでに始まったという。そして、完成の暁に起こることが述べられる。

すでに始まったというのは、イエスがこの照らしを受けたからである。第三の子性は、つまりそう呼ばれる神的なものを持つ人々、あるいはすべての人は神的なものを内に有しているから、彼にならって、上昇を妨げている非神的なものを棄てて軽くなり、神的世界にまで駆け上る（二六8—10）。

その啓示の業が完成して、神的なものがすべて神的世界に復帰するとき、残された非神的なものは、憐れみを受けて神的世界に無知となる。その結果、自分の本性を超えたことに憧れて苦しむことはなくなる。それが地上のもののみならず、オグドアスの支配者にもヘブドマスの支配者にも起こるという（二七1—4）。

(5)　以下は、すでに述べられたことを言葉を換えて説明しているように訳者には思える。

第三の子性について、訳者は人の中にある神的なものと言ってきたが、本文では二五2と同様、ここでも心魂的な人の中にある霊的な人だと言われる（二七5—6）。すでに言われたことであるが、大いなる支配者よりも上に超世界的なものが存在すること、その真相についての知識が福音だと言われ、これを支配者が喜んで受け容れたことが繰り返される(二七7)。そして、イエスのうちに行なわれた諸要素の分離と原状復帰(二七8—11前半)はいわば初穂であり、それは(第三の子性を有する)すべての人の中になされるべきことだと結ばれている(二七11後半—13)。

## 三　救済神話の特徴

真の究極的存在がこの世を超越するものであること、その究極存在と同一本性の(第三の子性と呼ばれる)ものが個々の人の中にあること、この世の要素を離脱して究極者のもとに至ることが救いとされていることは他のグノーシス救済神話と共通している。

究極存在が、「在りて在る者」(出三14、七十人訳では「存在者」)でなく、存在概念を超えるものであるという主張、それが人格的存在でないという主張(二一1—2)、その神の配慮・摂理を否定する点(二四5)など反ユダヤ教的・反キリスト教的な要素もあるが、ヴァレンティノス派と同様、この世界の創造者(ユダヤ教、キリスト教の神)は悪の原理ではなく、単に不完全なもの、啓示を喜んで受け容れる者とされている。

そして、この世界の生成に際して、オグドアスとヘブドマスの支配者は決定的な役割は果たしていない。むしろ究極存在から流出した世界種子の中には神的なものもエーテル界のものも天上のものも地上のものもすべてが含まれており、この中の可能体が自動的に現実化してゆくと考えられているようである。プトレマイオスに見られるような、パトスから生じた物質の滅びというようなことには言及されていない。

なお、アレクサンドリアのクレメンスがグノーシス主義者は、自分たちは行ないによってではなく自分の本性に基づいて救われると言っていると述べ、その考えは運命論的であり、人間の決断の価値を否定していると批判したとき、彼が念頭に置いていたのはバシリデース派の教説だったようである。しかし、この文書に関する限り、第三の子性と呼ばれる至高者と同一本性のものを内に有するのは、すべての人々ではなく、ある人だけに限定されているというような主張はどこにもない。むしろすべての人の内にあることが前提されているように見える。また、神的世界のことを知らせ、この世界からの脱出を促す光は「決断の力」(二六9)と呼ばれている。

この報告の神話論では、心魂はヘブドマスに属するもののようであり(二七10)、神的世界に入ることはできない(二七2)。第二の子性が聖霊を神的世界の外に残したように、第三の子性も神的世界に復帰するときには、心魂を棄てることになる(二七6)。しかし霊的な人は心魂的な人の中にあるのであり、第三の子性は(それぞれ)固有の心魂を着ていたとも言われる(二七6)。第三の子性が地上に残されたのは、一方では、この領域に留まるという本性を持った心魂を、整えあげ、かたちづくりあげ、正しく方向付け、完成させるためだと言われる(二五2)が、他方で、「心魂によいことをし、またよいことをされる」(二六10)ためだと言われる。プトレマイオスの教説では霊的なものは、自律性、決断能力としての心魂とともに訓練されると言われていた。ここにも同じ主張を見いだせそうである。

このような点で伝統的なグノーシス観に疑問をいだかせるが、しかし、他のグノーシスの教説と同様、肉体に代表される弱く醜い面を含めた人間全体が変容され、救われるというユダヤ教の復活信仰や、イエスの使信に見られる価値の逆転は見いだされない。それぞれが自分の本質にあったところに落ち着き、自分の分を超えたことを憧れたりしなくなることにより、苦しみや滅びがなくなるという。この点でごく常識的な結末になっていることは認めざるをえないであろう。

## 四　底本について

本翻訳の底本は、Miroslav Marcovich (ed.) *Hippolytus: Refutatio Omnium Haeresium* (PTS 25), Berlin/New York (Gruyter) 1986, pp. 286-302 である。校訂者による推定復元および削除可と判断されている箇所がかなりあるが、特に注記した箇所以外はこれに従った。

邦訳と解説には、Werner Fœrster, *Die Gnosis*, 1. Bd. (Zeugnisse der Kirchenväter), Zürich/Stuttgart (Artemis) 1969, pp. 80-110 と A.C. Coxe, *Fathers of the Third Century* (Ante-Nicene Fathers 5), repirnt: Grand Rapids (Eerdmans) 1990, pp. 103-109 を参照した。英訳は、J.H. MacMahon, *Hippolytus: The Refutation of All Heresies* (Ante-Nicene Chrisitian Library 6), Edinburgh (Clark) 1868 にもある。

内容目次の作製には R. Haardt, *Die Gnosis. Wesen und Zeugnisse*, Salzburg (O Müller) 1967, pp. 41-52 の抜粋の仕方を参考にした。

# 解説

## バルクの書——ヒッポリュトス『全異端反駁』

荒井　献

### 一　ヒッポリュトスによる証言

「バルク」というタイトルで著わされた書物が存在し、その著者はユスティノスという人物である、とヒッポリュトスが『全異端反駁』(V, 26,1-27, 5)で証言している。しかし、現在は「殉教者」と区別されて「グノーシス主義者」ユスティノスといわれる人が、いかなる人物であったのか、彼については右のヒッポリュトスの証言以外に史料が存在しない。つまり、この史料をコントロールする術が全くないのである。

『バルクの書』も、その本文自体が現在に伝えられてはいないし、この書に関する証言も、著者といわれるユスティノスの場合と同じように、右のヒッポリュトスの証言以外に存在しない。したがって、ユスティノスの思想、あるいはバルク書の内容は、今のところヒッポリュトスの証言だけに拠って知られることになる。

ところでヒッポリュトスは、『バルクの書』を反駁する目的をもってこの書の内容を読者に紹介している。その際彼は、本文中に、「彼(ユスティノス)が言った」という文章を繰り返して挿入することにより、彼の証言に信憑性があることを読者に印象付けようとしている。しかし、彼の証言から読み取られる、『バルクの書』の基底をなすグノーシス救済神話と矛盾する、あるいは少なくともそれに対して異質と思われる箇所が、とくにギリシア神話の寓喩的解釈の中に若干認められる。この箇所はおそらくヒッポリュトス自身による加筆かもしれない。例えば、二六32から33にかけて、ギリシア神話の豊穣神プリアーポスが、『バルクの書』における至高の存在「善なる者」と同定されている。しかし、この書の冒頭（一―一〇章）から明らかに読み取れるように、そしてグノーシス派一般の「至高者」観にふさわしいように、「善なる者」は被造物と全く関係がない。プリアーポスに善なる者を同定したのは、おそらくヒッポリュトスで、こうすることによってヒッポリュトスは、グノーシス主義者ユスティノスがその至高者的存在を「すべての神殿とすべての街路に立って」いるプリアーポスの「偶像」と同一視していることを読者に印象づけ、彼の思想を貶しめようとしたと思われる。

他方、被造物の起源となる「生まれた万物の父」エローヒームに、グノーシス派では一般的に至高者（本書では「善なる者」）に付けられる形容辞「知られざる者」「見られざる者」が本書の冒頭（二六1）で当てられていることも、グノーシス文書としては整合的でない。

また、グノーシス派ではこの世の創造主（デーミウールゴス）に由来する「諸力」（本書では「天使たち」）は、人間の運命を支配する星辰に対応するが、本書ではそれがエデンに流れる「四つの川」（万物の母エデンの十二天使）として解釈されている。しかも、これは「全地を巡り、場所から場所を変えて、彼らに割り当てられた場所を一定の時と間に通り過ぎ」、その中の「ペイソン（ピション）が場所を支配する時、地のその部分に飢え、艱難、苦難が生ずる」（二六11）といわれているところから判断して、これは元来星辰を指していたとみてよいであろう。

因みに、「母エデン」といわれる「女性的始原」は、本書（二六2）では二身を持つ蛇女で、「ヘーロドトスの物語の少女に酷似している」といわれるが、これも元来は星辰の水蛇座を指していた可能性がある。

以上の異質な部分を度外視すれば、『バルクの書』からほぼ一貫したグノーシス救済神話を読み取ることができるであろう。

## 二　証言の内容——本書の構成

本書では、全く無前提に、しかもその相互関係に言及されることなく、三つの「始原」の存在からその神話が語り始められる。その第一は「男性的始原」で「善なる者」といわれ、至高者的存在、その第二は同じく「男性的始原」であるが、「万物の父」エローヒームといわれ、彼が創造主(デーミウールゴス)に当る。第三は「女性的始原」で万物の母、エデンがこれに当る。

父エローヒームと母エデンとの「欲情」による合体により、父の十二天使と母の十二天使が生まれ、この二十四天使が「パラダイス」を形成する。そのうち、父の天使たちの第三の天使が「命の木」に当り、これが「バルク」と呼ばれて、本書の救済神話の導き手となる。他方、母の天使たちの第三の天使が「善悪の知識の木」に当り、これが「ナース」(ヘブライ語の「ナーハーシュ」＝「蛇」に由来)と呼ばれて、本書の救済神話では悪の起源となる。

さて、エローヒームの天使たちは、エローヒームとエデンの「好意と統合のシンボル」として、土から人間(アダムとエバ)と獣を造り、人間に、エローヒームは霊を、エデンは生魂を差し入れる。他方、——本文には明言されていないが——おそらくエデンの天使たちが、「土の像とシンボル」としてエバを造る。エバは生来「心魂」であるが、エローヒームが彼女に霊を差し入れる。こうして人間は——アダムとエバ共に——霊・心魂の二元的存在となる。

次に、母の天使たちが「四つの始原」に分けられ、これが創世記二11-14の四本の川に当るといわれる。これらの四つの各部分は、それぞれの種類と力に応じて流れ行き、それらが支配する領域に、悪しき時と状態を引き起こす。

しかし、「悪」の元来の「必然性」は、エローヒームがエデンを地上に見棄て、上方の「善なる者」のもとに昇ったことに起因する。エデンは、自らに負わされた「分離」の苦難を人間にひき起し（離婚と不倫）、人間の内なる霊もまた「分離」によって苦しみを受ける。さらにエデンは、彼女の第三の天使ナースにより、人間の内なる霊にその不倫のゆえに懲罰を与える。

エローヒームは、この人間の内なる霊を救い出すためにバルクを地上に遣わす。――まずアダムとエバに、次にモーセと預言者たちに、最後にヘーラクレースに。しかし、ユダヤ人も異邦人も、ナースの妨害によって、バルクを介して宣べ伝えられた戒めに聞き従わなかった。

そこでエローヒームは、最終的に、バルクをナザレのイエスに派遣する。ナースはイエスを迫害し、十字架につけたが、十字架につけられたのはイエスの仮象――エデンに由来する身体――であって、実際はイエスはそれを「木に残し、善なる者へと昇って行った」（二六32）。こうして、ナースはイエスに敗北し、人々はイエスの宣教に聴従し、人間の内なる霊はイエスによって救われることとなるのである。

このようなエローヒームとエデンの関係とそれに由来する悪の起源に関する並行例は、ギリシア神話にもさまざまな形で（白鳥とレーダー、鷲とガニュメーデース、黄金とダナエー等）存在する。

最後にヒッポリュトスは、『バルクの書』の中に、入会儀礼としての「誓い」の内容と「洗い」（洗礼）に言及して、本書に関する証言を終えている。

## 三　救済神話の特徴

右のような救済神話は、その基底となる人間論と救済論において、他のグノーシス救済神話と共通するであろう。

すなわち、人間の「本来的自己」(霊)は現実において非本来的自己(心魂)の支配下にあること、この二つの自己はそれぞれ出自を異にし、前者は「男性的始原」(エローヒーム)に、後者は「女性的始原」に遡ること、人間はこのことを、両「始原」を超える至高の「始原」(善なる者)に復帰した「男性的始原」から遣わされたもの(バルク→モーセ・預言者・ヘーラクレース・イエス)を介して認識(グノーシス)することによって救済される。但し、本書の救済神話が他のグノーシス神話と異なる点は、後者において一般的に悪の起源とみなされる創造神(デーミウールゴスとしてのエローヒーム)が同時に「霊」の出自と考えられており、人間に認識(グノーシス)を啓示する存在(バルク)も創造主によって遣わされていることである。これはあるいは、本書のグノーシス主義はこの思想に固有な二元論が緩められて一元化されていく過程に見いだされる特徴の一つであるかもしれない。

しかし、他方において本書には、グノーシス・キリスト論の特徴といわれながらも実際にはグノーシス文書に必ずしも多く見いだされないキリスト仮現説が、その十字架死の解釈の中に見いだされる。すなわち、ナースによって迫害され、十字架にかけられたイエスは、実は「エデンに由来する身体」であって、イエス自身は受難することなく、「善なる者」のもとに昇って行く。このようなキリスト理解には、典型的に二元的人間論が前提されているとみざるを得まい。

## 四　系譜と成立年代

こうしてみると、本書にみられるグノーシス主義の、グノーシス諸派内における系譜については、何も具体的なことを言えないのである。本書の成立年代についても、ヒッポリュトス(二三五年没)以前、おそらく三世紀頃としか言いようがない。その場所については、全く証言がないのである。

## 五　邦訳の底本と参考文献

本書の邦訳には Hippolytus, *Refulatio Omnium Haeresium*, ed. by M. Marcovich, Walter de Gruyter: Berlin/New York, 1986 を底本とした。

また，邦訳，訳注，解説には，左記の文献を参照した。

*Des heiligen Hippolytus von Rom Wiederlegung aller Häresien* (Philosophumena), übersetzt von K. Preysing (Bibliothek der Kirchenväter 40), Verlag Kösel & Friedrish Pustet • K • G • München, Verlagabteilung • Kemper, 1922, Buch V 26-27 (S. 134-142).

R. Haardt, *Die Gnosis. Wesen und Zeugnisse*, Otte Müller Verlag, Salzburg, 1967, S. 98-105, 311f.

*Die Gnosis*, 1. Bd.: *Zeugnisse der Kirchenväter*, unter Mitwirkung von E. Haenchen und M. Krause, eingeleitet, übersetzt und erläutert von W. Fœrster, Artemis Verlag, Zürich und Stuttgart, 1979, S. 63-79 (von E. Haenchen). (F と略記)

# 解説　救済神話

荒井　献

すでに本書の「序にかえて――ナグ・ハマディ文書とグノーシス主義」において言及したように、同じ「グノーシス」を信奉する教派といっても、実際にはそれは、多数の分派によって成り立ち、各分派によって、あるいは分派の中でも、神話の体系は多岐・多様である。但し、グノーシス神話の中でも、ナグ・ハマディ文書に見いだされるグノーシス諸神話がそれに属すると想定される「シリア・エジプト型」の救済神話(本巻巻頭の大貫隆論文「グノーシス主義救済神話の類型区分」参照)に限って見れば、多様な神話の原型を次のように構成することができよう。(以下の「原」神話は、グノーシス神話の中でもその構成が最も単純なシモン派の神話(エイレナイオス『異端反駁』I, 24, 1-4)と『魂の解明』(ナグ・ハマディ写本II／6)を手掛りとし、グノーシス神話の中で原初的《アルケイツク》と思われる『ヨハネのアポクリュフォン』から部分的に用語を導入して「理念型」的に構成)。

はじめに上界に、至高神(「原父《プロパトール》」または「父《パテール》」があった。彼は女性的属性(「思考《エンノイア》」「知恵《ソフイア》」「霊《プネウマ》」または「魂《プシユーケー》」)と対《シユジユギア》をなし(この「対」関係から至高神あるいはその女性的属性が「母父《メートロパトール》」とも呼ばれる)、彼らの「子」と神的三体を形成していた。女性的属性は至高神(または「子」)を離れて、上界から中間界へと脱落し、ここで諸「権威《エクスーシア》」、あるいは諸々の「支配者《アルコーン》」を生む。彼ら――とりわけその長《おさ》なるデーミウールゴスは、至高神の存在を知らずに、「母」をレイプし、下(地)界と人間を形成する。こうしてデーミウールゴスは「ヤルダバオート」として「万物の主」たることを誇示し、中間界と下界をその支配下に置く。しかし至高神は、女性的属性を通じて人間にその本性(霊)を確保しておく。デーミウールゴスの支配下にある人間は、自己の本性を知らずに、あるいはそれを忘却して、「無知《アグノーシア》」のとりことなっている。人間は自力でその本性を認識することができない。そこで至高神は、下界にその「子」を啓示者として遣わし、人間にその本性を啓示する。それによって人間は自己に目覚め、自己を認識《グノーシス》して、「子」と共に上界へと帰昇する。中間界と下界、つまり宇宙全体は解体され、万物は上界の本性(霊)に帰一し、こうして「万物の更新」が成就する。

さて、反異端論者によれば、グノーシス諸派の「父祖」は「魔術師」シモンといわれるが、これは、彼らが伝えるシモン派の教説(その邦訳は荒井献『原始キリスト教とグノーシス主義』岩波書店、一九七一年、第九刷＝一九九七年所収)と共に、グノーシス派を貶しめるためのキリスト教側の虚構とみるのが最近の傾向である。いずれにしても、ナグ・ハマディ文書にはシモン派の神話論に相当するものを見いだすことができない。

他方、反異端論者たちはバルベーロー・グノーシス派やオフィス派またはナハシュ派の神話論も批判的に紹介しているが、オフィス派がセツ派と同一視されたり、オフィス派とは神話論を異にするセツ派に言及されたりして、これらのグノーシス諸派に対する反異端論者の記述がかなり混乱している。そのために、ナグ・ハマディ写本所収の諸文書を、反異端論者が批判・紹介しているグノーシス諸派に正確に由来させることはほとんど不可能に近い。ただし、セツ派とヴァレンティノス派の場合は例外といえよう。

もっとも、「セツ派」という呼称は、反異端論者のいわゆる「セツ派」に対応するグノーシス派というよりも、とくにナグ・ハマディ文書の中で、自らをアダムとエバの第三子「セツ」(創五3)の子孫(文字通りには「種子」)と同一化している文書を作成したグノーシス派のことである。若干のグノーシス研究者は、以下の文書をセツ派に帰している。――『ヨハネのアポクリュフォン』(B八五〇二、写本II／1、III／1、IV／1)、『アルコーンの本質』(II／4)、『エジプト人の福音書』(III／2)、『アダムの黙示録』(V／5)、『セツの三つの柱』(VII／5)、『ゾォストゥリアノス』(VIII／1)、『メルキゼデク』(IX／1)、『ノレアの思想』(IX／2)、『マルサネース』(X／1)、『アロゲネース』(XI／3)、『三体のプローテンノイア』(XIII／1)。ただし、これらの文書のすべてをセツ派の作品とみなすことには異議を唱える研究者も多く、「セツ派」に固有な神話の存在そのものを疑う研究者さえいる。

いずれにしても、これらの中でもほぼ疑いなくセツ派に由来する文書は、『ヨハネのアポクリュフォン』であろう。この文書の前半の一部がエイレナイオスによって引用されている(『異端反駁』I, 29, 1-4)ので、この文書の成立は二世紀前半に遡り、キリスト教グノーシス文書の中では最も古い時代の作品の一つと思われる。その神話論は、ほぼ次の通りである。

三体を形成する原初の存在(「アイオーン」)は、「父」(「見えざる霊」)―「バルベーロー」―「子」(「アウトゲネース」「キリスト」)で、「アウトゲネース」から四つのアイオーンが「光」として現れる――「ハルモゼール」「オーロイアエール」「ダベイテ」「エレーレート」。さらに、この四つの光からそれぞれ三組のアイオーン、合計十二のアイオーンが派生し、最後の十二番目(エレーレートの第三)のアイオーンが「ソフィア」と呼ばれる。

このソフィアが「見えざる霊」の同意なしに、あるいは彼女の「伴侶」――「男性なる、処女なる霊」――の同意なしに、彼女の内なる「情欲」のゆえに、創造神「ヤルダバオート」を「無知」の中に産み落した。彼はこの世を支配するために十二の天使を造り、「人」(「アダム」)の創造に与った。アダムは「父」のかたちに従って土から造られ、ヤルダバオートが知らないうちに、ソフィアを介してアダムの中に光の力が吹き込まれ、生きた者のとなる。

こうして、アダムの内なる光の断片の所有をめぐって、光の諸力と闇の諸力の間に不断の戦いが開始される。闇の諸力はアダムを肉体の中に閉じ込め、エバを造り、アダムの中に欲情を造って、光の断片をアダムの子孫に拡げると共に、それが肉体から解放されることをますます困難にする。

最後に、アウトゲネース・キリストが来臨し、人々にその天的出自を想起させることによって人間を救済する。この知識《グノーシス》を所有し、禁欲生活を全うした者（セツの子孫）のみが四つの光の領域に還帰することができる。

このような神話論から容易に想定できるように、セツ派の場合、その神話論に組み込まれているキリスト教的要素（「キリスト」）は僅少で、内容的にも二次的、すなわち神話成立の過程で事後的に付加されたものであろう。これに対して、ユダヤ教的要素、とりわけ旧約聖書『創世記』の創造神は、セツ派のグノーシス神話にとって不可欠の構成要素となっている。これが、キリスト教成立以前の、あるいは少なくとも自らのうちにキリスト教的要素を取り込む以前のグノーシス神話は、ユダヤ教の周辺で成立したと想定される所以である。

これに対して、ヴァレンティノス派の場合は、キリスト教グノーシス派の代表的存在といえるであろう。

反異端論者たちによれば、ヴァレンティノス派の創始者といわれるヴァレンティノスは、エジプトに生まれ、アレクサンドリアでヘレニズム風の教育を受け、同市のキリスト教会に入会し、その後ローマに上って同地の教会に転会、司教ピウスの時（一四〇―一五五年頃）、彼とその信奉者の勢力が頂点に達し、ヴァレンティノスはその才能と弁舌をもって司教座を狙ったが、自ら殉教を拒否したためにこれを果たさず、ローマの教会から異端として追放された。彼は教会から分離した後に、「いわゆるグノーシス的異端出自の最初の人」として「古い教説を彼に固有な教説の性格に変えて」（エイレナイオス『異端反駁』I, 11, 1）、ヴァレンティノス派とその救済神話を形成した。この派は彼の死後（一六〇年）、エジプトやローマを越えて、シリアやガリアにまで広がり、約一世紀間、ヘラクレオン派、プトレマイオス派、マルコス派、テオドトス派等の分派を形成しつつ、グノーシス派の中において最大の勢力を誇った、といわれる。

しかし、最近になって、ヴァレンティノス自身に帰される九つの断片から推定する限り、彼の教説には必ずしもグノーシス的要素は確認されず、それはむしろ、アレクサンドリアのプラトニズムと二世紀後半に同地で活躍した教会教父クレメンスの神学の間に位置づけられるべきだ、という仮説が公にされている(C. Markschies, *Valentinus Gnosticus?*, Mohr: Tübingen, 1992)。もしこのマルクシース仮説が正しいとすれば(これにはかなりの説得力がある)、シモン派を「魔術師」シモンの出自としたのが反異端論者の虚構であったのと同じように、「グノーシス的異端出自の最初の人」ヴァレンティノスも、エイレナイオスの虚構となろう。

いずれにしても、同じエイレナイオスが批判的に紹介しているヴァレンティノス派(プトレマイオス派)の神話論(『異端反駁』I, 1, 1-8, 6)から推定して、この派がセツ派の神話論に見られるような「古い教説を」、彼らに「固有な教説の性格に変えて」同派の神話論を形成したことについては、疑い得ないように思われる。両神話において、天界は原初的「対」から派生する諸アイオーンによって形成されており、この天界の危機はいずれも最下位のアイオーンに当たるソフィアの天的「父」に対する「欲情」、あるいは「情念」に帰されながら、ソフィアに由来する霊的種子が人間の中に「かたちづくられる」ことに究極目的が置かれている。

それでは、ヴァレンティノス派の神話に「固有な教説」はどの点にあるのか。

私見によれば、それは、この派が神話を介して発信する救済のメッセージが、宇宙論・人間論・キリスト論・種族論を貫く三元論(霊魂-心魂-物質)を背景に、「心魂的なもの」(「自然のままのもの」)をターゲットとしている点にあろう。

エイレナイオスによれば、ヴァレンティノス派は、「プロパトール」(原父)ないしは「ビュトス」(深淵)と「エンノイア」(思考)ないしは「シゲー」(沈黙)という一対の男女《おめ》の原初的存在から生まれた三十のアイオーンから成る上界は「プレーローマ」(充満)と呼ばれて「霊魂」(プネウマ)を、中界は「メソーテース」(中間)と呼ばれて「心魂」(プシューケー)を、下界は「ゲー」(大地)と呼ばれて「コイコス」(泥)を、それぞれの本質とする。そして、この三つの領域に、「キリスト」「ソーテール」(救い主)、「イエス」が存在し、「キリスト」は「聖霊」を、「救い主」は「ソフィア」を(但し、これは上界のソフィアが中界に脱落した存在として「下のソフィア」、あるいは「アカモート」と呼ばれる)、それぞれ「対」として所有する。そしてもし『フィリポによる福音書』(写本II/3)がヴァレンティノス派の出自であるとすれば、この書の§32、55などから推定して、エイレナイオスが伝えるヴァレンティノス派の神話に欠けているイエスの「対」はマグダラのマリヤとなろう。

人間論についていえば、下のソフィア(アカモート)を母とする「デーミウールゴス」(創造神)は、天と地、そして人間を「泥」(物質)から造ったが、「心魂的なもの」を吹き込み、「生けるもの」とした。そしてアカモートがキリストの天使たちを見て孕んだ「霊魂的なもの」を秘かに人間の内に置いた。こうして、人間は「物質」(泥)「心魂」「霊魂」から成るが、現実の人間は「心魂的なもの」としてとらえられ、「物質的なもの」か「霊魂的なもの」か、いずれによって自らを立ち上げるか、が問われるのである。

このような三元的人間論に対応して、ヴァレンティノス派によれば、三種族の人間が存在する。第一は「霊魂的な人々」で、初めから救いに予定されている種類、第二は「心魂的な人々」で、自らの出自(霊性)を認識(グノーシス)することによって救いに至る人々、第三は「泥的人々」で、滅びに予定されている人々である。ここではもちろん、グノーシスによる救済のターゲットは第二の「心魂的な人々」で、この人々が「信仰」に生きる「キリスト者」とみなされている。そして、この「キリスト者」に彼らの「信仰《ピスティス》」に勝る「認識《グノーシス》」による救済のメッセージが説かれ、「グノーシス者」になることが勧められたのであるから、正統的キリスト教会の指導者は教会員の「信仰」が劣等視されたと感じ、「信仰」の立場から「グノーシス」を反駁し、遂にはこれを「異端」として追放するに至ったのである。

なお、ナグ・ハマディ写本の中でヴァレンティノス派の作品として承認されている文書は、以下の通りである。『真理の福音』(I／3、XII／2)、『復活に関する教え』(I／4)、『三部の教え』(I／5)、『フィリポによる福音書』(II／3)、『知識の解明』(XI／1)、『ヴァレンティノス派の解説』(XI／2)。これらのうち最初の二つの文書、すなわち『真理の福音』と『復活に関する教え』をヴァレンティノス自身の作品とみる研究者たちが若干存在する。しかし、私はこの仮説を採らない。先に言及したマルクシースも、私と共にこの仮説を批判している。

ナグ・ハマディ文書の発見によって、もう一つ注目されているグノーシスの潮流に「トマス派」がある。もっともこの「派」は、「使徒トマス」の名によって書かれた諸文書の背後に想定されたものであって(B. Layton, *The Gnostic Scriptures*, SCM Press: London, 1987, pp. xvf., 35 9ff)、反異端論者たちが名指しで批判しているものではない。

まず、ナグ・ハマディ文書発見以前に「使徒トマス」の名によって書かれた『トマス行伝』が知られていた。この『行伝』は「新約聖書外典」の一つで、その内容は使徒トマスのインド伝道をテーマとするものであり、全体を貫く思想は、それ自体としてグノーシス的ではない。但し、この『行伝』の中に収められている、トマス自らが歌う「真珠の歌」は、明らかにグノーシス的なのである(『トマス行伝』の邦訳(荒井献・柴田善家訳)は『聖書外典偽典7 新約外典II』、一九七六年、教文館に収録されている)。

ところで、ナグ・ハマディ文書の中で「トマス」の名で書かれた文書には、『トマスによる福音書』(II／2)と

『闘技者トマスの書』(II／7)がある。この二書と『トマス行伝』——つまりトマスの名によって書かれた文書——に共通する点で、まず注目すべきは、「使徒トマス」が「ディディモ」(ギリシア語で「双子」の意)と呼ばれ、イエスの双子の兄弟とみなされていることである。そして、ナグ・ハマディ文書所収の二書では、これにはグノーシス的意味がある。すなわちここでは、グノーシス者は本質的にグノーシスをもたらす者(イエス)と同質なので、グノーシス者の代表的存在としてのトマスは比喩的に表現すればイエスの「双子」なのである。

トマス「双子」伝承がシリア東方のエデッサ教会に遡ることはほぼ確実視されており、『トマスによる福音書』は二世紀には成立したと想定されている。従って、少なくともトマスの名によって書かれた文書に依拠したとみられるグノーシス派(いわゆる「トマス派」)は、ヴァレンティノス派よりは以前に成立していたと想定することはゆるされるであろう。

なお、トマスの名によって書かれた文書は、それぞれの文学形式にも制約されて、その背後にある神話論を推定することは困難であり、そのために既知のグノーシス派のいずれの中にも今までのところ特定され得ていない。それでもなお私は、少なくとも『トマス福音書』が前提している神話論を、次のように復元可能と思っている(詳しくは荒井献『トマスによる福音書』講談社、一九九四年、五四—五七頁参照)。

初めに「父」と「母」と「子」があった。人間は「子ら」として「父」(と「子」)の本質「光」を、あるいは「母」の本質「魂」を保有していたが、「神」(創造神)によって「天地」と「肉体」の中で支配されている。「子」なるイエスの啓示によってその本質を認識し、男女がその性差を超えて「単独者」となれば、終局的には始源に復するであろう。

もしこのような復元が正しいとすれば、これは先に想定したグノーシス神話の「原型」に、基本線において一致することになる。とすれば、『トマス福音書』に代表される「トマスの名によって書かれた文書」の系統も、セツ派と並んで、ヴァレンティノス派その他のグノーシス神話にその素材を提供したとみてよいと思われる。

以上私は、とくにナグ・ハマディ文書の発見によって注目されている三つのグノーシス派、すなわちヴァレンティノス派と、おそらくそれ以前に遡ると想定されるセツ派といわゆるトマス派について、それぞれの神話の特徴を概観した。少なくとも後者の二つの派は二世紀前半には成立していたと思われる。とすれば、新約聖書の中でも最も後期(二世紀前半)に書かれたと想定される「パウロの名による書簡」(『テモテへの手紙』と『テトスへの手紙』)の中で回避義務の対象とされている「卑俗な無駄話と、偽称「知識《グノーシス》」の〔私たちの教えに〕反対する議論」(Ⅰテモ六20)の実体は、時代的に見て、セツ派あるいはいわゆるトマス派の神話である可能性があろう。それが単なる「愚かな論争や系譜論」(テト三9)に過ぎないのか、あるいは逆に「真理の認識」(Ⅱテモ二25)なのか、読者の判断に委ねることとする。


**参考文献**

荒井献『原始キリスト教とグノーシス主義』岩波書店、一九七一年、第九刷＝一九九七年。

――『新約聖書とグノーシス主義』岩波書店、一九八六年。

――『トマスによる福音書』講談社学術文庫、一九九四年、第五刷＝一九九七年。

荒井献・柴田善家訳『トマス行伝』(『聖書外典偽典7　新約外典Ⅱ』)教文館、一九七六年所収。

荒井献・柴田有訳『ヘルメス文書』朝日出版社、一九八〇年。

荒井献編『新約聖書外典』講談社文芸文庫、一九九七年。

柴田有『グノーシスと古代宇宙論』勁草書房、一九八二年。

ハンス・ヨナス『グノーシスの宗教——異邦の神の福音とキリスト教の端緒』(秋山さと子・入江良平訳)人文書院、一九八六年。

S・ペトルマン『二元論の復権——グノーシス主義とマニ教』(神谷幹夫訳)教文館、一九八五年。

*The Nag Hammadi Library*, Revised Edition, ed. by James M. Robinson, E. J. Brill: Leiden, 1988.

*The Gnostic Scriptures. A New Translation with Annotations and Introductions, by Bantley Layton*, SCM Press: London, 1987.

Christoph Markschies, *Valentinus Gnosticus? Untersuchungen zur valentinianischen Gnosis mit einem Kommentar zn den Fragmenten Valentins*, J. C. B. Mohr (Paul Siebeck): Tüliengen, 1992.

■岩波オンデマンドブックス■

ナグ・ハマディ文書I 救済神話

1997年11月27日 第1刷発行
2007年5月25日 第2刷発行
2017年5月10日 オンデマンド版発行

訳 者 荒《あら》井《い》 献《ささぐ》 大《おお》貫《ぬき》 隆《たかし》 小《こ》林《ばやし》 稔《みのる》

発行者 岡本 厚

発行所 株式会社 岩波書店
〒101-8002 東京都千代田区一ツ橋2-5-5
電話案内 03-5210-4000
http://www.iwanami.co.jp/

印刷／製本・法令印刷

ISBN 978-4-00-730604-4 Printed in Japan

# 補注　用語解説

以下で取り上げられる事項は，本巻を含むナグ・ハマディ文書全4巻において，本文および注の行間に＊(アステリスク)を付して示した語句で，個々の文書の枠を越えて現れる頻度が比較的高いものに限られる．ここで取り上げられていない事項で解説が必要なものについては，原則としてそれぞれの文書での初出箇所に訳注が付されている．

以下のそれぞれの項目で引照される文書は別掲(xxi-xxii 頁)の略号表に従って表記する．さらにそれぞれの文書からいくつかの該当箇所を例として引照する場合には，その文書の翻訳でパラグラフ表示が施されていれば，原則としてそれに従って表記する．そうでない場合，ナグ・ハマディ文書に属するものについては，写本番号，頁数，行数の順で，例えばI，1，1(写本Iの第1頁第1行目)と表記する．エイレナイオスとヒッポリュトスの報告によるものについては，次の例のように表記する．

ヴァレ・エイI，1，1＝ヴァレンティノス派についてのエイレナイオス『異端反駁』第1巻1章1節の報告

バシリ・エイI，24，3＝バシリデース派についてのエイレナイオス『異端反駁』第1巻24章3節の報告

バシリ・ヒポVII，20，1＝バシリデース派についてのヒッポリュトス『全異端反駁』第7巻20章1節の報告

バルク・ヒポV，26，1＝『バルクの書』についてのヒッポリュトス『全異端反駁』第5巻26章1節の報告

## あ　行

**アイオーン**

ギリシア語で(ある長さの)「時」，「時代」，「世代」の意．グノーシス神話では至高の神的「対*」から流出し，「プレーローマ*」の中に充満する，擬人化された神的存在．真福§8，15，19，34では，「万物」(§2，9，10，その他多出)，あるいは「流出」(§14，20，37)と代替可能．

**アウトゲネース**

ギリシア語で「自ら生まれた者」の意．ヨハ・アポ§19，20では「独り子」，「キリスト」と同じ．

**アカモート／エカモート**

「知恵」を意味するヘブライ語「ホクモート」(箴言9:1他)に由来する借用語．ヴァレンティノス派の神話では，過失を犯した「上のソフィア」から切り離されたエンテュメーシスの別称の一つで，「上のソフィア」との関係では「下のソフィア」ということになる(ヴァレ・エイI，4，1)．しかし，同じヴァレンティノス派のも

のであるフィリ福では「エカモート」と表記されて，「エクモート」と呼ばれる「小さなソフィア」，「死のソフィア」，「不妊のソフィア」と区別されている（§39, 55a）から，少なくとも三段階のソフィアが考えられていて，その中間を占めると思われる．バルク・ヒポ V, 26, 4 では半処女エデンがエローヒームとの間に生んだ十二の天使の一人．

**アダム**

人間を霊*，心魂*，肉*体の三つから成るとするグノーシス主義一般に広く認められる人間論に対応して，(1)超越的な光の世界のアダム（ヨハ・アポ §24，エジ福 §18 等），(2)アルコーン*たちによって造られる心魂的アダム（ヨハ・アポ §47-57，アルコ §5），さらに(3)肉体を着せられて楽園*へ追放され，そこからまたエバと共に追放されるアダム（ヨハ・アポ §59，フィリ福 §15，アダ黙 §1）という三種類のアダムが登場する．起源 II はこれを「第一のアダム」（§63-65），「第二のアダム」（§80），「第三のアダム」（§98）と呼んで整理している．但し，バルク・ヒポ V, 26, 8 のアダムは少し例外的に，半処女エデンと父エローヒームの結合の象徴として，霊的であると同時に心魂的な存在．

**アブラクサス／アブラサクス**

バシリ・エイ I, 24, 7 では Abraxas，バシリ・ヒポ VII, 26, 6 では Abrasax と綴られる．いずれの綴りでも，ギリシア語アルファベットの数価 A＝1，b＝2，r＝100，a＝1，s＝200，a＝1，x＝60 で換算すると数価が 365 になることから，365 の天あるいは一年 365 日の支配者とされる．ヒッポリュトスの報告では，可視的世界を創造する「大いなるアルコーン」であるが，自分を越える超越的世界の存在に気付いて悔い改める点で，さらに下位の無知蒙昧な旧約聖書の神から区別されている．アダ黙 §24（Abrasax）では光の雲にのって到来する救済天使．エジ福 §26, 50（Abrasax）でも救済天使の一人．

**アルキゲネトール**

ギリシア語で「最初に生み出す者」の意で，グノーシス主義の神話では多くの場合，中間界以下の領域を造りだす造物神ヤルダバオート*のこと．起源 II §19 以下随所，三プロ XIII, 40, 23; 43, 25-26. 30-31 以下参照．起源 II §35 ではピスティス・ソフィア*の「左」（不義）の座へ据えられる．

**アルコーン／支配者／第一のアルコーン**

ギリシア語で「支配者」の意．造物神（ヤルダバオート*）を「第一のアルコーン」として，その支配下に七人，十二人あるいはさらに多数のアルコーンが存在し，地上の世界*を統治していると考えられている．「権威*」あるいは「諸力*」と並列的，交替的に現れる場合が多い（特にアルコ参照）．

**安息**

超越的な光の世界の中に欠乏*が生じるとともに失われたもので，神話のさまざまな段階でその回復が目指される．ヴァレ・エイ I, 2, 6 ではソフィアの過失の後にプ

レーローマ*に暫定的に回復される「真の安息」，同 I，7，5 では霊的*，心魂的*，泥的*人間がそれぞれの場所で与えられる終末論的安息，つまり救いを意味する．フィリ福§63a では「中間の場所*」を彷徨うことの反意語，同§87 では「新婦の部屋*の子供たちの唯一の名前」．フィリ福ではこの他に§82b，86，118 にも現れるキーワード．真福§36 では，プレーローマが安息の場所．

**忌むべき霊** → 模倣の霊

**影像** → 像

**エカモート** → アカモート

**エピノイア**

ギリシア語で「配慮」，「熟慮」の意．ヨハ・アポ§66 以下ではヤルダバオート*の勢力の企みに逆らってプレーローマ*から地上のアダムに啓示(いわゆる「原啓示」)をもたらす女性的啓示者．ただし，三プロでは，一方で(XIII，35，13)プローテンノイアによって生かされている存在であるが，他方では(XIII，39，18 以下，33 以下)ヤルダバオートの母．

**エーレーレート／エレーレート**

アルモゼール，オロイアエール，ダヴェイテと共にプレーローマ*のアウトゲネース*(キリスト)に属する四つの「大いなる光」の一つ(最下位)．ヨハ・アポ§23 では「プレーローマのことを知らず，直ちに悔い改めず，むしろしばらくの間ためらい，その後(初めて)悔い改めた者たちの魂が置かれた」場所．エジ福§23 でもやはり同じ他の三つの名前との組み合わせで，プレーローマのセツの出現の文脈で言及されるが，その五千年後にはこの世を支配する十二人の天使を出現させる(§34)．三プロ XIII，38，33-39，15 でも同じ三つとの同じ順の組み合わせで現れる．アルコ§18(エレレートと表記)ではノーレア*に現れて，グノーシス*を与える天使(§20「四つの光輝くもの」にも注意)．語源はよく分からないが，アルコ§22 はその語義を「すなわち「理解」」と説明している．コプト語で残存する魔術文書にも現れるから，ヘレニズム末期の地中海世界東方ではかなり広く知れ渡っていた言葉であると思われる．

**王なき種族**

「完全なる種族*」や「揺らぐことのない種族」(ヨハ・アポ§5，81)などと並んでグノーシス主義者たちの自己呼称の一つ．アダ黙§43 では，十三の王国(支配)が終末論的救済者について誤った見解を述べた後に登場する．起源 II §136 では「四番目の種族」，すなわち至高の種族とも呼ばれる．アルコ§37，知恵 B 92，4 以下も参照．グノーシス主義の元来の担い手は，強大なローマ帝国の支配に組み込まれて禁治産状態に陥った東方地中海世界の被支配民族の知識層であったとされる．「王なき種族」という自己呼称は彼らの願望の表現だと言えよう．

**オグドアス／八つのもの**

ギリシア語で「八番目のもの」あるいは「八つのもの」の意．ヴァレ・エイ I，1，

1では，ビュトス／エンノイア，ヌース／アレーテイア，ロゴス／ゾーエー，アントローポス／エクレーシアの4対8個組を指す．同I，3，4では，光の世界の下限を印すホロス*(境界)のさらに下に「第二のオグドアス」が生成する．同I，5，2-3ではアカモート*のことで，「ヘブドマス*」たるデーミウールゴス(造物神)の母．バシリ・ヒポVII 26，4では「大いなるアルコーン」アブラサクス*の住処で，旧約の神の住処であるヘブドマスより上位．アルコ§29では光の世界(プレーローマ*)のこと．起源II§63でも光の世界のことで，「垂れ幕*」によって第七の天より下の世界から区切られている．エジ福では，§4-8において「父・母・子」が「三つのオグドアス」と呼ばれるなど繰り返し言及があるが，神話全体の組成における位置付けは不詳である．パウ黙§15では第八天を指している．

**男女(おめ)**

男女の性差を越えた存在の在り方で，グノーシス主義が希求する全体性の一表現．但し，その神話論的な表現は多様で，例えばヨハ・アポでは至高神(§6-11)とバルベーロー*(§13)についてだけ両性具有が明言されるのに対し，アルコ§22では傲慢な獣サマエール*も男女(おめ)であり，起源IIではヤルダバオート*の配下の悪霊(§37，49)，「十二人*」(§29)，「七人*」(§10，16)，「エロース」(§49)までも両性具有の存在として登場する．アダ黙§38では，両性具有のピエリデス(ムーサ)が自己妊娠する．魂II，127，25では，肉体に落下する前の個々の魂は男女(おめ)であるが，落下後の魂は処女となり，暴行を受ける．エジ福§5には「男女なる父」，三プロXIII，45，3には母であり父であるプローテンノイアについて言及がある．

## か 行

**カオス／混沌**

多くのグノーシス主義神話において，光の世界の対極に位置する暗黒と無秩序と物質*の領域のこと．但し，その神話論的な役割は文書ごとに微妙に異なる．例えばヨハ・アポでは，その起源は説明されず，§46では「下界」として，§80では「混沌」としていささか唐突に言及される．つまり，一種の「原理」的な扱いを受けている．これに対して，起源II§1-5はカオスを「垂れ幕*」の陰から二次的に派生してきたものとして説明する．物質も同じ陰から生じるが，カオスの中へ投げ捨てられ，カオスがその在り処とされる(§7)．アルコ§24では「闇」あるいは「物質」と同義であり，§22では上なる天と下のアイオーンを区切るカーテン*の陰からやはり二次的に派生する．

**カーテン／境界／垂れ幕／ホロス**

超越的な光の世界をその下の領域から区切る境界の比喩的表現．バシリ・ヒポVII，23，1では「聖霊」が「隔てのカーテン」．起源II§1-5ではソフィアが「垂れ幕」と同定され，その陰からカオス*が派生する．アルコ§22でも「カーテン」の陰から物質*が派生する．フィリ福§125aでは，寝室の垂れ幕とエルサレム神殿の至聖

所の垂れ幕がプレーローマ*と被造世界の間に引かれた境界の比喩．三部教 I，76，32; 82，12; 85，24 も参照．　→　デュナミス

**完全なる種族／完全なる者たち**

グノーシス主義者たちの自己呼称の一つ．起源 II §136，141，フィリ福§31 など参照．その他にフィリ福§102b の「聖霊の選ばれたる種族」，「真実なる種族」，「人の子の種子」，ヨハ・アポ§5，81 の「(完全なる人間に属する)揺らぐことのない種族」，起源 II §136 他の「王なき種族*」も同じ．

**完全なる人間**　→　第一の人間

**境界**　→　カーテン，デュナミス

**教示者**

アルコーン*たちによって創造された心魂的*アダム*とエバに現れて，真の認識*について教える啓示者．アルコ§9 では，蛇の姿で心魂的アダムとエバに善悪の木から食べるように教える霊的な女．起源 II §72，85，91 では，ソフィア・ゾーエー*が地的アダムに送った教示者としての「生命のエバ」あるいは「真実のエバ」を指し，楽園*で知識の木に変身する．起源 II §103 では，創世記 3 章の蛇が「動物」として言及され，生命のエバの顕現形態，あるいはその息子として教示者の役割を果たす．

**グノーシス／知識／認識**

ギリシア語で「認識」の意．自分の霊的な本質を認識するかどうかに個々人の救済がかかっているとするグノーシス主義の救済論の鍵語であり，グノーシス主義がまさに「グノーシス主義」と呼ばれる所以である．ヴァレ・エイ I，4，1，5 では，過失を犯したソフィアが「存在において」かたちづくられることが「認識に基づいて」かたちづくられることに対照されている．同 I，6，1 では，後者が終末論的完成の意味で語られる．起源 II §150 によれば，「自分の認識」が「自分の本性」を明らかにする．特にフィリ福と真福，およびアダ黙がかなりの頻度で「認識」に言及する（フィリ福§94b，110a 他，真福§5，8-10，13，15-18，22，23，25，27，32 他，アダ黙§6，9，20，25，26，42-43 他）．バシリ・ヒポ VII，27，1-2では，終末*に「上なるもの」から分けられた「下なるもの」に至高神が「無意識」(agnoia)を投げかけ，すべてのものが分を越えた認識欲に二度と苦しむことがないようにするという点に，「認識」の両価性が表現されている．

**形成物**　→　つくり物

**欠乏**

ヨハ・アポ§44，69 ではソフィア*の過失の結果として，起源 II §25，130 では「真理の中から永遠の領域とその世界の内側に」，つまりプレーローマ*の内部に生じてくる事態．さらにこの欠乏から「つくり物*」あるいは牢獄としての下方の世界と肉体が派生してゆく．従って，「プレーローマが欠乏を満たす」(復活§24，真福§30 をも参照)ことがグノーシス主義の意味での万物の救済となり，個々人の救済もその時初めて最終的に完成される．

**権威**

ギリシア語「エクスーシアイ」の訳．アルコ§23のように，例外的にプレーローマ*の権威という積極的な意味で用いられることもあるが，多くの場合は「アルコーン*たち」あるいは「諸力*」とほとんど同義語．起源II§36では，カオス*を支配する六人（ヤルダバオート*を除く）を指し，§66ではヤルダバオートの部下であるが，その愚かさをあざ笑い，§67では心魂的人間を創造する．

**こしらえ物**　→　つくり物

**混沌**　→　カオス

**婚礼の部屋**　→　新婦の部屋

## さ　行

**サクラス／サクラ**

ヨハ・アポ§32，35，アルコ§26，アダ黙§22，三プロ XIII，39，27-28では，ヤルダバオート*，サマエール*，あるいはパントクラトール（万物の支配者）の名で呼ばれる造物神と同じ．エジ福§35，三プロ39，27は「サクラ」(Sakla)と表記する．語源はアラム語ないしシリア語で，「馬鹿な」を意味する（シリア語 sākel）．

**サバオート**

旧約聖書に現れる「万軍の主なる神」（イザ10: 16他）という表現の「万軍の」に相当するヘブル語を神話論的に擬人化したもの．アルコ§27-28ではヤルダバオート*の息子であるが，父の愚かさを謗って離反し，ピスティス・ソフィア*とその娘ゾーエー*を賛美して，第七の天へ移される．ゾーエーと「対*」を構成する．起源II§27-35でもほぼ同じ関係になっている．

**サマエール**

サクラ*（ス）あるいはヤルダバオート*の別名（ヨハ・アポ§35，三プロ XIII，39，27-28参照）．アルコ§2，23，起源II§25では，その語義は「盲目の神」であると説明される．一説によれば，この語義説明はシリア語で「盲目な」を意味する形容詞 samyâ との語呂合わせに基づく．

**質料**　→　物質

**支配者**　→　アルコーン

**十二人**

天の黄道十二宮（獣帯）を神話論的に擬人化したもので，ヨハ・アポ§31とエジ福§36では，造物神（ヤルダバオート*）の配下としてその名前が列挙されている．起源II§29，40では名前を挙げられるのは六人であるが，それぞれ両性具有であるために十二人とも呼ばれる．但しその六人の名前はヨハ・アポとエジ福のそれと一部異なっている．バルク・ヒポV，26，3では「父エローヒーム」と「母エデン」がそれぞれ自分のために生む天使の数．

**終末**

プレーローマ*の中に生じた過失の結果として物質的世界の中に散らされた神的本質(霊，光，力)が，再び回収されてプレーローマに回帰し，万物の安息が回復されること．ヴァレ・エイ I，7，1 によれば，その際，霊的なものはプレーローマに入るが，心魂的なものは「中間の場所*」に移動し，残された物質的世界は「世界大火」によって焼き尽くされる．起源 II § 116，142-150 は同様の終末論を黙示文学的な表象で描いている．このように宇宙万物の終末について論じる普遍的終末論とは別に，個々人の死後の魂(霊)の運命について思弁をめぐらす個人主義的終末論があり，チグリス・ユーフラテス河の下流域に現存するマンダ教などを含めてグノーシス主義全体について見れば，頻度的には後者の方が多い．真福 § 32 では「終りとは隠されていることの知識を受けること」．

**種子**

グノーシス主義の神話でもっとも頻繁に現れる術語の一つで，多様な意味で用いられる．一つは潜在的可能性の比喩として用いられる場合で，例えば真福 § 30，39 で，人間を起こす「真理の光」は「父の種子*」に満たされている．バシリ・ヒポ VII，21，2 の「世界の種子」は三重の「子性」と世界万物を潜在的に包含する．ヴァレ・エイ I，5，6；6，4 では，アカモート*が造物神の中に密かに蒔く霊的胎児のことで，しかるべき時まで成長を続ける．三部教でも「イエス・キリストの約束の種子」(I，117：14)などの他，潜在的可能性の意味での用例が多い．「一部」あるいは「肢体」もこの意に近い．今一つは「子孫」の意味の用例で，ヨハ・アポ § 25 の「セツの子孫」，フィリ福 § 102b の「人の子の種子」など．アルコ § 34，38 の「あの種子」(＝単数)はさらに別の用例で，終末論的救済者を意味している．最後に起源 II § 53，77 では，権威*，天使，悪霊たちの精液のこと．

**処女なる霊**

多くの場合「見えざる霊*」と一組で用いられて，プレーローマ*の至高神を指す．ヨハ・アポ § 14 以下随所，アルコ § 20，エジ福 § 11，20 参照．但し，起源 II § 19 では例外的にヤルダバオート*の部下のそれぞれの所有物．

**諸力**

ギリシア語デュナミスの訳語．多くの場合「アルコーン*たち」，「権威*たち」と同義語であるが，男性的な「アルコーンたち」に女性的属性として組み合わされて，「対*」関係を構成することがある(ヨハ・アポ § 39，起源 II § 39)．

**心魂／心魂的／生魂／生魂的／魂**

グノーシス主義は人間(ミクロコスモス)を霊*，心魂*，肉体*(物質*)の三つから成ると見るのに対応して，宇宙(マクロコスモス)も超越的プレーローマ*，中間界，物質界の三層に分けて考える．「心魂」はその場合の中間の原理．多くの文書で繰り返し「霊的なるもの」と対比される．その起源を神話論的にもっとも立ち入って説明するのはヴァレンティノス派である．ヴァレ・エイ I，5，1 では，アカモート*(下の

ソフィア)の「立ち帰り」から導出され，「右のもの」とも呼ばれる．同I，6，2-4では「善い行ない」によってのみ「中間の場所」へ救われる者たちを指す．三部教I，118，20-23では，アカモートではなくロゴスが過失を犯し，その「立ち帰り」から導出される．但し，魂と肉体の二分法に立つ文書もあり，例えば魂II，134，10-13での「魂」は三分法で言う場合の「霊」と同じ．

**真実なる人間**　→　第一の人間

**身体**

ヨハ・アポ§54，起源II§78では「七人」のアルコーンたちによって造られる「心魂的」人間を指す．この人間は肉体を着せられる以前の人間であるから，「身体」は肉体性と同義ではなく，むしろ個体性の意味に近い．グノーシス主義の否定神学は至高神がこの意味での「身体性」をも持たないことを強調する(ヨハ・アポ§8，三部教I，54，18)．但し，真福§16では，「彼(父)の愛がそれ(言葉)の中でからだとなり」と言われる(§18をも参照)．

**新婦の部屋／婚礼の部屋**

ヴァレンティノス派に特有の神話論的表象および儀礼．ヴァレ・エイI，7，1によれば，プレーローマの内部で「キリスト」(第一のキリスト)と聖霊，アカモートとソーテール(＝救い主，プレーローマの星，第二のキリスト，イエスに同じ)がそれぞれ「対」関係を構成するのに倣って，地上の霊的な者たちもやがて来るべき終末において，ソーテールの従者たる天使たち(花婿)に花嫁として結ばれる．ヴァレンティノス派はこの結婚を「新婦の部屋」と呼び，その地上的な「模像」として一つの儀礼(サクラメント)行為を実践した．その具体的な中身について，エイレナイオスやヒッポリュトスを含む反異端論者の側ではいかがわしい推測も行なわれたが，最近の歴史的・批判的研究では「聖なる接吻」説と「臨終儀礼」説が有力である．ナグ・ハマディ文書の中では，フィリ福がもっとも頻繁に言及する(§61a，66，67c，68，73，76，79，82a，87，102a，122c，d，127)．その他，三部教I，122，15-16．21-22；128，34，真正教VI，35，8-22，セツ教§24などにも言及がある．

**生魂／生魂的**　→　心魂／心魂的

**世界**

目に見える現実の宇宙的世界のこと．プラトン主義では「最良の制作物」(アルキノス『プラトン哲学要綱』XII)と見做されたのと対照的に，グノーシス主義では，自らが不完全な「流産の子」である造物神(ヤルダバオート)が造りあげた不完全な「つくり物」として，超越的なプレーローマから価値的に厳しく区分される．例えば，復活§22，23によれば，この世界は一つの「幻影」であり，そこからの「復活」が救いである．但し，この区分はグノーシス主義の展開と共に融和される方向に進み，「つくり物」の世界の形成にもプレーローマの意志が隠れた形で働いていたとされるに至る．ヴァレ・エイI，5，1-3，三部教I，52，5,;76，13-30；107，30-108，12；126，30-37．特に三部教では「経綸」(オイコノミア)とも表現される(95，

38以下). アルコ§5, 6, 30, 起源II§17, 68など参照. バシリ・ヒポVII, 21, 2は少し例外的に, まず「世界の種子」について語り, その後でその「世界」を「超世界」と下方の可視的世界に分割し, 後者をさらに「オグドアス*」(大いなるアルコーンの領域), 「ヘブドマス*」(別のアルコーン=旧約の神の領域), 「ディアステーマ」(僻地)に三区分する.

**セツ／セツの子孫**

創4: 25のセツ(新共同訳では「セト」)のこと. このセツに神話論的あるいは救済論的に重要な役割を負わせ, 自分たちをその子孫と見做したグノーシス主義グループが存在したことは, エイレナイオス『異端反駁』I, 30, ヒッポリュトス『全異端反駁』VI, 19-22, エピファニオス『薬籠』XXXIX章の報告から知られる. しかし, この三者の報告は相互に食い違いが大きく, 統一的なイメージに収斂しないため, いわゆる「セツ派」の歴史的実態はよく分からない. ナグ・ハマディ文書の中にも, ヨハ・アポ(§25, 69), エジ福(§23他多数), アダ黙(全体がアダムからセツへの啓示)を初めとして, アルコ, 柱, ゾス, メルキ, ノーレア, マルサ, アロゲなどがセツ派のものではないかと考えられている.

なお, セツ(Seth)は, エジプト古来の神で, オシリス神話にも悪神として登場するセト神と同じ綴りであることもあって, ある時期以降, 両者の混淆が起きている.

**洗礼**

ナグ・ハマディ文書の中には洗礼について言及するものが少なくない. 特に三部教I, 127, 25-129, 34は, 「唯一の洗礼」(127, 25-28), 「それを二度と脱ぐことのない者たちのための衣服」(128, 19)などの種々な呼称を紹介する他, ヴァレンティノス派の洗礼に関する詳細な議論を繰り広げる. 起源II§118は霊*の洗礼, 火の洗礼, 水の洗礼という三種類の洗礼について語る. 三プロXIII, 48, 15-21では, 女性的啓示者プローテンノイアが覚知者を天使(?)に委ねて洗礼を授ける. アダ黙§30-42では, 13の王国が終末論的救済者の起源についてそれぞれ意見を開陳する結びのところで, 「こうして彼は水の上にやって来た」という定型句が繰り返される.

いずれの背後にもグノーシス主義的な意味付けを伴った洗礼の儀式が前提されている可能性が大きい. 特にフィリ福では間違いなくそうである(§43, 68, 75, 76他). 同§95では塗油*の儀礼と密接に関連付けられ, 価値的にはその下位に置かれている. エジ福においても洗礼儀式が重要な役割を演じている(§52-53, また§49, 51). 真証§36とシェーム§64-66は水による洗礼を「汚れた」ものとして拒否する.

**像／影像／似像／模像／模写**

グノーシス主義神話の類型区分(「グノーシス主義救済神話の類型区分」参照)で言う「シリア・エジプト型」の神話は, プレーローマ*の至高神から地上の肉体*という牢獄に閉じ込められた人間まで, 上から下へ垂直的に展開される. その展開を支える根本的な思考法は, 「上にあるもの」が「範型*」となり, 「下のもの」がその

「像」(eikôn)として造り出されるというもので，基本的にプラトン主義の考え方に準じている．したがって，この「範型」と「像」という関係は神話のさまざまな段階において，大小さまざまな規模で繰り返される．

(1)バルベーローは至高神の似像(ヨハ・アポ§13)，(2)「第一の天」(プレーローマ)から下へ，上の天が下の天の範型となって，最下位の天まで365の天が生じる(バシリ・エイI, 24, 3)，(3)造物神(ヤルダバオート)は上なる「不朽の範型」を知らずに(ヨハ・アポ§39-40)，あるいはそれを見ながら(三部教I, 90, 31; 92, 4; 起源II§12)，中間界以下を創造する，(4)アルコーンたちは至高神の像を見ながら，その似像として心魂的あるいは泥的人間を創造する(ヴァレ・エイI, 5, 5; アルコ§5)，(5)エバはアダムの似像(アルコ§12)であると同時に，(6)プレーローマから派遣される「真実のエバ」の模像．

その他，特にフィリ福では「新婦の部屋」などの儀礼行為もプレーローマにある本体の模像とされる(§60, 67b, c他随所)．

トマ福では，(1)霊的「像」(エイコーン)と，(2)地上の「像」(エイコーンの複数)と，(3)「外見」または「似像」(エイネ)とに，三つの実体が区別されている．(1)と(3)は創1: 26(七十人訳)の「像」(ホイコーン)と「似像」(ホモイオーシス，そのコプト語訳がエイネ)に当る．(2)は(1)の地上における顕現形態で，(3)は(2)の反映か(83, 84)．

**ゾーエー**　→　ソフィア・ゾーエー

**ソフィア／ピスティス・ソフィア**

ギリシア語で「知恵」の意．「シリア・エジプト型」のグノーシス主義救済神話(「グノーシス主義救済神話の類型区分」参照)においては擬人化されて，プレーローマの最下位に位置する女性的アイオーン．男性的「対」の同意なしに「認識」の欲求に捕らわれ，それを実現しようとしたことが「過失」となって，プレーローマの「安息」が失われ，その内部に「欠乏」が生じ，それがやがて中間界以下の領域の生成につながってゆく(ヴァレ・エイI, 2, 2, ヨハ・アポ§26など多数)．グノーシス主義は「認識」が救済にとって決定的に重要であることを強調する一方で，同時に認識欲の危険性を知っているのである．

ヴァレンティノス派では「上のソフィア」，「下のソフィア」，「小さなソフィア」(あるいは「死のソフィア」，「塩(不妊)のソフィア」)など，さまざまなレベルのソフィアが登場する(ヴァレ・エイI, 4, 1, フィリ福§36, 39)．

アルコ(§3, 22-28)と起源II(§4-10, 17, 68)では「ピスティス・ソフィア」(＝ギリシア語で「信仰・知恵」の意)という名称で登場し，ヤルダバオートと「七人」を生み出し，アルコーンたちによる心魂的人間の創造をも陰で仕組むなど，陰に陽に神話全体の主役．

さらに起源II§16, 21, 22ではヤルダバオートの娘で，「七人」の一人アスタファイオスの女性的側面を構成する存在もソフィアと呼ばれている．

**ソフィア・ゾーエー**

「ゾーエー」とはギリシア語で「生命」の意．新約聖書が「永遠の生命」(ヨハ 17:2-3)と言う時と同じ単語．グノーシス主義の神話では擬人化されて，終末論の文脈で働く女性的救済者の一人．「ソフィア・ゾーエー」とも，単に「ゾーエー」とも表記される．ヨハ・アポ§57では「光のエピノイア*」と同じ．アルコ§26ではピスティス・ソフィア*の娘．起源IIでも同様で，サバオート*に「オグドアス*」の中の存在について教え(§30)，心魂的*アダム*を創造し(§70-73)，地的アダムを起き上がらせる(§85-86)．

## た　行

**第一のアルコーン**　→　アルコーン

**第一の人間／完全なる人間／真実なる人間／人間**

プレーローマ*の至高神のこと．必ずしもすべての神話が至高神にこの呼称を与えているわけではないが，「人間即神也」というグノーシス主義一般に共通する根本的思想をもっとも端的に表現するもの．至高神はこの他に，「人間」，「不死なる光の人間」，「真実なる人間」，「不朽なる者」，「生まれざる方」，「生まれざる父」，「不死なる父」(以上，起源II§4, 25, 27, 68, 80, 130, 149参照)，「存在しない神」(バシリ・ヒポVII, 21, 1)，「万物の父*」など多様な呼称で呼ばれる．ヨハ・アポでは，至高神と同時にバルベーローも「第一の人間」と呼ばれることがある(§13, 18, 45他参照)．エジ福§37，セツ教§11等も参照．

「完全なる人間」は終末に到来が待望される救済者(アルコ§10)，すでに到来したキリスト(フィリ福§15)，あるいは人類の中の「霊的種族」(三部教I, 123, 5)の意味で使われることもある．同様に，「真実なる人間」もヴァレ・エイI, 1, 1-2では，例外的に，至高神より下位のアイオーンの「オグドアス*」の一つを指す．ヴァレ・エイI, 1, 1では「人間」(アントローポス)は至高神ではなく，より下位の神的存在(アイオーン*)の一つ．

**魂**　→　心魂

**垂れ幕**　→　カーテン

**知識**　→　グノーシス

**中間の場所**

ヴァレンティノス派に特有な神話素で，大きくは超越的プレーローマ*界と物質*界の中間の領域を指す(三部教I, 103, 21など他随所)．より正確には，アカモート*が終末までのあいだ一時的に置かれる場所で，中間界以下を創造する造物神(デミウルゴス)の上に位置する(ヴァレ・エイI, 5, 3-4; 7, 1, 5)．ヴァレ・エイI, 6, 4では心魂的*な人間たちが終末*に到達する場所．フィリ福§63a, 107bでは例外的に滅亡の場所の意．シェーム§25-38では，巨大な女性器として見られた宇宙の中で「処女膜の雲」と「胞衣の雲」の下に位置する領域を指し，啓示者デルデケアスに

よるヌースの回収作業によって闇から清められる．

**「対」**

ギリシア語シュジュギアの訳．プレーローマ*の至高神が自己思惟の主体と客体に分化して，さまざまな神的存在(アイオーン*)を流出する．それと共に原初的な両性具有(男女*＝おめ)の在り方も男性性と女性性に分化し，男性的な神的存在と女性的な神的存在が一つずつ組み合わされて「対」を構成する．ヴァレンティノス派の場合には，ビュトス(深淵)とエンノイア(思考)，ヌース(叡知)とアレーテイア(真理)，ロゴス(ことば)とゾーエー(生命)，アントローポス(人間)とエクレーシア(教会)のように，ギリシア語の男性名詞と女性名詞を巧妙に組み合わせて「対」関係を表現している(ヴァレ・エイ I，1，1)．ヨハ・アポ§13-21の場合も元来のギリシア語原本では同様の消息であったと思われるが，現存のコプト語写本ではコプト語の同義語へ翻訳した結果，文法的な性が変わってしまったために，ギリシア語原本の神話論的巧妙さは失われている．

ヨハ・アポ§39は，ヤルダバオート*の配下の七人*のアルコーン*(男性)にもそれぞれ女性的「勢力」を割り振って「対」関係を造り上げているが，起源 II ではヤルダバオート以下，「十二人*」，「七人」も含めて，諸々の悪霊まで両性具有の存在と考えられている(§10，16，29，37，49)．

**つくり物／こしらえ物／形成物**

ギリシア語「プラスマ」の訳．例外的に積極的な意味で用いられることもあるが(アルコ§36)，大抵の場合はアルコーン*たちが造り出す心魂的*人間，あるいは肉体*の牢獄という否定的な意味で用いられる(ヨハ・アポ§58，64，アルコ§5，起源 II §76，78-81，97，134，141，フィリ福§41，真福§2，3など)．バルク・ヒポ V，26，26では，「母」である半処女エデンが造りだしたこの世のこと．

**テトラクテュス**

ピュタゴラス学派では最初の四つの整数の和で10のことであるが，ヴァレ・エイ I，1，1ではプレーローマ*内のビュトス(深淵)，エンノイア(思考)，ヌース(叡知)，アレーテイア(真理)の四個組のこと．

**デュナミス／ホロス**

ギリシア語「デュナミス」は通常「諸力」の意味で否定的に用いられるが，ヴァレ・エイ I，2，2；3，3，5では例外的に，プレーローマ*内のアイオーン*の一つで，ソフィア*の過失を最小限にくい止める境界(＝ホロス，カーテン*)の役割を果たす．

**塗油**

元来は原始キリスト教において，洗礼*の儀式との関連で行なわれた儀礼．洗礼は罪の赦しと同時に聖霊を授与・受領する儀式とも理解されたので，その聖霊が失われないよう受洗者を油で封印するために行なわれた象徴行為であると思われるが，洗礼と塗油の前後関係については良く分からない．その後も，後3—4世紀まで東方教会と西方教会ではその順番付けが異なっていた．グノーシス主義の文書では，フ

ィリ福が洗礼*，聖餐，救済，新婦の部屋*と並ぶ儀礼として繰り返し言及する．特に洗礼との関連が密接であるが，同時に洗礼よりも塗油の方が重要であることが強調される(§68，75，92，95 他)．「新婦の部屋」の儀礼においても塗油(終油？)が行なわれた可能性がある(§122c)．「クリスチャン」の呼称は，本来の「キリストに属する者」という意味(使 11: 26)ではなく，「油注がれた者」，すなわちグノーシス主義者を指すものに転義している(§95)．それどころか，塗油を受けたグノーシス主義者は一人一人が「キリスト」になる(§67d)．

神話上の場面としては，ヨハ・アポ§20 で「独り子」(またはアウトゲネース*)が至高神から「至善さ」によって塗油されて「キリスト」となる．ここでは，一方で「至善な」がギリシア語では「クレーストス」，他方で「キリスト」が元来「塗油された者」の意で，ギリシア語では「クリストス」であることを踏まえた語呂合わせが行なわれている．

**泥／泥的**

宇宙と人間を霊*，心魂*，物質*(肉体)に分けて捉えるグノーシス主義の三分法的世界観において，価値的に最下位のもので，物質と同義．ヴァレ・エイ I，5，5 では，造物神が物質(質料)の内の液状のものから造り，心魂的なものへ注入する．最終的な救いに与ることができず，世界大火で焼き尽される(同 I，6，2; 7，1)．バルク・ヒポ V，26，32 では，イエスの十字架刑において心魂的部分と共に受難する部分として，受難を免れる霊的部分と区別されている．同 V，27，3 には泥的人間，心魂的人間，霊的人間の三分法が見られる．

## な　行

**七つのもの**　→　ヘブドマス

**七人**

ヘレニズム時代に一般的に七つの惑星と見做されていた月，太陽，金星，水星，火星，木星，土星が神話論的に擬人化されたもので，中間界以下の領域の悪しき支配者．ギリシア語魔術文書や広範なグノーシス主義文書に，それぞれ隠語化された名前で登場する．ヨハ・アポ§33，34，37，39 に列挙される名前は，黄道十二宮を同様に擬人化した「十二人*」(§31)と一部重複するが，七という数字は一週間の日数として説明される(§34，37)．同時に，七人のそれぞれが男性性と女性性の「対*」関係に置かれる(§39)．起源 II§16 では，ヤルダバオート*を含めて総称的に「アルコーン*たち」，「支配者たち」，「権威*たち」と呼ばれ，カオス*から男女*(おめ)として出現する．ナグ・ハマディ文書以外では，マンダ教文書にまったく独自のマンダ語の名前で頻繁に登場する．エイレナイオス『異端反駁』のセツ派についての報告(I，30，5)，オリゲネスの『ケルソス駁論』VI，30-32，エピファニウス『薬籠』XXVI，10，1-3 のフィビオン派についての報告などにもさまざまな名前で登場する．七つの惑星の並べ方の順番(特に太陽の位置)については，ストアや中期プラト

ニズムなどの学派哲学の宇宙論においてさえ諸説があったため，グノーシス主義文書に隠語で言及される「七人」がそれぞれどの惑星に対応するかは一概に決められない．

**肉／肉的**

宇宙と人間を，霊的*なもの，心魂的*なもの，肉的(物質的)なものの三分法で考えるグノーシス主義の世界観における最下位の原理で，「物質*」あるいは「泥*」と同義であることが多いが，ヴァレ・エイ I，5，5 のように，泥から由来する身体と区別して，四分法的に語られることもある．フィリ福は一方で肉体の無価値性を断言するが(§22)，他方で「肉にあって甦ることが必要である」(§23c)とする．復活§15 は老いた肉体を胞衣《えな》(後産)に譬える．

**似像**　→　像

「**人間**」　→　第一の人間

**認識**　→　グノーシス

**ノーレア**

アルコ§12 では，アダム*とエバがセツ*を産んだ後にもうけた娘で，理屈ではセツの妹であると同時に妻ということになる．しかし，同§14(オーレアと表記)と§15 ではむしろノアの妻であることが前提されていると思われる．この二系統の表象はその他のグノーシス主義文書の間にも認められる．エイレナイオス『異端反駁』I，30，9 とエピファニオス『薬籠』XXXIX，5，2 が報告するセツ派は前者，エピファニオス同 XXVI，1，3-5 が報告するニコライ派とマンダ教は後者に属する．特に後者の表象系統では，ノーレアは夫のノアがこの世の支配者であるアルコーン*に仕えたのに対して，超越的な神バルベーロー*に仕える存在であり，ノアが造った方舟に立ち入りを拒まれると，三度までもそれを焼き払ったという(アルコ§14 参照)．ヘレニズム期のユダヤ教のハガダー(物語)伝承にも，ナアマという女性が一方ではセツの妹かつ妻として，他方ではノアの妻として言及される．ノーレアという名前は基本的にはそのナアマがギリシア語化したものとする説が有力である．ナグ・ハマディ文書の中では，『ノーレアの思想』(写本 IX)と起源 II§18，20 に言及がある．

## は　行

**場所**

グノーシス主義の神話では「あの場所」，「この場所」という表現で超越的な光の世界と地上世界を指し，「中間の場所*」でその中間に広がる領域を表現することが多い．三部教 I，53，24 では，否定神学の意味で，神は「場所」の中にいないと言われ，同 60，5；65，8 では万物の父*がアイオーン*たちにとって「場所」である(真福§20 では，父は自らの内にあるすべての「場所」を知っている)と言われる．さらに三部教 100，29 では，ロゴスによって生み出された造物神が彼の創造物にとって「場所」であると言う．これらの場合の「場所」は一つの術語として用いられてお

り，その背後には原理としての「質料」を「場所」と定義した中期プラトン主義(アルキノス『プラトン哲学要綱』VIII)などの影響が考えられるかもしれない．トマ福では「光」(語録24)あるいは「王国」(語録60，64)と同意．

**パトス**

熱情あるいは受難を意味するギリシア語．ヴァレ・エイI，2，2では，ソフィア*が男性的伴侶(テレートス)との抱擁なしに陥った，父を知ろうとする熱情のことで，エンテュメーシス(意図)とともにホロス*(境界)の外へ疎外される．バルク・ヒポV，26，19ではエローヒームによって地上に取り残された半処女，「母」エデンがエローヒームに欲情する熱情．

**バルベーロー／バルベーロン**

いくつかのグノーシス主義救済神話において，至高神の最初の自己思惟として生成する神的存在．ヨハ・アポ§13では「プロノイア*」，「第一の人間*」，「万物の母体」，「母父*」とも呼ばれ，神話の隠れた主人公の一人であり，最後に§80で自己自身を啓示する．三プロXIII，38，8-9ではプローテンノイアの別名で登場する．エジ福§6他も参照．エイレナイオス『異端反駁』I，29，1-4はヨハ・アポ§13-44に相当する部分を要約的に報告して，それを「バルベーロー派」の神話だと言う．しかし，その「バルベーロー派」の歴史的実態については，やはりエイレナイオスによって報告されるセツ派などの他のグノーシス主義グループの場合と同様，詳しいことは分からない．「バルベーロー」(Barbêlô)の語源・語義については，伝統的にヘブル語で「四つの中に神在り」(b'arbba' 'ᵉlôha)の意の文を固有名詞化したものだとされてきた(この場合，「四」とはプレーローマ*の最上位に位置する四つの神的存在，テトラクテュス*のこと)．しかし最近では，コプト語ないしそれ以前のエジプト語で「発出」を意味する「ベルビル」(berbir)と「大いなる」の意の「オー」とから成る合成語で，「大いなる発出」の意味だとする仮説が唱えられている．

**範型**

シリア・エジプト型のグノーシス主義の神話(「グノーシス主義救済神話の類型区分」を参照)では，基本的にプラトン主義のイデア論に準じて，「上にあるもの」の写し(コピー)として「下のもの」が生成すると考えられている．その場合，「下のもの」が「像*」，「影像」，「模像」，「似像」，「模写」と呼ばれるのに対し，「上のもの」が「範型」と呼ばれる．特にヨハ・アポ§40の「不朽の型」参照．ヴァレ・エイI，7，2では，プレーローマ*のキリストがホロス*(別名スタウロス＝「十字架」)に体を広げて，アカモート*の過失を止めた事件が歴史上のイエスの十字架刑の範型．「範型」と「模像」を対句で用いるのはフィリ福§69a，124他．

**万物の父**

グノーシス主義の至高神(第一の人間*)の別称．ヨハ・アポ§6以下，三部教I，51，8-57，8などでは，延々と否定形で記述される．バシリ・エイI，24，3では「生まれざる父」，バシリ・ヒポVII，21，1では三重の「子性」の父として「存在しない

神」とも呼ばれる．但し，バルク・ヒポ V，26，1 では例外的に至高神より下位の存在，すなわち「生まれた万物の父」であるエローヒームと同定される．

**光り輝くもの／フォーステール**

ギリシア語フォーステールの訳．ヨハ・アポ § 23 では，プレーローマ*の内部でアウトゲネース*(キリスト)から生成する四つの大いなる光のことで，それぞれ三つずつのアイオーン*を従えている．アダ黙 § 23 ではセツ*の子孫たるグノーシス主義者，同 § 25，43 では大いなるアイオーンから認識*をもたらす啓示者を指す．その啓示者たちの名前は § 46 によれば，イェッセウス，マザレウス，イェッセデケウスである．なお，この名称は，フィペ手 137，8 ではイエスに，II ヤコ黙 55，17 ではヤコブに帰されている．

**ピスティス** → ソフィア

**左手** → 左のもの

**左のもの／右のもの／左手／右手**

「右のもの」が積極的な意味で用いられるのに対して，「左のもの」は常に否定的な意味で用いられる．ヴァレ・エイ I，5，1 では，ソフィア*のパトス*から派生した物質を指し，「右のもの」，つまり心魂的なものと対照されている．アルコ § 29 では，改心したサバオート*とその右手ゾーエー*が積極的に評価されることとの対照で，専横あるいは邪悪を意味する．起源 II § 35 では，ヤルダバオート*がもらい受けるピスティス・ソフィアの左の場所は「不義」と呼ばれ，右が「正義」と呼ばれることと対照されている．フィリ福 § 40 では，右は「善きもの」，左は「悪しきもの」，同 § 67d では十字架が「右のもの，左のもの」と呼ばれる．三部教 I，98，19；104，11；105，8；106，21 では「左の者たち」＝物質的種族が負の存在として，「右の者たち」＝心魂的種族と対照されている．真福 § 26 では，99 までは左手で数えられ，1 を欠くので欠乏を，99 に 1 を足して 100 からは右手で数えられるので右は完全を表わす．

**フォーステール** → 光り輝くもの

**復活**

本質的には人間が本来の自己を覚知することを意味する．従って，時間的な側面では，新約聖書の復活観とは対照的に，死後の出来事ではなく，死より前，生きている間に起きるべきこととなる(フィリ福 § 21，23c，90a，復活 § 26，真証 § 8 他)．場所的な側面では，この世あるいは「中間の場所*」から本来の在り処であるプレーローマ*へ回帰することが復活を意味する(フィリ福 § 63a，67c，魂 II，134，10-13)．復活 § 9 はこの二つの意味での「霊的復活」について語る．

**物質／質料**

ギリシア語「ヒューレー」(hylê)の訳語．この同じギリシア語を中期プラトン主義は「神」，「イデア」と並ぶ三原理の一つ，「質料」の意味で用いるが，グノーシス主義は肉*，肉体，あるいは泥*などとほぼ同義の否定的な意味合いで用いることが多

い．ヴァレ・エイ IV，2，5 ではアカモート*の陥った情念から派生する．ヨハ・アポ§46，真福§2では，初めから存在が前提されているもの，つまり一つの原理として，いささか唐突に言及される．反対に起源 II では，「垂れ幕*」の陰から二次的に生成し，カオス*の中へ投げ捨てられて(§7)，やがてヤルダバオート*の世界創造の素材となる．アルコ§22でも，上なる天と下の領域を区切るカーテン*の陰から生成し，やがてピスティス・ソフィア*の流産の子サマエール*を生み出す．同§24では「闇」あるいは「混沌」(カオス)と同義．

**プレーローマ**

ギリシア語で「充満」の意．至高神以下の神的存在によって満たされた超越的な光の世界を表現するために，グノーシス主義の神話が最も頻繁に用いる術語．しかし，必ずしもどの文書にも現れるわけではない．例えば，バシリ・ヒポ VII，25，1では，プレーローマの代わりに「超世界」，アルコ§29と起源 II§30ではオグドアス*あるいは「八つのもの*」という表現が用いられている．なお，この語が複数形で用いられ，「父のすべての流出」を指す場合もある(真福§37)．

**プロノイア**

ギリシア語で「摂理」の意．ストア哲学では宿命(ヘイマルメネー)と同一で，神的原理であるロゴスが宇宙万物の中に遍在しながら，あらゆる事象を究極的には全体の益になるように予定し，実現してゆくことを言う．あるいは中期プラトン主義(偽プルータルコス『宿命について』)においては，恒星天ではプロノイアが宿命に勝り，惑星天では均衡し，月下界では宿命がプロノイアに勝るという関係で考えられる．グノーシス主義はストアにおけるプロノイアと宿命の同一性を破棄して，基本的に宿命を悪の原理，プロノイアを至高神に次ぐ位置にある救済の原理へ二分割するが，文書ごとに微妙な差が認められる．ヨハ・アポはプレーローマ*界に二つのプロノイア(§13，23)，中間界にもう一つのプロノイア(§39)，地上界に宿命(§77)を配置するが，起源 II はプレーローマ，中間界，地上界のそれぞれに一つずつプロノイアを割り振り，中間界と地上界のそれについては宿命と同一視している(§16，44-45，68，96，141)．エジ福でも§1の他多数にあるが，「大いなる見えざる霊」(父)との関係，あるいはその他の点での神話論的な位置付けが明瞭に読み取れない．

**ヘブドマス／七つのもの**

ギリシア語で「七番目のもの」あるいは「七つのもの」の意．グノーシス主義神話では造物神とその居場所を指すことが多い．ヴァレ・エイ I，5，2では，オグドアス*(八つのもの)と呼ばれる母アカモート*の下位にいるデーミウールゴス(造物神)のこと．バシリ・ヒポ VII，26，4-5では，オグドアスのアブラサクス*の下位の神「別のアルコーン」とその息子の住処．ヨハ・アポ§34，37では，一週七日(「週の七個組」)の意．起源 II§16では，本文が欠損していて確定しにくいが，おそらく第一のアルコーン*の女性名．エジ福§24ではプレーローマ*内の存在の何らかの組

み合わせを指すが，詳細は不詳である.

**母父／メートロパトール**

ギリシア語「メートロパトール」の訳. このギリシア語は通常は母方の祖父の意味であるが，ヨハ・アポの特に長写本は両性具有の存在バルベーロー*を指して用いている(§13, 19, 45, 55, 57, 76). ヴァレ・エイ I, 5, 1 ではデーミウールゴス(造物神)の別名.

**ホロス** → デュナミス，カーテン

## ま 行

**見えざる霊**

「処女なる霊*」と一組で用いられて至高神を指す場合が多い(ヨハ・アポ§14, アルコ§20, 三プロ XIII, 38, 11, エジ福§1, 20 他随所).

**右手** → 左のもの

**右のもの** → 左のもの

**メートロパトール** → 母父

**模像** → 像

**モノゲネース**

ギリシア語で「独り子」の意. ヴァレ・エイ I, 1, 1; 2, 5 では至高神(ビュトス)とその女性的「対*」(エンノイアあるいはシゲー)から生まれ，キリストと聖霊を流出する存在. ヨハ・アポ§19, 20 では，アウトゲネース*，すなわちキリストと同じ. エジ福§55 も参照.

**模倣の霊／忌むべき霊**

ギリシア語「アンティミーモン　プネウマ」の訳. ヨハ・アポに集中的に言及される(§58, 60, 68, 71-73, 76, 79, 但し長写本は「忌むべき霊」と表記). 特にその歴史的起源を補論の形で論じる§76-79 によれば，プレーローマ*から派遣された「光のエピノイア*」を見た悪の天使たちがそれに似せて造り出し，人間の娘たちを誘惑して子供を産ませる力.

## や 行

**八つのもの** → オグドアス

**ヤルダバオート**

可視的な中間界以下の領域を創造して，支配する造物神(デーミウールゴス)に対する最も代表的な呼称.「サクラ(ス*)」あるいは「サマエール*」とも呼ばれる(ヨハ・アポ§35, 三プロ XIII, 39, 27-28). プレーローマ*の中に生じた過失から生まれるいわば流産の子で，自分を越える神はいないと豪語する無知蒙昧な神として描かれる. 多くのグノーシス主義救済神話は，旧約聖書の神ヤハウェをこのヤルダバオートと同定することによって，特に創世記の冒頭の創造物語と楽園物語に対して価値

逆転的な解釈を展開する.

ヤルダバオートという名称そのもの(アルダバオートと表記されることもある)もヤハウェを貶めるための造語である. 起源 II§10 はその語義を「若者よ, 渡ってきなさい」の意であると説明する. この説明はおそらく, シリア語で「ヤルダー」(yaldâ)が「若者」,「ベオート」($b^{e}$ʻôt)が「渡れ」(命令形)の意であることに基づくものと思われる. しかし同時に, 同じ起源 II§25 はヤルダバオートを「奈落」(カオス*)を母とする子として説明する. シリア語で「奈落」あるいは「混沌」は「バフート」(bahût)であるから, ヤルダバオートは「奈落を母とする若者」の意になり, この合成語の意味を早くから「混沌の子」と説明してきた古典的な学説と一致することになる. さらに, アラム語で「――を生む者」の意の「ヤレド」($yal^{e}d$-)に目的語として「サバオート」がついた形と見做して,「サバオートを生む者」の意とする説もあり, 特定できない.

## ら　行

**楽園**

創世記 2: 8 のエデンの園は「東の方」に設けられたとされ, 読者には平面での連想を誘う. しかし, 新約時代になると, それとは対照的に垂直軸に沿って楽園を「第三の天」に位置付ける見方があったことは, すでにパウロの証言(II コリ 12: 1-4)から知られる. グノーシス主義の神話でも原則として常に垂直軸での見方が前提されている. 例えばヨハ・アポが「楽園への追放」(§59)に続いて「楽園からの追放」(§67)について物語る場合も, 上から下へと話の舞台が下降してゆくのである. アルコ§7 でもアルコーン*たちが心魂的アダムを楽園へ拉致する. 起源 II でも同様であるが(§84), その場所は「正義」なるサバオート*によって造られた月と太陽の軌道の外だという(§54). ヴァレ・エイ I, 5, 2 ではデーミウールゴスの下の第四の天のことで, アダム*の住処. 三部教 I, 96, 29 では, ロゴスが過失の後に生み出したプレーローマの不完全な模像*たちが置かれる場所. バルク・ヒポ V, 26, 5 では, 半処女エデンと「父」エローヒームの満悦から生まれた天使群の総称. フィリ福はこれらの事例とは対照的に積極的な意味の楽園について頻繁に語るが, その空間的な位置付けはよく分からない.

**霊／霊的**

宇宙万物が霊, 心魂*, 物質*(肉)の三つから成ると考える, グノーシス主義の世界観における最高の原理および価値. ほとんど常に他の二つとの対照において言及される. ヴァレ・エイ I, 6, 2 によれば, 物質的世界に分散している霊は滅びることはあり得ず, 終末*においてプレーローマ*に受け入れられる(同 I, 7, 5).